管理学
基础与实训（第三版）

GUANLIXUE JICHU YU SHIXUN

主 编 ⊙ 李 霞 康 璐
副主编 ⊙ 陈现军 张 伟

西南财经大学出版社
Southwestern University of Finance & Economics Press
中国·成都

图书在版编目(CIP)数据

管理学基础与实训/李霞,康璐主编;陈现军,张伟副主编.—3 版.—成都:西南财经大学出版社,2022.8(2023.8 重印)

ISBN 978-7-5504-5471-2

Ⅰ.①管… Ⅱ.①李…②康…③陈…④张… Ⅲ.①管理学—高等职业教育—教材 Ⅳ.①C93

中国版本图书馆 CIP 数据核字(2022)第 140655 号

管理学基础与实训(第三版)

主　编:李　霞　康　璐
副主编:陈现军　张　伟

责任编辑:张　岚
责任校对:廖　韧
封面设计:何东琳设计工作室
责任印制:朱曼丽

出版发行	西南财经大学出版社(四川省成都市光华村街 55 号)
网　　址	http://cbs.swufe.edu.cn
电子邮件	bookcj@ swufe.edu.cn
邮政编码	610074
电　　话	028-87353785
照　　排	四川胜翔数码印务设计有限公司
印　　刷	郫县犀浦印刷厂
成品尺寸	185mm×260mm
印　　张	19.75
字　　数	430 千字
版　　次	2022 年 8 月第 3 版
印　　次	2023 年 8 月第 2 次印刷
印　　数	3001— 4000 册
书　　号	ISBN 978-7-5504-5471-2
定　　价	49.80 元

内容简介

　　本书是一本通识性管理学教材，紧密结合高职高专教学与实践编写而成，理论知识以应用为目的，以"必需、够用"为度，通过案例、情景实训重点强调教学内容的"实际、实用、实践"，让学生在与老师的互动中体验式学习。本书为提高学生综合运用专业知识技能奠定基础，主要使学生具备能"管人"又能"管事"的基层工作管理能力，进而培养学生具备在企业或组织各基层管理岗位担任主管的工作能力。

　　本书共10章，具有极强的实践性和趣味性，配有大量的案例、游戏、实训任务、测试和故事等，便于教师教学，学生阅读、实践。

　　本书可作为高等职业院校经管类与非经管类专业学生的学习教材，也可作为管理类相关专业师生和各层次管理人员的参考读物。

第三版前言

《管理学基础与实训》于2014年8月出版以来，受到了高职高专院校管理类专业师生的广泛好评。本次再版没有变动教材的基本框架，而是根据企业经营环境的变化对教材的案例、知识阅读、实训和习题内容进行了再次审定。

随着世界经济的发展和经济全球化的深入，管理学日益展现出它在社会中的地位与作用。经济发展固然需要丰富的资源与先进的技术，但更重要的是组织经济的能力，即管理能力。管理与科学和技术三足鼎立，共同构成现代社会文明发展的三大支柱。管理是促成社会经济发展的最基本、最关键的因素。管理本身就是一种经济资源，作为第三生产力在社会中发挥作用。管理在现代社会的发展中起着极为重要的作用。

关于本课程

管理学是一门理论性和实践性很强的课程。本课程以培养基层管理者的综合管理技能与素质为目标，使学生掌握经营管理的基础知识和基本技能。本课程注重基层、注重实务、注重技能，构建了管理职能+管理实务+管理技能的三层架构内容体系。课程以应用为导向，以典型管理实务和管理情景为媒介，创建生活渗透式课程模式，构建职业化、虚拟化考核机制，在应用中练技能，在管理中学管理。

关于本书

《国家中长期教育改革和发展规划纲要（2010—2020年）》指出，职业教育要以服务为宗旨，以就业为导向，推进教学内容、方法和手段的改革。根据这一要求，我们结合高职类学生的学习特点、经济管理类专业课程对管理基础的需要以及今后学生就业岗位对管理的相关知识的需要，编写了这本教材。

本书中的理论知识以应用为目的，以"必需、够用"为度，通过案例、情景实训重点，强调教学内容的"实际、实用、实践"，让学生在与老师的互动中体验式学习，并培养学生诚实、守信、合作、敬业等良好品质，为提高学生综合运用专业知识技能奠定基础，主要使学生具备能"管人"又能"管事"的基层工作的管理能力，进而培养学生具备在企业或组织各基层管理岗位担任主管的工作能力。

本书的资源

为了增加实践性，本书的每一个章节都配有章节实训，包括案例、游戏、测试等。同时为了引起读者的阅读兴趣，每章的开篇都有一个案例导入。书中还穿插了"知识阅读"项目，可以加深读者对相关知识的了解。

本书配有PPT、习题及答案，可向西南财经大学出版社索取配套的资料。

本书编写团队

本书编写团队由高职院校骨干教师和企业精英组成。本书由李霞（四川商务职业学院）、康璐（四川商务职业学院）担任主编，由陈现军（重庆三峡职业学院）、张伟（成都华商理工职业学校）担任副主编，杨明（成都数创物联科技有限公司，项目经理）参与编写。

本书本次修订具体分工为：李霞、康璐负责本书的总体设计，李霞完成最后统稿。李霞编写修订第3章、第6章、第7章，康璐编写修订第1章、第2章、第10章，杨明修订编写第9章，张伟修订编写第4章，李霞修订（陈现军编写）第5章、第8章。

本书作为通识性管理学教材，适合经管类和非经管类专业管理学课程的学生及教师使用，也可作为研究人员及管理者的参考用书。

本书在写作过程中参阅了许多学者的大量文献，引用了不少研究结论和企业实践案例，所查资料均注明了资料来源，但难免会有遗漏，在此向各位作者表示衷心的感谢！另有部分资料来源于互联网，无法查到作者，只得以"佚名"标识，如果您看到您的作品在本书中被引用，欢迎您告知我们，以便再版时修改。

由于编写时间仓促和编者水平有限，书中难免存在不妥之处，敬请广大读者批评指正，编者电子邮箱为 crossrainbow-00@163.com。

编　者

2022年6月

目 录

第 **1** 章
管理概述

▶ 学习目标

通过本章学习，学生应掌握管理的基本概念，熟悉管理的职能，了解管理者的类别，掌握管理者的素质及技能要求，并在平时学习和生活中有意识地锻炼自己。

▶ 学习要求

知识要点	能力要求	相关知识
管理	在平时学习和生活中能进行自我管理	1. 管理的概念 2. 管理的性质 3. 管理的职能
管理者	在平时学习和生活中锻炼自己成为合格的管理者	1. 管理者的类别 2. 管理者的素质 3. 管理者的技能 4. 管理者的角色
管理环境	能够具体分析一个组织的内外部环境，并根据具体情况做出决策	1. 组织的外部环境 2. 组织的内部环境

案例导入

七个人分粥

有七个人住在一起，每天共喝一桶粥，显然每天都不够喝。为了实现平等与利益兼顾，大家发挥聪明才智，尝试了不同的方法。

尝试一：大家轮流主持分粥，每人一天，机会均等。很快大家发现，谁分粥，谁的粥就最多。这样虽然看起来平等了，但是每个人在一周中只有一天吃得特别饱并且有剩余，其余六天都得挨饿。

尝试二：大家选举一个令人信服的人主持分粥。开始时这位品德高尚的人还能公平分粥，但不久后他就开始为那些溜须拍马的人多分。果真是权力会导致腐败。大家认为不能放任这种堕落腐化的风气盛行，于是重新寻找新思路。

尝试三：选举一个分粥委员会和一个监督委员会，形成监督和制约。这样基本做到了公平。可是监督委员经常提出各种异议与批评，分粥委员会又据理力争，分完时粥早就凉了。如果要充分发挥两个委员会的作用，就得喝凉粥，这个方法也有所欠缺。

尝试四：每个人轮流值日分粥，但是分粥的那个人最后领粥。在这种制度下，七只碗里的粥每次都一样多，就像用仪器量过一样。因为每个分粥的人都认识到，如果七只碗里的粥不相同，自己无疑将享用那份最少的。为了不让自己吃到最少的，每人都尽量分得平均，就算不平，也不会埋怨别人。

大家快快乐乐，和和气气，日子越过越好。

（资料来源：佚名. 商学院案例：七个人分粥的故事［EB/OL］.（2011-11-11）［2014-06-15］. http://mba.kaoyan.com/11/mba_369080.）

任务 1.1 管 理

【学习目标】

掌握管理的基本概念，了解管理的性质，熟悉管理的职能。

【学习知识点】

1.1.1 管理的概念

管理活动自古以来就存在，甚至可以追溯到原始社会。在原始社会，人们使用石器，没有能力单独同自然做斗争，只有依靠群众的联合力量共同劳动，才能获得生活资料，战胜猛兽和自然灾害，求得生存。原始人自然地在狭小的范围内组织起来，以生产资料公有、集体劳动、产品平均分配和血缘关系为基础，组成共同生产和生活的原始共同体，开始是原始群，后来发展为氏族和部落。在原始共同体内，人们的劳动主要是简单协作，也按性别、年龄自然分工。如青壮年男子负责狩猎、捕鱼和抵御猛兽等，妇女负责采集、制作食物和缝制衣服等。既然有了分工，共同体就需要对个人的活动做出安排，目的是在实现组织的共同目标时人们的行动能协调一致，取得好效果。同时，共同体发现：如果有一个人来专门负责向别人分派工作，部署工作任务，解决意见分歧，以保证组织不断实现共同目标，就能取得更好的效果，于是最年长的或最聪明、最能干的人便成了组织中最早的领袖，担负起上述分派工作的任务。管理作为一种活动就是这样出现的，它在人们为实现共同目标而组织起来的过程中兴起，又因有助于促进组织成员努力实现共同目标而成为组织中必不可少的活动。在氏族制度下，每个氏族都有一定名称以相互区别。同氏族成员必须相互援助和保护。成员死后，财产必须留在本氏族。氏族有共同的墓地、宗教节日和仪式。氏族领袖（酋长）负责处理氏族的公共事务，另有氏族的最高权力机关，称为氏族议事会。它是所有成年男女享有民主表决权的民主集会，决定氏族的一切重大问题，如选举或撤换领袖、讨论生产活动组织安排等。

在人类进入奴隶社会（我国公元前 21 世纪的夏代）后，国家开始出现，奴隶主为了维护其统治，设立了军队、法庭、监狱等暴力机构。自此以后，各朝代为了适应统治者的政治军事活动，都加强了中央和地方各级政府的管理，制定了许多管理国家的规章制度。

世界上的文明古国，如埃及、巴比伦、希腊、罗马等，早在几千年前就对自己的国家进行了有效的管理，还建成了至今看来仍然巨大的建筑工程——埃及的金字塔、中国的长城等，都可以证明在两三千年前人类已能组织数万人的劳动，历时多年去完成经过科学设计和周密筹划的宏伟工程，领导者的管理才能令人折服。

时至今日，人们为从事政治、军事、经济、文化、教育等社会活动兴建了无数的组织，包括政府机关、军队、企业、学校、医院、政党和群众团体等。这些组织设立的目的不同，情况千差万别，但毫无例外地都需要管理。管理是否恰当，在很大程度上决定着社会组织的兴衰成败。事实上，无论人们从事何种职业，他们都在不同程度上参与管理，如管理国家、管理某个组织、管理某项工作、管理家庭子女等。学习管理，以便做好管理工作，提高管理水平，就成为人们的一种需要和愿望。

【知识阅读1-1】

管理你的消费者

面对新型互动模式，企业该如何有效地管理消费者？以下六点建议值得企业借鉴：①沟通。互动型消费者对选购品牌有很高的要求，他们认为前后矛盾或欠缺思考的沟通会被嘲笑。②了解购买背后的动机。在当今，促使消费者忠诚于某个品牌的力量非常重要。伴随着品牌和消费者接触次数急速增加，品牌和消费者的动机保持一致显得极其重要。③发动官方社团活动。很多公司正在使用各种有趣的方式与消费者互动，但关键在于企业该把什么托付给消费者，哪怕是最简单的决定，消费者的参与都会收获意想不到的效果。④增加可操作性。品牌应该公开邀请消费者，无论他们是称赞还是抱怨。很多企业现在已经不再被动等待消费者投诉，它们会利用一些像博客、聊天室一样的扩展程序直接和消费者讨论并尽早处理对产品或服务的关注。⑤吸取教训、保持开放的心态。市场悟性强的企业已经开始使用 Facebook、Twitter 等来消除影响，意见在那里可以自由流动，无论善意还是恶意。⑥公平。消费者对企业意义重大，因为他们大量购入并可能获得较低的单价。就算不是公司的大客户，消费者仍然会推荐客户、给予好评、提出建议等，这也值得嘉奖。

（资料来源：摘自《销售与市场》管理版，2012.05，总第 445 期.）

所谓管理，是指通过与其他人的共同努力，有效率又有效果地把工作做好的过程。在该定义中，我们要注意把握这几个词：过程、效率和效果。

过程，是指管理者所执行的基本活动，具有计划、组织、领导、控制等基本职能。

效率和效果所要回答的是"做什么"和"怎么做"的问题。所谓效率是指通过正确地做事，将投入转换为产出。例如，在既定的投入条件下，如果获得了更多的产出，那我们就说效率得到了提高。同样，用较少的资源投入，获得了相同的产出，我们说这也是提高了效率。既然管理者需要投入的资源如财力、人力、物力都是稀缺的，他们就会关注这些投入的有效使用问题。所以，管理关注的是资源成本最小化的问题。

对组织来说，仅有效率还远远不够。管理还要关注既定目标的实现情况。在管理学中，我们称为"效果"。所谓效果，是指做正确的事。对于一个组织来说，就是达到其既定目标。有效的管理既要关注目标的实现（效果），也要关注实现目标的效率。

1.1.2 管理的性质

1. 自然属性与社会属性

马克思在《资本论》中提出了资本主义企业管理二重性原理："凡是直接生产过程具有社会结合过程的形态，而不是表现为独立生产者的孤立劳动的地方，都必然会产生监督劳动和指挥劳动。不过它具有二重性。一方面，凡是有许多个人进行协作的劳动，过程的联系和统一都必然要表现在一个指挥的意志上，表现在各种与局部劳动无关而与工场全部活动有关的职能上，就像一个乐队要有一个指挥一样。这是一种生产劳动，是每一种结合的生产方式中必须进行的劳动。另一方面——完全撇开商业部门不说——凡是建立在作为直接生产者的劳动者和生产资料所有者之间的对立上的生产方式中，都必然会产生这种监督劳动。这种对立越严重，这种监督劳动所起的作用也就越大。"[①] 企业管理之所以具有二重性，从根本上说，是由于生产过程是生产力和生产关系的统一体。

---

① 马克思. 资本论：第 3 卷 [M]. 北京：人民出版社，1975：431.

2. 科学性与艺术性

管理工作有其客观规律性，人们通过长期实践，积累经验，探索到这些规律性，按照其要求建立了一定的理论、原则、形式、方法和制度，形成了管理这门科学。就管理工作具有客观规律性、必须按照客观规律的要求办事而言，管理是一门科学，而且已形成学科。但是，人们又从实践中发现，管理工作很复杂，影响因素很多，管理学并不能为管理者提供解决一切管理问题的标准答案。管理学只是探索管理的一般规律，提出一般性的理论、原则、方法等，而这些理论、原则、方法的应用，要求管理者必须从实际出发，具体情况具体分析，充分发挥自己的创造性。从这个意义来说，管理是一种艺术。如果管理者把书本当教条，靠背诵原理来管理，肯定是要失败的。

1.1.3 管理的职能

1. 计划

计划是为实现组织既定目标而对未来的行动进行规划和安排的工作过程。在具体内容上，它包括组织目标的选择和确立，选择实现组织目标的方法，计划原则的确立，计划的编制，以及计划的实施。计划是全部管理职能中最基本的职能，也是实施其他管理职能的条件。计划是一项科学性极强的管理活动。

2. 组织

为实现管理目标和计划，就必须设计和维持一种职务结构，在这一结构里，把为达到目标所必需的各种业务活动进行组合分类，把管理每一类业务活动所必需的职权授予主管这类工作人员，并规定上下左右的协调关系。为有效实现目标，还必须不断对这个结构进行调整。这一过程即为组织。组织为管理工作提供了结构保证，它是进行人员管理、指导和领导、控制的前提。

3. 领导

领导职能是指领导者运用组织赋予的权力，组织、指挥、协调和监督下属人员，完成领导任务的职责和功能。实施有效的领导，要求管理者在特定的领导情景下，利用自身优秀的素质，采用适当的方法，针对组织成员的需要及其行为特征，采取一系列的措施去提高并维持组织成员的工作积极性，使之将能力充分地发挥出来。

4. 控制

控制是按既定目标和标准对组织的活动进行监督、检查，发现偏差，采取纠正措施，使工作能按原定计划进行，或适当调整计划以达到预期目的。控制工作是一个延续不断的、反复发生的过程，其目的在于保证组织实际的活动及其成果同预期目标相一致。

5. 创新

组织、领导、控制是保证计划目标实现所不可缺少的，从某种角度说，它们是管理的"维持职能"。其任务是保证系统按预定的方向和规则进行。但是管理的对象是在动态环境中生存的社会经济系统，仅维持是不够的，还必须不断调整系统活动的内容和目标，以适应环境变化的要求——这就是管理的创新职能。所谓创新，就是使组织的作业和管理工作都不断有所革新、有所变化。创新首先是一种思想以及在这种思想指导下的实践，是一种原则以及在这种原则指导下的具体活动，是管理的一种基本职能。任何组织系统的任何管理工作无不包含在"维持"或"创新"中，维持和创新是管理的本质内容，有效的管理在于适度维持与适度创新的组合。创新主要包括目标创新、技术创新、制度创新、组织机构和结构创新、环境创新等内容。

【知识阅读 1-2】

大雪封了"京城"

2001 年 12 月 8 日下午，北京下了一场大雪。管理交通的各个职能部门似乎都履行了自己的职责：专业的扫雪集团出动了，交警上街疏通交通，公交增加车辆，交通台随时报告路况。然而，当晚下班时间，城市交通还是发生了严重堵塞，行人花费了比平时多几倍的时间才回到家，有些家远的人连家都回不去了。

从管理的角度分析，为什么城市交通应变能力这样不尽如人意？

分析提示：此案例可以从职能部门对应变准备不足与各部门之间协调不够去进行分析。北京的交通工具除公交外，还有地铁、出租车等。所有的汽车都没有准备防滑设备，遇到立交桥、冰面、坡路，汽车无法上坡。出租车怕车挤路滑出事故，自己给自己放假了。当人们千辛万苦赶到地铁站时，地铁却准时下班了。总之，问题还是出在城市交通管理不善上。

（资料来源：黄煜峰，荣晓华. 管理学［M］. 大连：东北财经大学出版社，2002.）

【学习实训】 案例讨论

下面是英美矿业集团首席执行官托尼·查汉的《在南非经商》演讲中的一段：

好的管理方法无论是在企业内部还是在国内、国际上都是至关重要的，在那些拥有完备的管理方法和行政标准的国家里经商要容易得多，因此我们将支持推广这些。

我们这些在发展中国家经营的人都深切地体会到将社会、环境与经济评估综合到项目可行性研究中的必要性。每天我们面对的是一种对发展工作和基础近乎绝望的迫切需要。这些需要对政府和商业，包括已经运营的和新投资的项目都有很大的挑战。我们应该鼓励并致力于吸引新的资金流入发展中国家，以拓展其商业基础。非洲发展新伙伴关系（NEPAD）便是一个联合发展的世界投资力量的很好的例子。

当我们在津巴布韦经营时，人们总会问："为什么你们不从那个管理水平低下的国家撤出来呢？"

对于跨国公司来说，是否并且怎样在一个管理水平很低的国家经营是最大的难题之一。很多公司已经面对过这个问题了。那些在非洲有不愉快经验的人认为，只要商业运作可行并有利，就应该继续经营下去，支持员工并帮助社会应对政府低效所带来的困难。我们应该将眼光放长远，同我们的整个公司蓝图联系起来，而不是以季度或年来衡量，才能活出我们的价值。

思考题：

1. 你是否赞成托尼·查汉"好的管理方法无论是在企业内部还是在国内、国际上都是至关重要的"这一观点？

2. 看完上述这段话后，你有什么感触和想法？

（资料来源：王德中. 管理学学习指导书［M］. 成都：西南财经大学出版社，2006.）

【效果评价】

根据学生出勤、课堂讨论发言及小组合作完成任务的情况进行评定。

任务1.2 管理者

【学习目标】

让学生认识管理者的类别，了解管理者必备的素质和技能，熟悉管理者所扮演的角色。

【学习知识点】

管理者在组织中工作，但不是说每一个在组织中工作的人都是管理者。为简便起见，我们可以把组织内的所有成员分为两类：作业人员和管理者。作业人员是指那些直接从事某些具体工作或任务，不负有责任去监督他人劳动的员工。管理者指的是在一个组织中直接督导他人工作的那些人。

管理者与作业人员的划分不是绝对的。人们经常可以看到，管理者也在做一些作业人员的工作，例如学校校长上课、医院院长看病、工厂厂长走访用户等。管理者这样做并非坏事，它有利于管理者深入业务活动第一线，了解实际情况，并有利于管理者与下属之间的沟通和交流。但是管理者必须将所承担的管理工作放在首位，不应当顾此失彼，因从事过多的具体作业工作而影响其管理工作。

1.2.1 管理者的类别

一个组织中的管理者可能有许多，我们可以对他们按照纵向和横向来分类。

1. 管理者的纵向分类

纵向分类就是对管理者按所处管理层次来分类，可分为最高管理者、中层管理者和基层管理者。各层次是领导和被领导的关系，如图 1-1 所示。

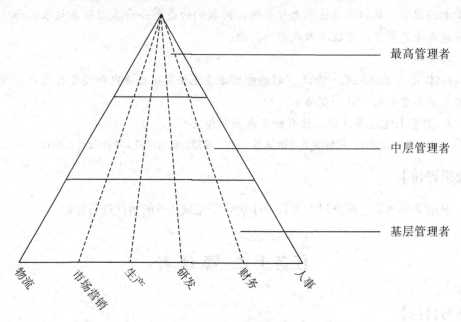

图1-1 管理者的分类

最高管理者是那些位居组织最高管理层、对整个组织负责的人员，如企业的董事会成员、总裁、副总裁及其他高级职员。他们的主要职责是制定组织的方针、目标、战略和计划，选拔和任用中层管理者，同中层管理者一道组织战略和计划的实施，对实施过程进行控制，并对整个组织的绩效负责。在组织同外界的交往中，他们是组织的代表。

中层管理者是那些处于组织中间管理层的人员，如企业的地区经理、部门经理、车间主任、科室主管等。他们分别领导若干基层管理者，又接受最高管理者的领导。他们的主要职责是在所负责的业务范围之内贯彻执行最高管理者做出的重大决策，选拔、任用、监督基层管理者，并对各自部门、单位的绩效负责。

基层管理者是那些处于基层管理层、直接领导作业人员的管理者，如企业中的班组长、领班、工头等。他们的主要职责是贯彻执行中层管理者的指示，为下属作业人员安排工作任务，直接指挥和监督现场业务活动，并对各自单位的绩效负责。

虽然三个层次的管理者管理的范围和职责各有不同，但都要履行管理者的各项职能。不过，不同层次的管理者在管理职能上会有所侧重。最高管理者较其他管理者更侧重计划职能，主要因为他们负责确定组织的大政方针，而这需要大量的计划工作。高、中层管理者对组织职能的重视要高于基层管理者，这是因为资源的分配和安排主要由他们负责。基层管理者更需要领导职能，因为他们面对作业人员，直接负责业务活动的进行，需要开展大量的指挥、指导、激励等工作。控制职能在三个层次上受到同样程度的重视，这反映了各层次一致强调的对活动的监控和在必要时采取纠正措施。

2. 管理者的横向分类

横向分类是指按照管理者负责领域的性质来划分，可分为职能型管理者、综合型管理者和项目管理者。其特点是他们之间不存在领导和被领导的关系。

职能型管理者是按专业化领域（一般称为职能领域）划分，主要管理该专业领域经过训练且有专长的人员的管理者。图 1-1 所列的市场营销、生产、研发、财务、人事，就是工业企业一般都具有的职能领域，按这些领域分设部门，其负责人就是职能型管理者。

综合型管理者是指对含有多种职能领域的整个组织或其下属的某个单位负责的管理者。一家小公司通常只有一个综合型管理者，即公司的首脑。但是目前许多大公司都按产品或地区分设若干分部（亦称事业部），每个分部包含若干职能领域，从事相对独立的生产经营活动，这些分部的领导者也是综合型管理者。如公司下设若干工厂，工厂具有若干职能领域，则厂长也应称为综合型管理者。

项目管理者在航天航空及其他高科技企业中是很常见的。这些企业往往为特定产品的开发和生产设置项目组，集中有关职能领域的人员协作攻关，项目组的领导人就称为项目管理者。项目管理者实际上也是综合型管理者，只不过其负责的项目组织相对较上述分部、工厂乃至整个组织要小。

上述三类管理者都要履行管理的各项职能，不过有研究成果表明，职能型管理者因负责职能领域的不同，担负的管理的职能各有侧重。人事部门主管侧重计划和领导职能，以利于与其他部门人员密切合作，协调跨部门的活动。财会部门主管也侧重计划，但因要保持财务数据的完整性，故更重视控制。生产部门主管则重视领导和控制，它们是管理生产活动必需的职能。

1.2.2 管理者的素质与技能

关于管理者的素质，中外学者做了大量研究，其中在现代管理学上产生重要影响的是西方学者关于智商和情商的研究。

智商是个人智力水平的数量化指标，反映一个人的智力程度，显示一个人做事的本领。智商体现为人的理解和学习能力、判断力、思维能力、记忆力和反应能力等，它在一定程度上受先天因素制约，但后天环境的影响对智商也有极大的影响。

情商也称为"情感智力"，是一种理解、把握和运用自己及他人情绪的能力，具体包括认识自身情绪的能力、妥善管理自身情绪的能力、自我激励的能力、认知他人的能力、人际关系管理的能力以及面对各种考验时保持平静和乐观心态的能力等。

西方学者认为，人生的成功不仅仅取决于智商，还同时取决于情商，这两种素质是人才应同时具备的。对人一生事业影响最大的是情商而不是智商，情感智力的高低会直接影响个人智商的发挥。尼尔·M.格拉斯认为："人在社会上要取得成功，起主要作用的不是智力因素，而是情绪智能，前者占 20%，后者占 80%。"在美国，流行着这样一句话："智商决定录用，情商决定提升。"

综合国内外学者的研究成果，我们认为，一个优秀的管理者不仅应具备良好的素质，还应具备良好的技能。

1. 管理者应具备的素质

管理者应具备什么样的素质，一直是管理学家和各类组织的管理者共同关注的问题。实践证明，有效的管理者应具备一定的品德素质、知识素质、心理素质、能力素质和身体素质。

1）品德素质

品德即道德品质，是一个人在依据一定的社会道德准则去行动时所表现出来的行为特征。品德是推动一个人行为的主观力量，它决定一个人工作的愿望与热情。尽管在不同的社会不同的时代，人们对道德的标准有不同的理解和要求，但把品德作为选用人才的首要条件是所有社会和组织共同遵循的准则。

管理者应当具备的道德品质包括有强烈的事业心和责任感，有勇于开拓的进取精神，有正直、诚实、公正的工作作风，谦虚谨慎，胸怀宽广，勤奋好学，有钻研精神等。

2）知识素质

知识是提高管理者智慧、才能的基础。管理者应有一定的文化知识和自然科学知识，应有各自管理范围内的专业知识和管理知识以及经济学、社会学和心理学方面的知识。此外，还应具有合理的知识结构并善于把知识转化为能力。

3）心理素质

由于管理者所从事的管理工作具有一定的复杂性，因此管理者除了应具备一般的素质外，还要有敢于遭遇挫折、敢于承担风险和勇于拼搏奋斗的心理素质。此外，管理者还应具备敏锐的观察力、深邃的理解力、良好的记忆力、丰富的想象力以及健康的情感、坚强的意志和良好的个性心理等素质。

4）能力素质

管理者的能力素质是指管理者把相关管理理论和知识应用于管理实践，解决实际管理问题的能力。管理者的能力是管理者顺利完成管理活动所必备的条件，包括管理经验、运用知识的能力等多种因素。对管理者的能力要求主要包括创造能力、创新能力、决策能力、应变能力、指挥能力、组织协调能力、沟通交流能力等。

5）身体素质

身体素质涉及人的身体健康状况。良好的身体素质能使管理者胜任繁重的工作，同时，健康的身体又是管理者保持旺盛的精力和敏捷的思维的基础。

2. 管理者的技能

我们已经认识到了所有的管理者——不分层级、不论企业规模大小，在某种程度上都要执行管理的职能。那么这就存在一个重要的问题："什么是与管理者的能力最相关的重要技能？"在20世纪70年代，管理研究专家罗伯特·卡尔兹试图回答这个问题。卡尔兹和其他研究人员发现，管理者们必须拥有四项关键的管理技能。管理技能是指对于一个管理职位的成功起着至关重要作用的那些能力和行为。这些技能可分为两大类：一类是管理者所必须拥有的一般技能，另一类是与管理成功密切相关的特殊技能。

1）一般技能

有效的管理者必须具备四种高水平的技能：理念技能、人际关系技能、技术性技能和政治技能。

理念技能是指分析和判断复杂形势的心智能力。这种能力可以帮助管理者将相关事件与做出有效的决策联系在一起。

人际关系技能是指管理者了解、指导、激励与之相关的个体和团队工作的能力。管理者既然要借助于其他人的努力合作才能完成工作或任务，就必须具备良好的人际关系技能以沟通、激励、委派相关的人员。

技术性技能是指管理者应用专业性知识或经验的能力。对于高层管理者而言，技术性技能通常是指管理者对有关产业知识、组织的运作流程以及产品的基本认识。对于中层和基层管理者来说，技术性技能是指在他们所工作的领域内所要具备的专业知识，如财务、人力资源、生产、计算机系统、法律、市场营销等。

政治技能是指提高个体在组织中的职位，建立权力基础并维系社会关系方面的能力。组织是人们竞夺资源的政治舞台，拥有较高政治技能的管理者可以为其所在的团队争获更多的资源，而那些政治技能较差的管理者为其所在团队争获的资源就较少。政治技能可以使管理者得到更快和更高的提升。

2）特殊技能

研究表明，管理者有一半以上的绩效贡献应该归功于以下六种行为能力。

对组织环境及资源的控制能力：它包括在现场决策、制订计划和分配工作过程中所表现出来的预知环境变化并预先做出行动准备的能力。这种技能还包括对具有明晰性、先进性以及精确知识性的组织目标进行基础性资源决策的能力。

组织和协调工作能力：管理者围绕任务内容进行组织，然后对各项任务中所存在的各种相互依赖的关系进行协调的能力。

信息处理能力：管理者通过信息与沟通进行问题辨别，了解变化的环境，并做出有效决策的能力。

提供成长和发展机会的能力：通过在工作中不断加强学习，管理者不但要把握自身发展的机会，而且还要为其员工的发展创造良机。

激励员工和解决冲突的能力：管理者要不断地强化对员工的激励措施，使他们有动力积极地开展工作，同时还要消除一切有可能妨碍员工积极性发挥的障碍。

解决战略性问题的能力：管理者要对他们所制定的决策负责，同时要具备能让下属有效地响应其决策的能力。

1.2.3　管理者的角色

美国管理学者德鲁克于 1955 年提出了"管理者的角色"这个概念，但在这个问题上最著名的研究是由加拿大管理学者明茨伯格于 20 世纪 60 年代末期进行的。

明茨伯格为了弄清管理者的真正工作情况，用每人一周的时间跟踪五位最高管理者，并把他们的活动如实记录下来。其结果是，他发现管理者的工作节奏很快，处理的问题很多，在每个问题上花费的时间很短，而且主要依靠口头上的沟通（如使用电话或开短会）和有关人士的网络，而极少用正式的书面文件。这些都与对管理者的传统看法完全不同。长期以来，人们常认为管理者都是深思熟虑的思考者，总是在一个安静的环境中认真细致地处理来自多方面的信息，然后做出决策。

明茨伯格利用他的记录，将管理者的活动分类归组，提出管理者的角色可以划分为三种类型和十种具体角色，如表1-1所示。

表1-1　明茨伯格的管理者角色

	角色	描述	可被辨识的活动
人际关系	挂名者	是象征性的首脑，必须担任许多法定的或社会性的例行职务	礼节性接待访客，签署法律文件
	领导人	负责对下属进行激励和鼓励；负责人事、培训和其他辅助性事务	切实执行有下属参与的所有活动
	联络人	与那些能为组织提供实惠和信息的外部联络人维持一种自我发展式的网络联系	回复来函，外部董事会的工作，执行其他一些外事活动
信息	信息搜集人	搜集并接收各种专门信息（其中许多是最新资信），以便对组织和环境有彻底了解；成为组织中内部和外部信息的神经中枢	阅读期刊和报告，保持个人联系
	信息传达人	将其他员工从组织以外搜集到的信息传播给组织的其他成员；有些是即时信息，有些是会对组织产生影响力的各种价值观的解释和综合意见	主持信息搜集会议，及时召开资信电话会议
	发言人	将组织的计划、政策、行动、结果等信息传递给组织以外的人，担当组织中的产业专家角色	举行对外发布会，向媒介传递信息
决策	企业家	审视组织发展及其环境变化中的机会，制定改进性方案以求变革；对某些既定方案的设计进行监督	发起新项目开发的战略性和审核性会议
	危机处理者	在组织遭遇重大的突发性事件时，负责采取正确的补救行动	主持突发性和危机事件的战略性、审核性会议
	资源分配者	负责对组织的各种资源进行有效分配，对组织所有的重大决定进行判断或评估	安排进程，要求授权，执行其他预算编制以及安排下属工作等活动
	谈判者	代表组织负责主要的谈判工作	参加工会合同谈判，或参与与供应商的谈判工作

本表摘自：斯蒂芬·P.罗宾斯，大卫·A.德森佐. 管理学 [M]. 毛蕴诗，译. 大连：东北财经大学出版社，2005：8.

【知识阅读1-3】

管理者每天把握的是什么

在"21世纪国际企业家上海论坛"上，用近10年时间从危机四伏一跃而成为世界500强企业的英国宇航集团董事会主席理查德·埃文斯格外引人注意。记者对他进行了采访。

问：作为世界500强之一的集团首脑，您每一天首先要把握的是什么？

答：是员工，是员工的能量释放。只要最大化地释放、明智地使用了员工的能量，就一定能获得满意的结果。员工比客户更重要。

问：您领导的宇航集团，用"标准化"文化建立企业文化，这与员工创新性的发挥矛盾吗？

答：在一个企业只能有一种文化，因为集团股票在股市上的价值只有一种。要把几千几万员工融入企业，那么建立一种先进的、适合本企业的"标准化"文化，是发挥员工主动性和创造性的基础和保证。

问：大企业内部如何实现有效沟通？

答：在超大型企业内部，因为机构庞大，所以往往沟通困难。英国宇航集团有10万多员工，过去从首席执行官到最基层员工中间隔着27个层次，现在简化为仅3个层次。沟通是双向的，不能只注重"从上而下"，对从"从下而上"的声音却不予了解。对下面来的信息，各级经理不仅要听，更要及时做出反馈，否则企业文化价值无从实现。

（资料来源：黄强，熊能. 解放日报［N］. 2001-03-30.）

【学习实训】 管理游戏——看不见与说不清

● 游戏程序
- 三名学员扮演工人，被蒙住双眼，被带到一个陌生的地方；
- 两名学员扮演经理；
- 一名学员扮演总裁。

● 游戏规则
- 工人可以讲话，但什么也看不见；
- 经理可以看，可以行动，但不能讲话；
- 总裁能看，能讲话，也能指挥行动，但却被许多无关紧要的琐事缠住，无法脱身（他要在规定时间内做许多与目标不相关的事）；
- 所有的角色需要共同努力，才能完成游戏的最终目标——把工人转移到安全的地方去。

● 游戏准备
- 6名同学为一小组；
- 不同角色的说明书以及任务说明书。

● 注意事项
- 任务说明书可以由老师根据情况设计，或者要求学生事先进行相关准备；

- 关键是游戏中总裁要有许多琐事缠身。
- ● 游戏总结
  - 游戏结束以后，向学员讲解游戏的意义——企业上下级的沟通是重要的；
  - 游戏完全根据企业现实状况而设计，总裁并不能指挥一切，他只能通过经理来实现企业正常运转；
  - 经理的作用极为重要，他要上传下达；而工人最需要的是理解和沟通；
  - 这个游戏让要让学生深刻地认识到，以后在工作中遇到问题，一定要以"角色转换"的心态来对待。

【效果评价】

根据学生出勤、课堂讨论发言及小组合作完成任务的情况进行评定。

任务 1.3　管 理 环 境

【学习目标】

了解组织内外部环境的概念及所包含的因素，理解组织内外部环境对管理的影响，能够具体分析一个组织的内外部环境。

【学习知识点】

西方的权变理论突出强调世界上根本不存在适用于一切情况的管理的"最好方式"，管理的形式和方法必须根据组织的内外部情况来灵活选用，并随着情况的变化而调整。因此，组织的内外部情况成了对管理者的一种约束力量。他们在进行管理时，应当对组织面临的情况做好调查研究和分析预测，然后从实际出发选用适当的管理形式和方法，才能获得较好的效果。从这个观点出发，我们将组织的内外部情况统称为环境，并分为内部环境和外部环境。

1.3.1　组织的外部环境

1. 组织外部环境对管理的影响

最先提出组织的外部环境问题并强调其重要性的是西方的系统学派。这个学派按照系统论的观点，将一切社会组织都看作开放系统，即他们总是存在于比他们更大的系统即外部环境中，而且同外部环境进行着物质、能量和信息的交换。没有这样的交换，组织将无法生存和发展。

例如，一家工业企业要进行生产活动，必须先从外部获得必要的各类资源（劳动力、原材料、机器设备、资金、信息等）；产品生产出来后，必须在市场销售出去，收回货款，才能进行再生产；在生产销售这些经济活动中，它要同许多其他组织或个人（顾客、用户、供应商、金融机构等）建立各种各样的联系，还会在市场上同其他企业进行竞争；要服从所在国家政府的管理和社会公众的监督，受国内外经济、技术和文化的影响。所有这些存在于组织外部的、对企业活动和绩效产生影响的因素或力量，统称为企业的外部环境。

对组织来说，外部环境不可控制，所以企业必须适应外部环境的要求来开展活动和进行管理，才能保障自身的生存和发展。要使产品有竞争力，就必须"以销定产""按需生产"，而且质优价廉，交货及时，服务周到。要树立良好的社会形象，就要开拓创新，取得优良业绩并遵纪守法，履行社会责任。目前，经济全球化已成大趋势，要开展国际化经营，就必须经过细致周密的调查研究，摸清东道主的政治、文化经济、技术等背景。

组织存在于外部环境中，又依赖于外部环境，这就很自然地使外部环境成为对管理者的一个强大的约束力量。外部环境对管理的影响有：

1）外部环境可能给组织的发展带来机遇

例如，企业可能正处于国家确定的主导或支柱产业中，或者国家的经济正在迅速发展。管理者要抓住这些机遇，促进组织加快发展。

2）外部环境为组织带来规范或约束

例如，国家颁布的方针政策、法律法规、制度、决定等，都是一切组织必须遵守和执行而不可违反的，对管理起着规范和约束的作用。

3）外部环境可能给组织发展带来挑战或威胁

例如，企业所在的产业已被国家确定为限制发展或逐步淘汰的产业，国家经济出现衰退或危机等，管理者应尽快设法迎接挑战或避开危机。

4）组织的管理形式和方法必须适应外部环境的要求

这正是权变理论的基本点。例如，企业外部环境比较稳定时，可采用机械型结构；外部环境极不稳定，应采用有机型结构。

此外还需说明的是，一方面组织必须适应外部环境，另一方面组织也可在一定情况下影响环境。世界各国工业化的发展带来了严重的环境污染，破坏了生态环境，这就是一例，这个问题已经引起全球的重视。组织与环境之间是一种"双向的互动关系"，要求管理者既适应环境的要求，又对外部环境施加积极的、建设性的影响。在这两个方面中，前者是主要的。

2. 组织外部环境的构成

对组织活动有重要影响的因素可能来自不同的层面。根据环境因素对相关组织都产生影响还是仅对特定组织产生影响，可将组织外部环境划分为一般环境和特定环境。

1）组织的一般环境

组织的一般环境又称宏观环境，是指在国家和地区范围内对一切产业部门和企业都将产生影响的各种因素或力量，它们是企业无力控制而只能去适应的。但在某些情况下，企业也可以施加一定的影响。一般环境对产业和企业的影响主要可分为两类：一是为它们的发展提供机会；二是对它们的发展实施威胁。企业管理者必须对一般环境进行深入调研，以便发现未来的机会和威胁，进而采取相应的对策。企业的一般环境可分为政治法律、社会文化、经济、技术、自然等环境。

（1）政治法律环境

实行市场经济体制的国家，其政府仍然要干预经济，对市场经济实行宏观调控。所谓政治法律因素，就是指政府采用方针政策、法律法规、计划、决定等手段，从宏观上调控经济的行为。它对各个产业和企业都有很大的影响，有的起鼓励、支持的作用（这就是企业可利用的机会），有的则起约束、限制的作用（这就是企业应设法避开的威胁）。管理者主要要了解组织所在国家政府目前禁止做什么，鼓励做什么，使组织活动符合社会利益并受政府的保护和支持。例如，我国颁布实施了许多法律法规，如公司法、劳动法、消费者权益保护法、产权法等，管理者应充分了解。

（2）社会文化环境

这个因素主要包括人口统计方面的因素和文化方面的因素。前者有人口自然增长率、平均寿命测算、人口的年龄结构、性别结构、教育程度结构、民族结构、地域结构等。后者有人们的价值观念、工作态度、消费倾向、风俗习惯、伦理道德等。不同年龄、性别、不同教育程度、不同民族的人口在消费需求上各有特点，消费品市场常常就按年龄、性别等特征来细分，产业部门和企业通过人口结构的研究，才能预测各类人口需求的变化。我国已进入"老龄化"国家行列，可以预料，为老年人服务的消费品市场和相关产业将会有较大的增长。我国人口大部分仍在农村，国家正采取多项措施提高农民的收入水平，因此，注意研究农民需要的生产资料和消费品，努力开拓农村市场，是经济发展新的增长点。

在文化因素方面，人们的价值观念、工作态度对企业的人事管理会产生广泛影响。他们的消费倾向和风俗习惯更直接影响市场需求。过去我国人民的生活水平不高，消费倾向单一。以服装而言，无论是男女老少，其样式、颜色标准化，服装制造业组织大批量生产，不愁产品卖不掉。现在人们生活水平提高了，消费倾向呈现多样化，服装的款式、色彩、材料等丰富多彩，服装制造业要按市场需求多品种小批量生产，而且要大力促销。这样的变化在饮食、住房、家具及其他用品上也可见到。饮食上，过去认为大鱼大肉就是吃得好，现在讲究健康饮食，人们还会专门吃粗粮。

对于从事国际经营的企业，除要研究本国的社会文化因素外，还需研究东道国的社会文化因素，其中主要是人口增长情况、人口结构、价值观念、消费倾向、风俗习惯等。特别是对于与本国文化差异较大的国家，要小心谨慎，要多做调研。现在许多跨国经营公司聘用东道国的人充当驻该国的代理人，正是为了便于处理文化差异带来的问题。

（3）经济环境

经济环境是影响组织尤其是营利性组织活动的重要因素。经济环境包括宏观经济环境和微观经济环境。

①宏观经济环境。宏观经济环境主要指国民经济收入、国民/国内生产总值及其变化以及通过这些指标所反映的国民经济发展水平和速度。宏观经济繁荣，会促进企业的生存和发展，而萧条衰退的经济形势则会给企业的生存和发展带来困难。

用数字来衡量一国经济生产与收入的整体状况称为国民收入核算。在国民收入核算中，最重要的概念是国内生产总值（GDP），它是指一个国家在一定时期内（一般是一年）所生产的最终产品的市场价值的总和。国民生产总值（GNP）着眼于国民原则，只要是常住居民（本国公民和常住本国但未加入本国国籍的居民）生产的最终产品和劳务价值，都要列入本国的国民生产总值。而国内生产总值（GDP）则根据领土原则计算，只要是本国或本地区范围内生产的最终产品和劳务，都要计算产值。一般来说发达国家输出资本和技术，大量利润从国外汇入国内，GNP大于GDP。从经济发展能力角度分析，GDP更能反映一个国家或地区的实际生产水平，它反映了一个国家整体经济的规模和状况。而人均国内生产总值（人均GDP）则是按人口平均一定时期内所生产的最终产品和劳务的价值，它反映了一国的富裕程度。世界银行在比较各国的总体经济状况与规模时用GDP作为评价指标排序，在比较各国的富裕程度时用人均GDP排序。

②微观经济环境。微观经济环境主要指企业所在地区或所服务地区的消费者收入水平、消费偏好、储蓄、就业等因素。从宏观角度来看，个人收入是国民收入减去公司未分配给股东的利润，加上政府向居民支付的利息；从微观的角度看，则是居民从各种来源所获得的总收入，包括个人的工资、奖金、其他劳动收入、退休金、助学金、红利、馈赠和财产出租收入等。个人可支配收入是从个人收入中扣除直接缴纳的各项税款和非税性负担后的余额。个人可支配收入可以用作储蓄和消费支出，是衡量购买力水平的重要指标。如果其他条件不变，一个地区的就业越充分，收入水平越高，则该地区的购买力就越强，对某些产品或服务的需求就越大。

除了直接的生产经营活动外，一个地区经济收入水平对经济组织的其他活动以及非经济组织的活动也有重要影响。例如，在温饱问题没有解决以前，居民很难去主动关心环保问题，组织的环保行为就相对受到忽略。

（4）技术环境

当代社会的科学技术日新月异，新产品、新技术层出不穷。它们主要从两方面影响产业和企业。一是使产品的更新换代速度空前提高，某种新产品问世可能立即淘汰另一种产品而使某些企业破产；二是新技术的开发和利用，使企业的产量增长，质量提高，材料节约，成本下降，从而赢得竞争优势。正由于此，许多成功的企业都非常重视科技研究开发，其中有些企业的研究开发经费甚至会占到销售额的10%左右。

一切企业都要关注科技创新，广泛收集资料，争取先人一步将有价值的信息和成果利用起来，开发新产品和新技术。应收集的信息应包括竞争对手所进行的研究开发，便于采取必要的对策。同一科技成果，谁能抢先利用，谁就抓住了机会并对他人形成威胁；反之，如不了解或不利用，就将错失机会，一旦他人用了，即形成对自己的威胁。

（5）自然环境

这是指企业所在地区的自然环境，主要包括地理位置、地形地貌、气候条件、大气质量、水资源条件、交通运输条件等。这些因素对企业生产发展和职工生活都有很大影响，是企业在选择厂址时应认真考察的问题，而一旦定下来，企业就有加以改善和保护的责任，不应让它受到污染或破坏。

这个因素的最大特点是比较稳定，不像其他四个因素那样复杂多变。但变化缓慢不等于没有变化，随着国家生产建设的发展、环境保护政策和可持续发展战略的实施，企业周围和邻近地区的自然环境也在变化，所以还是应当加以研究。

在分述了一般环境的五个因素后，还需说明以下几点：

①这些因素相互联系，如政治法律因素中的方针政策和法律法规，就同其他因素联系密切。

②对不同类型的组织而言，这些因素的重要性有所不同。上文在论述中均以企业为例，由于企业是经济组织，对它来说，经济因素显然最重要。对学校和科研机构来说，可能社会文化因素和技术因素更为重要。

③同一因素对不同的产业而言，其重要性有所不同。如社会文化因素中的人口结构、消费倾向等，对于消费品工业来说显然比对重工业更重要。又如有些产业技术进步很快，另一些产业技术进步却相对缓慢，技术因素的重要性就有差别。

④这些因素影响着产业和企业。站在企业的角度，就必须把对一般环境的研究同对特定环境的研究结合起来，进行综合分析，以便做出适当的管理决策。

2）组织的特定环境

组织的特定环境又称产业环境，指从产业角度看同企业有密切关系、对企业有直接影响的各种因素和力量。它们也是企业无力控制而只能适应的，企业只能在某些情况下对它们施加一定的影响。企业研究特定环境的目的在于从产业角度了解、分析企业有哪些机会和威胁，所在产业的发展前景如何，企业的竞争地位如何，从而采取相应的对策。

企业的特定环境包括顾客、物资供应商、劳动力市场、金融机构、竞争对手、政府机关、社会公众等。

（1）顾客

这是指购买企业产品或服务的那些人或组织，他们的需要是企业存在的理由，代表了企业的产品市场。失去了顾客，企业必然要破产。因此，每个企业应细心研究顾客的需求，倾听顾客的意见，提高产品质量，做好售后服务工作，让顾客满意，争取更多的顾客。有条件的企业可以通过开发新产品来引导消费。

（2）供应商

这是指企业生产所需物质资源（包括原材料、机器设备、工具仪表等）的供应者。他们供应企业的物资质量、价格如何以及能否稳定供应，对企业生产经营活动能否顺利进行及其经营绩效都有直接影响。因此，企业常设有专职采购部门，慎选供应商，订好供应合同，与供应商保持良好关系。

（3）竞争对手

这主要是指正在提供或有可能提供与本企业相同或可相互替代的产品或服务的其他组织。它们同本企业争夺同一产品市场，对本企业形成直接威胁，因而成为特定环境中一个重要因素，千万不可忽视，否则会付出沉重代价。随着经济全球化进程不断推进，国际国内竞争更加激烈，每个企业都需要弄清楚在国内外市场上的竞争对手，仔细研究它们的动向，并及时采取相应的对策。

（4）劳动力市场

劳动力市场是企业生产经营活动所需新增劳动力的补充来源。劳动力市场供给企业的劳动力的数量、质量和约定的劳动报酬，对企业生产经营活动能否顺利进行及人工成本高低具有直接影响。我国劳动力资源丰富，但劳动者素质普遍不高，难以适应现代科技革命和经济发展的需要。因此，政府采取了多种措施加强劳动者的就业前培训。企业在招收新职工之后也应继续加强培训，充分开发人力资源。

（5）金融机构

这些机构包括商业银行、投资公司、保险公司、各种基金会等，它们是企业生产经营活动需借入资金的来源。企业的自有资金包括股东缴纳的资本金以及公积金、留存利润等，往往不能完全满足经营活动的需要，尚需借入资金，这就得依靠金融机构提供；而它们是否愿意提供及提供的条件（如金额、还款期限、利率等）如何，对企业经营活动能否顺利进行及经营业绩具有直接影响。所以企业都很注意经营同金融机构的关系，以便能以较优惠的条件及时获得所需的借入资金。

（6）政府机关

我国与企业有关的政府机关主要有工商行政管理局、质量技术监督局、税务局、劳动局、公安局、卫生局、海关等。企业必须按照国家有关规定，接受政府机关的指导、检查和监督，处理好同政府机关的关系，争取政府机关的支持。

（7）社会公众

这里包括报纸、电视台、广播电台等新闻单位，妇联、环境保护组织、野生动物保护组织等群众组织。它们是社会舆论的传播者和鼓动者，可以为企业服务，也给企业带来压力。舆论监督已成为现代社会重要的监督力量。因此，企业要重视同社会公众的关系，同它们合作，对它们充分信赖，与它们保持经常联系。

以上是以企业为例说明组织的特定环境。对于其他类型的组织，也可做相似的分析。例如学校，它的服务对象是学生和用人单位，这可视为它的顾客；办学需要人力、物力、财力资源的投入，所以也有各类资源的供应者，比较特殊的有教材和各类教学资料及用具的供应商；为了推进高等学校后勤服务社会化，各商业银行也向各高校贷款；各级各类学校之间事实上也存在竞争关系，所以也有各自的竞争对手；政府机关中与学校关系密切的有教育行政部门和公安、卫生等部门；社会公众对学校也有直接影响，学校也要接受新闻舆论的监督。

对于从事国际经营的企业或其他组织来说，除了研究本国的产业环境之外，还需研究东道国所在产业的环境。例如某企业在国外办厂，就需认真研究东道国的顾客、供应商、竞争对手、政府机关、社会公众等；如在该国生产的产品还需销往第三国，那就需要再研究第三国的特定环境因素。只有深入了解企业的外部环境，企业才有成功的希望。

3. 组织外部环境的不确定性

组织对其外部环境进行调研时，常遇到的困扰是外部环境具有不确定性。所谓不确定性，是指对外部环境未来的发展变化及其对组织的影响不可能准确地加以预测和评估。不确定性意味着风险。各类组织面临的外部环境其不确定性的程度是不同的。不确定性的程度取决于两个主要因素：复杂性和动态性。

外部环境的复杂性，是指该环境所含因素的数量和它们的相似程度。如所含因素不多，比较相似，就称为同质环境；如因素很多，又各不相似，则称为异质环境。

外部环境的动态性，是指环境所含因素发展变化的速度及其可预测性。如变化速度不算快，较易于预测，就称为稳定环境；如变化迅速，难于预测，就称为不稳定的环境。

按照复杂性和动态性的不同，可得出不确定性的四象限矩阵，见表1-2。

表1-2　环境不确定性矩阵

复杂性	动态性	
	稳定	不稳定
同质	单元1：低不确定性 环境因素少且变化缓慢 易于预测	单元3：较高不确定性 环境因素少 因素变化快，不稳定 变化难于预测
异质	单元2：较低不确定性 环境因素多， 因素相对稳定，变化缓慢 变化易于预测	单元4：高不确定性 环境因素多， 因素变化快，不稳定 变化难于预测

表1-2中的单元1，外部环境的复杂性和动态性都低，其不确定性的程度最低。如普通中学的情况即如此，对其服务的需求既相似又稳定。单元2中，动态性低而复杂性高，其不确定性程度较低。如保险公司，要为顾客多样化的需求服务，因素较多，但这些因素的变化相当缓慢，较易预测。单元3中，动态性高而复杂性低，其不确定性程度较高。如妇女服饰商店，其顾客属于同质的细分市场，但时装流行趋势变化很快。单元4中，外部环境复杂性和动态性都高，其不确定性程度最高。如计算机软件公司的外部环境影响因素多（如顾客来源广、数量大、要求各不相同、技术进步很快、竞争异常激烈等），不同质，变化快，难预测。

必须说明，产业或企业外部环境的不确定性程度在不同时期还会发生变化。一般说来，第二次世界大战后，由于社会生产力提高，科技进步，企业规模扩大，市场问题尖锐化，竞争异常激烈，企业外部环境的不确定性较之战前大大增加了。美国的汽车制造公司在 20 世纪五六十年代都还能较准确地预测次年的销售额和利润，但从 70 年代中期起，由于石油价格上涨，外国竞争者进入，政府安全规章和排气法令严格执行，它们发现自己的外部环境已很不稳定。可以预料，经济全球化将带来全球性的激烈竞争，企业外部环境的不确定性程度还将继续上升。

外部环境的不确定性给各类组织的管理都带来了困难，而且会削弱其管理对组织绩效的影响。例如表 1-2 中，管理的影响作用在单元 1 中最大，而在单元 4 中最小。假如可以自由选择，则管理者都愿意在单元 1 那样的外部环境中经营，但他们却极少能这样选择。不过，利益回报与承担风险正相关，所以在高度不确定性的外部环境中实际蕴藏着丰富的机会，等待着敢冒风险的管理者去发掘。

不管怎样，管理者都应当经常对外部环境进行调研，对不确定性进行分析，在力所能及的范围内降低不确定性的程度，并制定出应对的权变措施。

1.3.2　组织的内部环境

1. 组织内部环境的构成

组织的内部环境又称为内部条件或状况，是指存在于组织内部的、对其管理及绩效有直接影响的因素。它同组织的外部环境一样，都是对管理者的一种约束力量；但它又与外部环境不同，由于诸因素存在于组织内部，所以是组织所能控制的。

对于组织内部环境包含哪些因素，至今尚无统一看法。我们认为，这需要从组织的含义说起。作为名词使用的组织，意指组织体，如工商企业、政府机关、学校、医院、群众团体等，它们都是由两个以上的人在一起工作以达到共同目标而协作（共同）劳动的群体。这是对组织最一般的理解。

系统学派的创立人巴纳德将"组织"定义为："将两个或多于两个人的力量和活动加以有意识地协调的系统。"他在这里强调了"有意识地协调"，是因为作为组织成员的工人目标同组织目标不一定协调，势必影响其为实现共同目标而努力的自觉性。有意识的协调就是要使组织的成员有协作的意愿，认同组织的共同目标，自觉地将个人目标同组织目标协调一致起来；组织则尽可能提高其成员个人目标的满足程度，确保成员做出贡献，以实现组织目标。

将对组织的一般理解同巴纳德的定义结合起来，可以认为组织是由若干有协作意愿的人聚合起来，以实现共同目标的劳动群体。由此可推论出组织内部包含三个基本因素：使命、资源、文化。它们就是对管理者起约束作用的组织内部环境。

首先是使命，即组织对社会承担的责任、任务以及自愿为社会做出的贡献。使命决定了组织存在的价值，又是划分组织类别的依据。人们为什么要聚合在一起，从事协作劳动？是为了实现共同的目标。如没有共同目标，人们就不需要聚合；即使勉强聚合，也是一盘散沙。而共同的目标却是从组织的使命衍生出来的，是其使命的延伸和具体表现。

其次是资源。其中最重要的是人力资源，即组成组织的人员。这些人要从事协

21

作劳动以完成共同目标，还需要物力、财力、技术、信息等资源。组织的活动过程也就是人力资源去获得和利用其他各种资源的过程。利用的效果如何，就直接决定共同目标能否实现。

最后是文化。组织文化是指组织内部全体人员共有的价值观、信念和行为标准的体系，它是在 20 世纪 80 年代才开始受到重视的。组织要使其成员有协作的意愿，认同组织的共同目标，自觉地将个人目标同组织目标协调起来，需要做许多工作，其中塑造和落实组织文化是非常重要的。

上述三个因素对组织的管理者都是有力的约束力量，管理者在选择管理形式和方法时，必须考虑它们的影响。在这三者中，使命和文化是相对稳定和持久的，资源状况则经常在变化，所以管理者在做出目标、计划、战略等方面的决策时，除了对外部环境进行调研外，还需对资源状况作调研，并同竞争对手相比较，发现组织自身的优势和劣势。

下面将分别对组织的使命和资源进行分析，并考察它们对管理的影响。至于组织文化，将在后面章节进行研究。

2. 组织的使命

一切社会组织都有（或应当明确）其使命。使命表明组织存在的价值，它是指导和规范组织全部活动的依据。组织的一切活动都必须服从和服务于它的使命。

【小资料】组织使命示例

- 福特公司："使汽车大众化。"
- 迪斯尼公司："把快乐带给千万人。"
- 索尼公司："体验发展技术造福大众的快乐。"
- 微软公司："永创一流。"
- 摩托罗拉公司："让顾客完全满意。"
- 麦肯锡公司："帮助杰出的公司和政府更为成功。"
- 沃尔玛公司："给普通百姓提供机会，使他们能买到与富人一样的东西。"

上述各组织的使命表述各异，究其实质，都是用简明文字来说明该组织的特定责任或任务，以及自愿为社会做出的贡献。特定的责任或任务表明组织作为一个独立的个体，有其独立存在的价值。为社会做的贡献则表明组织同时又是社会中的一个单位，理应对社会做出承诺，并把它确立为自己的理想或抱负。这二者又是相互联系的，表述时可有所侧重，但作为使命，必须兼顾二者。

使命不仅表明组织存在的价值，而且是确定组织性质、划分组织类别的依据。例如学校的使命是培养人才，所以其性质是教育组织；医院的使命是救死扶伤，所以其性质是卫生组织。工商企业的使命由各企业自行提出，有很大的差异性，如深入了解，仍可看出他们是从事经济活动并在经济方面为社会做贡献，所以其性质是经济组织。

组织的使命对管理有很大影响。使命不同，组织的性质、类别、责任、任务就不同，组织从事的业务活动也就不同，因此，其管理就有很大差别。例如在计划职能方面，无论是目标的提出或计划、战略的制订，在内容、形式和方法上，各类组织都是不同的。工商企业属于营利性组织，其目标主要是追求经济效益，兼顾社会效益；政府机关、学校、医院等则属于非营利性组织，其目标主要是社会效益。它们目标上的差异来自不同的使命。又如组织职能，各类组织因使命不同，所从事的业务活动不同，其设置的组织结构、职务、岗位等就大不相同，各机构、职务、岗位的职责和职权以及分工协作关系、信息沟通关系等就更不一样。学校、医院等组织是无法照搬企业的组织结构的，但如企业内部设有学校和医院，它们的组织结构可能与一般的学校和医院相似。

3. 组织的资源

组织为了进行业务活动，实现其使命和目标，必须有各类资源，其中主要的有：

1）人力资源

人力资源包括人员的数量、素质和使用状况。人力资源分析的具体内容有各类人员的数量、技术水平、知识结构、能力结构、年龄结构、专业结构，各类人员的配备情况、合理使用情况，各类人员的学习能力及培训情况，企业员工管理制度分析等。

2）物力资源

物力资源包括各种有形资产。物力资源分析就是要研究企业生产经营活动需要的物质条件的拥有状况以及利用程度。如在工业企业中，就包括各类劳动手段和劳动对象，如机器设备、工具、仪表、运输设备、能源、原材料等；还包括必要的劳动的条件，如土地、厂房、建筑物等。各类劳动手段要适应工作需要，其能力要被充分利用；各类劳动对象则要求在品种、质量、数量上能适应生产，保证供应。

3）财力资源

财力资源是一种能够获取和改善企业其他资源的资源，对财力资源的管理是企业管理最重要的内容之一。财力资源分析内容包括企业资金的拥有情况、构成情况、筹措渠道和利用情况，具体包括财务管理分析、财务比率分析、经济效益分析等。

4）技术资源

技术的含义很广，这里是指工业企业拥有的技术装备、员工的知识技术、工作技能、技术诀窍、技术创新能力等，它是同人力、物力资源紧密结合的。当今科学技术日新月异，通过技术培训、技术改造、技术引进等方式掌握更多的高新技术资源，对于企业赢得竞争优势，有着十分重要的意义。

5）信息资源

世界已步入信息社会，信息资源的重要性日益突出。信息来自组织内部和外部，如各类记录、数据、报表资料、指令、科学技术情报、社会经济情报、竞争对手资料、市场信号等。企业应创造条件，建立电子化信息管理系统，加强信息的收集、整理、分析、储存、检索和利用。

在同类型的组织中，它们拥有的资源具有同类性和可比性。拥有资源的数量表明组织的规模，数量多则规模大，反之则小。拥有资源的素质在很大程度上决定了组织的素质，资源素质好则组织素质高，反之则低。同在一个行业中的竞争对手，它们拥有的资源也是可比的。本企业的某项资源如果比竞争对手的该项资源更强，则说明本企业在该项资源上享有竞争优势；反之，如果本企业的某项资源弱于竞争对手，则说明在该项资源上本企业存在竞争劣势。

资源对组织的管理有很大的影响：

（1）资源数量表明组织的规模。组织的规模不同，管理的形式和方法就不同，竞争的战略和策略也不同。一般企业在初期规模很小，往往无正式的组织结构，随着规模的扩大才建立组织结构并逐步完善。又比如，在激烈的市场竞争中，小企业很难同大企业正面抗衡，它们选择一个狭窄的市场（市场间隙，大企业没注意或不愿经营的市场），集中满足该狭窄市场的需求。这就是集中化战略，特别适合于小型企业和实力不强的企业。

（2）资源素质基本上决定组织的素质，管理者在选择管理的形式和方法上也应考虑资源素质。例如，人员的素质就是选择领导方式、确定管理层次和分权化程度、建立控制系统的一个重要影响因素。如果人员素质高些，则领导者可能直接领导的下属人数就多些，在组织规模一定的情况下，管理的层次就可以减少些；反之，如果人员素质不高，可能需要增加管理层次。

组织的资源状况不断变化，但它不同于外部环境，是组织自身可以控制的。管理者要在调研的基础上，设法改善资源的结构，提高资源素质，增强资源的竞争优势，克服劣势，更好地实现组织的发展。

【学习实训】案例讨论——捷运公司的兴衰

从 20 世纪 70 年代末起，美国的工业经济开始衰退，美元汇率下跌，从 1973 年中东国家发起石油禁运以来，油价的上涨给美国航空公司带来沉重的打击，加之 1982 年美国成立"专业空运管理组织"（PATCO）后，出现了强硬的罢工势力。而里根政府又下令解雇罢工者，使劳资双方矛盾恶化。这一切使整个航空业出现了困难重重的局面，正如民航局主席麦克钦所说："即使想象力再丰富，也不会想到这么多的不利因素会同时出现。"因此，当时有不少航空公司，如布兰利夫航空公司、大陆航空公司都曾提出破产申请。

但是，就在这惨淡的时代，于 1981 年成立的国民捷运航空公司却在短短几年之内成长起来，而且蓬勃发展，到了 1984 年，就有能力收购边疆航空公司而成为美国第五大航空公司。

关于该公司经营成功的直接原因，按总经理马丁的说法，是由于该公司能保持低成本优势，这一方面是由于它选用低成本的飞机和低收费的机场，另一方面是因为提高了员工的积极性和飞机的生产率，而后者之所以成功，在于采用了该公司创始人兼董事长伯尔所倡导的管理风格：既严格督导，又富有人情味，使整个公司充满一种同舟共济的大家庭气氛。该公司有很多充满干劲的年轻人，他们的薪资很低，例如驾驶员第一年的薪资仅为 4 万美元，比其他航空公司的资深售票员还低。公司员工不参加工会，他们经常按工作需要而交叉变换工作，飞机驾驶员有时兼售票员，售票员有时去搬运行李，甚至高阶层主管从董事长伯尔开始，也要到各个岗位去学习业务，有时还得负责调度员与行李放置员的工作；公司不雇用任何秘书，通常也不解雇员工，"铁饭碗"几乎成了不成文的政策。公司鼓励员工参与管理，让大家对经营管理工作多提意见与建议。公司还要求每个员工按折扣价格购买公司的 100 股股票，使之成为与公司利益相关的股东。许多资深员工往往已积累了超过 5 万美元价值的股票。另外，伯尔还是一名鼓动家，他经常鼓励员工："要成为胜利者就需要有卓越的才能，要当一位能干的人。"

但是好景不长，1984 年合并边疆航空公司后 9 个月，捷运公司就亏损了 7 000万美元。为了适应规模扩大的局面并扭转亏损的形势，伯尔带头改变了由他自己倡导的家庭式管理风格，逐渐向其他大公司的传统官僚制管理风格看齐，他不仅不愿多倾听员工的意见，甚至对提意见的人施加压力甚至解雇。包括向伯尔建议实行终身雇用制的执行董事杜博斯也被解雇，董事帕蒂也因不满公司的新规定（不论工作多忙均需从上午 6 时到晚上 9 时配合值班制）而主动辞职，创办了总统航空公司，并沿用原来捷运的管理风格。

伯尔后来改变了管理模式，但捷运公司仍难逃厄运。捷运公司每况愈下，股票价格不断下跌，直至 1986 年被卖给德萨航空公司时，每股股票市价只为 1983 年公司最盛时的 1/4 左右。捷运公司员工之所以能接受很低的薪资，是因为他们希望公司昌盛，以便从所持的公司股票的升值和高额股利中得到补偿。可是如今股价暴跌，员工自然失去信心。最后，捷运公司完全消失，被并入大陆航空公司。

思考题：

1. 为什么有很多航空公司申请破产？

2. 为什么当时仍有许多航空公司继续生存并得以发展？

3. 请分析内外部环境对捷运公司的兴衰起了什么样的作用。

【效果评价】

根据学生出勤、课堂讨论发言及小组合作完成任务的情况进行评定。

综合练习与实践

一、判断题

1. 管理就是对一个组织所拥有的物质资源、人力资源等进行计划、组织、领导和控制，去实现组织目标。　　　　　　　　　　　　　　　　　　　　（　　）

2. 管理的基本活动对任何组织都有着普遍性，但营利性组织比非营利性组织更需要加强管理。　　　　　　　　　　　　　　　　　　　　　　　　（　　）

3. 基层第一线管理人员对操作工作的活动进行直接监管。　　（　　）
4. 组织中向外界发布信息的管理角色称为组织发言人。　　（　　）
5. 技术技能是指沟通、领导、激励下属的能力。　　（　　）

二、单项选择题

1. 为实现共同目标而一起工作的群体称为（　　）。
   A. 管理　　　　　　　　　　B. 决策
   C. 管理人员　　　　　　　　D. 组织

2. 原材料、生产设施装备属于以下哪种资源？（　　）
   A. 人力资源　　　　　　　　B. 金融资源
   C. 物质资源　　　　　　　　D. 信息资源

3. 某位管理人员把大部分时间都花费在直接监督下属人员工作上，他一定不会是（　　）。
   A. 组长　　　　　　　　　　B. 总经理
   D. 领班　　　　　　　　　　D. 车间主任

4. 管理者在作为组织的官方代表对外联络时，他扮演的角色是以下哪一方面的角色？（　　）
   A. 信息情报方面　　　　　　B. 决策方面
   D. 人际关系方面　　　　　　D. 业务经营方面

5. 对基层业务管理人员而言，其管理技能侧重于（　　）。
   A. 技术技能　　　　　　　　B. 财务技能
   D. 谈判技能　　　　　　　　D. 营销技能

三、多项选择题

1. 管理的主要职能包括（　　）。
   A. 计划　　　　　　　　　　B. 组织
   C. 领导　　　　　　　　　　D. 决策
   E. 控制

2. 管理的性质有（　　）。
   A. 科学性　　　　　　　　　B. 实践性
   C. 艺术性　　　　　　　　　D. 创造性
   E. 发展性

3. 管理者应具备的素质包括（　　）。
   A. 身体素质　　　　　　　　B. 能力素质
   C. 知识素质　　　　　　　　D. 品德素质
   E. 心理素质

4. 管理者按照所处层次来分类包括（　　）。
   A. 人事管理　　　　　　　　B. 基层管理

  C. 中层管理　　　　　　　　　　D. 高层管理

  E. 营销管理

 5. 管理者按照所处领域来分类包括（　　　　）。

  A. 人事管理　　　　　　　　　　B. 财务管理

  C. 生产管理　　　　　　　　　　D. 研发管理

  E. 营销管理

四、简答题

 1. 什么是管理？你是如何理解管理的？

 2. 管理的职能有哪些？它们之间有什么关系？

 3. 比较计划、组织、领导、控制与明茨伯格的十种管理者角色。

 4. 为什么处于同一组织的不同层次的管理者其所需技能结构是不同的？

 5. 管理者应具备哪些素质？

五、案例分析

甜美的音乐

  马丁吉他公司成立于 1833 年，位于宾夕法尼亚州拿撒勒市，被公认为是世界上最好的乐器制造商之一，就像 Steinway 的大钢琴、Rolls Royce 的轿车或者 Buffet 的单簧管一样。马丁吉他每把价格超过 10 000 美元，是你能买到的最好的东西之一。这家家族式的企业历经艰难岁月，已经延续了六代。目前的首席执行官是克里斯琴·弗雷德里克·马丁四世，他秉承了吉他的制作手艺，他甚至遍访公司在全世界的经销商，为他们举办培训讲座。很少有哪家公司像马丁吉他一样有这么持久的声誉。那么，公司成功的关键是什么？一个重要原因是公司的管理和杰出的领导技能，它使组织成员始终关注像质量这样的重要问题。

  马丁吉他公司自创办起做任何事都非常重视质量，即使后来在产品设计、分销系统以及制造方法方面发生了很大变化，但公司始终坚持对质量的承诺。公司在坚守优质音乐标准和满足特定顾客需求方面的坚定性渗透到公司从上到下的每一个角落。不仅如此，公司在质量管理中长期坚持生态保护政策。因为制作吉他需要用到天然木材，公司非常审慎和负责地使用这些传统的天然材料，并鼓励引入可再生的替代木材品种。基于对顾客的研究，马丁公司向市场推出了采用表面有缺陷的天然木材制作的高档吉他，然而，这在其他厂家看来几乎是无法接受的。

  马丁公司使新老传统有机地整合在一起。虽然设备和工具逐年更新，雇员始终坚守着高标准的优质音乐原则。所制作的吉他要符合这些严格的标准，要求雇员极为专注和耐心。家庭成员弗兰克·亨利·马丁在 1904 年出版的公司产品目录的前言里向潜在的顾客解释道："怎么制作具有如此绝妙声音的吉他并不是一个秘密。它需要细心和耐心。细心是指要仔细选择材料，巧妙安排各种部件。关注每一个使演奏者感到惬意的细节。所谓耐心是指做任何一件事不要怕花时间。优质的吉他是不能用劣质产品的价格造出来的。但是谁会因为买了一把价格不菲的优质吉他而后悔呢?"虽然100年过去了,但这些话仍然是公司理念的表述。虽然公司深深地植根于过去的优良传统,现任首席执行官马丁却毫不迟疑地推动公司朝向新的方向。例如,在20世纪90年代末,他做出了一个大胆的决策,开始在低端市场上销售每件价格低于800美元的吉他。低端市场在整个吉他产业的销售额中占65%。公司DXM型吉他是1998年引入市场的,虽然这款产品无论外观、品位和感觉都不及公司的高档产品,但顾客认为它比其他同类价格的绝大多数吉他产品的音色都要好。马丁为他的决策解释道:"如果马丁公司只是崇拜它的过去而不尝试任何新事物的话,那恐怕就不会有值得崇拜的马丁公司了。"

马丁公司现任首席执行官马丁的管理表现出色,销售收入持续增长,在2000年接近6亿美元。位于拿撒勒市的制造设施得到扩展,新的吉他品种不断推出。雇员们描述他的管理风格是友好的、事必躬亲的,但又是严格的和直截了当的。虽然马丁吉他公司不断将其触角伸向新的方向,但却从未放松过尽其所能制作顶尖产品的承诺。在马丁的管理下,这种承诺决不会动摇。

思考题:

1. 结合案例,你认为哪种管理技能对马丁四世最重要。解释你的理由。

2. 根据明茨伯格的管理者角色理论,说明马丁在下列情境中分别扮演什么管理角色。解释你的选择。

(1)当马丁访问马丁公司世界范围的经销商时;

(2)当马丁评估新型吉他的有效性时;

(3)当马丁使员工坚守公司的长期原则时。

3. 马丁宣布:"如果马丁公司只是崇拜它的过去而不尝试任何新事物的话,那恐怕就不会有值得崇拜的马丁公司了。"这句话对全公司的管理者履行计划、组织、领导和控制职能意味着什么?

4. 马丁的管理风格被员工描述为友好、事必躬亲但是严格和直截了当。你认为这意味着他是以什么方式计划、组织、领导和控制的,这种管理风格对其他类型的组织也有效吗?说明你的观点。

第 2 章
管理理论的形成与发展

学习目标

通过本章学习，学生应了解西方早期的管理思想、古典管理理论和现代管理理论产生的历史背景；理解西方各学派管理理论的要点；掌握古典管理理论的共同特征和现代管理理论的突出观点。

学习要求

知识要点	能力要求	相关知识
西方管理理论的形成	对古典管理理论进行评价	1. 古典管理理论形成的历史背景 2. 科学管理理论 3. 古典组织理论 4. 古典行政理论
西方管理理论的发展	对经验学派、权变学派、管理科学学派、组织文化学派的管理理论做出评价；系统观点、权变观点的应用	1. 行为科学理论 2. 现代管理理论产生的历史背景 3. 系统学派管理理论 4. 决策学派管理理论 5. 经验学派管理理论 6. 权变学派管理理论 7. 管理科学学派管理理论 8. 组织文化学派管理理论 9. 现代管理理论的突出观点

案例导入

回到管理学的第一个原则

纽曼公司的利润在过去的一年持续下降，而在同一时期，同行们的利润却在不断上升。公司总裁杰克先生非常关注这一问题。为了找出生产利润下降的原因，他花了几周的时间考察公司的各个方面。接着，他决定召开各部门经理人员会议，把他的调查结果和他得出的结论连同一些可能的解决方案告诉他们。

杰克说："我们的利润一直在下降，我们正在进行的工作大多数看来也都是正确的。比方说，推销策略帮助公司保持住了在同行中应有的份额。我们的产品和竞争对手的一样好，我们的价格也不高，公司的推销工作看来是有成效的，我认为还没必要改进什么。"他继续评论道："公司有健全的组织结构、良好的产品研究和发展规划，公司的生产工艺在同行中也占领先地位。可以说，我们的处境良好。然而，我们的公司却面临这样的严重问题。"室内的每一个人都有所期待地倾听着。杰克开始讲到了劳工关系："像你们所知道的那样，几年前，在全国劳工关系局选举中工会没有取得谈判的权利。一个重要的原因是，我们支付的工资一直至少和工会提出的工资一样高。从那以后，我们继续给员工提高工资。问题在于，我们没有维持相应的生产率。车间工人一直没有能生产足够的产量，可以把利润维持在原有的水平上。"杰克喝了点水，继续说："我的意见是要回到第一个原则。近几年来，我们对工人的需求注意得太多，而对生产率的需要却注意不够。我们的公司是为股东创造财富的，不是工人俱乐部。公司要生存下去，就必须要创造利润。我在上大学时，管理学教授们十分注意科学管理先驱们为获得更高的生产率所使用的方法，这就是为了提高生产率广泛地采用了刺激性工资制度。在我看来，我们可以回到管理学的第一个原则去，如果我们工人的工资取决于他们的生产率，那么工人就会生产更多。管理学前辈们的理论在今天一样地在指导我们。"

（资料来源：郭美斌. 管理学［M］. 长春：吉林大学出版社，2013.）

任务 2.1　西方管理理论的形成

【学习目标】

学生应了解西方早期的管理思想和古典管理理论形成的背景，把握古典管理理论的共同特征。

【学习知识点】

2.1.1　西方早期的管理思想

西方国家很早就有管理活动，由此产生了管理思想。可惜历史记载有限，且因长期不重视工商业，管理思想的积累非常缓慢。西方学者较为系统地研究管理问题，还是在 18 世纪 60 年代英国开始产业革命、出现资本主义工厂制度以后。这方面的代表人物有以下几位：

　　1. 亚当·斯密

　　亚当·斯密是英国资产阶级古典政治经济学的奠基人，是自由竞争的资本主义的鼓吹者，其代表作是发表于 1776 年的《国民财富的性质和原因的研究》（又译为《国富论》）。斯密认为，劳动是国民财富的源泉，财富的多少取决于劳动的人数和劳动生产率的高低，而要提高劳动生产率，就需要实行劳动分工。他特别强调分工的效益，指出这些效益来自："第一，劳动者的技巧因专业而日进；第二，由一种工作转到另一种工作，通常须损失不少时间，有了分工，就可以免除这种损失；第三，许多简化劳动和缩短劳动的机械的发明，使一个人能够做许多人的工作。"他认为，管理人员为了提高生产率，也必须依靠劳动分工。分工能使社会所有的人普遍富裕，并使工厂制度具有经济合理性。

　　斯密的另一个管理思想是，人们在经济行为中追求的完全是私人的利益，但是每个人的利益又为其他人的利益所限制，这就迫使每个人必须顾及其他人的利益，由此产生了相互的共同利益，进而产生和发展了社会利益。社会利益以个人利益为基础。斯密提出了人都是追求个人经济利益的"经济人"观点，这是资本主义生产关系的反映。

　　2. 查尔斯·巴贝奇

　　巴贝奇是英国剑桥大学数学教授，曾在英、法等国工厂调研，他在 1832 年出版了《论机器和制造业的节约》一书，该书是企业管理学的重要文献。巴贝奇发展了亚当·斯密关于劳动分工效益的思想，提出其效益还来自工作专业化节省了学习技术所需的时间，节省了学习期间所耗原材料，节省了变换工具所需时间；他还特别指出斯密忽略了分工可节省工资支付的好处，因为按劳动复杂程度和劳动强度实行分工后，其中要求较低的工作即可支付较低的工资。

　　巴贝奇还鼓吹劳资合作，强调工厂主的成功对工人的福利是十分重要的。他建议实行一种工人分享利润的计划，认为此计划能使雇员同雇主的利益一致，消除矛盾，共享繁荣。他还主张对工人为提高劳动效率而提出的建议给予奖励。

　　3. 丹尼尔·麦卡勒姆

　　美国的工厂制度形成于 19 世纪中叶，但其铁路发展却比英国更加迅速，成了美国管理的先驱。在美国的铁路发展历程中，主要的代表人物是麦卡勒姆，他从 1854 年起担任伊利铁路公司的总监。麦卡勒姆集中研究铁路公司内部的管理，提出下列管理原则：

　　（1）恰当地划分职责；

　　（2）为了使职工履行其职责，授予他充分的权利；

　　（3）采取措施了解个人是否切实承担起职责；

　　（4）发现玩忽职守者要迅速报告，以便及时纠正错误；

（5）建立起按日报告和检查的制度来反映这些情况；

（6）采用一种制度，使总负责人不仅能及时发现错误，而且能找出失职者。

为了贯彻上述原则，麦卡勒姆制定了一套组织措施，如划分职工级别，规定职工穿上表明其级别的制服，用正式的组织图表明组织结构之间的职责分工和报告控制体系等。他还强调下级只应对他的直接上司负责，并接收他的指令，其他人的命令都可以不执行，这就是后人所说的统一指挥原则。

麦卡勒姆的这些管理思想和组织措施被许多铁路公司采用，但受到铁路员工的激烈反对。美国一些大企业也参照他的做法，实现了管理制度化。

4. 亨利·普尔

普尔长期担任《美国铁路杂志》的主编，此杂志是当时铁路投资者和经理人员必读的主要商业周刊。他广泛探讨铁路经营上的问题，如资金筹措、规章制度、铁路在美国生活中的作用等。他根据麦卡勒姆整顿伊利铁路公司的事例指出，企业管理不能靠创办人和投资者，而应依靠专职管理人员。他探索管理的科学，发现了三条"基本原则"：

（1）组织原则。组织是一切管理的基础。从董事长到工人都必须有细致的劳动分工，有具体的职责，并对其直接上司负责。

（2）沟通原则。在组织中要设计一种报告和联系的办法，使最高领导层能不断地准确了解下属的工作情况。

（3）信息原则。必须编制和保存一套有关收入、支出、定额测定、运价等方面的系统资料，用心分析现有经营管理情况并为日后的改进提供依据。

普尔发现，要使铁路等大型组织成功运转，必须建立管理秩序、制度和纪律，但由于工人们的抵触情绪等因素，需要建立一种能通过向组织灌输团结精神而克服单调无味、照章办事情绪的制度。最高管理层应成为企业的神经中枢，它能通过每一部门，把知识和服从的精神输送到每个部门。

2.1.2 古典管理理论形成的历史背景

西方公认的古典管理理论包括三部分：由美国泰勒等人创立的科学管理理论，由法国人法约尔创立的古典组织理论，由德国人韦伯创立的行政组织理论。这三种理论虽由不同的人在不同的国家单独提出，但提出的时间都在20世纪之初，且基本内容上有相似之处。这是因为它们反映了同样的历史背景，适应了当时资本主义社会发展的需要。古典管理理论形成的历史背景有下述几个方面：

1. 资本主义生产迅速发展

19世纪70年代以后，经济危机频繁，竞争日趋激烈，推动了技术进步，使原有的重工业部门（如冶金、采矿、机器制造等）迅速发展起来，并使新兴重工业部门（如电力、电器、化学、石油等）先后建立和发展。这样就使资本主义生产得到空前迅猛的增长。据统计，世界工业生产量在1850—1870年的20年中增长了1倍，而在1870—1900年的30年中增长了2.2倍，到20世纪初的13年中又增长了66%。

工业的发展和资本主义经济体系向全世界的扩张，促进了交通运输和国际贸易的发展。

资本主义生产发展和科学技术的进步，对企业管理提出了更高的要求。长期以来凭经验管理的传统方式已成为进一步增强竞争能力、提高生产率的主要障碍。劳动高度专业化了，而标准化的生产程序和方法却没有制定，组织结构等问题也亟待研究解决。

2. 资本主义生产集中和垄断组织的形成

自由竞争引起生产集中，而资本主义经济危机、技术进步、重工业和铁路的建设对生产集中也起着重要的促进作用。19 世纪末 20 世纪初，各资本主义国家的生产集中已达到了相当的高度。生产集中引起垄断组织的形成。垄断组织早在 19 世纪 60 年代即已出现，但直到该世纪末的经济高速发展和 1900—1903 年的经济危机期间，才在发达的资本主义国家普遍发展起来，成为经济生活的统治者。垄断的统治并不消除竞争，这时候不仅自由竞争在一定范围和程度上依然存在，而且出现了垄断组织之间、垄断组织和非垄断组织之间以及垄断组织内部的竞争。由于垄断组织的实力强大，新的竞争更加激烈和尖锐。

生产集中、垄断组织形成和竞争加剧，对企业管理提出了更高的要求，管理业务越来越复杂，传统的经济管理已根本无法适应，必须对它进行彻底改革。过去，企业规模小，如因管理不善而破产，影响还有限；如今的垄断组织如管理失误，则不但关系企业的存亡，而且还会影响国家经济实力和社会财富，产生严重后果。

3. 阶级斗争尖锐化

资本主义自由竞争阶段向垄断阶段过渡，工人阶级的劳动条件和生活状况日益恶化，所受剥削日益加重，激起了他们反对垄断资本的斗争，罢工事件频繁发生，各种各样的怠工形式更加普遍。资产阶级面对劳资矛盾的激化，把它说成是一个"劳动力问题"，想方设法去解决。他们除鼓吹劳资合作外，或主张用优良机器节省劳动力，或主张分享利润计划，或主张改进生产的程序和方法。因此，阶级斗争尖锐化也是促进古典管理理论形成的重要因素之一。

4. 资本主义企业管理经验积累

从 18 世纪英国产业革命、工厂制度诞生算起，到 20 世纪初为止，可以看作资本主义企业的传统管理阶段。此阶段的突出特点是管理者依靠个人的经验来管理，工人凭自己的经验来操作，工人和管理人员的培养也只是靠师傅传授经验。经验固然可贵，但是有必要将它上升为理论，而只有经验积累到相当丰富的程度才能进行科学总结和概括。

如前所述，在这个阶段，有些先驱如斯密、巴贝奇、麦卡勒姆、普尔以及其他许多人已经对管理经验加以概括，先后提出了值得重视的管理思想。尽管他们受到历史条件局限，未能形成管理理论，但已为这一理论的产生做了必要的准备。到 20世纪初，泰勒、法约尔、韦伯等人正是利用了资本主义企业管理积累的经验，适应资本主义生产进一步发展的需要，加上自己的认真研究，从不同角度提出了企业管理的理论，这就是古典管理理论。

因此，古典管理理论是历史的产物，它的形成是由 19 世纪末 20 世纪初资本主义社会经济和历史条件所决定的。泰勒等人的科学管理理论的提出，标志着资本主义企业管理由传统管理阶段过渡到了科学管理阶段。

2.1.3 科学管理理论

科学管理理论的创立者主要是美国人泰勒，他在工厂当过工人、工长、总工程师和管理顾问。他在 1911 年出版了《科学管理原理》一书，标志着这一理论的最终形成。在资本主义企业管理史上，泰勒被尊称为"科学管理之父"。

科学管理理论并未研究整个企业管理职能、原则和组织问题，而是主要研究企业最基层的工作（或蓝领工作），探讨大幅度提高工人生产率的原则和方法，寻求管理工作的一种"最佳方式"。

泰勒及其同事从 19 世纪 80 年代起先后在几个工厂进行了多次试验，试行了一系列改进工作方法和报酬制度的措施，在一定范围内获得了显著提高生产效率的成效。于是有人称他为"效率专家"，他的追随者也以传播"效率主义"为己任。可是泰勒认为这是对科学管理的实质及其原理的误解。他指出："科学管理是过去曾存在的诸种要素的结合，即把老的知识收集起来，加以分析、组合并归类成规律和条例，于是构成一种科学。"

【知识阅读 2-1】

搬铁块实验

搬铁块实验是 1989 年在伯利恒钢铁公司货场进行的。实验前这里工人的标准工资是每天 1.15 美元，每个工人平均一天搬运 12.5 吨铁矿。实验开始时，泰勒先用了 3~4 天时间观察和研究了其中的 75 名工人，从中挑选了 4 人，再对这 4 个人的历史、性格、习惯和工作抱负做了系统的调查，之后确定了一个叫施密特的人作为实验对象。泰勒研究了劳动负荷、动作时间和调节方法，把劳动的时间和休息的时间很好地搭配起来。他实地测算了从车上或地上搬起铁块的时间，带着铁块在平地上行走的时间，堆放好铁块的时间，空手返回原地的时间等，加以精确计算，然后开始训练施密特，告诉他何时搬运，何时休息，用什么样的动作最省力。按照泰勒的方法，施密特一天完成了 47.5 吨的工作量，而且因为劳动休息调节得当，人也不很累，并拿到了一天 1.85 美元的工资。

（资料来源：黄煜峰，荣晓华. 管理学 [M]. 大连：东北财经大学出版社，2002.）

科学管理理论的指导思想是劳资合作，提倡雇员同雇主利益的一致性。怎样做到一致呢？这就需要来一场完全的"思想革命"，而这正是泰勒所说的科学管理的实质。泰勒提出，这场思想革命有两方面的内容。第一，劳资双方不再把注意力放在盈余的分配上，而转向增加盈余的数量上，盈余增加了，则如何分配盈余的争论也就不必要了。第二，劳资双方都必须承认，对厂内一切事情，要用准确的科学研究和知识来代替旧式的个人判断或经验，这包括完成每项工作的方法和完成每项工作所需的时间。他还提出"将科学与工人相结合"，即要求管理者和工人合作，保证一切工作都按已发展起来的科学原则去办。

科学管理的工作内容（人们习惯称为"泰勒制"）主要有：

（1）工作方法和工作条件的标准化。要科学地研究各项工作，分析工人的操作，总结工作经验，制定出能显著提高效率的标准工作法，相应地使所使用设备、工具、材料及工作环境标准化。

（2）工作时间的标准化。要科学地研究工人的工时消耗，规定出按标准工作方法完成单位工作量所需的时间以及一个工人"合理的日工作量"，作为安排工人任务、考核劳动效率的依据。

（3）挑选和培训工人。要让他们掌握标准工作法，尽力达到"合理的日工作量"。

（4）实行"差别计件工资制"。即按照工人是否达到"合理的日工作量"而采用不同的工资率，以刺激工人拼命干活。

（5）明确划分计划工作与执行工作。科学研究、制定标准、计划调度等"一切可能用脑的工作都应该从车间里转移出来，集中到计划或设计部门，留给工段长和班组长的只能是纯属执行性质的工作"。

（6）实行"计划室和职能工长制"即"职能制管理"。首先在执行工作方面，改变过去每个班组的工人只由一名工长或班组长领导的办法，而分设四个"职能工长"，他们是班组长、速度管理员、检验员和修配管理员，每个人都有权直接指挥工人。其次在计划工作方面，计划室也分设四员，他们是工序和线路调度员、指示卡办事员、工时和成本管理员、车间纪律检查员，都有权代表计划部门指挥工人。泰勒认为，经过分工和专业化，可大大提高管理工作效率，对生产发展有利。但是这样做的结果是工人同时接受八个人的领导，往往无所适从，这违背了统一指挥原则，而且工段长和班组长因感到自己的权限被缩小也表示反对。所以"职能制管理"从未得到普遍推广，不过泰勒的这一思想为以后职能部门的建立和管理专业化提供了启示。

（7）实行"例外原则"的管理。在规模较大的企业，高层管理者要将日常工作授权给下级管理人员去处理，自己仅保留对例外事项的决策权和监督权，如企业的大政方针、重要人事任免、新出现的重要事项等。这一思想后来发展为管理上的分权化原则和实行事业部制管理等。

泰勒等人所倡导的科学管理理论主要就是上述几方面的内容。他们以劳资合作为指导思想，说什么"盈余增加了，就不必去争论盈余的分配"，这些都是错误的；但他们主张企业管理的一切问题都应当而且可能用科学的方法去研究和解决，实行各方面的标准化，使个人经验上升为理论，而不能仅凭经验办事，这是他们的历史性贡献，开创了资本主义企业管理的科学管理阶段。对科学管理理论，即"泰勒制"的评价应一分为二：一方面，它是资产阶级残酷剥削工人的最巧妙的手段；另一方面，它又是一系列的科学成就，即按科学方法来分析工人的操作，总结经验，制定出高效率的标准工作法。事实上，由"泰勒制"发展起来的动作研究和时间研究，已成为现代工业工程学的重要内容。

2.1.4 古典组织理论

古典组织理论的创立者是法国人亨利·法约尔，其代表作是《工业管理与一般管理》，发表于 1916 年。与泰勒主要研究企业管理最基层的工作不同，法约尔作为大型企业的管理者，是以整个企业为研究对象，提出了企业管理的职能和原则。他认为这些理论也适用于军政机关、宗教组织等。

法约尔首先为管理下定义。他认为，企业的全部活动可分为 6 组：

（1）技术活动（生产、制造）；

（2）商业活动（购买、销售）；

（3）财务活动（筹集和最适当地利用资本）；

（4）安全活动（保护财产和人员）；

（5）会计活动（财产清点、成本、统计等）；

（6）管理活动（计划、组织、指挥、协调和控制）。

企业各级人员都要参加这些活动，但各有侧重，如工人和工长主要从事技术活动，厂长、经理主要从事管理活动。"管理就是实行计划、组织、指挥、协调和控制。"由此定义可见，法约尔使用管理的职能来解释管理。

古典组织理论的一个重要内容是详细论述了管理的五个职能（法约尔称为管理的要素），分别说明它们的含义、工作内容、工作要求等。古典组织理论对组织职能的论述尤为详尽，提出了"管理幅度"原理、组织结构设计、职能机构和参谋人员的设置，并且批判了泰勒鼓吹的"职能制管理"。法约尔对管理职能的分析至今仍具有巨大的指导意义。

古典组织理论的另一重要内容是法约尔提出的 14 条"管理的一般原则"。这是他从实践经验中总结出来，又在实践中经常应用的（其中有些是继承了前人的管理思想）。

（1）劳动分工。这不仅适用于生产，还可应用于各种管理工作中，发展为管理专业化和权力的分散。

（2）权力和责任。权责必须对等，行使权力首先应规定责任范围，然后制定奖惩标准。

（3）纪律。要使企业顺利发展，纪律绝对必要。领导人制定纪律，必须同其下属人员一样接受纪律的约束。

（4）统一指挥。一个下属人员只应接受一个领导人的命令，反对多头指挥。

（5）统一领导。这是对于力求达到同一目的的全部活动，只能有一个领导人和一项计划，这是统一行动、协调力量和一致努力的条件。

（6）个人利益服从整体利益。在企业中，个人利益不能置于企业利益之上，国家利益应高于公民个人的利益。

（7）报酬。人员的报酬是他们服务的价格，应该合理，并尽量使雇主和雇员都满意。

（8）集权与分权。这是权力集中和分散的问题，是一个程度问题，要找到适合于企业的最适宜度，即能提供最高效率的度。

（9）等级制度与跳板原则。从最高领导人到最基层，应划分等级，形成执行权力和传递信息的路线。各级同级之间也应建立直接联系，保持行动迅速，如图 2-1 所示。

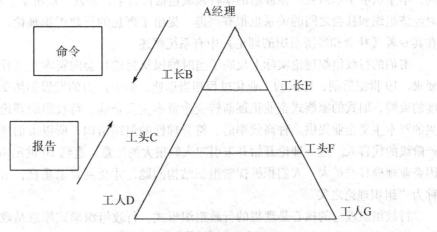

图 2-1　企业等级制度示意图

（10）秩序。就社会组织而言，这是指将合适的人安排在合适的岗位上，做到"各有其位，各就其位"。就物品而言，是指放在预先规定的位置，保持整齐清洁。

（11）公平。领导人对其下属要仁慈和公正，才能赢得下属的忠诚和拥护。它不排斥严格，但要求有理智、有经验，有善良的性格。

（12）人员的稳定。要保持人员在职位上的相对稳定，反对不必要的流动。

（13）首创精神。应尽量鼓励和发展全体人员的首创精神，这是一股巨大的力量。

（14）集体精神。团结就是力量，应尽力保持全体人员的和谐与团结，反对分裂。

古典组织理论还包括管理教育问题。法约尔详细研究了企业各级人员必须具备的素质，特别强调管理教育的必要性。他指出，每个人都或多或少地需要管理知识，大企业高级人员最需要的能力是管理能力，单凭技术教育或业务实践是不够的，所以管理教育应当普及。他又说，缺乏管理教育的真正原因是缺乏管理理论，而他的研究正是建立一个管理理论的尝试。

以上就是古典组织理论的主要内容。在传播这一理论的初始阶段，有人试图将此理论与泰勒的科学管理理论相对比。但在 1925 年，法约尔亲自声明有人将他推到与泰勒相对立的地位是荒谬的。实际上，这两种理论可以互补，它们都意识到管理对企业取得成功的重要性，都把科学方法应用于这一问题。至于两种理论研究的角度和重点不同，则是它们的创立者经历不同事业生涯的一种反映。

对古典组织理论的发展做出重要贡献的有英国人林德尔·厄威克和美国人卢瑟·古利克。他们进一步研究管理的职能和原则,并将古典组织理论与科学管理理论系统地加以整理和阐述。他们合编的《管理科学论文集》(1937年出版)在管理学史上颇有地位。

2.1.5 行政组织理论

行政组织理论的创立者是德国人马克斯·韦伯。他与同时代的泰勒、法约尔不同,毕生从事学术研究。他涉猎的学科领域包括社会学、宗教、经济学、政治学等,对经济组织和社会之间的关系也很有兴趣,提出了理想的行政组织理论,这个理论在其专著《社会和经济组织的理论》中有系统阐述。

韦伯的行政组织理论实际上反映了当时德国从封建社会向资本主义社会过渡的要求。19世纪后期,德国的工业化过程相当迅速,但生产力的发展仍然受到封建制度的束缚,旧式的家族式企业正逐渐转变为资本主义企业。行政组织理论力图为新兴的资本主义企业提供一种高效率的、符合理性的组织结构,所以韦伯成为新兴资产阶级的代言人。这一理论开始并未引起人们很大的注意,直到20世纪40年代末,因企业规模日益扩大,人们积极探索组织结构问题,才受到普遍重视,韦伯因而被称为"组织理论之父"。

行政组织理论的核心是理想的行政组织形式。行政组织形式原意是政治学的概念,指官府由官僚控制而不让被统治者参加,所以可译为"官僚政治""官僚制度",不过这些词在中文中都带有贬义。韦伯使用这个词并无贬义,而是作为社会学的概念,用以表明集体活动的理性化,指一种能预见组织成员活动、保证实现组织目标的组织形式,所以可转译为行政组织形式。所谓"理想的",也非一般含义,而是指"纯粹形态"。因为在实际生活中,必然出现多种组织形式的结合,为了便于研究,需要按纯粹的、典型的形式来分析。

韦伯对组织形式的研究,从人们所服从的权力或权威开始。他认为有三种合法的权力,由此引出三种不同的组织形式:

(1)神秘的权力。人们服从拥有神授品质的领袖,由于对他的个人崇拜,神秘的组织出现了。这种组织的基础不稳,领袖死后就会产生权力继承问题。

(2)传统的权力。人们服从由传统(如世袭方式)确定、享有传统权力的领袖,出于对他的忠诚而服从他的命令。这就出现了传统的组织。

(3)理性的、法律化的权力。这种权力以理性为依据,以规章制度的合法性为依据,人们只服从那些依法制定的、与个人无关的命令。这就出现了理性的、法律化的组织。

韦伯认为,在以上三种权力中,只有理性的、法律化的权力才能成为管理的行政组织形式的基础,因为它以理性和法律为依据,不带神秘色彩,不受传统约束。他所说的行政组织形式正是理性化、法律化的组织,它像现代的机器,能带来最高的效率。

韦伯设计的行政组织形式特别强调以下几点：

（1）每个组织都要有一个明确规定的职位等级制结构，每个职位都要有明确规定的权利和职责范围。

（2）每个组织中，只有最高领导人因专有（生产资料）、选举或继承而获得其掌权的地位，其他管理者都应实行委任制和自由合同制。一切管理者（包括最高领导人）都必须在规定的权责范围内行使其权力。

（3）被委任的管理者是根据预先制定的技术规范来挑选的，要经过考试或验证文凭，或二者兼用。

（4）被委任的管理者要把职位作为他们唯一的（至少是主要的）职业，职业就是前程。有一个按年资和业绩提升的制度，提升与否取决于上司的判断。

（5）管理者应当同生产资料的所有权相分离，即把属于组织而由他管理的财产同他个人的私有财产彻底分开，把管理者执行职务的地点同他的生活场所分开。

韦伯指出，这样的行政组织形式原则上适用于各类组织，如政府、军队、教会、医院、大型资本主义企业等。理想的形式从纯技术观点来看，最合乎理性原则，能获得最高效率。它在准确性、稳定性、严格的纪律性和可靠性等方面，都优于其他组织形式，并使组织的领导人和有关人员能够高度精确地计算组织的成果。

韦伯还指出，资本主义制度在行政组织形式发展中起着重大作用。一方面，资本主义在当时的发展阶段强烈要求推动这一组织形式的普及；另一方面，资本主义又是这一组织形式最合乎理性的经济基础，为它提供了必要的财力资源，以及运输和通信方面的极端重要条件。

2.1.6　古典管理理论的回顾

上述三种管理理论创立之初并无联系，各自的着重点也不同，但它们有着相同的社会经济和历史背景，都适应了资本主义社会发展的需要；它们的创立人又都不同程度地继承了早期的管理思想，经过亲身实践或学术研究或多或少地摸索到管理工作的规律性，而且在对待工人（雇员）和对待组织的根本看法上大体一致。人们把这些共同的看法视为古典管理理论的特征。

三种理论对待工人（雇员）的看法是：

（1）它们都认为财产最重要，私有财产神圣不可侵犯。雇主拥有生产资料，就可以占有雇员的劳动并按照自己认为适当的方式去利用。

（2）它们都继承了亚当·斯密以来资产阶级经济学家的观点，认为人都是"经济人"。雇主经营是为了多得利润，雇员劳动是为了多挣工资。

（3）它们都鼓吹劳资双方的利益在根本上是一致的。在提高劳动生产率的基础上，工人可多拿工资，雇主也可多得利润，所以工人的目标可以同雇主的目标相一致。

（4）它们都认为人的天性是好逸恶劳，逃避工作，怕负责任，因此，管理者必须对雇员实施强迫、威胁、严加监督，辅以金钱刺激。这就是后来 D.麦格里戈提出的"X理论"的观点。

三种理论对待组织的看法是：

（1）它们都只研究了组织内部的管理问题，未曾考虑组织的外部环境及其对管理的影响，实际上是将社会组织看成一个封闭式系统。

（2）它们都鼓吹科学，崇尚理性，认为在管理中存在着适用于一切情况的"最好方式"，管理理论的任务就是探索和揭示这一"最好方式"。

（3）它们都把组织看成一部机器，组织的各类人员则是它的零部件，因而非常强调劳动分工、管理专业化、建立等级制度、明确权责、严格纪律和规章制度等，以保证机器准确有效地运转。

（4）它们都强调稳定，不重视变革。按照它们的说法，只要按照它们揭示的"最好方式"、科学（或理性）原则行事，就能无往而不胜。

古典管理理论的上述特征，既决定于它的创立者们的资产阶级立场观点，又反映了管理理论形成初期的历史局限性，后来的管理学者对它提出了许多批评，并根据社会经济条件的变化创立新的理论，对它做出修正。尽管如此，古典管理理论的历史功绩不容抹杀，它确实促进了资本主义社会的发展，对以后的管理理论产生了深远的影响，其中一些原理和方法至今仍为西方各国所应用，对我国社会主义的管理也有参考和借鉴的价值。

【学习实训】 深度思考——铁锹试验

铁锹实验是被称为科学管理之父的泰勒所进行研究的三大实验之一，也称铁砂和煤炭的挖掘实验，它系统地研究铲上负载后各种材料能够达到标准负载的锹的形状、规格，以及各种原料装锹的最好方法的问题。

实验过程：早先工厂里工人干活是自己带铲子。铲子的大小各不相同，而且铲不同的原料时用的都是相同的工具，那么在铲煤沙时重量如果合适的话，在铲铁砂时就过重了。泰勒研究发现每个工人的平均负荷是21磅（1磅≈0.45千克），后来他就不让工人自己带工具了，而是准备了一些不同的铲子，每种铲子只适合铲特定的物料，这不仅使工人的每铲负荷都达到了21磅，也让不同的铲子适合不同的情况。为此他还建了一间大库房，里面存放各种工具，每个的负重都是21磅。同时他还设计了一种有两种标号的卡片，一张说明工人在工具房所领到的工具和该在什么地方干活，另一张说明他前一天的工作情况，上面记载着干活的收入。工人取得白色纸卡片时，说明工作良好，取得黄色纸卡片时就意味着要加油了，否则的话就要被调离。

实验结论：①干不同的活拿不同的锹；②铲不同的东西每锹重量不一样；③应当有一个效率最高的重量；④实验发现21磅时效率最高。

铁锹试验使生产效率得到了提高。泰勒还对每一套动作的精确时间做了研究，得出了一个"一流工人"每天应该完成的工作量。这一研究的结果是非常杰出的，堆料场的劳动力从400~600人减少为140人，平均每人每天的操作量从16吨提高到 59 吨，每个工人的日工资从 115 美元提高到 188 美元。将不同的工具分给不同的工人，就要进行事先的计划，要有人对这项工作专门负责，需要增加管理人员，但是尽管这样，工厂也是受益很大的。据说这一项变革可为工厂每年节约 8 万美元。

分析问题：

分组讨论，谈一谈铁锹实验的意义，以及对理论指导管理的看法。

【效果评价】

根据学生出勤、课堂讨论发言及小组合作完成任务的情况进行评定。

任务 2.2　西方管理理论的发展

【学习目标】

学生应了解现代管理理论产生的历史背景，理解西方各学派管理理论的要点，掌握现代管理理论的突出观点。

【学习知识点】

2.2.1　行为科学理论的产生与发展

早期的行为科学理论称为人际关系理论，形成于 20 世纪 30 年代，其代表人物为梅奥和罗特利斯伯格。人际关系理论是随着资本主义社会矛盾的加深而产生的。一方面泰勒的科学管理理论尽管鼓吹劳资合作，却加重了对工人的剥削，激起了工人和工会的强烈反对；资本家认为用科学化的管理办法取代传统的管理经验，会影响他们的权威，同时害怕工人的反抗，也表示反对采用科学管理；鉴于一家兵工厂推行经济刺激而酿成工人罢工，美国国会还通过法律，禁止在军工企业和政府企业采用"泰勒制"。另一方面，第一次大战结束后西方国家经济发展的周期性危机日益加剧。这些就使得资产阶级感到有必要寻找新的管理理论和方法去提高生产率，于是一些企业就同管理学学者、心理学学者合作，着重从改善工作环境、工作条件等方面进行试验，人际关系理论就应运而生。

1924—1932 年间，美国国家研究委员会与西方电器公司合作，在公司所属设在芝加哥附近霍桑的工厂进行试验，并邀请梅奥和罗特利斯伯格等人参加。这就是著名的霍桑试验，它分四个阶段：

第一阶段，照明实验。即改变"试验组"工人工作场地的照明度，考察它对生产率的影响。试验以失败告终，因为照明度的变化对生产率几乎没有什么影响。

第二阶段，继电器装配室实验。即改变各种工作条件（如工作时间、劳动条件、工资待遇、管理作风与方式等），考察其对生产率的影响。结果发现各种条件无论如何变化，产量都在增加，无法解释。

第三阶段，大规模访问和调查。在全公司范围内调查了 2 万多人次，得出的结论是：任何一位员工的工作绩效都受到其他人的影响。

第四阶段，电话线圈装配工实验。将三个工种的工人组成一个"试验组"，实行集体计件工资制，企图形成"快手"对"慢手"的压力以提高生产率。结果发现：①工人们有自定的"合理的日工作量"，它低于厂方所订的产量标准。工人们不会工作得太快或者太慢，而是遵守自定的标准，并有一套措施使不遵守此标准者就范。②在三个"试验组"中存在两个跨组的小集团，同一小集团的人在一起玩，交换工作并互相帮助，而对小集团外的人则不这样做。小集团有几条不成文的纪律，如工作不能太快或太慢，不应向监工打同伴的"小报告"，不应同人保持疏远或好管闲事等。

梅奥根据霍桑试验的材料加以研究，于 1933 年出版了《工业文明中人的问题》一书，提出了与古典管理理论不同的新观点，这些新观点就是人际关系理论的基本点：

（1）人是"社会人"，而非单纯的"经济人"。任何人总是处在一定的社会、组织和群体中，既有经济方面的需求，又有社会、心理方面的需求，如感情、友谊、安全感、归属感、受到他人尊重等。因此，对人的激励也应是多方位的，金钱绝非唯一的激励因素，更重要的是从社会、心理方面去满足人的需求，才能激励士气。

（2）企业中存在正式组织，即行政划分的部门、单位，又存在"非正式组织"，即由共同兴趣、感情等因素自然形成的无形群体。"非正式组织"的出现并非坏事，它同正式组织相互依存，对生产率的提高有很大影响，关键是管理当局要给予充分重视，注意将它引向正式组织的目标。

（3）新型的领导能力在于管理要以人为中心，全面提高职工需求的满足程度，以提高士气和生产率。这既需要技术、经济技能，又需要人际关系的技能，所以要对管理者进行培训，使之掌握了解工人感情的技巧，并提高在正式组织的经济需求和"非正式组织"的社会需求之间保持平衡的能力。

在人际关系理论之后，西方从事这方面研究的学者大量涌现。1949 年在美国芝加哥的一次讨论会上第一次提出了"行为科学"一词，1953 年美国福特基金会召开有各大学科学家参加的大会，对此名称正式予以肯定，因而人们把人际关系理论视为早期的行为科学理论。行为科学理论在后期的发展主要集中在下列四个领域：

（1）有关人的需求、动机和激励问题，代表理论有马斯洛的"需求层次论"等。

（2）同管理有关的"人性"问题，代表理论有 D.麦格里戈的"X 理论—Y 理论"等。

（3）企业的领导方式问题，代表理论有 R.R.布莱克和 J.S.穆顿的"管理方格"等。

（4）企业中的"非正式组织"及人际关系问题，代表理论有 K.卢因的"团体力学理论"等。

行为科学理论在其产生和发展的过程中，对古典管理理论提出了不少激烈的批评，但后来出现将二者调和起来的倾向。这反映了行为科学理论可以弥补古典管理理论之不足，但不能加以全盘否定，而且它本身并不能解决一切管理问题。不过，行为科学理论已经融合在下述现代管理理论中，并为西方各国广泛应用。

2.2.2　现代管理理论产生的历史背景

在第二次世界大战后，西方的管理理论有了很大发展，出现了许多学派。美国管理学者孔茨把这一现象形象地描述为"管理理论的丛林"。这些学派各有特点，但在历史渊源和论述内容上相互交叉渗透，可总称为现代管理学派，他们的理论可总称为现代管理理论。这一理论的出现，使资本主义企业管理从科学管理阶段过渡到现代管理阶段。现代管理理论的产生，反映了第二次世界大战前后资本主义经济发展中出现的新变化，适应了资本主义进一步发展的新需求。其历史背景如下：

1. 资本主义工业生产和科技迅速发展

在两次世界大战之间，资本主义各国的工业生产虽有波动起伏，但仍在缓慢向前发展。第二次世界大战给参战各国工业生产强大刺激，使之迅速发展，以美国最为突出。第二次世界大战后，德、意、日三国的经济受到严重破坏，英、法两国的经济也大大削弱，美国的经济实力却极大加强，它在资本主义工业生产中的比重于1948 年达到 53.4%。20 世纪 50 年代以后，情况又有变化，美国的这一比重于 1959 年下降到 46%，日本和联邦德国的经济则恢复到接近第二次世界大战前水平。两次世界大战之间，科学技术有了巨大的进步。不仅原有的学科如数学、物理学、化学等有了新的发展，而且产生了一些新科学，如核物理学、控制论、聚合化学等，在此基础上产生了许多新兴的工业部门，如原子能工业、电子计算机工业、高分子合成工业等。科技的巨大进步，要求企业规模再扩大，专业化协作再发展，要求有新的管理理论与之相适应。

2. 生产集中和垄断统治加强

与生产进一步社会化的要求相适应，资本主义生产集中的程度更高了。在竞争中，垄断组织兼并局外企业，较强的垄断组织兼并较弱的垄断组织，垄断统治更加强了。为了利用廉价的原料和劳动力，扩展国际市场，实力强大的垄断组织纷纷将其生产和销售环节分散到国外，有些跨国公司的分支机构遍布世界各地。第二次世界大战还加速了国家和垄断资本的结合，包括资本主义国有经济、国家资本与私人垄断资本联合经营等。

3. 工人运动高涨

随着生产集中和垄断统治的加强，生产的机械化、自动化程度提高，再加上企业经常性的开工不足，资本主义各国工人的失业率居高不下，罢工浪潮此起彼伏。1946 年是美国劳工史上风暴最大的一年，约有 5 000 次停工，有 460 万工人参加。1949 年又出现新的罢工，以后一直连绵不断。其他资本主义国家的情况大体类似。工人运动导致资本主义社会不稳定，对垄断组织构成威胁。

4. 市场问题日益尖锐，企业环境极不稳定

市场问题即商品的实现问题。随着生产集中和垄断统治的加强，资本积累的规模空前扩大，国内市场相对缩小，经济危机频繁出现。从国际上看，社会主义国家出现，许多原来的殖民地附属国取得独立并积极发展民族经济，逐步限制外国垄断资本的活动，国际市场的竞争更加尖锐了。市场问题尖锐化，导致资本主义竞争更加激烈，商品销售成了难题，而竞争又加剧了市场的变化，使企业所处的外部环境极不稳定。资本国家的财政赤字、通货膨胀、证券市场波动、外汇行情起伏等，都是困扰企业的因素，给企业经营带来困难。在政治方面，资本主义各国政府更是直接干预经济，制定方针、法令甚至计划来指导经济的发展，这些都是企业的不可控因素。在科技方面，新产品、新技术、新材料、新设备不断出现，产品更新周期大大缩短，电子计算机的广泛应用更是科技革命的重要成果。企业环境变化很快。

5. 相关科学快速发展。

上述四个在资本主义经济发展中出现的新变化，对企业管理提出了新要求，需要有新的管理理论来指导。20 世纪 30~40 年代先后创立的系统论、控制论和信息论，是适用于各门科学的方法论，利用这些理论来研究企业管理，就为形成新的管理理论创造了条件。自然科学特别是数学的发展，电子计算机的应用，扩展了企业管理中的定量分析，使管理理论的内容增强了科学性。环境多变带来了许多"不确定性"，而数学和计算机的应用为研究这些"不确定性"提供了可能，从而丰富和发展了管理理论。并且，行为科学理论后期的发展是同新的管理理论的形成密切结合的。

正是在这样的历史背景下，现代管理理论应运而生。对现代管理学派的划分，说法不一。我们从各学派的历史渊源、理论内容及相互联系考虑，并参考现有的划分法，将现代管理学派分为六个，即系统学派、决策学派、经验学派、权变学派、管理科学学派和组织文化学派。以下将分别介绍这些学派的管理理论的要点。

2.2.3 系统学派的管理理论

现代系统论的创始人，一般认为是德国人路德维希·伯塔朗菲。他是一位生物学家和哲学家，1937 年在美国芝加哥大学的一次讨论会上首次提出"一般系统理论"的概念，但直到 1947 年才公开发表其著作。他的后继者根据他的思想为系统下了定义：系统是由相互联系、相互作用的若干要素结合而成的、具有特定功能的有机整体，它不断地同外界环境进行物质和能量的交换而维持一种稳定状态。

系统学派由应用系统论观点来研究组织和管理的学者所组成，它又可分为社会系统学派和系统管理学派。

1. 社会系统学派的管理理论

这个学派的代表人物是切斯特·巴纳德，其代表著作是 1938 年出版的《经理人员的职能》一书。

巴纳德是最先应用系统论来研究组织的管理学者，他将组织定义为："将两个

或两个以上的人的力量和活动加以有意识地协调的系统。"他在这里是指正式组织而言，他认为正式组织可以实现三个目标：①在经常变动的环境中，通过对组织内部各种因素的平衡，来保证组织的生存；②检查必须适应的各种外部力量；③对管理和控制正式组织的各级经理人员的职能加以分析。他独创性地提出组织系统包括内部平衡和外部适应的思想。

巴纳德将组织看作协作系统，并由此出发举出经理人员的职能有三个：①维持组织的信息联系。任何协作系统都是信息联系的系统，经理人员应是该系统的中心，其主要任务就是通过设置岗位和配备人员来建立和维持该系统。巴纳德在此还特别谈到非正式组织的积极作用。②从组织成员处获得必要的服务。这里所说的组织成员是广义的，包括投资者、供货者、顾客和其他未加入组织但对组织做出贡献的各种人。经理人员要吸收他们并同组织建立协作关系，为他们服务。③建立组织的目标。组织目标必须为协作系统的一切成员所接受，而且要及时地按层次、按单位分解落实。巴纳德在此特别强调分派责任和授权，这又同信息联系系统和岗位设计有关。

2. 系统管理学派的管理理论

这个学派盛行于 20 世纪 60 年代，其代表人物有卡斯特、罗森茨韦格、米勒等人，其代表著作有卡斯特和罗森茨韦格合著的《组织与管理：系统与权变的方法》等。

这个学派较巴纳德更进一步的是将系统论原理应用于工商企业，认为工商企业是一个由相互联系而共同工作的各要素（如劳动力、物资、设备、资金、任务、信息等）所组成的系统，旨在实现一定的目标。其内部各要素即为它的子系统，可按不同标准来分类。企业是开放系统，同外界环境（政府、顾客、供货者、竞争者等）有着动态的相互作用，并能不断地自行调节，以适应环境和自身的需要。

这个学派认为，企业的系统管理就是把各项资源结合成为达到一定目标的整体系统。它并不取消管理的各项职能，而是让它们围绕企业目标发挥作用。它使管理人员经常重视企业的整体目标，不局限于特定领域的专门职能，又不忽视自己在企业系统中的地位和作用，从而有助于提高企业的效率。这个学派还运用系统论原理为企业设计了通用的组织结构。

2.2.4　决策学派的管理理论

这个学派的代表人物是赫伯特·西蒙和詹姆士·马奇。他们原属于社会系统学派，对该学派的发展做出了卓越贡献，后又致力于决策理论、运筹学、电子计算机在企业管理中的应用等的研究，获得丰硕成果，所以独立出来，自成一派。其代表著作有两人合作的《组织》和西蒙的《管理决策新科学》等。

西蒙等人非常强调决策在组织中的重要地位，认为决策贯穿于管理的各个方面和全过程，"它和管理一词几近同义"。他概括了决策过程的三个阶段：①收集信息；②拟订计划方案；③选定计划方案。他提出了决策的原则，认为组织的主要职能之一就是"弥补个人的有限制的理性"，做出"足够好的"决策，所谓"绝对的理性"和"最优化决策"是做不到的。他将决策分为"程序化决策"和"非程序化决策"两类，它们应用的决策技术不同，而他研究的重点是在"非程序化决策"方面，提倡用电子计算机模拟人类思考和解决问题。

西蒙等人也研究了企业的组织结构问题，并且同他的决策理论密切结合。他认为一般的组织都存在等级分层现象：最下层是基本工作过程，中间层是程序化决策制定过程，最上层则是非程序化决策制定过程。电子计算机的应用，数据处理和决策制定的自动化，将不会改变这一等级分层结构。他不同意"分权"比"集权"更好的绝对化观点，也不赞同中层管理人员将随着计算机的应用而减少的看法。

西蒙对未来的新型组织做了描述，他认为他所预测的决策过程的变化（指信息技术发展所引起的变化）不会使组织完全变样，相反，新型组织在很多方面将与现在的组织极为相似。它们将仍然是等级分层形式，仍可分为三层，还可分设几个部门，各部门又分成几个更小的单位，只不过划分部门界限的基础可能有些变化。他说："人类必须把自己放在应有的地位上。即使电子系统能效仿人类某些机能，或者人类思维过程中的某些奥秘被解除时，以上的事实也无法改变。"

2.2.5 经验学派的管理理论

这个学派的代表人物有彼得·德鲁克、欧内斯特·戴尔、小艾尔弗雷德·斯隆等。德鲁克的著作很多，主要有《管理的实践》《管理：任务、责任、实践》和《有效的管理者》等。戴尔的著作主要有《伟大的组织者》等。斯隆的著作有《我在通用汽车公司的年代》。

经验学派的基本主张是，企业管理科学应当从实际出发，以企业特别是成功的大型企业的管理经验为主要研究对象，以便在一定的情况下将这些经验升华为理论，但在更多的情况下，只是为了将这些经验直接传授给实际工作者，向他们提出有益的建议。由于他们突出强调研究和传授实际经验，所以被称为经验学派。

经验学派很重视研究企业的组织结构问题，有许多精辟独到的见解。如德鲁克在 1975 年发表的《今日管理组织的新样板》一文中，将西方企业的组织结构概况为五种类型：集权的职能型结构、分权的"联邦式"结构、规划—目标结构（矩阵结构）、模拟性分散管理结构、系统结构。这一分类基本上包括了已有的主要类型，为许多管理学者所采用。德鲁克提出，组织结构的设计应从企业实际出发，根据自身的生产性质、特殊条件及管理人员的特性等来确定，没有能适用于一切情况的最好模式；能够完成工作任务的最简单的组织结构，就是最好的结构；当外界环境和自身条件发生变化时，组织结构应及时改革。斯隆在 20 世纪 20 年代担任通用汽车公司总裁期间，对公司管理体制和组织结构大胆进行了改革，实行"分散经营、协调控制"，这些实践使他成为"分权制"和后来的"事业部制"的创始人。

经验学派强调从企业管理的实际经验出发，而不从一般原则出发来进行研究。如戴尔的《伟大的组织者》一书主要就是用比较的方法研究了美国杜邦公司、通用汽车公司、国民钢铁公司和西屋电气公司等四大公司的领导者杜邦、斯隆等人成功的管理经验。德鲁克的《有效的管理者》一书向管理者学习"有效性"提出建议时，也引用了包括美国总统林肯、罗斯福，高级官员马歇尔、麦克拉马拉，企业家费尔、斯隆等人的大量管理经验。这种研究方法对人们去理解管理是一门艺术颇有启迪作用。

2.2.6　权变学派的管理理论

权变学派的理论涉及几个方面，各有其代表人物和代表著作。在研究组织结构方面，有汤姆·伯恩斯、琼·伍德沃德、保罗·劳伦斯和杰伊·洛希等。在人性论方面，有约翰·莫尔斯和杰伊·洛希。在领导方式方面，有弗雷德·菲德勒、罗伯特·豪斯等。

尽管研究的领域不同，但他们都强调权变的观点和方法。所谓权变，即随机应变之意。他们认为，同古典管理理论的看法相反，世界上根本不存在适用于一切情况的管理的"最好方式"。管理的形式和方法必须依据组织的外部环境和内部条件的具体情况而灵活选用，并随着环境和条件的发展变化而随机应变，这样才能取得较好的效果。他们特别重视对组织外部环境和内部条件的研究，要求从实际出发，具体情况具体分析，在此基础上选用适当的管理形式和方法。

权变学派和经验学派的关系密切，观点相近，但又有所不同。经验学派以实际管理经验作为研究重点，以传播管理经验为己任；而权变学派则企图通过大量的调查研究，将复杂多变的客观情况归纳为几个基本类型，并为每一类型的情况找出一种在该情况下比较合理的管理模式。权变管理的思想就是强调管理同组织外部环境和内部条件之间存在着一种函数关系，环境和条件是自变数，管理形式的方法是因变数，即管理形式和方法要随着环境和条件的变化而变化，目的是更有效地实现组织目标。

2.2.7　管理科学学派的管理理论

所谓管理科学，就是大量应用数学、统计学等定量化工具于企业管理，通过建立模型、求出最优解，去解决管理问题。其代表人物有韦斯特·丘奇曼、埃尔伍德·伯法、塞缪尔·里奇蒙等。这一学派的代表著作有伯法的《现代生产管理》和《生产管理基础》，这两本书也被西方许多管理学院选作基本教材。

管理科学开始于第二次世界大战期间为军事目的而进行的运筹学研究，战后研究继续进行，并被应用于民用企业。管理科学学派形成于 20 世纪 50 年代，当时出现了一批管理科学（主要是运筹学）的著作。这个学派认为，人是"经济人"，组织既是由"经济人"组成的追求经济利益的系统，因此，管理工作应采用大量的科学方法和计算机技术，对问题做定量分析，建立数字模型，求出经济效益最优化的解，作为决策依据。其步骤一般是：①提出问题；②建立一个代表所研究对象的数学模型；③解模型得出解决方案；④对模型和解决方案进行验证；⑤建立对解决方案的控制手段；⑥实现解决方案。

管理科学应用大量的科学方法，如线性规划、非线性规划、概率论、对策论（博弈论）、排队论（随机服务系统理论）、模拟法、决策树法、计划评审法（PERT）和关键线路法（CPM）等。管理科学还把电子计算机应用于管理信息系统（MIS）和管理决策，这不仅显著提高了管理效率，而且改变了管理的面貌。

这个学派的理论同泰勒的科学管理理论一脉相承，二者有许多共同点。如他们都把组织的成员看成"经济人"，组织的目标局限于追求经济利益；科学管理要求找出一种管理的"最好方式"，管理科学则要求"最优化"；科学管理用"甘特图"来安排工程进度，管理科学则由"甘特图"发展到 PERT 和 CPM 的"网络图"，安排工程进度更加有效。两种理论在创建时都包括了各方面的专家，有助于拓展思路，研究新问题。不过，管理科学学派应用了系统论观点，充分吸收了数学、计算机科学的新成就，这是其独特之处。

2.2.8 组织文化学派的管理理论

在 20 世纪 70 年代后期，美国企业受到日本企业的严峻挑战，许多美国管理学者开始从事美日两国企业管理的比较研究以及美国成功企业管理经验的研究。组织文化（企业文化）理论于 20 世纪 80 年代初逐步形成。这个理论虽然还不很成熟，需要继续在实践检验中完善，但已受到世界各国的重视，有着良好的发展前景。其代表作品有帕斯卡尔和阿索斯合著的《日本的管理艺术》、威廉·大内的《Z 理论》、迪尔和肯尼迪合著的《公司文化》、托马斯·彼得斯和小罗伯特·沃特曼合著的《成功之路》等。

这个学派的突出特点是十分强调组织文化在管理中的重要地位。他们提出了"7S"管理模式。此模式说明，企业成败的关键因素有 7 个：战略、结构（以上为"硬件"）、制度、人员、管理作风、技能、共同的价值观（以上为"软件"）。他们相互关联，而共同的价值观（即组织文化）是核心。过去的管理学者都重视"硬件"的研究，而较为忽视"软件"，所以现在需要强调"软件"特别是组织文化的重要性。所谓组织文化，一般是指组织内部全体人员共同持有的价值观、信念、态度和行为准则。它是组织特有的传统和风尚，制约着一切的管理政策和措施。管理者的首要职责就是要去塑造和落实有利于组织发展的文化，并处理好日常工作中出现的文化冲突。

《公司文化》一书将企业文化作为系统理论进行了全面阐述。作者对近 80 家企业做了调查，认为杰出而成功的公司大都有强有力的企业文化。他们举出企业文化的构成要素有五个：①企业环境，塑造企业文化的最重要要素；②价值观，企业文化的核心；③英雄人物，组织价值观的"人格化"，职工效法的榜样；④典礼及仪式，由日常例行事务构成的动态文化；⑤文化网，企业中基本的沟通方式。组织文化发挥作用的关键是要把五要素组合起来。

这个理论贯穿着一种"非理性倾向"，对过去一切管理理论中的"理性主义"提出了批评。它指出，从泰勒算起，许多管理学者都过分依赖解析的、定量的方法，认为唯有数据才可信，只相信复杂的结构、周密的计划、严格的规章制度、明确的分工、自上而下的控制、大规模生产的经济性等"理性的"手段，这把人们引向了歧途。管理不仅涉及物，也涉及人，而人按其本性来看，绝非纯理性的，感情因素不容忽视。理性主义者把管理看作纯粹的科学，其实它还是一门艺术，它不但要靠逻辑与推理，也要靠直觉与感情。当然，组织文化理论并非完全否定理性主义，只是反对过分的纯理性观点，即反对"理性化"的迷信和滥用。

2.2.9　现代管理理论的回顾

如前所述，西方的现代管理理论有着极为丰富的内容，各学派的理论都有所长，正好相互补充。有些学者力求将各派所长兼收并蓄，建立起统一的现代管理理论，以便走出"丛林"。无论他们的努力是否能很快见效，现代管理理论的一些观点已经得到公认，值得我们参考借鉴。

1. 系统观点

这是系统学派的贡献。他们认为一切社会组织及其管理都是系统，其内部划分若干子系统，而这个系统又是组织所处大环境系统中的一个子系统。系统观点又可细分为三个观点：

（1）全局（整体）观点。根据系统整体性的要求，在处理子系统与系统之间的关系时，必须坚持全局即整体观点，局部利益应服从全局利益，局部优化应服从全局优化。

（2）协作观点。根据系统相关性的要求，在处理各子系统相互间的关系时，必须坚持协作观点，互相支援，分工合作，把方便让给别人，把困难留给自己。

（3）动态适应观点。根据系统开放性要求，在处理系统与外界环境之间的关系时，必须坚持动态适应观点，即组织应更多地了解所处的环境，选择采用与之相适应的管理方法与模式，并随着环境的变化而变化，同时，组织也可以对所处环境产生影响。

2. 权变观点

这是权变学派的贡献。他们不承认管理工作中存在适用于一切情况的"最好方式"，要求从实际出发，具体情况具体分析，选用适合于特定情况的管理模式和方法，且随着情况的变化而变化。绝不能将管理原则当作教条，也不能照搬照抄别国的和别人的做法。坚持权变观点，首先要加强调查研究，掌握充分、准确的实际信息，然后认真分析，并运用管理理论，做出比较合理的决策。这也就是理论联系实际、实事求是的要求。其次，实际情况是不断发展变化的，调查研究也应经常化、制度化，在决策执行过程中还要善于按照新情况做出新决策。过去的成功经验也不一定适合现在的实际，还应具体分析。

3. 人本观点

这是行为科学理论、组织文化理论的贡献。早期的行为科学理论即人际关系论最先提出，管理要以人为中心，全面提高职工需求的满足程度；后期的行为科学理论包括对人性、激励、领导方式和非正式组织的研究，都是围绕着人来进行的，都是为了满足职工需求，充分调动职工积极性。组织文化理论特别强调"真正重视人""出色企业都有一条根深蒂固的基本宗旨，那就是'尊重个人''使职工成为胜利者''让他们出人头地''把他们当成人来对待'""使工人关心企业是提高生产率的关键"。他们突出组织文化的重要性，也是为了引导、激励和规范人的行为，以更好地实现组织的目标。

【知识阅读 2-2】

提高员工幸福感

"哈佛幸福课"的主讲者塔尔·本·沙哈尔指出，企业可以引进积极心理学，增加企业的心理资本，在提高员工满意度和幸福感的同时，提升企业的效益。心理资本包括以下几个方面的要素：希望、乐观、韧性、主观幸福感和情商等。与人力资本和社会资本相似，人们可以通过训练获得并发展心理资本。提升心理资本的一个现成做法是欣赏式探询。欣赏式探询的意思是基于现有的优势，发挥这种优势的效力，从而激发员工的满意度，改善他们的工作。如果企业管理者能够营造一种积极的氛围，让员工关注自己的优势，这样的企业员工往往更快乐，也会更热爱自己的工作，企业的经营业绩也就更好。事实上，经理人对下属的期望和对待下属的方式，在很大程度上决定了下属的表现。

（资料来源：摘自《销售与市场》管理版，2011年1月第1期）

4. 创新观点

创新是社会政治、经济、科学和文化发展的强大动力。组织作为现代社会的构成单元，需要不断地更新自己的观念、结构、制度、产品、技术等，才能谋求生存和发展，并推动社会的进步。古典管理理论强调稳定，不重视变革，现代管理理论则普遍强调创新，组织文化理论在这方面尤为突出。

以《成功之路》一书为例，这本书是43家美国出色企业的成功经验总结。作者用于挑选出色企业的标准除长期优异的经营绩效即良好的财务状况外，还有高度创新精神。这里的创新不局限于产品和技术的创新，而是理解为"能对变化迅速的外部环境灵活敏捷地做出有效的反应"。在所总结的出色企业的品质中，有一个品质"行自主、倡创业"就是介绍创新精神和鼓励支持创新经验的。该书还详细叙述了明尼苏达采矿制造公司的经验。人们形容这家公司是："如此热衷于革新，以致那儿的气氛，与其说像一家大公司，倒不如说像一串松散的实验室，里面聚集着狂热的发明家和无所畏惧地想开创一番事业的实业家。"

上述四个观点是西方现代管理理论中最为突出的观点，其他还有许多内容也都值得我们认真研究，并吸取有用的部分为我所用。

【学习实训】　案例分析——专家的建议

　　李华是一个食品厂厂长。在过去的 4 年中，食品厂每年的销售量都稳步递增。但是，今年的情况发生了较大的变化，到 8 月份，累计销量比去年同期下降了 17%，生产量比计划少 15%，缺勤率比去年高 20%，迟到早退现象也有所增加。李华认为这种情况的发生很可能与管理有关，但他不能确定发生这些问题的原因，也不知道应该怎么去改变这种情境。他决定去请教管理专家。

　　请问：具有不同管理思想（科学管理思想、行为管理思想、权变管理思想、系统管理思想）的管理专家，会认为该厂的问题出在哪里，并提出怎样的解决方法？

 综合练习与实践

一、判断题

　　1. 泰勒科学管理理论的中心问题是提高劳动生产率。　　　　　　　　（　　）

　　2. 法约尔提出的 14 项管理原则已不再对现在的管理活动有指导意义。（　　）

　　3. 马斯洛认为，当人的某一需要成为当前最迫切的需要时，他可置其他需要而不顾。　　　　　　　　　　　　　　　　　　　　　　　　　　　　　　（　　）

　　4. 霍桑试验的结论中，认为人是"经济人"。　　　　　　　　　　　（　　）

　　5. 管理科学学派提倡依靠计算机进行管理，以提高管理的经济效益。（　　）

二、单项选择题

　　1. 泰勒的代表作是（　　）。

　　　　A.《科学管理原理》　　　　　　　　B.《工业管理与一般管理》

　　　　C.《新教伦理与资本主义精神》　　　D.《经理工作的性质》

　　2. 泰勒认为科学管理的中心问题是（　　）。

　　　　A. 提高劳动生产率　　　　　　　　B. 实行职能制

　　　　C. 实行例外管理原则　　　　　　　D. 提高劳动生产率

　　3. 按照韦伯的观点，只有（　　）才适宜作为理想行政组织体系的基础。

　　　　A. 理性—合法权力　　　　　　　　B. 传统权力

　　　　C. 超凡权力　　　　　　　　　　　D. 个人影响权

　　4. 在管理思想史上，（　　）被称为"经营管理理论之父"。

　　　　A. 泰勒　　　　　　　　　　　　　B. 韦伯

　　　　C. 法约尔　　　　　　　　　　　　D. 梅奥

　　5. 管理科学学派是（　　）的继续和发展。

　　　　A. 泰勒的科学管理理论　　　　　　B. 法约尔的一般管理理论

　　　　C. 韦伯的理想行政组织体系理论　　D. 梅奥的人际关系理论

三、多项选择题

1. 泰勒的科学管理理论的主要内容包括（　　　）。
   A. 科学地挑选工人　　　　　　　　B. 工时研究和标准化
   C. 差别计件工资制　　　　　　　　D. 实行职能制
   E. 实行例外管理原则

2. 法约尔认为管理的职能包括（　　　）。
   A. 计划　　　　　　　　　　　　　B. 组织
   C. 人事　　　　　　　　　　　　　D. 领导
   E. 控制

3. 霍桑试验的结论包括（　　　）。
   A. 职工是"社会人"　　　　　　　　B. 职工是"经济人"
   C. 企业中存在着"非正式组织"　　　D. 职工是"复杂人"
   E. 新的领导能力在于提高职工的满足度

4. 古典组织理论的要点包括（　　　）。
   A. 为管理下定义　　　　　　　　　B. 提出管理的 5 职能
   C. 提出 14 条"管理的一般原则"　　D. 提出"例外原则管理"
   E. 强调管理教育的重要性

5. 组织文化学派管理理论的要点包括（　　　）。
   A. 运用系统论来研究组织和管理
   B. 突出强调管理实践经验的重要性
   C. 建立"7S"模型，强调文化的重要性
   D. 贯穿一种"非理性倾向"
   E. 提倡尽量多地采用定量化方法

四、简答题

1. 你对泰勒科学管理理论如何评价？
2. 简述法约尔提出的 14 条"管理的一般原则"。
3. 何为霍桑试验？
4. 人际关系学说是谁创立的？主要内容有哪些？
5. 什么是系统观点？

五、案例分析——保利公司的总经理

保利公司是一家中美合资的专业汽车生产制造企业，总投资 600 万美元，其中固定资产 350 万元，中方占有 53%的股份，美方占有 47%的股份，主要生产针对工薪家庭的轻便、实用的汽车，在中国有广阔的潜在市场。

谁出任公司的总经理呢？外方认为，保利公司的先进技术、设备均来自美国，要使公司发展壮大，必须由美国人来管理。中方也认为，由美国人来管理，可以学

习借鉴国外企业的管理方法和经验，有利于消化吸收引进技术和提高工作效率。因此，董事会形成决议：聘请美国山姆先生任总经理。山姆先生有 20 年管理汽车生产企业的经验，对振兴公司胸有成竹。谁知事与愿违，公司开业一年不但没有赚到一分钱，反而亏损 80 多万。山姆先生被公司辞退了。

这位曾经在日本、德国、美国等地成功地管理过汽车生产企业的经理何以在中国失败呢？多数人认为，山姆先生是个好人，在技术管理方面是个内行，为公司吸收和消化先进技术做了很多工作。他对搞好保利公司怀有良好的愿望，"要让保利公司变成一个纯美国式的企业"。他工作认真负责，反对别人干预他的管理工作，并完全按照美国的模式设置了公司的组织结构并建立了一整套规章制度。在管理体制上，山姆先生实行分层管理制度：总经理只管两个副总经理，下面再一层管一层。但这套制度的执行结果造成了管理混乱，人心涣散，员工普遍缺乏主动性，工作效率大大降低。山姆先生强调"我是总经理，你们要听我的"。他甚至要求，工作进入正轨后，除副总经理外的其他员工不得进入总经理的办公室。他不知道，中国企业负责人在职工面前总是强调和大家一样，以求得职工的认同。最终，山姆先生在公司陷入非常被动、孤立的局面。

山姆先生走后，保利公司选派了一位懂经营管理、富有开拓精神的中方年轻副厂长担任总经理，并随之组建了平均年龄只有 33 岁的领导班子。新班子根据实际情况和组织文化，迅速制定了新的规章制度，调整了机构，调动了全体员工的积极性。在销售方面，采取了多种促销手段。半年后，保利公司宣告扭亏为盈。

思考题：

试运用管理的有关原理分析保利公司总经理成败的原因。

第 3 章

决 策

↘ 学习目标

通过本章学习，学生应了解决策的特征和类型，掌握适用不同情况的决策方法，清楚决策过程，能够在管理实践中运用决策的方法和技巧。

↘ 学习要求

知识要点	能力要求	相关知识
认识决策	能够正确认识决策职能，分辨不同的决策类型	决策的概念、特征和类型
决策的制定过程及其影响因素	1. 了解决策的影响因素 2. 掌握评价决策的标准 3. 掌握决策的制定步骤	决策的制定步骤、方法和注意事项
决策方法	1. 了解决策方法的基本分类 2. 掌握定性的决策方法 3. 掌握并运用定量的决策方法	确定型决策、风险型决策和不确定型决策的特点（区分依据）

案例导入

选择决定生活

有三个人要被关进监狱三年，监狱长让他们三人每人提一个要求。

美国人爱抽雪茄，要了三箱雪茄。

法国人最浪漫，要一个美丽的女子相伴。

犹太人说，他要一部与外界沟通的电话。

三年过后，第一个冲出来的是美国人，嘴里鼻孔里塞满了雪茄，大喊道："给我火，给我火！"原来他忘了要火了。

接着出来的是法国人。只见他手里抱着一个小孩子，美丽女子手里牵着一个小孩子，女子肚子里还怀着第三个。

最后出来的是犹太人，他紧紧握住监狱长的手说："这三年来我每天都与外界联系，我的生意不但没有停顿，反而增长了200%。为了表示感谢，我送你一辆劳斯莱斯！"

什么样的决策决定什么样的生活。今天的生活是由先前我们的选择决定的，而今天我们的决策将决定我们未来的生活。我们要选择接触最新的信息，了解最新的趋势，从而更好地创造自己的未来。

（资料来源：佚名. 管理故事［EB/OL］.（2009-11-28）［2014-06-17］. http://www.517hb.com/html/newsys/newsys3189.htm.）

任务3.1 认识决策

【学习目标】

让学生认识什么是决策，了解决策的特征和类型，激发学生学习兴趣；检测学生对决策基本概念和相关内容的掌握。

【学习知识点】

3.1.1 决策的概念

1. 决策的含义

所谓决策，是指组织或个人为了实现某种目标而对未来一定时期内有关活动的方向、内容及方式的选择或调整过程。对决策的含义我们可以从四个方面来理解：一是决策主体可以是组织，也可以是个人；二是决策要解决的问题，既可以是对未来活动的初始选择，又可以是在活动过程中对初始选择做出的调整或再选择；三是决策的内容可能涉及未来活动的方向，也可能涉及活动的方式方法；四是决策既非单纯的"出谋划策",又非简单的"拍板定案",而是一个多阶段的分析判断过程。

对于决策是否是管理的一项职能,人们看法各异。有的学者将决策视为管理的单独职能,与计划、组织、领导等职能并列。但决策学派认为决策贯穿于管理的各个方面和全过程,即体现于计划、组织、领导、控制等职能之中而不能单独抽出来作为一项职能。本书赞同决策学派的看法。社会组织行使的每一项管理职能都内含着决策。例如,计划职能,在组织的方针、目标、计划、战略等的制定中,就有大量的决策问题。又如组织职能,组织结构的设计、管理幅度的大小、集权分权的程度,都需要做决策。领导职能,领导者对领导方式和激励方式的选择,也是决策问题。对于其他职能,也是如此。因此,决策是同管理各职能紧密结合在一起、不能分割的。假如将决策从各职能中抽出来作为一项单独职能,不但会把计划、组织等职能的内容抽空,而且会导致决策这一职能的目的性不明。所以,我们不把决策看作管理的一项职能。但是,决策肯定是管理的核心问题。

【知识阅读3-1】

田忌赛马

赛马是当时最受齐国贵族欢迎的娱乐项目。上至国王,下到大臣,常常以赛马取乐,并以重金赌输赢。田忌多次与国王及其他大臣赌输赢,屡赌屡输。一天他赛马又输了,回家后闷闷不乐。孙膑安慰他说:"下次有机会带我到马场看看,也许我能帮你。"

当又一次赛马时,孙膑随田忌来到赛马场,满朝文武官员和城里的平民也都来看热闹。孙膑了解到,各家的马按奔跑速度分为上中下三等,马的等次不同装饰不同,各家的马依等次比赛,比赛为三赛二胜制。

孙膑仔细观察后发现,田忌的马和其他人的马相差并不远,只是策略运用不当,以致失败。孙膑告诉田忌:"大将军,请放心,我有办法让你获胜。"田忌听后非常高兴,随即以千金做赌注约请国王与他赛马。国王在赛马中从没输过,所以欣然答应了田忌的邀请。

比赛前田忌按照孙膑的主意,用上等马鞍将下等马装饰起来,冒充上等马,与齐王的上等马比赛。比赛开始,只见齐王的好马飞快地冲在前面,而田忌的马远远落在后面,国王得意地开怀大笑。第二场比赛,还是按照孙膑的安排,田忌用自己的上等马与国王的中等马比赛,在一片喝彩中,只见田忌的马竟然冲到齐王的马前面,赢了第二场。关键的第三场,田忌的中等马和国王的下等马比赛,田忌的马又一次冲到国王的马前面,结果二比一,田忌赢了国王。

从未输过比赛的国王目瞪口呆,他不知道田忌从哪里得到了这么好的赛马。这时田忌告诉齐王,他的胜利并不是因为找到了更好的马,而是用了计策。随后,他将孙膑的计策讲了出来,齐王恍然大悟,立刻把孙膑召入王宫。孙膑告诉齐王,在双方条件相当时,对策得当可以战胜对方,在双方条件相差甚远时,对策得当也可将损失减到最低程度。后来,国王任命孙膑为军师,指挥全国的军队。从此,孙膑协助田忌，改善齐军的作战方法，齐军在与别国军队的战争中因此屡屡取胜。

（资料来源：佚名. 田忌赛马的故事［EB/OL］.（2009-11-28）［2014-06-17］. http://zhidao. baidu.com.）

2. 决策的构成要素

决策活动各种各样，但都有共同的构成要素。决策的构成要素之间是密切相关的。决策包括以下六个构成要素：

（1）决策者，可以是单独的个人或群体组成的机构。

（2）决策目标，决策行动所期望达到的成果和价值。

（3）自然状态，不以决策者主观意志为转移的情况和条件。

（4）备选方案，可供选择的各种可行方案。

（5）决策后果，决策行动所引起的变化或结果。

（6）决策准则，决策方案所依据的原则和对待风险的态度。

3.1.2　决策的特征

1. 目的性

组织的决策总是为了解决一定的问题或达到一定的目标。在一定条件和基础上确定希望达到的结果和目的，这是决策的前提。有目标才有方向，才能衡量决策的成败。目标的确立是决策的首要环节。

2. 可行性

决策是为了付诸实施，不准备实施的决策是毫无意义的。决策的可行性是指：

（1）决策所依据的数据和资料比较准确、全面；

（2）决策能够解决一定的问题，实现预定的目标；

（3）方案本身具备实施条件（包括符合预算要求）；

（4）决策富有弹性，留有余地，以保证目标实现的最大可能性。

3. 选择性

决策的实质是选择，没有选择就没有决策。要能够有所选择，就必须提供可以互相替代的两种以上的方案。为了实现相同的目标，组织可以运用多种不同的活动形式。这些活动在资源要求、可能的结果及风险大小等方面均有所不同。因此，在决策中不仅有选择的可能，而且有选择的必要。

4. 满意性

一般而言，组织决策依据的是满意原则，而非最优原则。最优决策往往只是理论上的幻想，因为它要求：决策者了解与组织活动有关的全部信息；决策者能正确地辨识全部信息的有用性，了解其价值，并能据此制订出没有疏漏的决策方案；决策者能够准确地计算每个方案在未来的执行结果；决策者对组织在未来一定时期内所要达到的目标具有明确一致的认识。

然而在实际管理活动中，上述条件难以具备，原因在于：

首先，从理论上讲，外部环境对组织目前及未来均会产生或多或少、直接或间接的影响，然而组织很难收集到能正确反映外部环境的所有信息。

其次，对于收集到的有限信息，决策者的利用能力也是有限的，这种双重有限性决定了组织只能制定出有一定缺陷的行动方案。

再次，任何方案都需要在未来付诸实施，然而人们对未来的认识能力和影响能力是有限的。目前预测的未来状况与未来的实际情况可能存在非常显著的差别，于是根据目前的认识确定未来的行动总是有一定的风险性。换言之，各行动方案在未来的实施结果通常是不确定的。

最后，即便是决策方案的实施带来了预期的结果，但这种结果未必就是组织实现其最终目标所需要的。在备选方案有限、执行结果不确定和结果判定不明确的条件下，决策者势必难以做出真正最优的决策，而只能是根据已知的全部条件，加上决策者的全部判断，做出相对满意的选择。所以，组织决策通常只是满意性的决策。

【知识阅读 3-2】

该由谁骑这头骡

一位农民和他年轻的儿子到离村 6 千米的城镇去赶集。开始时老农骑着骡，儿子跟在骡后面走。没走多远，就碰到一位年轻的母亲，她指责农夫虐待他的儿子。农夫不好意思地下了骡，让给儿子骑。走了 1 千米，他们遇到一位老和尚，老和尚见年轻人骑着骡，而让老者走路，就骂年轻人不孝顺。儿子马上跳下骡，看着他父亲。两人决定谁也不骑。两人又走了 2 千米，碰到一学者，学者见两人放着骡不骑，走得气喘吁吁的，就笑话他们放着骡不骑，自找苦吃。农夫听学者这么说，就把儿子托上骡，自己也翻身上骡。两人一起骑着骡又走了 1.5 千米，碰到一位外国人，这位外国人见他们两人合骑一头骡，就指责他们虐待牲口。

（资料来源：佚名. 该由谁骑这头骡 [EB/OL]. (2013-06-08) [2017-01-25]. http://zhidao.baidu.com.）

5. 过程性

决策是一个过程，而不是瞬间完成的行动。决策的过程性特征可以从两个方面来认识。一是组织的决策通常不是一项决策，而是一系列决策的综合。决策中组织不仅要选择业务活动的内容和方向，还要决定如何具体展开组织的业务活动，决定如何筹措资源、安排人事等。这些都需要进行综合考虑、反复协调，才能最终完成。二是决策从活动目标的确定，到活动方案的拟订、评价和选择，这本身就是一个包含了许多工作、由众多人员参与的过程。

6. 动态性

决策是一个过程，而且是一个持续不断的过程。决策的主要目的之一是使组织活动必须适应外部环境的要求，而外部环境是在不断发生变化的，决策者必须持续跟踪研究这些变化，找到可以利用的机会，发现可能面对的威胁，据此调整组织的各项活动，实现组织与环境的动态平衡。

3.1.3 决策的类型

1. 按照决策主体分类

1）个人决策

这里的个人决策是指个人在参与组织活动中的各种决策。例如，他们首先要决定是否加入某组织，在加入某组织后，又要决定是否接受组织交给的各项任务，在完成任务的过程中采取何种方式，投入多大，如何与其他成员合作等。这些决策不仅涉及个人与组织的关系，而且还影响个人的行为方式，以致影响其他成员和整个组织的活动效率。当然个人的这些决策常常是依靠直觉或在短时间内完成的。

2）组织（群体）决策

组织决策是组织为了一定的目标对未来一定时期的活动所做的选择或调整。组织决策依靠组织的某些成员，在研究组织所处的内外环境、了解自己的实际情况的基础上选择或调整组织活动的方向、内容或方式。比如，企业生产何种产品、生产多少这种产品、利用何种技术手段生产等，都需要进行选择和调整。与个人决策相比较，组织决策需解决的每一个问题，都要有意识地提出，并对多种信息进行分析和对多个方案进行选择，经过一定的程序才能完成。

2. 按照决策问题的重要程度和时限分类

1）战略决策

战略决策是指事关组织兴衰成败的带全局性、长期性的大政方针的决策，如企业方针、目标与计划的制订，产品转向，技术改造和引进，组织结构的变革等。战略决策的特点是影响的时间长、范围广，决策的重点在于解决组织与外部环境的关系问题，注重组织整体绩效的提高，主要解决组织"做什么"的问题。战略决策属于组织的高层决策，是组织高层管理者的一项主要职责。

2）战术决策

在战略决策确定以后，便需要具体实施和执行决策方案，这就要选择活动的方式，解决"如何做"的问题，这类决策便是战术决策。战术决策又可分为管理决策和业务决策。

（1）管理决策

管理决策是指在执行战略决策过程中，在组织管理上合理选择和使用人力、物力、财力等方面的决策。如企业的销售、生产等专业计划的制订，产品开发方案的制订，职工招聘与工资水平方案的制订，更新设备的选择，资源的合理使用等方面的决策。管理决策的特点是：影响的时间较短、范围较小，决策的重点是对组织内部资源进行有效组织和利用，以提高管理效率。这类决策主要是由中层管理者来负责。

（2）业务决策

业务决策又称作业决策，是指为提高效率以及执行管理决策等日常作业中的具体决策。如基层组织内任务的日常分配、劳动力调配、个别工作程序和方法的变动等。业务决策的特点是：纯属执行性决策，决策的重点是对日常作业进行有效的组织，以提高作业效率。这类决策一般由基层管理者负责。

3. 按照决策的重复程度（有无既定程序）分类

决策的重复程度如图 3-1 所示。

1）程序性决策

程序性决策又称为常规决策或例行性决策，指在日常管理工作中以相同或基本相同的形式重复出现的决策。如企业中任务的日常安排、常用物资的订货，会计与统计报表的定期编制与分析等。由于这类问题经常反复出现，其特点和规律性易于掌握，因而通常可以将处理这类问题的决策固定下来，制定成程序或标准来加以解决。

2）非程序性决策

非程序性决策又称非常规决策或例外决策，是指在管理过程中因受大量随机因素的影响，很少重复出现，常常无先例可循的决策。如企业经营方向和目标决策、新产品开发决策、新市场开拓决策等。对这类活动，决策者往往没有固定的模式或规则可循，完全靠决策者的洞察力、判断力、知识和经验来解决。

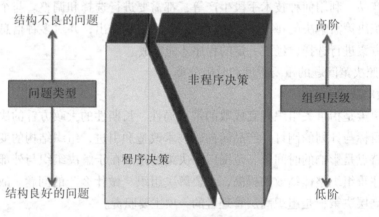

图 3-1　决策的重复程度

4. 按照决策的起点分类

1）初始决策

初始决策是指组织对拟从事的某种活动进行初次选择。它是在分析当时条件和对未来进行预测的基础上制定的，其特点是决策是在有关活动尚未进行、对环境尚未产生任何影响的前提下做出的，即从零开始的。只有当初始决策开始实施后，才会对环境产生影响，如组织实施初始决策会与协作单位建立起一定的联系，组织会投入一定的人力、物力、财力，组织内部的有关部门和人员在开展活动中会形成相应的关系或利益结构等。

2）追踪决策

追踪决策是在初始决策实施的基础上对组织活动方向、内容或方式的调整。它是由于初始决策实施后环境发生了变化，或是由于组织对环境特点的认识发生了变化而引起的。追踪决策必须对过去的初始决策进行客观分析，根据新的情况，寻找调整改变初始决策的原因，并采取相应措施。显然，追踪决策是一个扬弃初始决策的不合理内容的过程。实际上组织中大部分决策都是在非初始状态下进行的,属于追踪决策。

由于追踪决策是对初始决策或已形成的状态进行调整,因此,追踪决策选择的方案不仅要优于初始决策,而且还应在能够改善初始决策实施效果的各种可行方案中,选择满意的方案。也就是说追踪决策需要进行双重优化,否则将不能达到其优化调整的目的。

5. 按决策问题所处的条件及可靠程度分类

1)确定型决策

确定型决策指掌握了各可行方案的全部条件,可以准确预测各方案的后果,或各方案的后果本来就十分明确,决策者只需从中选择一个最有利方案的决策过程。确定型决策一般可运用数学模型或借助电子计算机进行决策。

2)风险型决策

风险型决策指决策事件的某些条件是已知的,但还不能完全确定决策的结果,只能根据经验和相关资料估计各种结果出现的可能性(即概率)。这时的决策具有一定的风险,故称为风险型决策。

3)不确定型决策

不确定型决策指决策事件未来可能出现的几种结果的概率都无法确定,只能依靠决策者的经验、直觉和估计来做出决策。

6. 按决策者所在管理层的不同分类

1)高层决策

高层决策是指高层管理者所做的方向目标之类的重大决策,大多数属于不确定型或风险型决策。

(2)中层决策

中层决策一般是由中层管理者所做的业务性决策。

(3)基层决策

基层决策是由基层管理者所做的执行性决策。

三种决策具有交叉效应,但因决策的层次不同,具有不同的职能、作用和比重,其复杂程度、定量程度及肯定程度都有一定区别。高层决策、中层决策和基层决策的比较如表3-1所示。

表 3-1 高层决策、中层决策和基层决策的比较

决策差别	高层决策	中层决策	基层决策
性质差别	非定型的多 定型的少	定型的多 非定型的少	基本定型
层次差别	战略性的多	业务性的多	执行性的多
决策的复杂程度	复杂	比较复杂	比较简单
决策的定量程度	大部分无定量化	具有风险性 部分定量化	小部分无定量化 大部分定量化
确定程度	不确定	不完全确定	很确定

【学习实训】 管理游戏——艰难的抉择

- 游戏背景:
  - 私人飞机坠落在荒岛上,只有6人存活。
  - 这时逃生工具只有一个只能容纳一人的橡皮气球吊篮,没有水和食物。
  - 留下的人面临巨大的危险,获救或逃生的可能性极小。
- 角色分配:
  - 孕妇:怀胎八月。
  - 发明家:正在研究新能源(可再生、无污染)汽车。
  - 医学家:经年研究艾滋病的治疗方案,已取得突破性进展。
  - 宇航员:即将远征火星,寻找适合人类居住的新星球。
  - 生态学家:负责热带雨林抢救工作。
  - 企业家:某大型跨国集团董事长。
- 游戏方法:
  - 6人一个小组,分别选择一个角色。
  - 各自提出自己的意见,应该谁最先逃生。
  - 尽可能说服小组成员赞同自己的观点。
  - 最终各小组必须得出一个结果。
- 游戏评价
  - 各小组派代表汇报小组结论,并阐述理由,接受老师及同学询问。
  - 汇报结论时,应着重阐明决策的过程、冲突、原则、依据等。
  - 其余小组给汇报小组评分。
  - 评分主要依据——决策的合理性、决策过程的科学性。

【效果评价】

根据学生出勤、课堂讨论发言及小组合作完成任务的情况进行评定。

任务3.2 决策的制定过程及其影响因素

【学习目标】

让学生认识决策的影响因素有哪些,了解决策的评价标准,掌握决策的制定过程的步骤、方法和注意事项;检测学生对决策的制定过程及其影响因素相关内容的掌握。

【学习知识点】

3.2.1　决策的影响因素及其评价标准

1. 决策的影响因素

决策者能否科学、正确地进行决策，除了受决策者本人的素质高低的影响外，还受到各种因素的影响。

1）环境

决策是在分析研究环境的基础上做出的，决策过程的一个重要任务是要不断适应组织内外环境的不断变化，因而环境对决策的影响是不言而喻的。这种影响主要有两个方面：

（1）外部环境的特点影响着组织活动选择。比如，某个企业所处的市场环境相对稳定，其决策的修正调整便不会太大，今天的决策主要是昨天决策的延续。如果所处的市场环境变化很快，则需要经常对经营方向和内容进行调整。处于垄断市场中的企业，一般把经营重点放在内部生产条件的改善、生产规模的扩大上；而处于竞争市场中的企业，则需要密切注视竞争对手的动向、不断推出新产品、加强和改善营销宣传、健全销售网络等。

（2）受组织文化或对环境的习惯反应模式这一内部环境的影响，对相同的问题，不同的组织或决策者会做出不同的反应。而这种调整组织与外部环境之间关系的模式一旦形成，就会趋向稳定，从而影响人们对行动方案的选择。

2）组织文化

组织文化制约着组织及其成员的行为。在决策过程中，组织文化主要是通过影响组织成员对变革的态度而发生作用。因为任何决策的制定或调整，都是对过去行为的一种否定或变革。组织成员对这种变革要么持抵触态度，要么持欢迎态度。在组织文化偏向保守、稳定的组织中，人们总是怀旧，或担心变革会让他们失去什么，因此会害怕或抵制导致变化的决策。而在崇尚开拓、创新的组织中，人们总是渴望变化、欢迎变化、支持变化，显然这种组织文化有利于新决策的制定和实施。

在前一种组织中，为了消除人们对新事物的抵触，有效制订和实施给组织带来创新的决策，组织必须做大量的工作以改变组织成员的态度，建立有利于变化创新的组织文化。因此，决策方案的制订和选择都要充分考虑为改变组织文化而必须付出的时间和费用。

3）过去的决策

由前面已知，在大多数情况下，决策不是从一个全新的起点开始的初始决策，而是对过去决策进行修正、调整或完善的追踪决策。过去决策的实施，不仅伴随着人力、物力、财力等资源的消耗，而且伴随着组织内部状况的改变，以及对外部环境的影响。如组织的内部已经建立实施决策的机构，已经投资形成了部分设施，已经与组织外的协作者、供应商签订了契约等。过去决策的实施必然会对目前决策造成不同程度的影响。

过去决策对目前决策的制约程度，主要受它们与决策者关系的影响。如果过去的决策是由现在的决策者制定的，他一般不愿意否定自己过去的决策，对组织活动做出重大调整，而倾向于仍把大部分资源投入到过去方案的实施中。相反，如果现在的主要决策与组织过去的主要决策没有很深的关系，也不对过去决策承担管理上的责任，他就更可能调整过去决策，做出新的决策。

4）时间

决策速度的快慢对决策过程、决策质量有重要影响。美国学者威廉·R.金和大卫·I.克里兰把决策分为时间敏感决策和知识敏感决策。时间敏感决策是指那些必须迅速决断的决策。这种决策主要是要求速度快，而对决策的质量要求却是次要的。在战争中指挥官的决策、战斗队员的决策多属于此类决策。知识敏感决策对时间的要求不是非常严格，而主要是要求比较高的质量，如协调的决策目标，合理而有力的资源配置支持，决策方案得到组织成员的充分认同等。

前面提到的战略决策多属于知识敏感决策，这类决策主要着眼于未来的活动方向，而不是眼前该如何做，所以，选择方案并不是要在短时间内完成。但是也有可能因外部环境突然发生了难以预料的变化，对组织造成了重大的威胁，这时，决策者必须迅速做出反应，改变原定的决策战略方案，以摆脱面临的危机。

【知识阅读 3-3】

且慢下手

有位朋友买了栋带院子的房子。他一搬进去，就对院子全面整顿，杂草杂树一律清除，改种自己新买的花卉。某日，原先的房主回访，进门大吃一惊地问，那株名贵的牡丹哪里去了？这位朋友才发现，他居然把牡丹当草给割了。

后来他又买了一栋房子，虽然院子更杂乱，他却是按兵不动。后来冬天以为是杂树的植物，春天里开了繁花；春天以为是野草的，夏天却是锦簇；半年都没有动静的小树，秋天居然红了叶。直到暮秋，他才认清哪些是无用的植物并大力铲除，所有珍贵的草木得以保存。

（资料来源：佚名. 发威的新主管 ［EB/OL］. （2012-05-09）［2014-06-17］. http://www.dian-liang.com/manage/201205/manage_217094.html.）

5）决策者对风险的态度

决策是人们确定未来活动方向、内容和目标的行动，由于人们对未来的认识能力有限，目前对未来情况的预测与未来实际情况不可能完全相符，因此在决策方案实施过程中可能出现失败的危险，这就是风险。一般来说，任何决策都有一定的风险。

不同的决策者对待风险的态度是不一样的，它会直接影响决策过程中对方案的选择。那些敢于承担风险的决策者，会在做好应对风险准备的基础上，采取积极果断的选择，敢于拍板。而那些不愿意或没有能力承担风险的决策者，往往只能被动应付风险，或把决策方案的选择拖延下去，其组织的活动和发展会因此受到过去决策的严重制约。

2. 决策的评价标准

决策是一个发现问题、分析问题、解决问题的系统分析过程。想要评价一个决策的有效性，必须综合考虑决策以下四个方面的实现情况。

1）决策的质量或合理性，即所做出的决策在何种程度上有益于实现组织的目标。

2）决策的可接受性，即所做出的决策在何种程度上是下属乐于接受并愿意付诸实施的。

3）决策的时效性，即做出与执行决策所需要的时间和周期长短。

4）决策的经济性，即做出与执行决策所需要的投入是否在经济上是合理的。

3.2.2 决策的制定过程

图 3-2 说明了决策制定过程的步骤，它包括八个基本步骤。为了更好地说明决策制定的整个过程，我们选择一个购车的决策过程为例子，这个例子描述了我们关于决策的观点，它将被用于整个决策过程的讨论。

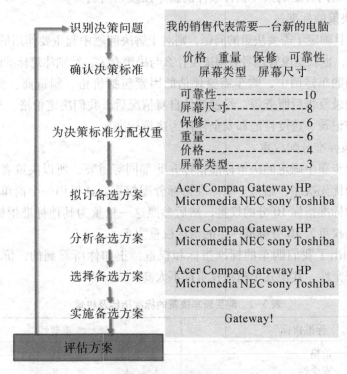

图 3-2 决策制定过程

1. 识别决策问题

决策制定过程开始于一个存在的问题，更具体地说，存在着现实与期望状态之间的差异。这是决策的出发点和归宿点。在该步骤中需要做以下几个方面的工作。

1）发现差异，提出问题

决策始于提出需要解决的问题。决策中的问题，实际是预期现象与现有现象的矛盾，或在特定环境下理想状态与现实状态的差异。只有先发现差异，发现问题，才可能确定目标。

2）进行可行性论证，确定初步目标

在找出差距、查明原因的基础上，可确定初步目标。决策者在确定目标方向时必须全面考虑多方面的条件：既要考虑优势条件，又要考虑制约条件；既要考虑内部条件，又要考虑外部条件；既要考虑主观条件，又要考虑客观条件。决策目标要高低适度，能充分发挥决策执行者的主动性和创造性。

3）搜集情报

在明确决策目标后，需要针对所要解决的问题，通过各种途径和渠道，收集组织内部和外部相关的情报和信息资料。决策者所掌握的情报和信息资料越多、越准确，对决策就越有利，做出的决策也就越合理。对情报资料的要求是：①广泛性；②客观性；③科学性；④连续性。

我们以一次购车决策为例，这个步骤我们最终识别到的问题是我们需要购买一个新车，决策的内容是购买一辆什么样的新车以及如何购买。

2. 确定决策的标准

管理者一旦确定了需要决策的问题，则对于解决问题中起重要作用的决策标准也必须加以确定，也就是说管理者必须决定什么与决策有关，特别注意标准的可操作性。

在我们的购车样例中，购车需要评估的因素包括价格、制造商、使用方便性、容量、维修记录及售后服务等。经过评估自身情况后，我们决定价格、车内舒适性、耐用性、维修记录、速度性能和安全性作为决策标准。

3. 为决策标准分配权重

在第二个步骤中确定的决策标准指标并非都同等重要，所以决策者必须根据它们重要程度的优先次序，给每一项标准指标分配权重。这里用一个简单的方法，即给予最重要的标准指标 10 分的权重，然后参照这一权重为其他标准指标分配权重，如重要性只是权重为 10 分标准一半的指标权重为 5。

表 3-2 列出了我们购车的标准指标和权重，正如你所看到的，价格是最重要的，其次是安全性，其他几个指标权重都不太高。

表 3-2　购买新车决策的标准指标及权重

标准指标	重要性
价格	10
安全性	8
耐用性	5
维修记录	5
速度性能	3
车内舒适性	1

4. 拟订备选方案

这个步骤需要决策者拟订出可供选择的决策方案，这些方案要能够解决决策前所识别的问题。先不需要评价方案的优劣，只需拟订出来即可。拟订出来的方案应该至少两个，以便比较后选择较优的方案。我们购车决策拟定的 12 种备选车型有 Acura Intega RS、Chevrolet Lumina、Eagle Premier LX、Ford Taurus L、Honda Accord LX、Htundai Sonata、Mazda 626 LX、Nissan Altima、Plymouth Acclaim、Pontiac SE、Toyota DLX、Volvo 240。

5. 分析备选方案

确定备选方案后，决策者必须认真地按前面步骤确定的决策标准指标分析每一种方案，并将所有备选方案进行比较。通过比较，每一种备选方案的优缺点就变得明确了。表 3-3 表明了我们给予 12 种备选方案各自的价值判断，这是在征求了汽车专家的意见，并阅读了比较有影响力的汽车杂志的信息后做出的。

表 3-3　对不同车型汽车的分析评价

备选方案	标准					
	价格	安全性	耐用性	维修记录	速度性能	车内舒适性
Acura Intega RS	5	6	10	10	7	10
Chevrolet Lumina	7	8	5	6	4	7
Eagle Premier LX	5	8	4	5	8	7
Ford Taurus L	6	8	6	7	7	7
Honda Accord LX	5	8	10	10	7	7
Htundai Sonata	7	7	5	4	7	7
Mazda 626 LX	7	5	7	7	4	7
Nissan Altima	8	5	7	9	7	7
Plymouth Acclaim	10	7	3	3	3	5
Pontiac SE	4	10	5	5	10	10
Toyota DLX	6	7	10	10	7	7
Volvo 240	2	7	10	9	4	5

表 3-3 只是表明了 12 个备选方案相对单个决策标准指标的评价结果，它没有结合在步骤 3 中为每个指标分配的权重进行评价。如果所有指标的权重都一样，那么只需把每一个备选方案在表 3-3 中对应行的数字加起来就是方案的综合得分了。如：Acura Integra 为 5+6+10+10+7+10＝48；Ford Taurus 为 6+8+6+7+7+7＝41。因此，依据这一情况的评价结果，我们可以得出 Acura 是最好的选择。见表 3-4。

表 3-4   对不同车型汽车的分析评价

备选方案	标准						得分
	价格	安全性	耐用性	维修记录	速度性能	车内舒适性	
Acura Intega RS	5	6	10	10	7	10	48
Chevrolet Lumina	7	8	5	6	4	7	37
Eagle Premier LX	5	8	4	5	8	7	37
Ford Taurus L	6	8	6	7	7	7	41
Honda Accord LX	5	8	10	10	7	7	47
Htundai Sonata	7	7	5	4	7	7	37
Mazda 626 LX	7	5	7	7	4	7	37
Nissan Altima	8	5	7	9	7	7	43
Plymouth Acclaim	10	7	3	3	3	5	31
Pontiac SE	4	10	5	5	10	10	44
Toyota DLX	6	7	10	10	7	7	47
Volvo 240	2	7	10	9	4	5	37

但我们购车的所有指标权重不一致，那么需将每个备选方案的单个标准指标评价结果乘以它的权重（见表3-2），如：Honda Accord 的耐用性评价值为 5×10＝50，Ford Taurus 的车内舒适性评价值为 1×7＝7，就会得到表 3-5 的结果，这里的分数代表了每一个备选方案相对于标准指标的评价结果以及相应的权重。需要注意的是，标准的权重极大地改变了本例中方案的排序。

表 3-5   对不同车型汽车的分析评价

备选方案	标准						总分
	价格	安全性	耐用性	维修记录	速度性能	车内舒适性	
Acura Intega RS	50	48	50	50	21	10	229
Chevrolet Lumina	70	64	25	30	12	7	208
Eagle Premier LX	50	64	20	25	24	7	190
Ford Taurus L	60	64	30	35	21	7	217
Honda Accord LX	50	64	50	50	21	7	242
Htundai Sonata	70	56	25	20	21	7	199
Mazda 626 LX	70	40	35	35	12	7	199
Nissan Altima	80	40	35	45	21	7	218
Plymouth Acclaim	100	56	15	15	9	5	200
Pontiac SE	40	80	25	25	30	10	210
Toyota DLX	60	56	50	50	21	7	244
Volvo 240	20	56	50	45	12	5	188

6. 选择备选方案

从所有备选方案中选择最佳方案，这很重要。我们已经把每一个备选方案结合决策标准权重进行了确认和分析，现在我们只需根据步骤 5 中的分析选出综合得分最高的方案即可。

在我们购车的例子（见表 3-5）中，最终选择的最佳方案是购买 Toyota DLX 轿车，因为它的得分最高（244）。显然这是最佳方案。

7. 实施备选方案

方案的实施是决策过程中至关重要的一步。在方案选定以后，管理者就要制订实施方案的具体措施和步骤。实施过程中通常要注意做好以下工作：

（1）制订相应的具体措施，保证方案的正确实施。

（2）确保与方案有关的各种指令能被所有有关人员充分接受和彻底了解。

（3）应用目标管理方法把决策目标层层分解，落实到每一个执行单位和个人。

（4）建立重要的工作报告制度，以便及时了解方案进展情况，及时进行调整。

8. 评估方案

实施一个方案可能需要较长的时间，在这段时间，形势可能发生变化，而初步分析建立在对问题或机会的初步估计上，因此，管理者要不断对方案进行修改和完善，以适应变化了的形势。同时，连续性活动因涉及多阶段控制而需要定期分析。由于组织内部条件和外部环境的不断变化，管理者要不断修正方案来减少或消除不确定性，定义新的情况，建立新的分析程序。

具体来说，职能部门应对各层次、各岗位履行职责情况进行检查和监督，及时掌握执行进度，检查有无偏离目标，及时将信息反馈给决策者。决策者则根据职能部门反馈的信息及时追踪方案实施情况，对与既定目标发生部分偏离的，则采取有效措施，以确保既定目标的顺利实现；对客观情况发生重大变化，原先目标确实无法实现的，要重新寻找问题或机会，确定新的目标，重新拟订可行的方案，并进行评估、选择和实施。

【学习实训】 管理游戏——沙漠求生游戏

● 游戏背景：

某年 7 月中旬的一天，时间为早上 10 点，一架飞越美国西南沙漠的飞机失事。着陆时，机师和副机师意外身亡，只有你和一群人没有受伤。你和一部分的生还者，面临生死存亡的选择。

出事前，机师无法通知任何人飞机的位置。飞机的指示器指示飞机距离起飞的城市 120 千米；而距离最近的城镇，是西北偏北 100 千米，该处有个矿场。

失事地点处于沙漠中，该处除仙人掌外，全是荒芜的沙漠，地势平坦。失事前，天气报告气温达华氏 108 度，大约 42℃；地面温度为华氏 130 度，大约 54.4℃。

幸存者中没人懂驾驶飞机，你穿着简便：短袖恤衫、长裤、短袜和皮鞋。口袋中有十多元的辅币、五百多元纸币、香烟一包、打火机一个和圆珠笔一支。

接下来有一系列的物品，请大家按重要性来排序，看看我们最需要的是什么。

物品	我的答案/记分		小组答案/记分		专家答案
塑料雨衣	1		1		1
手电筒	2		2		2
手枪	3		3		3
磁石指南针	4		4		4
伏特加酒1公斤	5		5		5
太阳眼镜一副	6		6		6
化妆镜	7		7		7
薄纱布一箱	8		8		8
盐片	9		9		9
当地航空图	10		10		10
大折刀	11		11		11
外套一件	12		12		12
降落伞（红白色）	13		13		13
书《沙漠中可食的动物》	14		14		14
4公斤清水	15		15		15
得分					

（资料来源：张欣. 沙漠求生［EB/OL］.（2011-04-06）［2014-06-17］. http://www.chinahrd. net/tool/2007/07-05/14686-1.html.）

● 游戏规则：

● 6~8名同学为一小组，每个同学先自己根据判断决策（不与他人进行沟通和讨论），确定自己对于物品重要性的排序。

● 每个同学完成自己排序后，小组讨论沟通，确定小组排序。

● 小组代表发言说明决策目的、决策过程以及每个物品的用途。

● 老师公布积分方式：以你选好物品次序和正确次序相减，再将差值相加起来（差值不记正负，以绝对值进行相加），就是这个物品的得分。再把15样物品的各个得分相加的和作为总分。例如：手电筒正确次序为4，而我选的次序为10，所以我的分为6。

● 在学生计算完自己的得分和小组得分后，老师公布游戏的物品用途和最终结果，并对每个小组进行点评。

【效果评价】

根据学生出勤、课堂讨论发言及小组合作完成任务的情况进行评定。

任务 3.3 决策方法

【学习目标】

让学生了解决策的定性和定量方法中常用的方法，掌握决策定量方法常用的基本方法的计算，并能够运用这些基本方法；检测学生对决策相关内容和决策定量方法的掌握。

【学习知识点】

决策方法有许多种。从决策的主体看，可把决策分为群体决策与个人决策；根据决策所采用的分析方法，可以把决策方法分为定性方法和定量方法。定性决策和定量决策是决策的主要方法，下面我们将重点介绍这两类方法。

3.3.1 定性决策方法

定性决策法是采用有效的组织形式，充分依靠决策者（个人或集体）的学识、经验、能力、智慧及直觉等来进行决策的方法。该方法在战略决策、非程序化决策、不确定型决策和风险决策中应用很多。

1. 淘汰法

淘汰法即决策者根据条件和评价标准，对全部备选方案进行逐个筛选，淘汰那些不理想或达不到要求的方案，缩小选择的范围。具体办法是：

1）规定最低的满意程度（又叫临界水平）

凡达不到临界水平的，就加以淘汰。例如，决策目标是降低费用，但各个方案降低费用水平的程度不同，则凡达不到预定降低费用临界水平的方案，就先行淘汰。

2）规定约束条件

凡备选方案中不符合约束条件的就加以淘汰。例如，某组织根据需要进行组织结构的调整，据此提出几个改革方案。约束条件规定：管理人员总数不能增加。这样，如果有的方案要增加人员，就不符合约束条件而被淘汰。

3）根据目标的主次来筛选

在多目标决策的情况下，并非所有的目标都同样重要，我们应以主要的决策目标为依据，将只能实现次要目标而对主要目标作用不大的方案淘汰掉。

2. 头脑风暴法

头脑风暴法可以克服阻碍创造性方案的遵从压力，是一种相对简单的方式。它注重一种思想产生过程，其特点是倡导创新思维，时间一般在 1~2 小时，参加者以 5~6 人为宜。

在典型的头脑风暴会议中，一些人围桌而坐。群体领导者以一种明确的方式向所有参与者阐明问题，然后成员在一定的时间内自由提出尽可能多的方案，并且所有的方案都当场记录下来，留待稍后再讨论和分析。

头脑风暴法的四项原则：

（1）各自发表自己的意见，对别人的建议不做评论；

（2）不必深思熟虑，越多越好；

（3）鼓励独立思考、奇思妙想；

（4）可以补充完善已有的建议。

【知识阅读3-4】

6+2>4+4

美国旧金山的金门大桥横跨1 900多米的金门海峡，连接北加利福尼亚与旧金山半岛。大桥建成通车后，大大节省了两地往来的时间，但是新问题随之出现，由于出行车辆很多，金门大桥总会堵车。

原先金门大桥的车道设计为"4+4"的传统模式，即往返车道都为4道。当地政府为堵车的问题迟迟不能解决感到头疼，如果筹资建第二座金门大桥，那必定得耗资上亿美金，当地政府决定以重金1 000万美元向社会征集解决方案。

最终，一个年轻人的方案得到当地政府的认可，他的解决方案是将原来的"4+4"车道改成"6+2"车道，上午左边车道为6道，右边车道为2道，下午则相反，右边为6左边为2。

他的方案试行之后立即取得了显著的效果，困扰多时的堵车问题迎刃而解。

传统的"4+4"车道忽略了高峰期车辆出行的方向：上午市民上班造成左边车道拥挤，下午市民下班造成右边车道拥挤。而"6+2"车道恰到好处地利用车辆出行的时间差，合理地利用另一半车辆少的车道，这样，同样是8条车道，6+2明显取得了大于4+4的效果。

（资料来源：佚名. 题文资料［EB/OL］.（2011-05-01）［2014-06-17］. http://www.mofangge.com/html/qDetail/01/g3/201105/r3axg301120032.html）

3. 环比法

当各方案的优势不明显，并且相互间优劣关系又比较复杂时，可采用环比法。即将方案互相进行比较，两两相比，优则得分，劣则不得分，然后计算总积分来确定方案的优劣次序。环比计分如表3-6所示。表3-6中，两两对比，优者得一分，劣者得0分，结果发现甲方案较优。

表3-6 环比记分

比较者	被比者					总分
	甲	乙	丙	丁	戊	
甲		1	1	0	1	3
乙	0		0	1	1	2
丙	0	1		1	0	2
丁	1	0	0		0	1
戊	0	0	1	1		2

运用环比法时，有时可能出现两个相同高积分的方案，但这时选择方案范围已经大大缩小了。在环比时，还可以将得分乘以权数，拉开档次。例如，两两相比，劣者得 0 分，而优者进一步分三档，最优得 3 分，优得 2 分，稍优得 1 分，则根据总积分就更容易区分优劣。

4. 名义群体法

名义群体这一决策法是指在决策制订过程中限制群体讨论，故称为名义群体法。如同参加传统委员会会议一样，群体成员必须出席，但需要独立思考，具体步骤如下：

（1）成员集合成一个群体，在安静的环境中，群体成员之间互相传递书面反馈意见，在一张简单的图表上，用简洁的语言记下每一种想法，对每一种想法进行书面讨论，但在进行任何讨论之前，每个成员独立地写下他对问题的看法。

（2）经过自己独立思考后，每个成员将自己的想法提交给群体，然后一个接一个地向大家说明自己的观点。

（3）最后，小组成员对各种想法进行投票，用数学方法，通过等级排列和次序得出决策。

在现实生活中，群体决策由于语言交流抑制了个体的创造力，而名义群体成员思路的流畅性和独创性更高一筹，名义群体可以产生更多的想法和建议。该方法耗时较少，成本较低。

5. 德尔菲法

德尔菲法（Delphi Method），又称专家规定程序调查法。该方法主要是由调查者拟订调查表，按照既定程序，以函件的方式分别向专家组成员进行征询；而专家组成员又以匿名的方式（函件）提交意见。经过几次反复征询和反馈，专家组成员的意见逐步趋于集中，最后获得具有很高准确率的集体判断结果。

德尔菲法的基本程序（图3-2）如下：

（1）成立一个由专家组成的小组，成员之间互相不能沟通讨论。

（2）把要解决的问题让每个成员进行不记名的预测，然后进行统计分析。

（3）再把统计分析的结果反馈给每个成员，要求他们再次预测，接着再一次进行统计分析。

（4）上述程序反复进行，直到每个专家的意见基本固定，统计分析的结果与前一次统计分析的结果已经没有大的区别。

国内外许多大型企业集团都对德尔菲法感兴趣，视之为一种行之有效的决策方法，尤其在新技术发展和新产品开发的决策上这种方法卓有成效。但是这种方法一般不适于日常决策，因为它耗时多，要占用较多精力。

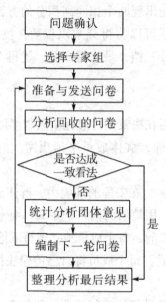

图 3-2　德尔菲法的基本程序

6. SWOT 分析法

SWOT（Strengths Weakness Opportunity Threats）分析法，又称为态势分析法或优劣势分析法，可用来确定企业自身的竞争优势、竞争劣势、机会和威胁，从而将公司的战略与公司内部资源、外部环境可以有机地结合起来。

（1）优势，是组织机构的内部因素，具体包括有利的竞争态势、充足的财政来源、良好的企业形象、技术力量、规模经济、产品质量、市场份额、成本优势、广告攻势等。

（2）劣势，也是组织机构的内部因素，具体包括设备老化、管理混乱、缺少关键技术、研究开发落后、资金短缺、经营不善、产品积压、竞争力差等。

（3）机会，是组织的外部因素，具体包括新产品、新市场、新需求、外国市场壁垒解除、竞争对手失误等。

（4）威胁，也是组织机构的外部因素，具体包括新的竞争对手、替代产品增多、市场紧缩、行业政策变化、经济衰退、客户偏好改变、突发事件等。

从整体上看，SWOT 可以分为两部分：第一部分为 SW，主要用来分析内部条件；第二部分为 OT，主要用来分析外部条件。利用这种方法可以从中找出对自己有利的、值得发扬的因素，以及对自己不利的、要避开的东西，发现存在的问题，找出解决办法，并明确以后的发展方向。SWOT 方法的优点在于考虑问题全面，是一种系统思维，而且可以把对问题的"诊断"和"开处方"紧密结合在一起，条理清楚，便于检验。如表 3-7 所示。

表 3-7　某提供邮政服务企业的 SWOT 分析法

外部因素 ＼ 内部能力	优势（strength） ● 作为国家机关，拥有公众的信任 ● 顾客对邮政服务的高度亲近感与信任感 ● 拥有全国范围的物流网（几万家邮局） ● 具有众多的人力资源 ● 具有创造邮政/金融协同（synergy）的可能性	劣势（weakness） ● 上门取件相关人力车辆不足 ● 市场及物流专家不足 ● 组织、预算、费用等方面灵活性不足 ● 包裹的破损可能性很大 ● 跟踪查询服务不完善
机会（opportunities） ● 随着电子商务的普及，对邮件需求的增加（年平均增加 38%） ● 能够确保应对市场开放的事业自由度 ● 物流及 IT 等关键技术的飞跃性发展	SO ● 以邮政网为基础，积极进入宅送市场 ● 进入购物中心（shopping mall）配送市场 ● 电子邮政（E-post）活性化 ● 开发灵活运用关键技术的多样化邮政服务	WO ● 构成邮寄包裹专门组织 ● 实物与信息的统一化进行实时追踪（track & trace）及物流控制（command & control） ● 将增值服务及一般服务差别化的价格体系的制定及服务内容的再整理
风险（thrents） ● 通信技术发展后，对邮政的需求可能减少 ● 现有宅送企业的设备投资及代理增多 ● WTO 邮政服务市场开放 ● 国外宅送企业进入国内市场	ST ● 灵活运用范围宽广的邮政物流网络，树立积极的市场战略 ● 通过与全球性的物流企业进行战略联盟，提高国外邮件的收益性及服务 ● 为了确保企业顾客，树立积极的市场战略	WT ● 根据服务的特性，对包裹详情单与包裹运送网分别运营 ● 对已经确定的邮政物流运营提高效率（BPR），由此提高市场竞争力

3.3.2　定量决策方法

定量决策法是应用现代科学技术成就（如统计学、运筹学、管理科学、计算机等）与方法，对备选方案进行定量的分析计算，求出方案的损益值，然后选择出满意方案的方法。此法在战术决策、程序化决策、确定型和风险型决策中被广泛应用。这里简要介绍企业中常用的几种定量决策方法。

1. 确定型决策方法

确定型决策应具备以下条件：①存在决策人希望达到的一个明确的目标；②只存在一种确定的自然状态；③虽然有两个以上的多种方案，但满意方案在客观上是确实存在的。

确定型决策方法有净现值法、投资回报率评价法、现金流量分析法等。下面我们重点介绍确定型决策常用的线性规划和盈亏平衡法分析法。

1）线性规划法

线性规划是在一些线性等式或不等式的约束条件下，求解线性目标函数的最大值或最小值的方法。运用线性规划建立数学模型的步骤是：首先，确定影响目标大小的变量；其次，列出目标函数方程；再次，找出实现目标的约束条件；最后，找出使目标函数达到最优的可行解，即为该线性规划的最优解。

例 1　某企业生产两种产品桌子和椅子，它们都要经过制造和装配两道工序，有关资料如表 3-8 所示。假设市场状况良好，企业生产出来的产品都能卖出去，试问：何种组合的产品使企业利润最大？

第一步，确定影响目标大小的变量。在本例中，目标是利润，影响利润的变量是桌子数量 T 和椅子数量 C。

第二步，列出目标函数方程：$L = 8T + 6C$

第三步，找出约束条件。在本例中，两种产品在一道工序上的总时间不能超过该道工序的可利用时间，即：

制造工序：$2T + 4C \leq 48$

装配工序：$4T + 2C \leq 60$

除此之外，还有两个约束条件，即非负约束：

$T \geq 0$

$C \geq 0$

从而线性规划问题成为，如何选取 T 和 C，使 L 在上述四个约束条件下达到最大。

第四步，求出最优解——最优产品组合。求出上述线性规划问题的解为 $T' = 12$ 和 $C' = 6$，即生产 12 张桌子和 6 把椅子使企业的利润最大。

表 3-8　产品生产的可供时间、需要时间和单位产品利润

生产程序	每件产品所需时间/小时		每天可供时间/小时
	桌子	椅子	
制造	2	4	48
装配	4	2	60
单位产品利润/元	8	6	

2）盈亏平衡分析法

盈亏平衡分析法是进行总产量计划时常使用的一种定量分析方法，由美国沃尔特·劳漆斯特劳赫在 20 世纪 30 年代首创。企业的基本目的是盈利，至少要做到不亏损，作为经营者必须要知道，自己的企业至少生产多少产品才不会亏损，这就是盈亏平衡分析法的基本目的。

盈亏平衡分析法（Break-even Analysis）又称保本点分析或量本利分析法，是根据产品的业务量（产量或销量）、成本、利润之间的相互制约关系的综合分析，用来预测利润、控制成本、判断经营状况的一种数学分析方法。利用盈亏平衡分析法可以计算出组织的盈亏平衡点，又称保本点、盈亏临界点、损益分歧点、收益转折点等。盈亏平衡法分析图如图 3-3 所示。

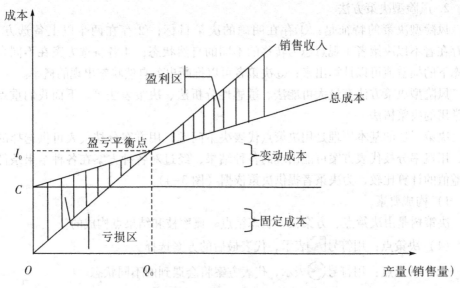

图 3-3 盈亏平衡法分析图

其基本原理是：当产量增加时，销售收入成正比增加；但固定成本不增加，只是变动成本随产量的增加而增加，因此，企业总成本的增长速度低于销售收入的增长速度，当销售收入和总成本相等时（销售收入线与总成本线的交点），企业不盈也不亏，这时的产量称为"盈亏平衡点"。

一般说来，企业收入 = 成本 + 利润，如果利润为零，则有收入 = 成本 = 固定成本 + 变动成本，而收入 = 销售量×价格，变动成本 = 单位变动成本×销售量，这样由销售量×价格 = 固定成本 + 单位变动成本×销售量，可以推导出盈亏平衡点的计算公式为

盈亏平衡点：$Q_0 = F / (P - C_v)$

式中：P—产品销售价格；F—固定成本总额；C_v—单件变动成本。

例 2 某企业的销售单价为 10 万元/台，单位变动成本 6 万元，固定成本为 400 万元，盈亏平衡点产量为多少？盈亏平衡点产量的销售额为多少？若计划完成 200 台能否盈利？盈利额多大？

解：

①计算盈亏平衡点产量：

$Q_0 = F / (P - C_v) = 400 / (10 - 6) = 100$（台）

②盈亏平衡点产量的销售额：

$I_0 = 10 \times 100 = 1\ 000$（万元）

③判断是否盈利：

因计划产量 200 台，大于临界产量 100 台，所以能够盈利。

④计算盈利额：

$M = I - Z = Q \times (P - Cv) - F = 200 \times (10 - 6) - 400 = 400$（万元）

2. 风险型决策方法

风险型决策的特征是：①存在明确的决策目标；②存在两个以上备选方案；③存在着不以决策者主观意志为转移的不同的自然状态；④各备选方案在不同自然状态下的损益值可以计算出来；⑤决策者可以推断出各自然状态出现的概率。

风险型决策方法有最大可能法、敏感性分析法、决策表法等，下面我们重点介绍常用的决策树法。

决策树法的基本原理是用决策点代表决策问题，用方案分枝代表可供选择的方案，用概率分枝代表方案可能出现的各种结果，经过对各种方案在各种结果条件下损益值的计算比较，为决策者提供决策依据（图 3-4）。

1）构成要素

决策树是由决策点、方案枝、状态结点、概率枝和结果点构成的。

（1）决策点：用符号 ■ 表示，代表最后的方案选择。

（2）状态点：用符号 ● 表示，代表方案将会遇到的不同状态。

（3）结果点：用符号 ▲ 表示，代表每一种状态所得到的损益值。

（4）方案枝：由决策点引出的线段，连接决策点和状态点，每一线段代表一个方案。

（5）概率枝：由状态点引出的线段，连接状态点和结果点。每一线段代表一种状态。

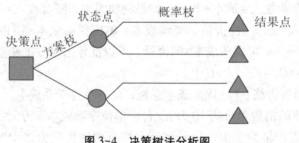

图 3-4　决策树法分析图

2）决策步骤

（1）绘制决策树。由左至右层层展开，前提是对决策条件进行分析，明确有哪些方案可供选择，各方案有哪些自然状态。

（2）计算期望值。

（3）剪枝决策。逐一比较各方案的期望值，将期望值小的方案剪掉，仅保留期望值最大的一个方案。把"//"画在不要的方案枝上表示剪枝。

例 3　某企业开发新产品，需对 A、B、C 三方案进行决策。三方案的有效利用期均按 6 年计，所需投资：A 方案为 2 000 万元，B 方案为 1 600 万元，C 方案为 1 000 万元。据估计，该产品市场需求量高的概率为 0.5，需求量一般的概率为 0.3，需求量低的概率为 0.2。各方案每年的损益值如表 3-9 所示。试问：应选择哪一个投资方案为好？

表 3-9 某企业各方案每年的损益值

方案	需求量高 $P_1 = 0.5$	需求量一般 $P_2 = 0.3$	需求量低 $P_3 = 0.2$
A 方案/万元	1 000	400	100
B 方案/万元	800	250	80
C 方案/万元	500	150	50

解：

①绘制决策树，见图 3-5：

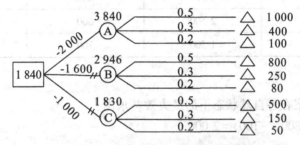

图 3-5 某企业开发新产品决策树

②计算期望值：

E（A）=（1 000×0.5+400×0.3+100×0.2）×6 =3 840（万元）

E（B）=（800×0.5+250×0.3+80×0.2）×6 =2 946（万元）

E（C）=（500×0.5+150×0.3+50×0.2）×6 =1 830（万元）

③比较方案，剪枝决策。扣除投资后的余额：

方案 A：3 840 − 2 000 =1 840（万元）

方案 B：2 946 − 1 600 =1 346（万元）

方案 C：1 830 − 1 000 =830（万元）

方案 A 的损益值 > 方案 B 损益值 > 方案 C 损益值，因此最终选择方案 A。

3. 不确定型决策

不确定型决策的特征：①存在一个明确的目标；②存在两个以上的备选方案；③存在着不以决策者主观意志为转移的不同的自然状态；④各备选方案在不同自然状态下的损益值可以计算出来；⑤决策者不能根据资料测算出各自然状态出现的概率。

这种决策目前很难定量分析，主要取决于决策者的主观判断，因此也叫作主观概率法。非确定型决策常用的方法有乐观法、悲观法和后悔值法和机会均等法四种。

1）乐观法（大中取大法）

这种方法的基本思想就是对客观情况总是抱着乐观态度，又称冒险型决策法。这是冒险型决策者常用的方法/决策者认为比较可能出现最好的情况，力求从最好的可能结果中选择一个收益最大的方案，即好中求好。

其步骤是：先从每个方案中选择一个最大的损益值，然后从几个方案的最大损益值中选择一个最大者，所对应的方案就是满意方案。

例 4　某企业拟对 A_1、A_2、A_3、A_4 四种投资计划进行决策。根据预测将会有三种自然状态，四种方案的损益值如表 3-10 所示。试问：应选择哪一个投资方案为好？

表 3-10　某企业四种方案的损益值　　　　　　　单位：万元

方案	销路好	销路一般	销路差
A_1	2 000	800	-100
A_2	1 000	500	-60
A_3	2 500	600	-80
A_4	1 500	700	-50

解：

①把每个方案在各自然状态下的最大效益求出：

$\max_{A_1}\{2\,000,\ 800,\ -100\} = 2\,000$

$\max_{A_2}\{1\,000,\ 500,\ -60\} = 1\,000$

$\max_{A_3}\{2\,500,\ 600,\ -80\} = 2\,500$

$\max_{A_4}\{1\,500,\ 700,\ -50\} = 1\,500$

②求各最大效益的最大值。就是在 2 000、1 000、2 500、1 500 中选出最大的数字 2 500。2 500 的对应方案 A_3 就是选择的方案。

2）悲观法（最大最小法）

这种方法的基本思想是对客观情况持悲观态度，不利的因素考虑得多，因而也叫保守方法。这是保守型决策者常用的方法，又称悲观决策法。决策者把安全稳妥放在首要地位考虑，力求从最坏的可能结果中选择一个损失最小的方案，即坏中求好。

其步骤是：先从每个方案中选择一个最小的损益值，然后从中选择一个最大者，所对应的方案就是满意方案。

依前例说明此方法的应用。

解：

①把表 3-10 中每个方案在自然状态下的最小效益值求出：

$\min_{A_1}\{2\,000\ \ 800\ \ -100\} = -100$

$\min_{A_2}\{100\ \ 500\ \ -60\} = -60$

$\min_{A_3}\{2\,500\ \ 600\ \ -80\} = -80$

$\min_{A_4}\{1\,500\ \ 700\ \ -50\} = -50$

②求各最小效益的最大值，就是-50。它对应的行动方案 A_4 就是优选的方案。

3）最大后悔值最小化法

后悔值法也叫沙万哥法。这是一种以各方案的机会损失的大小来判断优劣的方法。在决策过程中，当某种自然状态出现时，决策者必然希望选择当时最满意的方案，若决策者未选这一方案，定会感到后悔，其后悔值就是实际选择方案与应该选择方案的损益值之差。

最小后悔值法就是力求使机会损失降到最低程度，其步骤是：先确定各方案的最大后悔值，然后选择这些最大后悔值中的最小者，所对应的方案就是满意方案。

例5 仍以表3-10的资料来说明，将其变为后悔矩阵表3-11。

表 3-11 后悔矩阵表 单位：万元

方案	销路好	销路一般	销路差	最大后悔值
A_1	500	0	50	500
A_2	1 500	300	10	1 500
A_3	0	200	30	200
A_4	1 000	100	0	1 000

解：

①首先，将每一状态下的后悔值求出，写在相应方案与相应状态所在行列上，如在销路好状态下最大值为2 500，则相对的方案 A_1、A_2、A_3、A_4 的后悔值分别为 2 500-2 000＝500（万元），2 500-1 000＝1 500（万元），2 500-2 500＝0（万元），2 500-1 500＝1 000（万元），依次写在第一列。同理求出销路一般、销路差的后悔值。这样，就形成后悔值矩阵。

②选出的最大后悔值，如1行中的500，2行中的1 500，3行中的200，4行中的1 000（同一行中有两个以上相同的最大值，则选前一列的数）

③最后，从这些最大后悔值中间求出最小值200。

这个200对应的方案为 A_3，故可以选择 A_3 方案。

4）机会均等法

这是决策者假定未来情况的概率相等，然后计算各方案的平均期望值，进行比较和选择。

例6 仍以表3-10的资料来说明，有三种自然状态，则每种自然状态出现的概率为1/3。

解：

$E(A_1) = 1/3 (2\,000 + 800 - 100) = 900$（万元）

$E(A_2) = 1/3 (1\,000 + 500 - 60) = 480$（万元）

$E(A_3) = 1/3 (2\,500 + 600 - 80) = 1\,007$（万元）

$E(A_4) = 1/3 (1\,500 + 700 - 50) = 717$（万元）

显然，A_3 方案的平均期望值最大，应选择 A_3 方案。

值得注意的是，在处理同一不确定型决策问题时，采用的方法不同，其结果也不相同。这是由于决策者考虑问题的角度不同，方法之间既没有统一的评判标准，也没有内在联系，这就需要决策者进行定性分析。

在实际应用中管理者需要注意，将定性与定量决策相结合，是进行科学决策的基本思路。科学的决策要求把以经验判断为主的定性分析与以现代科学方法和先进技术为主的定量论证结合起来，这样才能使我们的决策更加有效。

【学习实训】 案例分析——安娜该如何决策

安娜从一所不太知名的大学计算机学院毕业后，10 年来一直在某发展中大城市里的一家中等规模的电脑公司当程序设计员。现在，她的年薪为 50 000 美元。她工作的这家公司，每年要增加 4~6 个部门。这样扩大下去，公司的前景还是很好的，也增加了很多新的管理岗位。其中有些岗位包括优厚的年终分红在内，年薪达到 90 000 美元。公司还提升程序员为分公司的经理。虽然过去没有让妇女担任过这样的管理职位，但安娜小姐相信，凭她的工作资历和这一行业女性不断增加，在不久的将来她会得到这样的机会。

安娜的父亲雷森先生自己开了一家电脑维修公司，主要是维修电脑硬件，并为一些大的电脑公司做售后服务，同时也销售一些电脑配件。最近由于健康和年龄的原因，雷森先生不得不退休。他雇了位刚从大学毕业的大学生来临时经营电脑维修公司，店里的其他部门继续由安娜的母亲经营。雷森想让女儿安娜回来经营她最终要继承的电脑维修公司。而且由于近年来购买电脑的个人不断增加，电脑维修行业的前景是十分好的。

雷森先生在前几年的经营过程中建立了良好的信誉，不断有大的电脑公司委托其做该城市的售后维修中心。维修公司发展和扩大的可能性是很大的。

安娜和双亲讨论时，得知维修公司现在一年的营业额大约为 400 000 美元，而毛利润差不多是 170 000 美元。由于雷森先生的退休，他和他的太太要提支工资 80 000 美元，交税前的净利润为每年 30 000 美元加上每年 60 000 美元的经营费。雷森先生退休以后，从维修公司得到的利润基本上和从前相同。目前，他付给他新雇用的大学毕业生的薪金为每年 36 000 美元，雷森夫人得到的薪金为每年 35 000 美元，雷森先生自己不再从维修公司支取薪金了。

如果安娜决定负担维修公司的管理工作，雷森先生打算也按他退休前的工资数付给她 50 000 美元的年薪。他还打算，开始时，把维修公司经营所得利润的 25% 作为安娜的分红；两年后增加到 50%。因为雷森夫人将不再在该公司任职，就必须再雇一个非全日制的办事员帮助安娜经营维修公司，他估计这笔费用大约需要 16 000 美元。雷森先生已知有人试图出 600 000 美元买他的维修公司。这笔款项的大部分安娜在不久的将来是要继承的。对雷森夫妇来说，以他们的经济状况来看，并不需要过多地去用这笔资产来养老送终。

思考题：

1. 对安娜来说，有什么行动方案可供选择？

2. 你建议采取哪种备选方案？

3. 安娜的个人价值观与她做出决策有何关联？

（资料来源：黄雁芳. 管理学教学案例集［M］. 上海：上海财经大学出版社，2001.）

【效果评价】

根据学生出勤、课堂讨论发言及小组合作完成任务的情况进行评定。

 综合练习与实践

一、判断题

1. 决策是整个管理的中心，整个的管理过程都是围绕决策的制定和组织实施而展开的。　　　　　　（　　）

2. 决策就是从各种可行方案中选择最佳的方案。　　（　　）

3. 在管理决策中，通常不考虑决策本身的经济性。　（　　）

4. 决策过程中的限制性因素主要就是组织的外部环境。（　　）

5. 按决策问题的可控程序可以分为程序和非程序决策两类。（　　）

二、单项选择题

1. 以下哪一个不是决策的特征？（　　）
   A. 明确而具体的决策目标　　　　B. 有两个以上的备选方案
   C. 以了解和掌握信息为基础　　　D. 追求的是最优最好方案

2. 狭义的决策是指（　　）。
   A. 拟订方案　　　　　　　　　B. 评价方案
   C. 选择方案　　　　　　　　　D. 比较方案

3. 管理的基础是（　　）。
   A. 人员配备　　　　　　　　　B. 领导
   C. 决策　　　　　　　　　　　D. 控制

4. 主观决策法特别适合于（　　）。
   A. 肯定型决策　　　　　　　　B. 经验决策
   C. 非常规决策　　　　　　　　D. 常规决策

5. 西蒙认为决策所选取的方案是（　　）。
   A. 最优方案　　　　　　　　　B. 满意方案
   C. 可行方案　　　　　　　　　D. 科学的方案

三、多项选择题

1. 决策的程序一般包括（　　　　）。
   A. 识别问题 　　　　　　　　　B. 确定决策目标
   C. 拟订备选方案 　　　　　　　D. 评价、选择方案
   E. 方案实施和完善

2. 组织的最高层主管人员所做的决策倾向于（　　　　）。
   A. 战略型 　　　　　　　　　　B. 常规型
   C. 科学型 　　　　　　　　　　D. 定型
   E. 经验型

3. 主观决策法的特点是（　　　　）。
   A. 方法灵便 　　　　　　　　　B. 易产生主观性
   C. 缺乏严格论证 　　　　　　　D. 易于为一般管理干部所接受
   E. 适合于非常规决策

4. 决策按信息的明确程度分类有（　　　　）。
   A. 确定型决策 　　　　　　　　B. 战略决策
   C. 战术决策 　　　　　　　　　D. 不确定型决策
   E. 风险型决策

5. 决策按重复程度分有（　　　　）。
   A. 经验决策 　　　　　　　　　B. 科学决策
   C. 非常规决策 　　　　　　　　D. 常规决策
   E. 战略决策

四、简答题

1. 决策的特征有哪些？
2. 简述决策的一般程序是什么。
3. 为什么决策时应选用满意方案，而不是选择最优方案？
4. 试论决策者的地位和作用。
5. 决策的依据是什么？决策的原则是什么？

五、计算题

1. 某复印机服务公司规定，平均每复印一张纸 0.2 元，如果固定成本为每年 27 000 元，可变成本为每张 0.1 元，盈亏平衡点为多少？这时的销售额为多少？若计划完成盈利额 50 000 元，公司需要复印的数量为多少？

2. 某企业建厂有两种方案可供选择。建大厂投资 300 万元，建小厂投资 150 万元，服务期为 10 年。各年的损益值及有关数据如表 3–12 所示。试用决策树进行决策。

表 3-12

市场状态	各方案损益值/(万元·年$^{-1}$)		市场状态概率
	建大厂	建小厂	
销路好	360	280	0.5
销路中	180	200	0.3
销路差	-20	140	0.2

3. 纽约花旗银行为东北部推广万事达信用卡而制定了四种战略。但其主要的竞争对手——大通曼哈顿银行已在同样的地区为推广其 Visa 信用卡采取了三种竞争性行动。在此情况下，我们假设花旗银行的经理没有指导自己确定四种战略成功概率的经验。银行的营销经理列出了一个表 3-13 所示的收益矩阵，表明花旗银行的各种战略以及在大通曼哈顿银行采取竞争行动下花旗银行的最终利润。请你分别用乐观法、悲观法、最大后悔值最小化法和机会均等法来进行决策。

表 3-13

花旗银行营销战略	大曼哈顿银行的反应/万美元		
	CA_1	CA_2	CA_3
S_1	1 300	1 400	1 100
S_2	900	1 500	1 800
S_3	2 400	2 100	1 500
S_4	1 800	1 400	2 800

六、深度思考——巨人集团的兴衰

史玉柱与巨人的创业史

1962 年，史玉柱出生于安徽怀远县城一个普通家庭，1982 年他以全县第一的成绩考上浙江大学数学系，1989 年在深圳大学完成硕士论文答辩，从深圳大学软科学管理系毕业。同年 7 月他辞去安徽统计局的工作，回到深圳开始创业。这时他身上仅有借来的 4 000 元钱和自己开发出来的 M-6401 桌面排版印刷系统。

1989 年 8 月，史玉柱和三个伙伴用仅有的 4 000 元钱承包了天津大学深圳科技工贸发展公司电脑部。他觉得 M-6401 此时已能推向市场，在手头上仅有 4 000 元的情况下，史玉柱"赌"了一把，利用《计算机世界》先打广告后付款的时间差，做了一个 8 400 元的广告。广告打出后 13 天即 8 月 15 日，史玉柱的银行账户第一次收到三笔汇款共 15 820 元，巨人事业由此起步。到 9 月下旬，收款数字升到 10 万。史玉柱全部取出再次投入广告。四个月后，M-6401 的销售额一举突破百万大关，奠定巨人创业基石。

1991 年 4 月，珠海巨人新技术公司注册成立，公司共 15 人，注册资金 200 万元，史玉柱任总经理。8月，史玉柱投资80万，组织10多个专家开发出M-6401汉卡上市。11月，公司员工增加到30人，M-6401汉卡销量跃居全国同类产品之首，获纯利达1 000万元。

1992年7月，巨人公司实行战略转移，将管理机构和开发基地由深圳迁至珠海。9月，巨人公司升为珠海巨人高科技集团公司，注册资金1.19亿元，史玉柱任总裁，公司员工发展到100人。12月底，巨人集团主推的M-6401汉卡年销量2.8万套，销售产量共1.6亿元，实现纯利3 500万元，年发展速度达500%。

1993年1月，巨人集团在北京、深圳、上海、成都、西安、武汉、沈阳、香港成立了8家全资子公司，员工增至190人。8月，巨人集团开发出M-6401排版系统、巨人财务软件等13个新产品，其中包括巨人中文手写电脑、巨人中文笔记本电脑。12月，巨人集团发展到290人，在全国各地成立了38家全资子公司，集团在一年之内推出中文手写电脑、中文笔记本电脑、巨人传真卡、巨人中文电子收款机、巨人钻石财务软件、巨人防病毒卡、巨人加密卡等产品。同年，巨人实现销售额3.6亿元，利税4 600万元，成为中国极具实力的计算机企业。

风云乍起

1993年是中国电脑行业遭受"外敌入侵"的一年。随着西方10国组成的巴黎统筹委员会的解散，西方国家向中国出口计算机禁令失效，COMPAQ、HP、AST、IBM等世界知名电脑公司开始"围剿"中国市场。伴随国内电脑业步入低谷，史玉柱赖以发家的本行也受到重创，巨人集团迫切需要寻找新的产业支柱。由于当时全国正值房地产热，他决定抓住这一时机，一脚踏进房地产业。

其实，早在1992年巨人集团或者说史玉柱便已决定建巨人大厦，但当时的概念只是一幢18层的自用办公楼。此时在房地产业大展宏图的欲望使他一改初衷，设计一变再变，楼层节节拔高，一直涨到70层，投资从2亿涨到12亿，气魄越来越大。尽管房地产是他完全陌生的一个领域，尽管巨人大厦已超过他的资金实力十几倍，但他想以小搏大，盖一幢珠海市的标志性建筑，盖一幢当时全国最高的楼。

对于巨人大厦的筹资，史玉柱想"三分天下"，1/3靠卖楼花，1/3靠贷款，1/3靠自有资金。然而令无数人惊奇的是，大厦从1994年2月破土动工到1996年7月未申请过一分钱的银行贷款。幸好巨人大厦的楼花在初期卖得很火，从香港融资8 000万元港币，从国内融资4 000万元，短短数月获得现款1.2亿。

在巨人开始迈向产业多元化之时，史玉柱已经预感到了大集团的管理隐患。由于资产规模急剧膨胀，管理上随之进入"青春期"，出现了浮躁和混乱。在1994年元旦献辞中，史玉柱说："我们创业时的管理方式，如果只维持几十人的状态，不会有问题。现在的管理系统，不可能运作规模更大的公司。但巨人公司正向大企业迈进，管理必须首先上台阶。为此，我们要牺牲公司的一些业务，甚至牺牲一些员工。"

1994年年初巨人集团发生的两件大事加速了巨人管理体制的变革。一件是西北办事处主任贪污和挪用巨额资金；另一件是参与6405软件开发的一位员工在离职后将技术私卖给另一家公司，给巨人造成很大损失。1994年春节刚过，史玉柱突然宣布一条惊人消息：聘请北大方正集团总裁楼滨龙出任巨人集团总裁，公司实行总裁负责制，而他自己将从管理的第一线退下来，出任集团董事长。在宣布决定的员工大会上，史玉柱坦诚剖白："我本人有很多缺点，加上技术出身，没做过管理，因此错误不少。为了公司进一步发展，所以请高人来执掌。"

风云再起

1994 年 8 月史玉柱突然召开全体员工大会，提出了"巨人集团第二次创业的总体构想"。其总目标是，跳出电脑产业走产业多元化的扩张之路，以发展寻求解决矛盾的出路。史玉柱同时解除了原集团所有干部的职务，全部重新委任。

史玉柱的第二次创业规模是非常宏大的：在房地产方面，投资 12 亿元兴建巨人大厦，投资 4.8 亿元在黄山兴建绿谷旅游工程，投资 5 400 万元装修巨人总部大楼。在上海浦东买下了 3 万平方米土地，准备兴建上海巨人集团总部；在保健品方面，准备斥资 5 个亿，在一年内推出上百个产品。产值总目标是：1995 年达到 10 个亿，1996 年达到 50 亿，1997 年达到 100 亿。

1995 年 2 月 10 日，巨人集团员工在春节后上班第一天，史玉柱突然下达一道"总动员令"——发动促销电脑、保健品、药品的"三大战役"。史玉柱把这场促销战模拟成在战争环境中进行。他亲自挂帅，成立三大战役总指挥部，下设华东、华北、华中、华南、东北、西南、西北和海外八个方面军，其中 30 多家独立分公司改编为军、师，各级总经理都改为"方面军司令员"或"军长""师长"。史玉柱在动员令中称，"三大战役将投资数亿元，直接和间接参加的人数有几十万人，战役将采取集团军作战方式，战役的直接目的要达到每月利润以亿为单位，组建 1 万人的营销队伍，长远目的则是用战役锤炼出一批干部队伍，使年轻人在两三个月内成长为军长、师长，能领导几万人打仗。"

总动员令发布之后，整个巨人集团迅速进入紧急战备状态。5 月 18 日，史玉柱下达"总攻令"，这一天，巨人产品广告同时以整版篇幅跃然于全国各大报。由此"三大战役"全面打响。霎时间，巨人集团以集束轰炸的方式，一次性推出电脑、保健品、药品三大系列的 30 个产品，其中保健品一下推出 12 个新产品。继而，广告宣传覆盖 50 多家省级以上的新闻媒介，营销网络铺向全国 50 多万个商场，联营的 17 个正规工厂和 100 多个配套厂开始 24 小时运转，各地公司召集 200 名财务人员加班加点为客户办理提货手续，由百辆货车组成的储运大军日夜兼程，营销队伍平均每周增加 100 多名新员工。不到半年，巨人集团的子公司从 38 个发展到 228 个，人员从 200 人发展到 2 000 人。

大规模的闪电战术创造出了奇迹：30 个产品上市后的 15 天内，订货量就突破 3 亿元。更显赫的战果是新闻媒介对巨人集团的一次大聚焦。上百家新闻单位在 1 个月内把笔锋集中在巨人身上，其中《人民日报》在半个月内 4 次以长篇通信形式报道了巨人，新华社 5 次发通稿。

阴云密布

多元化的快速发展使得巨人集团自身的弊端一下子暴露无遗。7 月 11 日，史玉柱在提出第二次创业的一年后,不得不再次宣布进行整顿,进行了一次干部大换血。凡是过去三个月中没有完成任务的干部原则上一律调整下来。8月,集团向各大销售区派驻财务和监察审计总监,财务总监和监审总监直接对总部负责,同时,监审与财务总监又各自独立,互相监控。8月20日,集团又成立干部学院,将180名干部集中到南京海军学院,进行为期一周的军训,以增加团队意识和纪律性。

整顿并没有从根本上扭转局面,1995年9月巨人发展形势急转直下,步入低潮。伴随着10月发动的"秋季战役"的黯然落幕,1995年底,巨人集团面临了前所未有的严峻形势,财务状况恶化。

1996年年初,史玉柱为挽回局面,将公司重点转向减肥食品"巨不肥",3月份,全面大规模的"巨不肥"广告铺天盖地地覆盖了全国各大媒体,"巨不肥大赠送","请人民作证"等营销口号随处可见,大投入的人员和财力投入在4月有了回报,销售大幅上升,公司的情况有所缓解。

可一种产品销售得不错并不代表公司整体状况好转,公司旧的制度弊端、管理缺陷并没有得到解决。相反"巨不肥"带来的利润被一些人给私分了。集团内各种违规违纪、挪用贪污事件层出不穷。而此时让史玉柱焦急的还不是这些,而是公司预计投资12亿建的巨人大厦。他决定将生物工程的流动资金抽出投入大厦的建设,而不是停工。

1992年公司决定建巨人大厦时计划盖18层,后来改为38层,但由于种种原因最后竟定为70层,而巨人集团1992年可用于大厦建设的资金只有几百万元。由于公司错误地估计了形势,竟然没有去银行申请贷款,而当1993年下半年他们想去贷时全国宏观调控开始了。由于1994年年底到1995年上半年是巨人效益最好的时候,公司认为没有银行贷款也可顺利建成大厦。

直到1996年5月,史玉柱依然据此法建大厦,他把各子公司交来的毛利2 570万元人民币中的净利润850万元资金全部投入了巨人大厦,进入7月份,全国保健品市场普遍下滑,巨人保健品销量也急剧下滑,维持生物工程正常运作的基本费用和广告费不足,生物产业的发展受到了极大的影响。

老天似乎要为难巨人,大厦非常不巧地建在三条断裂带上,为解决断裂带积水,大厦多投入了3 000万元,其间,珠海还发生了两次水灾,大厦地基两次被泡,整个工期耽误10个月。1996年9月11日,巨人大厦终于完成了地下室工程,11月,相当于三层楼高的首层大堂完成。此后,大厦将以每五天一层的速度进入建设的快速增长期,但此时史玉柱已经没钱了。

按原合同,大厦施工三年盖到20层,1996年年底兑现,但由于施工不顺利而没有完工。大厦动工时,为了筹措资金,巨人集团在香港卖楼花拿到了6 000万港币,内地卖了4 000万元,其中在内地签订的楼花买卖协议规定,三年大楼一期工程(盖20层)完工后履约,如未能如期完工,应退还定金并给予经济补偿。而当1996年底大楼一期工程未能完成时,建大厦时卖给内地的4 000万元楼花就成了导致巨人集团财务危机的真正导火索。债主上门了,此时的巨人因财务状况不良无法退赔而陷入破产危机。

四面楚歌

1996 年年底，巨人的员工停薪两个月，一批骨干离开公司，整个公司人心惶惶，声名显赫一时的巨人集团已经摇摇欲坠。1997 年 1 月 12 日史玉柱外出归来，遇到 10 余名债主登门讨债，危机终于爆发。史玉柱对债主承诺："老百姓的钱我一定还，只是晚些。"跟随债主而来的若干记者立刻就此事大做文章，于是更多的债主蜂拥而至，事情闹大了。当闻风而来的香港记者探访巨人集团时，恰逢此时巨人员工休假，集团总部大楼只有几名保安游荡，大门紧闭，于是新一轮的新闻冲击波又起来了，香港媒介大呼："巨人破产了！"2 月 15 日，史玉柱将其中层干部全部集中于上海某空军学院，坦诚相告他遇到了危机。来自全国 100 多个下属子公司的经理明白了这是公司有史以来最大的"经济危机"，他们都预感到了一场更大的危机正悄然而至。

可史玉柱并不认输，他认为巨人集团不可能破产，从资产负债表来看，巨人拥有资产 5 亿元，而从债务结构来看，香港楼花的 8 000 万港币是不用退赔的，而内地卖楼花的 4 000 万元已还掉 1 000 万元，还剩 3 000 万元，因而巨人还不到资不抵债的地步。史玉柱打算将巨人大厦与巨人集团断开，再把巨人大厦改造成股份有限公司。如果只完成一期工程盖到 20 层，还需 5 000 万元资金，因此他想出了两个计划：一是由收购方一揽子解决，包括还国内楼花 3 000 万元退款，加上完成一期工程所需的 5 000 万元，总计 8 000 万元，作为交换条件他出让 80% 股份；二是收购方出资 5 000 万~6 000 万元，他出让过半股份。

他决定次日再开一次全体中层以上干部会议，与大家共同商议渡过难关的对策。

（资料来源：佚名. 巨人集团的兴衰 ［EB/OL］.（2010−01−09）［2014−06−17］. http://yingyu. 100xuexi.com/view/specdata/20100109/CB58656B−9161−4902−B9F8−20C20AA0BCBE.html.）

讨论题：

1. 史玉柱当年成功的最主要因素是什么？

2. 巨人集团的核心资源是什么？

3. 运用 SWOT 理论，对多元化初期的巨人集团进行分析，从你的分析来看，它在此时应采取什么样的对策？

4. 导致巨人集团最终陷入危机的最主要失误是什么？

第4章

计 划

▶学习目标

通过本章学习，学生应理解计划的含义；掌握计划的类型与编制过程；掌握目标管理方法、原理以及在实践中的运用；会根据任务情境，结合目标管理相关理论对某一具体目标设定计划。

▶学习要求

知识要点	能力要求	相关知识
计划概述	理解计划在工作中的重要性	1. 计划的含义 2. 计划的构成要素 3. 计划类型
计划的编制过程与实施	运用计划的各种方法指导实践	1. 计划工作的程序 2. 计划的编制方法 3. 计划的执行与控制
目标管理	运用目标管理指导实际工作	1. 目标管理的含义 2. 目标管理的过程

案例导入

巧妙修宫殿

宋朝时，有一次皇宫发生火灾，一夜之间，大片的宫殿、楼台变成了废墟。为了修复这些宫殿，皇帝派了一位大臣主持修缮工程。

当时，要完成这项修缮工程面临三大问题：①需要把大量废墟垃圾清理掉；②要运来大批的石料和木料；③要运来大量新土。不论是运走废墟还是运来新的建筑材料或新土，都涉及大量运输的问题。如果安排不当，施工现场会杂乱无章，正常的交通和生活秩序都会受到严重影响。

这位大臣经过研究后制定了这样的施工方案：首先，从施工现场向外挖若干条大深沟，把挖出来的土作为施工需要的土备用，这就解决了新土的问题；其次，从城外将汴水引入深沟中，这样可以利用水排或船只运输石材和木材，于是就解决了木材石料的运输问题；最后，等到材料运输任务完成后，再把沟中的水排掉将工地上的废墟垃圾填入深沟，使深沟重新变为平地。步骤简单归纳起来，就是这样一个程序：挖沟（取土）、引水入沟（水道运输）、填沟（处理垃圾）。

按照这个方案，不仅整个修缮工程节约了很多时间和经费，而且工地井然有序，城内的交通和生活秩序并没有受到太大影响。这个故事说明了一个道理：

1. 管理者在制订执行计划时，一定要综合考虑现有资源的特点与相互联系，以实现资源间的相互配合、相互支持。

2. 良好的执行计划，是以最小的执行成本取得最优的执行效果。

任务4.1 计划概述

【学习目标】

让学生理解计划含义，明确计划的构成要素以及计划类型。

【学习知识点】

4.1.1 计划的含义与特征

1. 计划的含义

计划是通过将组织在一定时期内的目标和任务进行分解、落实到组织的具体工作部门和个人，从而保证组织工作有序进行和组织目标得以实现的过程。

计划含义的理解有以下几点：

（1）计划是管理工作的一项首要职能；

（2）计划是在调查、分析、预测的基础上形成的；

（3）计划是对未来一定时期内的工作安排，是现实与未来目标间的一座桥梁；

（4）计划也是一种管理协调的手段。

2. 计划的基本特征

1）目的性

计划工作是为实现组织目标服务。任何组织都是通过有意识的合作来完成群体的目标而得以生存的。计划工作旨在有效地达到某种目标。

2）首位性

计划、组织、人员配备、领导和控制等方面的活动，都是为了支持实现组织的目标，管理过程中的其他职能都只有在计划工作确定了目标以后才能进行。计划工作是管理活动的桥梁，是组织、领导、人员配备和控制等管理活动的基础，计划职能在管理职能中居首要地位。

例如，对于一个是否要建立新车间的计划研究工作，如果得出的结论是新车间建设在经济上不合理，所以也就没有筹建、组织、领导和控制一个新厂的必要了。如图 4-1 所示：

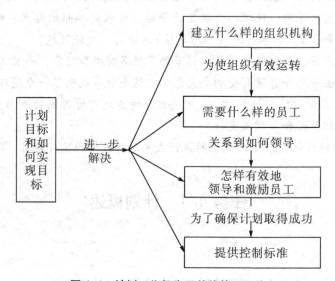

图 4-1 计划工作领先于其他管理职能

3）普遍性

虽然各级管理人员的职责和权限各有不同，但是他们在工作中都有计划指导，计划工作在各级管理人员的工作中是普遍存在的。

4）效率性

计划工作要追求效率。计划的效率是指对组织目标所做贡献扣除制订和执行计划所需要的费用后的总额。如果在计划的实现过程中付出了太高的代价或者是不必要的代价，那么这个计划的效率就是很低的。因此，在制订计划时，要时时考虑计划的效率，不但要考虑经济方面的利益，而且还要考虑非经济方面的利益和损耗。

5）创新性

计划工作是针对需要解决的新问题和可能发生的新变化、新机会而做出决定，因而它是一个创新过程。计划工作实际上是对管理活动的一种设计，正如一种新产品的成功在于创新一样，成功的计划也依赖于创新。

4.1.2 计划的构成要素

1. 计划的构成要素

哈罗德·孔茨说："计划工作是一座桥梁，它把我们所处的这岸和我们要去的对岸连接起来，以克服这一天堑。"计划工作给组织提供了通向目标的明确道路，给组织、领导和控制等一系列管理工作提供了基础。有了计划工作这座桥，本来不会发生的事现在就可能发生了，模糊不清的未来变得清晰实在。虽然我们几乎不可能准确无误地预知未来，那些不可控制的因素可能干扰最佳计划的制订，这使得我们不可能制订出最优计划，但是如果我们不进行计划工作，就只能听任自然了。

无论在名词意义上还是在动词意义上计划内容都包括"5W1H"，计划必须清楚确定和描述这些内容，如表 4-1 所示：

表 4-1 计划构成要素

要　素	所要回答的问题	内　容
前提条件	该计划有效的环境条件	预测、实施条件
目标任务	what 做什么	工作要求
目的	why 为什么做	原因、意义、重要性
责任	who 谁来做	人选、激励措施
时间	when 何时做	时机、进度、起止时间
范围	where 何地做	地理范围
战略	how 如何做	方式、方法、途径
应变措施	实际执行时出现偏差怎么办	应变计划

2. 计划的重要意义

一个组织要在复杂多变的环境中生存和发展就需要科学合理地制订计划，协调与平衡各方面的关系，不断地适应变化了的形势，寻找新的生存与发展机会。因而计划在管理中的地位日益提高。

1）计划有利于管理者进行协调和控制

计划确定了组织的活动方向，明确了具体的目标和任务，便于管理者协调各部门的工作，指导管理活动按计划有步骤地进行。另外，计划介于决策与组织、控制之间，有其独特的地位。管理者可以通过计划对管理活动进行控制，从而保证决策目标的实现。

2）计划有利于提高工作效率

（1）计划可以使组织各部门的工作统一协调、井然有序地展开，消除不必要的活动所带来的浪费。

（2）计划可以减少各部门工作的重复和闭门造车的现象，使组织的各种资源能够得到充分利用，产生巨大的组织效应。

（3）计划可以把组织成员的注意力集中于目标，形成一种协同力量。在组织未来的行动方案中，要把组织的整体目标分解成各个部门、各个环节的目标，以在组织中形成目标体系。同时还要根据各个部门、各个环节的目标制订各部门、各个环节相应的计划方案，这些计划方案之间要相互配合、协调，以保证组织整体目标实现。

3）计划有利于实施控制

组织的各项活动都是围绕着计划方案进行的，各项活动的结果可能达到了预期目标，也可能与预期目标存在一定的偏差，这时组织就要发挥管理的控制职能来消除这种偏差，要进行控制就要有个标准，而实施控制的标准就是计划工作所确定的计划目标。如果没有计划目标，就无法测定控制活动，也就无所谓控制，所以说计划为组织实施有效控制提供了根据。

4）计划有利于弥补情况变化所造成的损失

计划是面向未来的，而未来在时间和空间上都具有不确定性和变动性，计划作为预测未来变化并且设法消除变化对组织造成不良影响的一种有效手段，可以帮助管理者对未来有更清醒的预见和认识。

4.1.3 计划的类型

1. 按计划的表现形式分类

（1）宗旨。宗旨即组织的目的和使命，也就是社会对该组织的要求，表现为组织的价值观念、经营理念、管理哲学等根本性的问题。例宝洁公司的宗旨："我们提供世界一流的产品和服务，以美化消费者的生活作为回报，我们将会获得领先的市场销售地位、不断增长的利润和价值，从而令我们的员工、股东以及我们生活和工作所处的社会共同繁荣。"中国移动的企业使命："创无限通信世界，做信息社会栋梁。"

（2）目标。目标是宗旨的具体化，体现了在其宗旨下组织经营管理活动在一定时期要达到的具体成果。

（3）战略。战略是为了实现组织长远目标所选择的发展方向、所确定的行动方针以及资源分配方针的总纲领。

【知识阅读4-1】

诸葛亮派关羽把守华容道是决策失误吗？

战略，纯粹的战略！此处彰显出诸葛亮是一个十分了不起的伟大战略家，他比在欧洲大陆实施均势制衡战略的近代英国政治家更早地运用了这一战略。他的目的在于保持三国势力均衡。当时，孙刘联合抗曹，显然东吴是主力，而且东吴一直比较独立和富庶，而刘备在西蜀刚站稳脚跟。三国之中，只有西蜀势力最弱，不可对抗强曹，也奈何不了吴国。这一点诸葛亮作为战略家看得十分清楚。所以，诸葛亮一开始就不打算捉住曹操，只是安排赵云、张飞对着曹操残军小打小闹。然后给关羽一个彻底了却与曹操"旧情"的机会。当时如果诸葛亮将张飞与关羽调换位置，那么曹操肯定会被擒住。那样，魏国（尽管此时尚未称魏）必然彻底衰弱，而这时就会促生一个强大的吴国，这个吴国肯定不会安分，只要他强大了他肯定会像曹操一样去打西蜀和魏国。而且魏国由于统帅和大将谋士全被诸葛亮捉去解决，魏国只能趋炎附吴，一来图存，一来向西蜀复仇。因为此时虽然打败魏国的主力是吴国，但是对魏国起到除根作用的却是西蜀，是诸葛亮。魏国后生能不恼怒西蜀和诸葛亮吗？诸葛亮绝对不会给西蜀招惹麻烦，他不会彻底除掉曹操，促成吴国一股独大。为何东吴不安排兵将截击曹军残部呢？因为人家是正面战场主力，后方就只能让你这个联盟的从属——蜀刘去完成，如果连追截穷寇的事都由吴国自己办了，那还要联盟作甚？岂不成了东吴单独抗强曹了？截击穷寇的差事必然落给蜀刘，诸葛亮只能好好谋划。这时可以彰显出诸葛亮的战略家风范了。为了保持三国均衡，就只能放掉曹军残部，就只能安排赵云、张飞小打小闹，截取些粮草辎重兵器，顺便杀几个士兵。再把偿还人情的机会送给关羽，使得关曹再无恩情纠葛。说起来，曹操最应感谢的应该是诸葛亮，诸葛亮保住了他的性命，当然也是诸葛亮为了战略迫不得已而为之。

曹操与关羽的渊源

简单地说，桃园三结义成就了刘、关、张三兄弟，而战乱之中，关羽与刘备走散，此时，关羽还带着刘备的两位夫人，在孤立无援的时候，曹操邀请关羽到门下做客避难，关羽此时左右为难：去，又怕找到刘备时，曹操以两位嫂嫂要挟关羽，不让关羽走；不去呢，又怕两位嫂嫂安全、衣食没有着落。最后，同意暂时归降曹操，但提出了几点要求：一是降汉不降曹；二是要确保兄嫂安全；三是如有刘备消息要立即离去，曹操不能阻拦。无奈之下，曹操答应了。

当关羽在战乱中发现刘备时，兄弟二人终于重逢。关羽不顾曹操劝阻，执意要带两位嫂嫂走，曹操手下出主意（张辽问他为什么身在曹营心在汉，关羽说他与刘备有过生死誓言），要杀了关羽，以免后患。但曹操爱惜人才，只好遵守约定，放走了关羽和两位夫人。在曹操那里享受最高待遇的人是关羽，物质方面不用说，就说关羽辞曹奔刘，曹操非但不杀关羽反而一点都不假阻拦，倘若换成别人，以曹操的性格，若有人敢离开自己去投奔敌人，曹操定然得剐了他。关羽由此感激曹操。

（资料来源：杨锡怀，等. 企业战略管理［M］. 北京：高等教育出版社，2004.）

（4）政策。政策是组织在决策时或处理问题时用来指导和沟通思想与行为的明文规定。

（5）程序。程序是为了完成某一特定任务而规定的一系列步骤。组织中的许多管理活动是重复发生的，处理这类问题应该有标准方法，这就是程序。

（6）规则。规则也是一种计划，只不过是一种最简单的计划。它是对具体场合和具体情况下，允许或不允许采取某种行动的规定。

（7）规划。规划是为了实施既定方针所必需的目标、政策、程序、规则、任务分配、执行步骤、使用的资源等而制订的综合性计划。

（8）预算。预算作为一种计划，是一份用数字表示预期结果的报表。

2. 按计划的期限分类

（1）长期计划。一般在 10 年以上，是组织在较长时间内的发展目标和方向，属于纲领性和轮廓性的计划。

（2）中期计划。一般为 5 年左右，它来自长期计划，并且按照长期计划的执行情况和预测到的具体条件变化而进行编制。

（3）短期计划。一般在 1 年左右，以年度计划为主要形式。它是在中期计划的指导下，具体规划组织本年度的工作任务和措施的计划。

3. 按计划的性质分类

（1）战略性计划。战略性计划是关于企业未来发展的规划，对企业发展起关键作用的计划，其中包含企业的经营战略、经营目标、产品开发战略及市场开拓等内容。企业的中长期计划均属于战略计划。

（2）战术性计划。战术性计划是保证战略计划实现的计划，也是解决局部问题或短期问题的计划，例如，企业的季、月销售计划，工程的施工计划及生产作业计划等。企业的短期计划一般属于战术性计划。

4. 按计划的内容分类

（1）综合计划。综合计划是指对组织活动所做的整体安排，它是指导企业生产经营活动的纲领。

（2）专项计划。专项计划是指为完成某一特定任务而拟订的计划，如销售计划、新产品开发计划等。企业职能部门的相关计划多是专项计划。

【学习实训】

杭州"狗不理"包子店是天津"狗不理"集团在杭州开设的分店，地处商业黄金地段。正宗的"狗不理"以其鲜明的特色（薄皮、水馅、滋味鲜美、咬一口汁水横流）而享誉全国。但正当杭州南方大酒店创下日销包子万余只的记录时，杭州的"狗不理"包子店在将楼下的三分之一的营业面积租让给服装企业的情况下，依然"门前冷落车马稀"。当"狗不理"一再强调其鲜明的产品特色时，却忽视了消费者是否接受这一"特色"。首先，"狗不理"包子馅比较油腻，不符合喜爱清淡食物的杭州市民的口味。其次，吃"狗不理"包子不符合杭州人的生活习惯。杭州市民将包子作为便捷快餐对待，往往边走边吃。最后，"狗不理"包子馅多半还是蒜一类的辛辣刺激物，这与杭州这个南方城市的传统口味也相悖。

思考题：

请分析"狗不理"包子败走杭州的主要原因是什么。

【效果评价】

根据学生出勤、课堂讨论发言及小组合作完成任务的情况进行评定。

任务 4.2　计划的编制过程与实施

【学习目标】

掌握计划工作的程序以及编制方法和实施过程。

【学习知识点】

4.2.1　计划工作的程序

组织的计划过程是一个复杂的过程，是计划目标的制订和组织实现的过程。具体而言，计划工作的包括以下八个步骤：

1）确定目标

目标为组织整体、各部门和各成员指明了方向，描绘了组织未来的状况，并且可以衡量实际绩效的标准。

2）认清现在

认清现在的目的在于寻求合理有效的通向成功的路径，也即实现目标的途径，这不仅需要管理者有开放的精神，还要有灵活的精神。

3）研究过去

不仅要从过去发生过的事件中得到启示和借鉴，更重要的是探讨过去通向现在的一些规律，例如采取演绎法、归纳法。

4）预测并有效地确定计划的重要前提条件

前提条件是关于要实现计划的环境的假设条件，是行动过程中的可能情况，限于那些对计划来说是关键性的，或具有重要意义的假设条件。

5）拟定和选择可行性行动计划

拟定可行性行动计划——拟定尽可能多的计划。如评估计划、选定计划。

6）制订主要计划

将所选择的计划用文字形式正式地表达出来，作为一项管理文件，并且要清楚地确定和描述 5W1H 的内容。

7）制订派生计划

如业务计划派生的生产计划、销售计划、广告计划等。

8）制定预算，用预算使计划数字化

一方面是为了使计划的指标体系更加明确，另一方面是企业更易于对计划的执行进行控制，如图 4-3 所示：

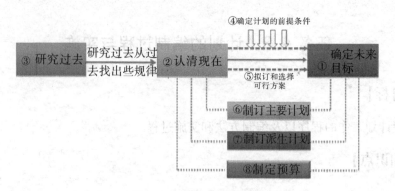

图 4-3　计划编制的步骤图

注：图中序号表示计划编制的步骤

4.2.2　计划的编制方法

企业借助一定的方法，把计划任务、目标和原则转化为指导实际行动的具体指标，在具体的经营业务中得以体现。科学的编制计划方法是提高计划水平的重要保证。

1. 滚动计划法

在编制计划时，一般难以对未来一个时期多种影响计划实现的因素做出准确的预测，而制订出来的计划往往不能完全符合未来的实际而进行主动调整。滚动计划法就是一种连续、灵活、有弹性地根据一定时期计划执行情况，通过定期的调整，依次将计划时期顺延，再确定计划的内容的编制方法。运用滚动计划法滚动期可长或短，若是年度计划则按季滚动，若是中、长期计划则按年滚动。如图 4-4 所示。

图 4-4　滚动计划法

2. PDCA 循环法

PDCA 循环法是美国质量管理专家戴明博士提出来的，它反映了质量管理活动的规律。就是按照计划（plan）、执行（do）、检查（check）和处理（action）四个阶段的顺序，周而复始地循环进行计划管理的一种工作方法。这种方法的主要内容：在计划阶段确定企业经营方式、目标，制订经营计划，并把经营计划的目标和措施项目落实到企业各部门、各环节。这四个阶段大体可分为八个步骤。如图 4-5 所示。

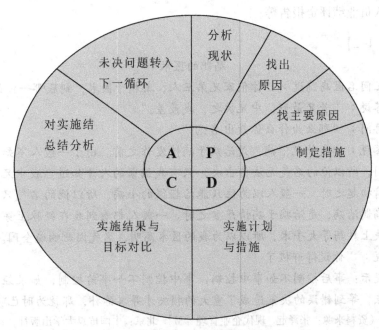

图 4-5　PDCA 循环法示意图

4.2.3　计划的执行与控制

1. 经营计划的执行

经营计划的贯彻与执行，主要是以方针落实及目标管理的方式进行的。方针落实是指按照经营目标和经营方针的要求，对一切与执行有关的部门和单位提出进一步具体的要求，使之形成一个系统，确保方针和目标的实现。

2. 企业经营计划的控制

企业经营计划的控制是指企业在动态变化的环境中，为了确保实现既定的目标而进行的检查、监督和纠正偏差等管理活动。控制是实现当前阶段企业目标和计划的有力保证，也是企业修正发展目标和制订下一轮计划的前提和基础。

1）事先控制

事先控制又称预先控制，它是指通过观察和收集信息，掌握规律，预测趋势，提前采取措施，将可能发生的问题（事故、偏差）消除在萌芽状态，这是一种"防隐患于未然"的控制，是控制的最高境界。

2）事中控制

事中控制又称现场控制或即时控制，是指在某项活动或者生产经营过程中，管理者采用纠正措施，以保证目标或计划的顺利实现，它主要通过管理人员深入现场进行有效的控制。

3）事后控制

事后控制主要是分析工作的执行结果，与控制标准相比较，发现差异并找出原因，拟定纠正措施以防止错误继续存在。例如财务分析报告、产品销售状况分析报告及销售人员业绩评定报告等。

【知识阅读 4-2】

扁鹊的医术

魏文王问名医扁鹊说："你们家兄弟三人，都精于医术，到底哪一位最好呢？"

扁鹊答说："长兄最好，中兄次之，我最差。"

文王再问："那么为什么你最出名呢？"

扁鹊答说："我长兄治病，是治病于病情发作之前。由于一般人不知道他事先能铲除病因，所以他的名气无法传出去，只有我们家的人才知道。我中兄治病，是治病于病情初起之时。一般人以为他只能治轻微的小病，所以他的名气只及于本乡里。而我扁鹊治病，是治病于病情严重之时。一般人都看到我在经脉上穿针管来放血、在皮肤上敷药等大手术，所以以为我的医术高明，名气因此响遍全国。"

文王说："你说得好极了。"

分析提示：事后控制不如事中控制，事中控制不如事前控制，如果经营者体会不到这一点，等到错误的决策造成了重大的损失才寻求弥补，那就为时已晚了。

（资料来源：张泽起. 现代企业管理［M］. 北京：中国传媒大学出版社，2008.）

【学习实训】 头脑风暴——敢问兴光华路在何方

进入 12 月份以后，兴光华实业发展有限公司（以下简称兴光华公司）的总经理李军一直在想着两件事：一是年终已到，应抽个时间开个会议，好好总结一下一年来的工作。今年外部环境发生了很大的变化，尽管公司想方设法拓展市场，但困难重重，好在公司经营比较灵活，苦苦挣扎，这一年总算摇摇晃晃走过来了，现在是该好好总结一下，看看问题到底在哪儿。二是该好好谋划一下明年怎么办，更远的该想想以后 5 年怎么干，乃至于以后 10 年怎么干。上个月李总从事务堆里抽出身来，到商学院去听了两次关于现代企业管理的讲座，教授的精彩演讲对他触动很大。公司成立至今，转眼已有 10 多个年头了。10 多年来，公司取得过很大的成就，靠运气、靠机遇，当然也靠大家的努力。细细想来，公司的管理全靠经验，特别是靠李总自己的经验，遇事都由李总拍板，从来没有公司通盘的目标与计划，因而常常是干到哪儿是哪儿。可现在公司已发展到有几千万资产、三百来号人，再这样下去可不行了。李总每想到这些，晚上都睡不着觉。到底该怎样制订公司的目标与计划呢？这正是最近李总一直在苦苦思考的问题。

兴光华公司是一家民营企业，是改革开放的春风为兴光华公司的建立和发展创造了条件。因此李总常对职工讲，公司之所以有今天，一靠他们三兄弟拼命苦干，但更主要的是靠改革开放带来的机遇。20 年前,李氏三兄弟只身来到了省里的工业重镇 A 市,当时他们口袋里只有父母给的全家积蓄 800 元人民币,但李氏三兄弟决心用这 800 元钱创一番事业,摆脱祖祖辈辈日出而作、日落而归的脸朝黄土、背朝天的农民生活。到了 A 市,顾氏三兄弟借了一处棚户房落脚,每天分头出去找营生,在一年时间里他们收过破烂,贩过水果,打过短工,但他们感到这都不是他们要干的。老大李军经过观察和向人请教,发现 A 市的建筑业发展很快,城市要建设,老百姓要造房子,所以建筑公司任务不少,但当时由于种种原因,建筑材料却常常短缺,因而建筑公司也失去了很多工程。李军得知,建筑材料中水泥、黄沙都很缺。他想到,在老家镇边上,他表舅开了家小水泥厂,生产出的水泥在当地还销不完,因而不得不减少生产。他与老二、老三一商量决定做水泥生意。他们在 A 市找需要水泥的建筑队,讲好价,然后到老家租船借车把水泥运出来,去掉成本每袋水泥能净得几块钱。利虽然不厚,但积少成多,一年下来他们挣了几万元。当时的中国,"万元户"可是个令人羡慕的名称。当然这一年中,顾氏三兄弟也吃尽了苦,李军一年里住了两次医院,一次是劳累过度晕在路边被人送进医院,一次是肝炎住院,医生的诊断是营养严重不良引起抵抗力差而得肝炎。虽然如此,看到一年下来的收获,顾氏三兄弟感到第一步走对了,决心继续走下去。他们又干了两年贩运水泥的活,那时他们已有一定的经济实力了,同时又认识了很多人,有了一张不错的关系网。李军在贩运水泥中,看到改革开放后,A 市角角落落都在大兴土木,建筑队的活忙得干不过来,他想,家乡也有木工、泥瓦匠,何不把他们组织起来,建个工程队,到城里来闯天下呢?三兄弟一商量说干就干,没几个月一个工程队开进了城,当然水泥照样贩,这也算是两条腿走路了。

一晃 20 年过去了,当初贩运水泥起家的李氏三兄弟,今天已是拥有几千万资产的兴光华公司的老板了。公司现有一家贸易分公司、建筑装饰公司和一家房地产公司,有员工近 300 人。老大李军当公司总经理,老二、老三做副总经理,并分兼下属公司的经理。李军老婆的叔叔任财务主管,他们表舅的大儿子任公司销售主管。总之,公司的主要职位都是家族里面的人担任,李军具有绝对权威。

公司总经理李军是顾氏兄弟中的老大,当初到 A 市时只有 24 岁,他在老家读完了小学,接着断断续续地花了 6 年时间才读完了初中,原因是家里穷,又遇上了水灾,两度休学,但他读书的决心很大,一旦条件许可,他就去上学,而且边读书边干农活。15 年前,是他带着两个弟弟离开农村进城闯天下的。他为人真诚,好交朋友,又能吃苦耐劳,因此深得两位弟弟的敬重,只要他讲如何做,他们都会去拼命干。正是在他的带领下,兴光华公司从无到有,从小到大。现在在 A 市李氏三兄弟的兴光华公司已是大名鼎鼎了,特别是去年,李军代表兴光华公司一下子拿出 50 万元捐给省里的贫困县建希望小学后,民营企业家李军的名声更是非同凡响了。但李军心里明白,公司这几年日子也不太好过,特别是今年。建筑公司任务还可以,但由于成本上升创利已不能与前几年同日而语了,只能是维持,略有盈余。况且建筑市场竞争日益加剧,公司的前景难以预料。贸易公司能勉强维持已是上上大吉了,今年做了两笔大生意，挣了点钱，其余的生意均没成功，况且仓库里还积压了不少货无法出手，贸易公司日子不好过。房地产公司更是一年不如一年，当初刚开办房地产公司时，由于时机抓准了，两个楼盘着实赚了一大笔，这为公司的发展立了大功。可是好景不长，房地产市场疲软，生意越来越难做。好在李总当机立断，微利或持平，把积压的房屋作为动迁房基本脱手了，要不后果真不堪设想，就是这样，现在还留着的几十套房子把公司压得喘不过气来。

面对这些困难，李总一直在想如何摆脱现在这种状况，如何发展。发展的机会也不是没有。上个月在商学院听讲座时，李军认识了 A 市的一家国有大公司的老总，交谈中李总得知，这家公司正在寻找在非洲销售他们公司当家产品——小型柴油机的代理商，据说这种产品在非洲很有市场。这家公司的老总很想与兴光华公司合作，利用民营企业的优势，去抢占非洲市场。李军深感这是个机会，但该如何把握呢？10 月 1 日李总与市建委的一位处长在一起吃饭，这位老乡告诉他，市里规划从明年开始江海路拓宽工程。江海路在 A 市就像上海的南京路，两边均是商店。借着这一机会，好多大商店都想扩建商厦，但苦于资金不够。这位老乡问李军，有没有兴趣进军江海路。如想的话，他可牵线搭桥。兴光华公司的贸易公司早想进驻江海路了，但苦于没机会，现在机会来了，机会很诱人，但投入也不会少，该怎么办？随着改革开放的深入，住房分配制度将有一个根本的变化，随着福利分房的结束，李军想到房地产市场一定会逐步转暖。兴光华公司的房地产公司已有一段时间没正常运作了，现在是不是该动了？

总之，摆在兴光华公司老板李军面前的困难很多，但机会也不少。新的一年到底该干些什么？怎么干？以后的 5 年、10 年又该如何干？这些问题一直盘旋在李总的脑海中。

（资料来源：华振. 管理学基础案例汇总［EB/OL］.（2013-04-02）［2014-06-20］. http://www.docin.com/p-325195056.html.）

思考题：

1. 你如何评价兴光华公司？如何评价李总？
2. 兴光华公司是否应制订短、中、长期计划？为什么？
3. 如果你是李总，你该如何编制公司发展计划？

【效果评价】

根据学生出勤、课堂讨论发言及小组合作完成任务的情况进行评定。

任务4.3 目标管理

【学习目标】

理解目标管理的基本内容以及掌握目标管理的过程。

【学习知识点】

4.3.1 目标管理的基本内容

1. 目标的基本内容

1) 目标的含义

目标是一个组织各项管理活动所指向的终点，每个组织、每项活动都应有自己的目标。它是根据自身需求提出的在一定时期内经过努力要达到的预期成果。

2) 企业目标与计划的关系

企业目标是企业的一切生产经营活动的阶段目的或最终目的。"金字塔"的塔尖是一个企业的任务，也就是企业的总目标。总目标直接基于所选定的任务。接下来战略计划、分阶段目标和行动计划又由总目标引出。

战略计划一般都是由组织内的最高管理层制定，分阶段目标则是在总目标和战略计划的结构内所要达到的更为详细、更加具体的目标。行动计划可以是与分阶段目标或者总目标相关联，也可以是同时与两者关联。

3) 制定目标应注意的问题

(1) 目标应具体化。一般组织目标的通病是太笼统。所定目标虽应有一定的弹性，但还是要让目标具体化，如销售额比上季度增长 10%、市场占有率达到 15% 等。

(2) 目标应可衡量。它使管理人员在工作中能把握进度，把实绩与预期目标相对照。

(3) 目标既应切实可行，又应具有挑战性。

(4) 目标不应强调活动，而应强调成果。

4) 目标的作用

(1) 为管理工作指明方向。把多方面的工作和职能都统一到组织的目标上来。为使目标方向明确，就是要使目标尽量简化。

(2) 激励作用。目标是激励组织成员的力量源泉。

(3) 目标是考核主管人员和员工绩效的客观标准。

(4) 凝聚作用。组织是一个社会协作系统，组织必须对其成员具有凝聚力，然而组织凝聚力大小又受到多种因素的影响，其中一个重要因素就是组织的目标。

2. 目标管理

1) 目标管理的含义

目标管理是由美国著名的管理学家彼得·德鲁克在 1954 年所写的《管理实践》一书中提出的一种管理方法。它主要是建立在泰勒的科学管理理论与梅奥的"人际关系"理论的基础之上。

目标管理的主要内容：组织的最高领导层根据组织面临的形势和社会需要，制定出一定时期内组织经营活动所要达到的总目标，然后层层分解落实，要求下属各部门主管人员以至每个员工根据上级制定的目标和保证措施，形成一个目标体系，并把目标完成的情况作为各部门或个人考核的依据。

2）目标管理的特点

目标管理在指导思想上是以 Y 理论为基础的，即认为在目标明确的条件下，人们能够对自己负责。其具体方法是泰勒科学管理的进一步发展。它与传统管理方式相比有鲜明的特点。

（1）重视人的因素。目标管理是一种参与的、民主的、自我控制的管理制度，在这一制度下，上级与下级的关系是平等、尊重、依赖和支持，下级在承诺目标和被授权之后是自觉、自主和自治的。

（2）建立目标体系。目标管理通过专门设计的过程，将组织的整体目标逐级分解，转换为各单位、每一个员工的分目标。在目标分解过程中，责、权、利三者已经明确，而且相互对称，这些目标方向一致，环环相扣，相互配合，形成协调统一的目标体系。只有每个人实现了自己的分目标，整个企业的总目标才能有实现的可能。

（3）重视成果。目标管理以制定目标为起点，以目标实现情况的考核为终点，工作成果是评价目标实现程度的标准，也是考核和奖惩的依据。

3）目标管理的实质

让下属人员参与对自己运作的计划及目标的制定，以提高员工的参与意识和承诺意识，从而激发员工工作积极性主动性和创造性。

4）目标管理的精髓

（1）实现组织目标与个人目标的完美结合

任何企业都必须形成一个真正的整体，企业每个成员所做的贡献虽各不相同，但是他们都必须为一个共同的目标做贡献。他们的努力必须全部朝着同一个方向，他们的贡献都必须融为一体，产生出一种整体的业绩。因此企业的运作要求各项工作都必须以整个企业的目标为导向，尤其是每个人必须注重企业整体的成果，他个人的成果是由他对企业成就所做出的贡献来衡量的。

（2）实现自我控制和自我激励

目标管理的最大优点也许是它使得一位管理人员能控制自己的成就。自我控制意味着更强的激励，它意味着更高的成就目标和更广阔的眼界。目标管理的主要贡献之一，就是它使得我们能用自我控制的管理来代替由别人统治的管理。

5）目标管理的优点

它确保在计划执行的时候，目标是具体的，而且一一落实到下级头上。目标是根据每个人的能力大小确定的，为定期考核提供了内在的控制机制。

6）目标管理的缺点

花费时间较长；要为大家共同商讨目标留有余地；它专注于具体的可测定的目标，而不是诸如创造力那样的无形的东西；一旦它的确定的目标过于标新立异，将导致无法如期完成，参与者们便会心灰意冷。

【知识阅读4-3】

马拉松运动员的目标管理

山田本一是日本著名的马拉松运动员。他曾在1984年和1987年的国际马拉松比赛中，两次夺得世界冠军。记者问他凭什么取得如此惊人的成绩，山田本一总是回答："凭智慧战胜对手！"

大家都知道，马拉松比赛主要是运动员体力和耐力的较量，爆发力、速度和技巧都还在其次。因此对山田本一的回答，许多人觉得他是在故弄玄虚。

10年之后，这个谜底被揭开了。山田本一在自传中这样写道："每次比赛之前，我都要乘车把比赛的路线仔细地看一遍，并把沿途比较醒目的标志画下来，比如第一标志是银行，第二标志是一个古怪的大树，第三标志是一座高楼……这样一直画到赛程的结束。比赛开始后，我就以百米的速度奋力地向第一个目标冲去，到达第一个目标后，我又以同样的速度向第二个目标冲去。40多千米的赛程，被我分解成几个小目标，跑起来就轻松多了。开始我把我的目标定在终点线的旗帜上，结果当我跑到十几千米的时候就疲惫不堪了，因为我被前面那段遥远的路吓到了。"

分析点评：目标是需要分解的，一个人制定目标的时候，要有最终目标，比如成为世界冠军，更要有明确的绩效目标，比如在某个时间内成绩提高多少。最终目标是宏大的，引领方向的目标，而绩效目标就是一个具体的，有明确衡量标准的目标，比如在四个月把跑步成绩提高1秒，这就是目标分解，绩效目标可以进一步分解，比如在第一个月内提高0.03秒等。当目标被清晰地分解了，目标的激励作用就显现了，当我们实现了一个目标的时候，我们就及时地得到了一个正面激励，这对于培养我们挑战目标的信心的作用是非常巨大的。

（资料来源：饶建辉. 目标管理案例［EB/OL］.（2009-02-11）［2014-06-20］. http://blog.sina.com.cn/s/blog_5dfb52420100c57q.html.）

4.3.2 目标管理的过程

1. 目标管理的环节

目标管理的全过程大致可以分为四个环节：设定总目标、分解总目标、实现目标、绩效评价与反馈。如图4-6所示。

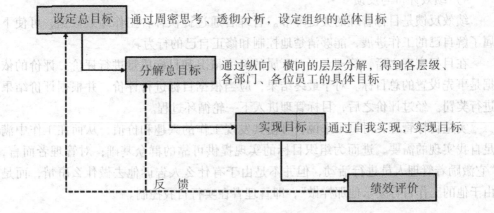

图4-6 目标管理的四个环节

1）设定总目标

目标的设置是管理的源头，也是目标管理最重要的一个环节。在这一环节，组织要根据自身的资源实力和外部环境条件，设定一个符合组织共同愿景方向又切合实际的目标，以此作为组织和全体成员在未来一段时间内努力的具体方向。

设定总目标时，要通过周密地思考、透彻地分析，把握组织的优势和专长及面临的机会与威胁，设定出符合组织长远发展利益并且通过努力可以实现的总目标。组织总目标一旦设定就成了组织计划工作的前提和依据，也是评价组织未来成果的标准。因此，设定的组织总目标应该是可以用一系列相应的指标来衡量的。

2）分解总目标

这一环节是将组织的总目标按照组织结构进行纵向、横向的分解，获得各层级、各部门、各位员工的具体、明确的目标。它在目标管理全过程中是最关键、难度最大的一个环节。具体包括以下几方面内容：

（1）将总目标按组织体系层次和部门逐层展开、分解，直至每一名员工。在这个自上而下的过程中，上级根据总体目标的要求给予下级一个初步的推荐目标，而不是最终的决定目标。

（2）组织的各部门、每名员工根据自己部门、岗位分工和职责要求对上级给予的推荐目标进行分析、思考、讨论，然后提出自己的目标，并且将目标逐级上报，完成自下而上的过程。

（3）上下级间就上报的目标进行讨论、修订，经过多次商讨后，最终达成共识，从而将组织的总目标分解成一个目标体系。该体系中，上下级之间的目标要相互衔接，每个目标都要以上级目标为基础，为上级目标服务，且相容于下级目标。

3）实现目标

这一环节是为实现目标体系而进行的过程管理。它主要是由员工自主管理或自我控制，上级只是根据原则对重大问题予以过问和实施干预。例如，如果出现不可预测事件严重影响组织目标的实现时，管理者对原定目标进行修改。当员工的个人目标和各级管理者的部门目标实现时，组织的总体目标也就实现了。

4）绩效评价与反馈

绩效反馈是目标管理的关键环节。管理者通过提供各种工作绩效数据，可使下属了解自己的工作进展，能够清楚地控制和修正自己的行为。

在目标实现之后，管理者要对下属的努力情况和目标质量进行评价。评价的依据是事先设置的总目标。对于最终结果，应当根据目标进行评价，并根据评价结果进行奖罚。经过评价之后，目标管理进入下一轮循环过程。

实施目标管理，对员工来说，可使其发现工作的兴趣和价值，从而在工作中满足自我实现的需要，进而为组织目标的实现提供可靠的群众基础；对管理者而言，"它激励着管理人员进行活动，但并不是由于有什么人告诉他去做什么事情，而是由于他的工作目标要求他那样做"，即管理者在实行自我控制。

2. 企业目标管理的实施

1）经营目标体系的建立

设定目标是实施目标管理的起点，也是目标管理的重要内容，目标管理设置得如何，会直接影响目标的实施和控制，从而影响企业的经营业绩。建立合理有效的目标体系或目标网络是企业完成计划任务的关键。建立经营目标体系具体分为以下几个步骤：

（1）确定企业经营总目标并进行分解；

（2）各分目标进行协调平衡；

（3）经营目标体系的整理和确定。

2）经营目标的实施

目标的实施是目标落实和实现的过程，是经营目标的执行阶段。这一阶段的主要工作是充分调动各部门、各员工的积极性，发挥其创造力和主观能动作用，鼓励自我约束、自我控制，自觉执行各目标方案，通过积极主动的努力实现各项目标。

3）经营目标的控制

在企业经营目标执行过程中，必须进行有效的控制，发现问题及时解决，以保证各项活动不偏离目标轨道。各级领导在下级自检的基础上，必须用既定标准和进度计划来检查下级目标实施的效果，通过督促、协调和指导等方式，帮助下级改进工作，更好地完成任务。这时要注意：在采取调整措施时，必须与下级进行充分协商与讨论，避免强制性的上级干预。通过定期或不定期的检查，上级部门及时掌握目标管理活动各方面的情况，并及时向各部门员工进行通报、总结，根据个人成果进行考核、评比，以鼓励先进，鞭策落后。

【学习实训】案例研讨——幸岛短尾猴的故事

位于日本南部宫崎县的幸岛是短尾猴的故乡。日本科学家对幸岛短尾猴的研究已有半个世纪之久，研究过程中最著名的发现是猴子也会清洗红薯。科学家将这种行为看作非人类种群表现出的一种文化现象。

1952 年日本京都大学的一位教授带着几名学生对短尾猴进行了观察研究，在研究的过程中，他们在沙土里种植了一些红薯，走的时候就把这些红薯留下了。后来猴子发现了红薯，就开始把它们作为食物来吃。由于是在沙土里生长的，红薯上经常粘着一些沙子，比较磕牙。后来有一个聪明的猴子发现，把红薯放到水里洗一下，然后再吃，就不会磕牙了，于是它高兴地把这个发现告诉了身边的小猴子，这些猴子也开始用水洗红薯吃，再后来这些猴子又把这个秘密告诉了其他的猴子，甚至告诉了其他岛上的猴子。于是某一天一个令人震撼的场景出现了，在皎洁的月光下，一百多只猴子排着队在水里洗红薯，这就像预示着一个新纪元的出现。

（资料来源：佚名. 幸岛短尾猴的故事 ［J］. 创业：投资热点，2011 年第 5 期.）

思考题：

如何看待领导在目标管理中的作用？

【效果评价】

根据学生出勤、课堂讨论发言及小组合作完成任务的情况进行评定。

综合练习与实践

一、判断题

1. 计划是不随条件变化而变化的。 （　　）
2. 计划工作使灵活性大为降低。 （　　）
3. 战略计划较作业计划具有更长的时间间隔，覆盖领域也较宽。 （　　）
4. 目标管理中所强调的自主管理是指下属自主制定目标。 （　　）
5. Y 理论对人性的观察，做了以下假设，一般人的本性是好逸恶劳的，只要有可能就会逃避工作。 （　　）

二、单项选择题

1. 在管理的基本职能中，居于首位的是（　　）。
   A. 计划　　　　　　　　　　　　B. 组织
   C. 领导　　　　　　　　　　　　D. 控制
2. 以下关于计划工作的认识中，哪种观点是不正确的（　　）。
   A. 计划是预测与构想，即预先进行的行动安排
   B. 计划的实质是对要达到的目标及途径进行预先规定
   C. 计划职能是参谋部门的特有使命
   D. 计划职能是各级、各部门管理人员的一个共同职能
3. 用于编制和调整长期计划的一种十分有效的方法是（　　）。
   A. 滚动计划法　　　　　　　　　B. 网络计划法
   C. 运筹学法　　　　　　　　　　D. 投入产出法
4. 实施目标管理的主要难点是（　　）。
   A. 不利于有效地实施管理
   B. 不利于调动积极性
   C. 难以有效地控制
   D. 设置目标及量化存在困难首先提出的
5. 计划按表现形式分为（　　）。
   A. 战略、战术和作业计划　　　　B. 综合、专业和项目计划
   C. 指导性计划和具体性计划　　　D. 战略、程序、规则、规划等

三、多项选择题

1. 计划的特征除了创新性还包括（　　　）。
   A. 目的性　　　　　　　　　　B. 首位行
   C. 普遍性　　　　　　　　　　D. 效率性

2. 计划的控制包括（　　　）。
   A. 事先控制　　　　　　　　　B. 事中控制
   C. 事后控制　　　　　　　　　D. 过程控制

3. 下列选项是按计划的性质分类的有（　　　）。
   A. 企业的季度销售计划　　　　B. 工程施工计划
   C. 生产作业计划　　　　　　　D. 专项计划

4. 企业经营计划的编制步骤有（　　　）。
   A. 调查研究　　　　　　　　　B. 确定具体计划
   C. 拟订方案，比较选择　　　　D. 综合平衡，确定正式计划草案

5. 目标管理的特点（　　　）。
   A. 重视人的因素　　　　　　　B. 重视物的因素
   C. 建立目标体系　　　　　　　D. 重视成果

四、问答题

1. 计划的含义以及特征分别是什么？
2. 计划的构成要素有哪些？
3. 什么是滚动计划法？
4. 制定目标应注意的问题有哪些？
5. 目标管理的含义是什么？

五、深度思考

富春山居的经营策略

富春山居位于一个著名的风景区边缘，旁边是高铁站点，每年有大批的旅游者通过这条高铁来到这个风景名胜区游览。

王先生两年前买下山居小栈时是充满信心的，作为一个经验丰富的旅游者，他认为游客真正需要的是朴实而方便的房间——舒适的床、标准的盥洗设备以及免费的有线电视。像公共游泳池等没有收益的花哨设施是不必要的。而且他认为重要的不是提供的服务，而是管理。但是在不断接到顾客抱怨后，他还是增设了简单的免费早餐。

然而经营情况比他预料的要糟，两年来的入住率都维持在45%左右，而当地的旅游局统计数字表明这一带旅店的平均入住率为65%。毋庸置疑，竞争很激烈，除了许多高档的饭店宾馆外，还有很多家居式的小旅社参与竞争。

其实，王先生对这些情况并非一无所知，但是他觉得高档宾馆太昂贵，而家庭

式旅社则很不正规，像富春山居这样既有规范化服务特点又价格低廉的旅店应该很有市场。但是他现在感觉到事情并不是他想的那么简单。最近又传来旅游局决定在本地兴建更多大型宾馆的消息，王先生发觉处境越来越不利，一度决定退出市场。

这时他得到一大笔房屋拆迁的资金，这笔资金使得他犹豫起来。也许这是个让富春山居起死回生的机会呢，他开始认真研究所处的市场环境。

从一开始王先生就避免与提供全套服务的度假酒店直接竞争，他采取的方式就是削减"不必要的服务项目"，这使得山居小栈的房价比他们要低40%，住过的客人都觉得物有所值，但是很多旅客还是去别家投宿了。

王先生对近期旅游局发布的对当地游客的调查结果很感兴趣：

1. 65%的游客是不带孩子的年轻夫妇或者老年夫妇；

2. 35%的游客两个月前就预定好了房间和制订了旅行计划；

3. 67%的游客在当地停留超过三天，并且同住一旅店；

4. 75%的游客认为旅馆的休闲娱乐设施对他们的选择很重要；

5. 37%的游客是第一次来此地游览。

得到上述资料后，王先生反复思量，到底要不要退出市场，是拿这笔钱来养老，还是继续经营。

如果继续经营的话，是一如既往，还是改变富春山居的经营策略？

思考题：

1. 导致富春山居经营不理想的主要原因是什么？

2. 你认为富春山居的发展前景如何？

3. 如何改变富春山居现在的不利局面？

第 **5** 章

组织职能

学习目标

通过本章学习，学生应理解组织工作、组织结构、管理幅度、人员配备的概念，明确组织工作的基本原理，能说明组织工作的过程，阐述影响管理幅度的因素，识别组织结构的几种类型，说明各种类型的特点和适用条件，并能阐述组织变革的过程。

学习要求

知识要点	能力要求	相关知识
组织工作	掌握组织工作原理，熟悉组织工作过程	组织工作原理、组织工作过程、正式组织与非正式组织
组织结构设计	熟练分析各个组织结构类型	部门划分、组织结构
组织结构设计的关键问题	1. 了解集权、分权 2. 掌握管理层次与管理幅度 3. 学会人员配备 4. 掌握委员会与个人管理	管理层次与管理幅度 集权与分权 人员配备
组织文化与组织变革	1. 掌握组织文化的功能 2. 了解组织的变革原因 3. 掌握组织变革的过程 4. 了解组织变革的动力与阻力	组织文化的功能 组织的变革

案例导入

未画完整的句号

一位著名企业家在做报告,一位听众问:"你在事业上取得了巨大的成功,请问,对你来说,最重要的是什么?"

企业家没有直接回答,他拿起粉笔在黑板上画了一个圈,只是并没有画圆满,留下一个缺口。他反问道:"这是什么?""零""圈""未完成的事业""成功",台下的听众七嘴八舌地答道。

他对这些回答未置可否。"其实,这只是一个未画完整的句号。你们问我为什么会取得辉煌的业绩,道理很简单:我不会把事情做得很圆满,就像画个句号,一定要留个缺口,让我的下属去填满它。"

留个缺口给他人,并不说明自己的能力不强。实际上,这是一种管理的智慧,是一种更高层次上带有全局性的圆满。给猴子一棵树,让它不停地攀登;给老虎一座山,让它自由纵横。也许,这就是企业管理用人的最高境界。

(资料来源:李英. 管理学基础 [M]. 大连:大连理工大学出版社,2009.)

任务 5.1 组织工作概述

【学习目标】

让学生理解组织及其组织工作,熟悉组织工作过程;能够区分正式组织与非正式组织。

【学习知识点】

5.1.1 组织与组织工作

1. 组织的含义

关于"组织"一词的使用,有时并不很严格,它的希腊文原义是指和谐、协调。但它在管理学中有两个含义:一是指作为社会实体的组织,指的是人们进行合作活动的必要条件,是为了达到某些特定目标,在分工合作基础上构成人的集合;另一个是作为管理过程的组织工作,组织既被看作反映一些职位和一些个人之间的关系的网络式结构,又是一种创造结构、维持结构,并使结构发挥作用的过程。那么什么是组织呢?巴纳德认为:组织不是集团,而是相互协作的关系,是人们相互作用的系统。

组织作为一个系统,一般都包含四个要素:

1)共同目标

任何组织都有共同目标,都是为共同目标而存在的。

不管这种目标是明文规定的，还是隐含着的，目标总是组织存在的前提。没有目标，也就没有组织存在的必要性。组织的共同目标不仅要得到组织成员的理解，而且必须被他们接受，否则无法对行为起指导作用，无法成为激励的力量。

组织目标不同于个人目标。组织中的成员有自己的个人目标，成员的个人目标与组织共同目标有一致的部分，也有不同的部分。个人愿意为实现组织共同目标而努力，其原因是因为实现组织共同目标能够实现部分个人目标，有助于实现个人追求。然而，组织共同目标不是固定不变的，组织通过连续地更新宗旨或目标保持其延续性。

2）人员与职务

组织中的人员有管理人员和非管理人员，一个组织建立良好的人际关系，是建立组织系统的基本条件和要求。让每个人明确他们在组织中所担任的职务以及各职务之间的相互关系，形成一定的职务结构，这样才能使组织有效工作以实现组织预期的目标。

3）职责与职权

组织中的每一个职位都有履行、执行或完成既定的工作任务的义务，这种执行责任就是通常意义下所指的职责。职责的确定必须遵循"职权与职责对等"原则。职责反映了上下级之间的关系，下级有向上级报告自己工作的义务或责任；上级有对下级工作进行必要指导的责任。职权将在后文进行讲解。

4）协调

管理的本质是协调，协调是促使两个或两个以上相互存在的个人或群体的活动相互配合的过程。不管在什么时候，只要有两个或两个以上相互依存的个人或群体，希望实现一个共同目标时，他们之间的活动就需要协调。如果没有协调，那么他的共同目标就没法实现。

协调与合作是两个不相同的概念。合作是一种态度，协调却是一个过程，这个过程要依赖于合作。因为没有合作，协调是不可能实现的，但它比合作的程度更高，它是将各种不同活动联系在一起的有意识的努力，是集合不同的活动使之能够朝着组织目标同步运行的过程。例如一群人试图去推动一辆车，尽管他们相互合作，尽管他们有共同的目标，但是如果他们不协调行动，仍然会失败。只有当他们之中有一个人站出来，告诉其他人站什么位置，何时用力，他们才会成功。

2. 组织工作

组织工作是管理工作的一个有机组成部分。组织工作是协调群体的社会化活动的一项最基本的职能。它是指为了实现组织的共同目标而确定组织内各要素及其相互关系的活动过程，即：在一定空间和时间范围内对包括人、财、物和信息在内的各种资源进行有效配置，划分出若干管理层次，分出若干部门；对人员进行选聘考评和培训，为组织结构中的每个职位配备合适的人员，并把相应的职权授予各个管理层次、各部门的主管人员，以及规定上下左右的协调关系；此外，还需要根据组织内外要素及变化，不断地对组织做出调整和变革，以确保组织目标实现。

【知识阅读5-1】

王珪鉴才

在一次宴会上，唐太宗对王珪说："你善于鉴别人才，尤其善于评论。你不妨从房玄龄等人开始，都一一做些评论，评一下他们的优缺点，同时和他们互相比较一下，你在哪些方面比他们优秀？"

王珪回答说："孜孜不倦地办公，一心为国操劳，凡所知道的事没有不尽心尽力去做，在这方面我比不上房玄龄。常常留心于向皇上直言建议，认为皇上能力德行比不上尧舜很丢面子，这方面我比不上魏征。文武全才，既可以在外带兵打仗做将军，又可以进入朝廷搞管理担任宰相，在这方面，我比不上李靖。向皇上报告国家公务，详细明了，宣布皇上的命令或者转达下属官员的汇报，能坚持做到公平公正，在这方面我不如温彦博。处理繁重的事务，解决难题，办事井井有条，这方面我也比不上戴胄。至于批评贪官污吏，表扬清正廉署，疾恶如仇，好善喜乐，这方面比起其他几位能人来说，我也有一日之长。"唐太宗非常赞同他的话，而大臣们也认为王珪完全道出了他们的心声，都说这些评论是正确的。

（资料来源：佚名. 王珪鉴才［EB/OL］.（2013-11-28）［2014-06-16］. http://baike.baidu.com.）

5.1.2 组织工作的基本原理

为了更有效地实现组织目标，在开展组织工作时，必须根据内外要素的变化适时地调整组织结构，设计和建立一个合理的组织结构。那么，怎样才能做好组织工作，使通过组织工作所进行的动态设计、建立并维持的组织结构及其表现形式更好地促进组织目标的实现呢？长期以来，管理学家和管理者们进行过许多有益的探索与研究。综合起来看，我们认为，进行有效的组织工作应遵循以下基本原理：

1. 目标统一性

目标统一性指的是：组织结构的设计和组织形式的选择必须有利于组织目标的实现。任何组织的存在，都是由它的特定目标决定，组织中的每一部分都与组织的目标有关系。例如：医院的目标是治病救人、为病员服务，那么它的组织机构及其组成如内、外、儿科，门诊科室，药房，财务科等，就是围绕实现医院的目标而设置的。同样道理，每一机构又有自己的分目标来支持总目标的实现，这些分目标又成了机构进一步细分的依据。因此，目标层层分解，机构层层建立下去，直至每一个人都了解自己在总目标的实现中应完成的任务，这样建立起来的组织机构才是一个有机整体，才能为组织目标的实现奠定组织基础。

从这一原理出发，要求在组织设计中要以事为中心，因事设机构，因事设职务，真正做到"事事有人做"，人与事高度配合，避免出现因人设职务的现象。

2. 分工协调

分工是为了提高管理专业化的水平和工作效率的要求，把组织的目标分解成各层次、各部门以至各个人的目标和任务，使组织的各级、各部门、各个人都了解自己在实现组织目标中应承担的工作。有分工就需要配合，配合实际上就是协调。协调包括部门之间的协调和部门内部的协调。分工协调原理可以这样表述：组织结构的设计和组织形式的选择越是能反映目标所必需的各项任务和工作的分工，以及彼此间的协调，委派的职务越是能适合于担任这一职务人的能力与动机，其组织结构和形式越是有效。组织结构中的层次划分、部门的分工以及职权的分工，各种分工之间的协调就是分工协调原理的具体体现。

3. 责权对等原理

责权对等原理又称为责权一致，即职责必须相等，通过明确每一管理层次和各个部门的职责，并赋予它们完成其职责所必需的权力，便于分工协作关系得到确认。职责与职权必须协调一致，要履行一定的职责，就应该有相应的职权，这就是权责一致的要求。只有职责，没有职权，或权限太小，则其职责承担者的积极性、主动性就会受到束缚，实际上也不可能承担起应有的责任；相反，只有职权而无职责，或责任程度小于职权，就会导致滥用权力和"瞎指挥"，产生官僚主义等等。职责是取得职权所付出的代价，职权是履行职责的保证。

责权对等首先是责任的确定，责任确定的前提是明确组织目标。责权对等关系的确定既要考虑组织目标实现的需要，又要考虑领导开展工作的需要，因而要尽可能在权责对等的基础上实现职责、职权、职务和利益的全面对等，并照顾到工作的目标、特长和能力。科学的组织结构设计应该将职务、职责和职权形成规范，订出章程，使得只要是担任该项工作的人就得遵守。

4. 管理幅度原理

管理幅度亦称管理跨度或管理宽度，就是一个主管人员有效领导的直接下属的数量。一般来讲，任何主管人员能够直接有效地指挥和监督的下属数量总是有限的，超过了有效的管理幅度就需要适当增强管理层次。管理幅度过大，会造成指导监督不力，使组织陷入失控状态；管理幅度过小，又会造成主管人员配备增多，管理效率降低。管理幅度的限度取决于多方面的因素。例如工作类型、主管人员以及下属的能力等等，因此，有效的管理幅度是因组织、因人而异的。由于管理幅度的宽窄影响和决定着组织的管理层次，以及管理人员的数量等一些重要的组织问题，所以，每一个主管人员都应根据影响自身管理幅度的因素来慎重地确定自己的理想宽度。

确定有效的管理幅度，划分相应的管理层次，既可以使得组织的部门和岗位达到合理的状态，又可以使得上下级管理者的能力得到充分的发挥。

5. 精干高效原理

根据分工协调原理可以建立起组织的分工协作体系。然而任何一种分工协作体系，都必须将精干高效原理放在重要地位。所谓高效是指通过空间意义上的分工和协作，既使得每一项工作为实现组织目标所必须，又使得组织在整体上能最大限度地提高效率。所谓精干是通过分工和协作，既使得每一项工作都有时间上的保证，又使得每一工作时间为实现组织目标所必须，即各个部门和岗位的负荷尽可能充分。

精干高效原理可表述为：在服从组织目标所决定的业务活动需要的前提条件下，

力求减少管理层次，精简机构和人员，充分发挥组织成员的积极性，提高管理效率，更好地实现组织目标。一个组织如果机构臃肿，人浮于事，则势必造成人力、物力、财力的浪费，滋长官僚主义，办事效率低下。因此，一个组织只有机构精简，队伍精干，具备精干高效这一特点，这个组织的组织结构才合理。

6. 统一指挥原理

统一指挥原理也可称为"等级链"和"法约尔桥"原理。"等级链"是指组织的各级机构以及个人必须服从也只许服从一个上级的命令和指挥，这样，才能保证命令和指挥的统一，避免多头领导和多头指挥，使组织最高管理部门的决策得以贯彻执行。根据这一原理，在组织内部指示只许从上到下逐级下达，不许越级，下级只接受一个上级的领导，只向一个上级汇报并向他负责，这样一来，上级既能了解下属情况，下属也容易领会上级的意图，他们之间就形成了一个"指挥链"。因此，努力贯彻统一指挥原理就有可能做到政令畅通，提高管理工作的效率，而对那些由于政出多门和命令不统一所造成的一些真正想做事的下属无所适从和一些不想做事的下属利用矛盾来逃避责任的情况就可避免。

在管理机构中，最高一级到最低一级应该建立起明确的"等级链"，这既是执行权力的线路，也是信息传递的渠道，但在特殊情况下，统一指挥可能会由于缺乏横向联系和必要的灵活性等导致信息传递延误。为了弥补这一缺陷，在应用中往往还应该采用法约尔设计的一种"跳桥"，也叫"法约尔桥"，如图 5-1 所示，规定需要的时候上级可授权下级相互之间直接联系，但事后必须向上级汇报。这样做一方面是为了节省时间和人力，提高组织高层主管的工作效率；另一方面也是为了不至于削弱高层主管对组织的统一指挥，通过明确上下级关系和建立起有限制的横向协调机制，既防止了无人领导、多头领导、越级领导等现象，又防止横向问题事事都要通过层层上报才能解决的低效率现象。

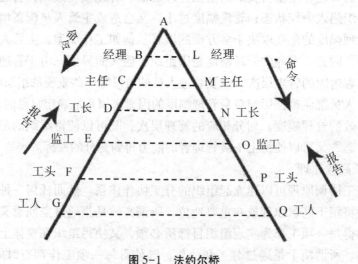

图 5-1　法约尔桥

可以说，在组织内部只要存在分工和协作，并且分工越细致、深入，统一指挥对于保证组织目标的实现的作用就越重要。但是，统一指挥绝不是搞机械、僵化、官僚结构的理由。对统一指挥需要补充说明三点：一是统一指挥的对象是特定的工作而不一定是特定的人。例如，学校里一个既从事工会工作又从事教学工作的兼职教师，作为个人，他不一定只接受一个上级的领导，但作为从事特定工作的下级，他必须只接受一个上级的领导。当然，这里的前提是，一个人在一段时间内同时从事的各项工作在时间上不会发生冲突，或者即使有冲突也能得到妥善解决。二是统一指挥的对象是动态可变的，而不是一成不变。三是在维持统一指挥原则的同时，可能存在上下级之间的交叉关系。

7. 集权与分权相结合原理

该原理又称为有效解决问题原理。这一原理指的是为了保证有效的管理，必须实现集权与分权相结合的领导体制。现实中，既不存在绝对的集权，也不存在绝对的分权。因为绝对的集权意味着职权全部集中在一个人手中，这样的人不需要配备下级管理者，管理组织设计也就成为多余，而绝对分权也不可能，因为上层管理者一旦没有了监督和管理的权利与义务，那也就没有必要设置这样的职位。管理组织的存在必然意味集权与分权相结合，该集中的权力集中起来，该下放的权力就应该下放给下级，这样才能加强组织的灵活性和适应性。那么，哪些权力该集中，哪些权力该分散，要从整体上看效果。通过组织外部和内部、不同方面、不同层次、不同环节等的集权与分权的灵活结合，使得组织外部和内部各个方面、各个层次、各个环节的问题得到尽可能有效的解决。如果事无细分，最高管理层集中所有权力，不仅会使最高管理者淹没于烦琐的事务，顾此失彼，而且还会助长官僚主义、命令主义，忽视组织有关战略性、方向性的大问题。因此，高层主管必须授予下属所承担的职责相对应的职权，使下属有责、有权，这样就可以使下属发挥他们的聪明才智，激发他们的创造性，调动他们的积极性，提高管理效率，也可以减轻高层主管的负担，以便集中精力抓大事。当然，在不同的组织中，由于各种因素的变化，集权与分权的程度并没有统一模式，往往是根据组织的具体性质结合一定的管理经验来决定的。

8. 稳定性与适应性相结合原理

这一原理指的是组织结构及其形式既要有相对的稳定性，不要轻易变动，但又必须随组织内外条件的变化，或者根据长远目标做出相应的调整。

任何组织都是社会系统中的一个子系统，它在不断地与外部环境进行着各种交换，这种交换一般都会影响到组织目标。目标的变化自然又会影响到随目标而产生的组织结构，为了使组织结构能切实起到促进组织目标实现的作用，就必须对组织结构做出适应性的调整和变革，否则无法适应外部的变化或危及生存。只有调整和变革，才会给组织重新带来效率和活力。然而组织结构的大小调整和各部职权范围的每次重新划分，都会给组织的正常运行带来有害的影响。因此，组织结构不宜频繁调整，应保持相对稳定的状态，组织越稳定，效率也将越高。

9. 均衡性原理

该原理所指的是组织内部同一级机构人员之间在工作量、职责、职权等方面大致相当，不宜偏多或偏少。苦的苦、闲的闲都会影响整体工作效率和挫伤人员的积极性。当然这里所讲的均衡不是要求各级之间、部门之间、人员之间都做到统一，而是要求各个方面综合起来做到大致均衡。

5.1.3 组织工作过程

从动态的观念看，组织工作是一个过程，这主要是指组织工作是维持与变革组织结构，并使组织发挥作用，完成组织目标的过程。这一过程由一系列的具体步骤构成，如图 5-2 所示。

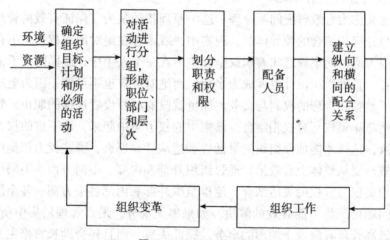

图 5-2　组织工作过程

1. 确定目标、计划和实现目标所必需的活动

组织工作的第一步是确定组织的目标和由目标派生出来的计划，并在此基础上进一步明确为完成这些目标和计划而必须从事的业务活动。这对一个部门的管理者来说也是一样，他应该明确该部门的目标是什么，上级指派给本部门的任务是什么，要完成这些目标和任务必须执行的主要工作有哪些。

2. 部门划分

组织工作的第二步是将组织所必需的各种活动进行组合，以形成可以管理的部门或单位，这项活动表现为部门划分。如果管理者所负责的业务活动的工作还没有达到需要设立若干部门的程度，则将工作直接指派给他的下属即可。

3. 职权配置

组织工作的第三步是将各部门或单位进行业务活动所必需的职权授予各个管理者，这就是组织工作中的职权配置。对一个部门管理者来说，则是决定应当授予下属多大职权才能使其完成任务。职权配置是为了解决管理系统本身的协调问题，对于一个组织来说，大系统有大系统的职权配置，子系统也有子系统的职权配置问题。

4. 人员配置

组织工作的第四步是为组织职务结构中的各个职位配备人员。对高层管理者来说是为部门委派管理人员来负责其事，对部门管理者来说则是为非管理性职位配备人员。该内容在第四节将详细讲解。

5. 协调和配合

组织工作的最后一步是从横向和纵向两个方面对组织结构进行协调和配合。管理者不仅需要确定每个部门和每个人的业务活动，还需要通过信息沟通和职权关系将各个部门和各个人的业务活动联成一体。

5.1.4　正式组织与非正式组织

任何组织，不论规模大小，都可能存在非正式组织。非正式组织是伴随正式组织的运转而形成的，非正式组织与正式组织相互交错地同时并存于一个单位、机构或组织之中，这是组织生活的一个现实。

1. 正式组织

1）正式组织的含义

切斯特·巴纳德认为，正式组织是指两个或两个以上个人为了一个既定的目标，有意识地进行协作的活动。他认为正式组织的实质就是有意识的共同目的，并认为当人们能相互沟通信息、乐于尽职以及有共同的目的时，就形成了正式组织。按巴纳德的理解，任何一种有共同目的的集体活动都称作正式组织。例如两个人在一起下棋，这肯定不会被人看作正式组织，但巴纳德却认为这两个人是一个正式组织，其原因是他们有共同的目的。

正式组织是组织设计工作的结果，是经由管理者通过正式的筹划，并借助组织图和职务说明书等文件予以明确规定的职务结构。在正式组织中，各组织都有明确的目标、任务和结构，组织中每个成员都有法定的职位与权责，都要依据法律规章办事，都要经过合法程序进入或退出组织。

2）正式组织的基本特征

目的性。正式组织是为了实现组织目标而有意识建立的，因此，正式组织要采取什么样的结构形态，从本质上说应该服从于实现组织目标、落实战略计划的需要。这种目的决定了组织工作通常是紧随计划之后进行的。

正规性。正式组织中所有成员的职责范围相互关系通常都在书面文件中加以明文的规定，以确保行为的合法性和可靠性。

稳定性。正式组织一经建立，通常会维持一段时间相对不变，只有在内外环境条件发生了较大变化而使原有组织形式显露出不适应时，才提出进行组织重组和变革。

2. 非正式组织

组织活动中，人与人之间除了按照正式确定的组织关系以外，某些成员还由于工作性质相近，社会地位相当，对一些具体问题的认识基本一致，观点基本相同，或者由于性格、业余爱好和感情比较相投，他们在平时相处中会形成一些被小群体成员所共同接受并遵守的行为规则，从而使原来松散、随机形成的群体渐渐成为趋向固定的非正式组织。

1）非正式组织的含义

非正式组织是未经正式筹划而由人们在交往中自发形成的一种个人关系和社会关系的网络。非正式组织与正式组织相对应而言，有自发性、内聚性和不稳定性三个基本特征。在非正式组织关系下，个人或集体之间发生的接触关系是非正式的，和正式组织所规定的方法是不一致的。例如，某个销售人员要核对某些订单的生产情况时，可能会直接去找生产车间的主管询问（非正式组织关系），而不经过生产部门（正式组织关系）。利用非正式组织关系可能会提高工作效率，有助于更好地实现组织的目标。有的时候就工作上的问题求助于关系密切的人，也许比求助于只是在正式组织上认识的人容易得多。

2）非正式组织的作用

积极作用。员工们可以得到在正式组织中很难得到的心理需要的满足，创造一种更加和谐、融洽、互助互敬的工作环境。

消极作用。当非正式组织的目标与正式组织目标背离时，可能对正式组织的工作产生极为不利的影响。此外，非正式组织的压力还会影响到正式组织的变革，造成组织创新的惰性。

3）如何对待非正式组织

任何组织都有非正式组织关系的存在。事实上，如果完全没有这些非正式组织关系，组织的作用就可能无法发挥。因为组织所面对的问题十分复杂，其中的许多问题是无法事先预料的，也就不可能预先策划好当这些问题出现时该由谁负责和如何处理。一旦出现这些情况，组织成员会自行寻找办法解决，这样非正式组织关系就会形成。因此，对待非正式组织，管理者不能采取简单的禁止或取缔的态度，而应该对它加以妥善管理，也就是要因势利导，善于最大限度地发挥非正式组织的积极作用，克服其消极的作用。管理者必须正视非正式组织存在的客观必然性和必要性，原因在于正式组织目标的实现要有效地利用和发挥非正式组织的积极作用。管理者应当允许乃至鼓励非正式组织的存在，为非正式组织的形成提供条件，并努力使之与正式组织相吻合，以影响与改变非正式组织的行为规范，从而更好地引导非正式组织为实现组织目标做出积极贡献。

【学习实训】 通用的组织结构创新

1916 年，随着联合汽车公司并入通用，艾尔弗雷德·斯隆出任通用副总裁。作为通用副总裁的斯隆发现通用管理上存在不少问题。他先后写了 3 份分析通用内部管理弱点的报告。但是，总裁杜兰特只是赞赏，不予采纳。到了 1920 年下半年，快速扩张的通用在经营管理上的问题彻底暴露出来了。公司危机四伏，摇摇欲坠。这时杜兰特引咎辞职，皮埃尔·S. 杜邦兼任总裁。

以杜邦为总裁的通用汽车公司新行政班子，由于与杜兰特所信奉的管理理念截然不同，迫切需要一种高度理性而客观的运营模式。斯隆先前进行的组织研究正好符合这样的要求。斯隆认为，大公司较为完善的组织管理体制，应以集中管理与分散经营二者之间的协调为基础。只有在这两种显然相互冲突的原则之间取得平衡，把两者的优点结合起来，才能获得最好的效果。由此他认为，通用公司应采取"分散经营、协调控制"的组织体制。根据这一思想，斯隆提出了改组通用公司的组织机构的计划，并第一次提出了事业部制的概念。

1920 年 12 月 30 日，斯隆的计划得到公司董事会的一致同意。次年 1 月 3 日这个计划开始在通用公司推行。斯隆在以后的 10 年中，改组了通用汽车公司。斯隆将管理部门分成参谋部和前线工作部（前者是在总部进行工作，后者负责各个方面的经营活动）的做法为大家熟悉，这种分组在 19 世纪较大的铁路公司里已经成形。现代军队特别是普鲁士军队也率先使用了这种组织形式，许多概念同时在工业公司里获得发展。斯隆也确实用过军事方面的例子来说明他要在通用汽车公司里干什么。

斯隆在通用汽车公司创造了一个多部门的结构。他废除了杜兰特的许多附属机构，将力量最强的汽车制造单位集中成几个部门。这种战略现在人们已经熟悉，但在当时是第一流的主意并且出色地被执行了。多年后斯隆这样说明：我们的产品品种是有缺陷的。通用汽车公司生产一系列不同的汽车，聪明的办法是造出尽可能各有不同的价格不同的汽车，就好比一个指挥一次战役的将军希望在可能遭到进攻的每个地方都要有一支军队一样。"我们的车在一些地方太多，而在另一些地方却没有。"首先要做的事情之一是开发系列产品，在竞争出现的各个阵地上应对挑战。

斯隆认为，通用汽车公司出产的车应从凯迪拉克牌往下安排到别克牌、奥克兰德牌最后到雪佛兰牌。这是 20 世纪 20 年代早期的产品阵容。以后有了改变：1925 年增加了庞蒂亚克牌，以填补雪佛兰和奥尔兹莫比尔中间的缺口；奥克兰被淘汰了，增加了拉萨利，后来它也被淘汰了。

每个不同牌子的汽车都有自己专门的管理人员，每个单位的总经理相互之间不得不进行合作和竞争。这意味着生产别克牌的部门与生产奥尔兹莫比尔牌的部门都要生产零件，但价格和式样有重叠之处。这样，许多买别克牌的主顾可能对奥尔兹莫比尔牌也感兴趣，反之亦然。这样，斯隆希望在保证竞争的有利之处的同时，也享有规模经济的成果。零件、卡车、金融和通用汽车公司的其他单位差不多有较大程度的自主权，其领导人成功获奖赏，失败则让位。通用汽车公司后来成为一架巨大的机器，但斯隆力图使它确实保有较小公司所具有的激情和活力。斯隆的战略及其实施产生了效果。1921 年，通用汽车公司生产了 21.5 万辆汽车，占国内销售的 7%；到 1926 年年底，通用企业的小汽车和卡车产量增加到 120 万辆。1940 年通用汽车公司产车 180 万辆，已达该年全国总销量的一半。相反，福特公司的市场份额 1921 年是 56%，而 1940 年是 19%，不仅远远落后于通用汽车公司，而且次于克莱斯勒公司而成第三位。

由理查德·瓦格纳领导的通用汽车公司一年生产汽车接近 1 000 万辆，产品销往接近 200 个国家和地区。仅在中国，通用汽车公司就有 5 家合资企业，员工人数超过 13 000 人，其别克、雪佛兰等著名品牌更是享有很高的声誉。

思考题：

1. 集权式组织结构有百害而无一利，对不对？说明你的理由。

2. 结合案例，请谈谈事业部制也就是斯隆模型的优缺点。

（资料来源：佚名. 通用的组织结构创新［EB/OL］.（2011-06-07）［2014-06-16］. http://wenku.baidu.com.）

【效果评价】

根据学生出勤、课堂讨论发言及小组合作完成任务的情况进行评定。

任务 5.2　组织结构的设计

【学习目标】

让学生了解部门划分的方法，掌握组织结构类型。

【学习知识点】

5.2.1　部门划分

要提高工作效率，必须对整个组织的工作进行充分细致的分析，并进行明确的分类，在此基础上进行科学综合，形成通常所指的部门。部门是指组织中主管人员为完成规定的任务有权管辖的一个特定的领域。部门划分是一种很常见的组织现象。部门划分是为了便利于组织目标的实现而将业务性工作分组归类。

1. 部门划分的方法

1）按人数划分

按人数多少划分部门可以说是一种最原始、最简单的划分方法。军队中的师、旅、团、营、连，即是用此方法划分的。一般来讲，这种划分方法的特点是仅仅考虑了人员数量因素。因其过于简化，在现代高度专业化的社会中已不多见，但在某些基层部门划分中仍然适用。

2）按职能划分

按职能划分是许多组织广泛采用的一种方法。它是以组织的主要经营职能为基础组合各项活动，凡属于同一性质的工作都置于同一部门，由该部门全权负责该项职能的执行。例如政府的厅、局、委，学校的院、处、科，企业的生产、营销、财务、人事、管理等部门。这种划分方法的优点是遵循了分工和专业化原则，因而有利于提高专业化水平，充分发挥专业职能；有利于提高管理人员的技术和管理体制水平；有利于组织目标的实现，同时它简化了员工的训练工作，为上层主管部门提供了进行严格控制的手段。缺点是容易形成部门主义，给各部门之间横向协调带来一定的难度。

3) 按产品划分

它是以产品或产品线为基础组合各项活动。凡是与生产某个产品或产品线有关的所有活动，都组合在一个部门。当组织向市场提供许多不相同的产品，同时又向每种产品分派许多不同的职能专家时，往往会促使组织按照产品或产品线来划分部门。例如，在我国的海尔集团里，它有电冰箱本部、空调器本部、洗衣机本部等。该法一般能够发挥个人的技能和专长的互补作用，发挥专用设备的效率，有利于新产品的开发和研制。但是，这种方法要求更多的人具有全面管理的能力，各产品部门的独立性比较强而组织的整体性则比较差。这必然会加重最高主管部门在协调和控制方面的困难。

4) 按顾客划分

这是不同类型的组织中普遍采有的一种方法。它以被服务的顾客为基础来组合各项活动。如果组织有不同类型的顾客，而且各类顾客的需求与组织提供服务的方式有显著区别时，可以采取这种部门化方式，把为同类需求的顾客服务的所有工作组合在一个部门内，由一个部门来总管。例如一所大学的学生可以分为研究生、本科生、专科生、进修生等类型。其最大优点就是能够满足各类对象的要求，社会效益比较好。但按这种方法组织起来的部门，主管人员常常要求给予特殊的照顾，从而使这些部门和按其他方法组织的各部门之间的协调发生困难。此外，该方法有可能使专业人员和设备得不到充分利用。

5) 按地区划分

它是以组织经营的地区范围或空间位置为基础组合各项活动。如果组织地区分布比较分散，各地区的政治、经济、文化等差异比较大，这些因素又会影响到组织的经营管理时，把某个地区的业务工作集中起来，委派一位经理来主管其事。它是一种比较普遍采用的方法。该方法可以调动各个地区的积极性，从而取得地区经营级差效益。这种方法的缺点是，地区之间往往不易协调，增加了最高主管部门控制的困难。

6) 按工艺或设备来划分

这也是一种划分部门的基本方法。这种方法常常和其他划分方法结合使用。例如在机械制造业，通常按照毛坯、机械加工、装配的工艺顺序分别设立部门，它以工作进行的程序为基础组合各项活动；而医院常用设备来划分，把医院分为放射科、心电图室等部门。该方法的优点在于能够经济地使用设备，充分发挥设备的效益，使设备的维修、保管以及材料供应更为方便，同时也为发挥专业人员的特长以及为上级主管的监督管理提供了方便。

7) 按时间划分

该方法是在正常工作日不能满足工作需要时所采用的一种划分部门方法。如许多企业按时间分为早、中、晚三班制。此外，交通、通信、医院等组织也普遍采用这种轮班制。这种方法多见于工商企业的基层组织。

以上介绍的是一些主要的划分部门的基本方法，除此之外，还有按市场销售渠道、按字母划分等方法。但应该指出的是，部门划分的方法并不是唯一的，在很多情况下往往是采用两种或两种以上的划分方法。因此，在实际运用中，每个组织都应根据自己的特定条件，选择适合自己并能取得最佳效果的划分方法。例如，一所大学就可以按领域分为各个院系，按职能分为教务处、科研处、人事处、财务处、后勤处等，按设备设立电教中心等。这种混合划分往往更能有效地实现组织的目标。

【知识阅读5-2】

逃跑的老黄牛

从前，有一个农夫，依靠一头老黄牛耕种几亩地来维持生活。这个农夫还养着一只可爱的小花猫。一天，老黄牛因为多吃了稻草而被主人打了一顿，正在伤心地哭泣，这时小花猫走过来。

小花猫喵喵地叫了两声，笑着对老黄牛说："老牛啊，老牛，你可真是一个可怜的老黄牛啊！"

"我都被主人打了，你还笑啊！"老黄牛呜咽着说。

"主人为什么要打你啊？"小花猫笑得更欢。

老黄牛委屈地说："主人说我多吃了稻草。可是你也知道，我平时耕地那么辛苦，流了那么多汗水，消耗那么多体力，再说我的块头也这么大，不多吃一点，我会很饿的。饿坏了，我哪里有体力下地干活啊！"

"那主人怎么说啊？"小花猫问。

"主人说啊，就要让你每天饿一点，你才能卖力地干活，你一旦吃饱了，就会变懒。"老黄牛说。

"哦？"小花猫一边听一边用爪子清理身上的毛。

老黄牛继续说："我说，主人啊主人，你可是误会我了啊，自从你把我买来，我就认定要跟着你一辈子，看到你生活这么困难，只依靠几亩地营生，我每天都在想，一定要帮助主人把地耕好犁好，来年让庄稼长得好一些，让主人有一个好收成。我还说，有时我在田埂上看到主人的庄稼长势喜人，我就十分高兴，因为这里面也有我的一份功劳啊！"

"但主人还是教训你了啊！"小花猫说。

"是啊！"老黄牛说，"主人说，少说废话，你这是为了自己偷嘴而狡辩，不服从主人的规定，就得挨打！"

"想想，在耕种季节，我卖力耕地犁地；空闲时候，主人还要让我驮货，出远门时还要骑着我，让我做代步工具。可是我只是为了要吃饱肚子才多吃了几口稻草啊！"老黄牛说着又呜咽起来。

小花猫咯咯地笑起来，说："你真是一个又勤快又憨直又老实的老黄牛啊！我跟你就不一样了，主人从来没有打过我哟。不但没打过我，还经常带我出去散步，抱着我睡觉，经常去街上买鱼给我吃啊……"

"那为什么啊？"老黄牛悲哀地问。

小花猫又咯咯地笑起来，说："主人说，我漂亮可爱、聪明伶俐啊，主人烦恼时，我可以和他说话聊天，还有，主人说，我会逮老鼠，能帮助主人逮那些经常偷嘴的老鼠呀。"

老黄牛呆呆地望着小花猫。小花猫说着叹了口气，说："你难道不觉得最近主人打你的次数变多了吗？你知道为什么吗？"

老黄牛茫然地摇摇头。

小花猫压低声音神秘地说："主人跟我说过，你现在老了，没有力气了，没什么用了，他打算明年把你卖给屠宰场。"

老黄牛惊恐地瞪大了两只牛眼。

当天夜里，农夫在床上睡觉，突然被一声"轰隆"巨响惊醒了，然后听到一阵急促的"嗒嗒"声音由近向远传去。

农夫慌忙从床上跳下来，点灯，开门，定睛细看，发现牛圈里的老黄牛已消失得无影无踪。

（资料来源：佚名. 逃跑的老黄牛［EB/OL］.（2011-02-27）［2014-06-16］. http://wenku. baidu.com.）

2. 部门划分的原则

1）精简高效

组织结构的设计要求精简，部门应当力求量少。组织结构的设计要以有效地实现组织目标为前提，不能片面地追求结构本身的庞杂和壮观。

2）组织机构应具有弹性

部门的划分、机构的设置应保持灵活性。组织设立的部门应随环境的变化与业务的调整而适时增减。

3）督察部门与业务部门分设

督察部门不应隶属于受其检查评价的部门，这样就可以保持督察人员的独立性，真正发挥督察的作用。

总之，部门的划分应使组织各方面业务工作得到尽可能合理的安排，以提高组织目标的效率。因此，在划分部门的同时，也必须考虑到这种不和谐所带来的消极影响。

5.2.2　组织结构

组织结构在整个管理过程中的作用犹如人体的骨架，206 块骨头组成的骨架在人体起着支架、保护作用，正是有了骨架，消化、呼吸、循环等系统才能发挥正常的生理功能。组织结构在整个管理系统中同样起着"框架"作用，有了它，系统中的人流、物流、信息流才能正常流通，使组织目标的实现成为可能。然而与人体的骨架不同的是组织结构是主管者有意识地创造的，组织能否顺利地达到目标，在很大程序上取决于该结构的完善程度。一个组织如果内部结构很不合理，指挥失灵，人浮于事，内耗丛生，那么这样的组织结构将难以保证组织目标的实现。有位管理学家评价高水平的组织结构就如同原子核裂变一样，可以放射出像"蘑菇云"一样巨大的能量。由此，不难发现组织结构是一个组织生存和发展必不可少的条件。

1. 组织结构的含义

所谓组织结构就是组织内的全体成员为实现组织目标在管理工作中进行分工协作，通过职务、职责、职权及相互关系构成的结构体系。组织结构的类型反映了组织结构设计要素的组合结果。但该系统是"人造"的而不是天生的，它会受到很多因素的影响，表现出不同的类型。

2. 组织结构的类型

不同的组织采用的组织结构的类型可能有所不同，但是在现实组织中占主导地位的主要有直线型、职能型、直线职能型、事业部制、矩阵组织型等。这些组织形式并没有绝对的优劣之分。不同环境的组织或同一组织不同的管理者，都可根据实际情况选用其中合适的组织结构。

1) 直线型

直线型组织结构是最早、最简单的一种组织结构形式。它的特点是组织中的一切经营活动均由组织的各级主管人员直接指挥和管理，不设专门的参谋人员和机构，至多只有几名助理，组织中每一个人只能向一个直接上级报告，即"一个人，一个头儿"。其组织形式如图 5-3 所示。图中 L_i（$i=1$，2，3）表示组织第 i 层次管理人员。

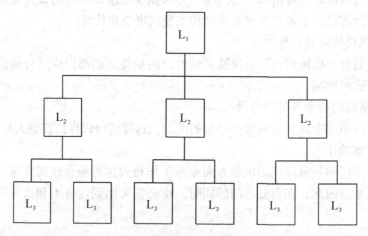

图 5-3　直线型组织结构

直线型组织结构的优点：结构比较简单，权力集中，指挥命令关系清晰、统一，决策迅速，责任分明，联系简捷，管理费用低。

直线型组织结构的缺点：它对管理工作没有进行专业化分工。在组织规模较大的情况下，所有的管理职能都集中由一个人承担，这就要求领导者精明能干，具有多种管理专业知识。而现实中，每个管理者的知识、精力有限，因此，在管理中可能出现对一些问题思考不深入、细致、周密，可能出现较多失误。另外，原胜任的管理者一旦退休，他的经验、能力无法立即传给继任者，再找一个熟悉单位情况的全能型管理者会面临困难。

直线型组织结构的应用范围：只适用于那些没有必要按职能实行专业化管理的小型组织，或者是现场的作业管理。

2）职能型

在组织内部除直线主管外还相应地设立各专业领域的职能部门和职能主管，分担某些职能管理业务，由他们在各自负责的业务范围内向下级单位直接下达指示和命令。各下级主管除了要接受上级直线主管的领导外，还必须接受上级各职能部门在其专业领域内的指挥。其组织形式如图 5-4 所示。图中 L_i（$i=1$，2，3）表示 i 层直线部门；F 表示职能部门。

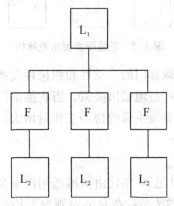

图 5-4　职能型组织结构

职能型的优点：管理分工较细，每个管理者只负责一方面的工作，能够发挥职能机构的专业管理功能，减轻上层主管人员的负担。

职能型的缺点：容易形成多头领导，政出多门，破坏统一指挥，对基层来讲是"上边千条线，下边一根针"，造成下级人员无所适从，容易造成管理的混乱。实际上，职能型只是表明了一种强调职能管理专业化的意图，无法在现实中真正实现。

3）直线职能型

直线职能型又叫直线参谋型，它吸取了直线型和职能型的优点，避免了它们的缺点。在组织中设置纵向直线指挥和横向的职能管理两套系统。它的特点是以直线指挥系统为主体，同时发挥职能部门的参谋作用。直线部门和人员对其下属行使指挥和命令，并负全部责任，而职能部门又是直线主管的参谋，无权直接指挥下级部门，只对下级机构提供业务指导。可见，这种组织形式实行的是职能的高度集中化。其组织形式如图 5-5 所示。图中 L_i（$i=1$，2，3）表示 i 层直线部门；F_i（$i=1$，2）表示 i 层职能部门。

直线职能型的优点：既保证了组织的统一指挥，又发挥了各类专家的专业管理作用，工作效率较高。因此，它普遍适用于各类组织。

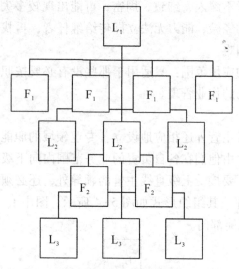

图 5-5　直线职能型组织结构

直线职能型的缺点：下级部门的主动性和积极性发挥受到限制；各级职能部门之间互通情报少，不能集思广益地做出决策，当职能部门与直线部门之间目标不一致时，容易产生矛盾，致使直线主管的协调工作量增大。同时，职能工作不利于培养综合型人才。

4）事业部制

该组织形式最初在 20 世纪 20 年代由美国通用汽车公司副总裁斯隆创立，故被称为"斯隆模型"。其具体做法是：在总公司领导下按产品、地区、销售渠道或顾客分成若干个事业部门或分公司，各事业部门有各自独立的产品和市场，使它们成为自主经营、独立核算、自负盈亏的利润中心。这种组织形式最突出的特点是"集中决策、分散经营"，总公司只保留方针政策制定，重要人事任免等重大问题的决策权，其他权力尤其是产、供、销和产品开发尽量下放。这样，总公司就成为投资决策中心，事业部是利润中心，这是在组织领导方式上由集权制向分权制转化的一种改革。其组织形式如图 5-6 所示。图中 F 表示职能部门。

事业部制的优点：有利于组织最高管理者摆脱具体的日常事务而专心致力于组织的战略决策和长远规划，有利于提高管理的灵活性和适应性，有利于培养综合型高级经理人才。

事业部制的缺点：对事业部经理的素质要求较高。由于机构重复，造成管理费用上升，且事业部之间协作较差。总公司和事业部之间的集分权关系处理起来难度较大。

事业部制的适用范围：多适用于产品多样化、从事多元化经营、市场环境复杂多变或所处地理位置分散的规模较大的一些公司等组织，在国外已相当普及，并出现了一种新的组织结构形式——超事业部制组织结构，我国的一些大企业、联合公司也开始采用。

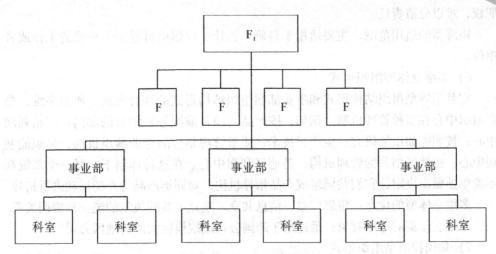

图 5-6　事业部制组织结构

5）矩阵型

矩阵型又称规划目标结构。它是一种按职能划分的部门同按产品、项目或服务划分的部门结合起来组成一个矩阵，使同一名员工既同原职能部门保持组织和业务上的联系，又参加产品或项目小组的工作。为了完成某一项目（如航空、航天领域某型号产品的研制），从各职能部门中抽调完成该项目所需的各类专业人员组成项目组，配备项目经理来领导他们的工作，这些被抽调来的人员，在行政关系上仍旧归属于原所在的职能部门，但工作过程中要同时接受项目经理的指挥，因此他实际上是"一个员工，两个头儿"。其组织形式如图 5-7 所示。图中 F 表示职能部门。

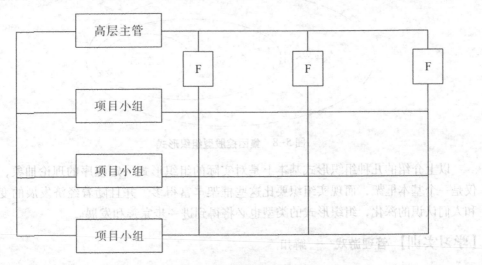

图 5-7　矩阵型组织结构

矩阵型的优点：责任性和适应性较强，有利于加强各职能部门之间的协作和配合，并且有利开发新技术、新产品和激发组织成员的创造性。

矩阵型的缺点：成员的工作位置不稳定，容易形成临时观念；组织中存在双重职权，难以分清责任。

矩阵型的适用范围，主要适用于科研、设计、规划项目等创新较强的工作或者单位。

6）多维立体型组织形式

它是矩阵型组织结构形式和事业部制组织结构形式的综合发展。所谓多维，是指组织中存在多种管理机制。例如，按产品（项目或服务）划分的部门是产品利润中心；按职能如市场研究、生产、技术、质量管理划分的专业参谋机构，是职能利润中心；按地区划分的管理机构，是地区利润中心。在这种体制下，每一个系统都不能单独做出决定，它们共同组成产品指导机构，对同类产品的产销活动进行指导。

多维立体型的优点：集思广益，信息共享，建立了共同决策的统一和协调关系。

多维立体型的适用对象：最适用于跨国公司或规模巨大的跨地区公司。

7）集团控股型组织形式

集团控股型组织形式是在非相关领域开展多种经营的企业所常用的一种形式。该组织结构的特点是：建立在企业间资本参与关系的基础上。一个企业（大公司）对另一企业持有股权，而对那些企业持有股权的大公司称为母公司，母公司控制和影响的各个企业称为子公司或关联公司。它们共同组成了以母公司为核心的企业集团。母公司处于企业集团的核心层，各子公司、关联公司就成了组成单位，母公司与子公司或关联公司不是上下级关系，而是出资人对持股企业的产权管理关系，母公司凭借手中所掌握的股权向子公司派遣产权代表和董事、监事影响子公司的经营决策，其组织形式如图5-8所示。

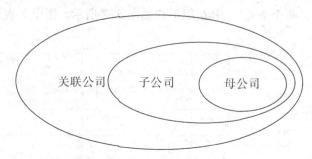

图5-8　集团控股型组织形式

以上介绍的几种组织形式基本上是对实际的组织形式一定程序的理论抽象，仅仅是一个基本框架，而现实组织要比这些框架丰富得多。并且随着经济发展的变化和人们认识的深化，组织形式的类型也必将得到进一步完善和发展。

【学习实训】 管理游戏——解扣

● 活动目的：
  ● 培养聆听的能力与团队的合作精神。
  ● 让学员体会在解决团队问题方面都有什么步骤。
  ● 让学员体会在解决团队问题方面聆听在沟通中的重要性。

- 让学员体会团队的合作精神。
- 游戏规则
  - 形式：10 人一组为最佳。
  - 时间：20 分钟。
  - 材料：无。
  - 适用对象：全体人员。
- 游戏步骤
  - 教师让每组站成一个向心圈。
  - 教师说：先举起你的右手，握住对面那个人的手；再举起你的左手，握住另外一个人的手；现在你们面对一个错综复杂的问题，在不松开的情况下，想办法把这张乱网解开。
  - 告诉大家一定可以解开，但答案会有两种。一种是一个大圈，另外一种是两个套着的环。
  - 如果过程中实在解不开，培训师可允许学员决定相邻两只手断开一次，但再次进行时必须马上封闭。
- 游戏讨论
  - 你在开始的感觉怎样，是否思路很混乱？
  - 当解开了一点以后，你的想法是否发生了变化？
  - 最后问题得到了解决，你是不是很开心？
  - 在这个过程中，你学到了什么？

（资料来源：佚名. 解扣游戏［EB/OL］.（2011-09-13）［2014-06-16］. http://www.docin. com/p-257918614.html.）

【效果评价】

根据学生出勤、课堂讨论发言及小组合作完成任务的情况进行评定。

任务 5.3 组织结构设计的关键问题

【学习目标】

让学生理解组织及其组织工作，熟悉组织工作过程；能够区分正式组织与非正式组织。

【学习知识点】

5.3.1 职权类型

组织结构确定了各个组织成员的职务种类和范围，还需要确定各个职务之间的相互关系，只有这样才能使组织活动的分配和配合成为可能。组织关系本身是一种职权关系。没有职权就不可能有组织的管理活动。只有授予组织成员相应的职权，才能使他们执行组织分派的任务。因此，职权是绝对不可缺少的，它是将组织活动结合在一起的"黏合剂"。组织的层次、部门越多，职权关系就越复杂。

1. 影响管理职权有效性的因素

传统的观点认为，职权的终极来源是组织的所有者。组织的所有者为了能进行经营管理，将经营管理权授予董事会和董事长，后者再把部分职权授予总经理，以此类推，从上往下层层授予，随着组织层次的降低，职权的范围逐渐变窄，呈现漏斗形状；巴纳德则认为，管理者的命令只有被下属接受，他的职权才会存在。他认为，上级利用职权发布的命令，如果命令不被下级接受，该命令也就不能执行；综合两种观点可以得出，组织的职权确实是由上而下层层授予下来的。从组织的观点来看，影响管理职权有效性的因素主要有以下三个方面：

1）上级职权

影响管理职权有效性的第一个因素是来自高一级职权的限制，职权是从最高管理阶层授予下来的。因此，每个人的行动都要受到上级的检查和约束，对于不服从命令的人，上级具有实施制裁的权力。例如，股份制企业的最高权力机构是股东大会，股东大会授权给董事会，董事会又授权给总经理，总经理授权给部门经理……股东大会的股东又要受到法律的制约。

2）交叉职权

交叉职权是指某个部门管理者直接对另一部门的部分工作行使的职权。

3）下级的个人权力

上级的职权也会受到下级个人权力影响。例如，下级具有重要的专门知识或特殊技能，并且不能轻易地被别人替代，而上级要找到接替者也是相当不容易的，甚至是不太可能的，则该下级一般拥有很大的权力，这种权力可以挑战上级的职权，并改变职位所赋予的权力的平衡。

2. 职权的类型

根据职权的性质不同，职权可以分为指挥性的直线职权、咨询性的参谋职权和职能职权。

1）直线职权

它是一种完整的职权，是直线人员因其承担了组织的基本任务所拥有的行政指令权。拥有直线职权的人有权做出决策，有权进行指挥，有权发布命令。例如在企业中，董事长对总经理拥有直线职权，总经理对部门经理拥有直线职权，以此类推。凡是管理者都对下属拥有直线职权。因此，在确立直线职权时应遵循分级的原则，即每一层次的直线职权应分明，这样才有利于执行决策和信息沟通。

2）参谋职权

它是一种有限度的、不完整的职权。从性质上说，参谋职权是一种顾问性的或服务性的职权。参谋职权包括提供咨询、建议、进行否决等权限。拥有参谋职权的管理者可以向直线管理者提出建议或提供服务，但其本身并不包括指挥和决策权，它只是一种辅助性的职权。所以对于参谋职权，首先要考虑其设立的必要性；其次是要考虑其设立以后利用的充分性。

3）职能职权

职能职权是某职位或某部门所拥有的原属于直线主管的那部分权力。直线主管为了改善和提高效率，把一部分原属于自己的直线职权授予参谋人员或参谋部门的主管人员，这便产生了职能职权。例如一个公司的总经理包揽全局管理公司的职权，他为了节约时间，加速信息的传递，就可以授权财务部门直接向生产经营部门的负责人传达关于财务方面的信息和建议，也可以授予人事、采购、公共关系等顾问一定的职权，让其直接向直线组织发布指示等等。

由上可以看出，直线与参谋职权本质上是一种职权关系，而职能职权是组织职权的一个特例，可以认为它介于直线职权和参谋职权之间。因此在管理工作中，一方面应注意发挥参谋为直线主管提供信息、出谋划策的作用。直线主管应广泛听取参谋的意见，而不应该左右他们的意见，但要切记，直线主管是决策者。另一方面应适当限制职能职权。职能职权的使用应限于解决"如何做""何时做"等方面的问题，不能扩大到"在哪儿做""谁来做""做什么"等方面的问题，否则就会取消直线人员的工作。

5.3.2　集权与分权

1. 概念

集权与分权研究组织结构特别是纵向管理系统内的职权划分问题。职权就是指组织设计中赋予某一管理职位的做出决策、发布命令和为保证命令得到执行而进行奖惩的权力。职权在整个组织中的分布可以是集中化的，也可是分散的。集权是指决策权在组织系统中较高层次的一定程度的集中；分权指决策权在组织系统中较低层次的一定程度的分散。集权和分权是两个彼此对立但又互相依存的概念，它们只能存在于一个连续统一体中。

2. 集权与分权的标志

考察一个组织集权分权程度究竟有多大，不在于形式上是否按照地域或者按照职能等进行划分，最根本的标志是看该组织中各项决策权限的分配是集中的还是分散的。具体而言，判断组织集权或分权程度的标志主要有：

1）决策的数目

基层决策数量越多，组织分权程度就越高；反之，上层决策数量越多，组织集权的程度就越高。

2）下属决策受控制的程度

组织中低层管理者可自主做决定的事项越多，则组织分权程度就越大；反之，如果下级在做出任何决定之前，都必须请示上级，那么分权的程度就更低一些。

3）决策的重要性

低层管理者所做的决策越重要，影响范围越广泛，其组织的分权程度也越大；相反，若下级做出的决策无关紧要，则上级集权程度就越高。

3. 影响集权与分权程度的因素

1）组织的规模

组织规模较小时，实行集权化管理可以使组织高效运行。但随着组织规模的扩大，其经营领域范围甚至地域分布相应地扩大，这就要求组织向分权化的方向转变。

2）决策的重要性

一般而言，对于较重要决策，耗费较大的决策，宜实行集权。因为基层管理者的能力及获取的信息有限，决策代价或责任的承受能力也相对有限。相反对重要程度较低的决策可实行较大的分权。

3）管理者的素质

组织中管理人员素质普遍较高，则分权具备比较好的基础。

4）组织的经营环境条件

如果组织所面临的经营环境经常处于变动之中，那么组织在业务过程中必须保持较高的灵活性和创新性，这种情况就要求实行较大程度的集权。

5）组织形成的历史

组织是在自身较小规模的基础上逐渐发展起来的，并且发展过程无其他组织的加入，那么组织可能更明显趋向集权。

【知识阅读5-3】

三只老鼠一同去偷油喝

三只老鼠一同去偷油喝，找到一个油瓶。三只老鼠商量，一只踩着另一只的肩膀，轮流上去喝油。于是三只老鼠开始叠罗汉，当最后一只老鼠刚刚爬到另外两只的肩膀上，不知道什么原因，油瓶倒了，惊动了人，三只老鼠逃跑了。回到老鼠窝，大家开会讨论为什么会失败。最上面的老鼠说，我没有喝到油，而且推倒了油瓶，是因为下面第二只老鼠抖动了一下，所以我推倒了油瓶，第二只老鼠说，我抖动了一下，但我感觉到第三只老鼠也抽搐了一下，我才抖动了一下。第三只老鼠说："对，对，我是好像听见门外有猫的叫声，所以抖了一下。"

（资料来源：佚名. 三只老鼠一同去偷油喝［EB/OL］.（2011-02-16）［2014-06-16］. http://zhidao.baidu.com.）

5.3.3 授权

1. 概念

所谓授权就是指上级授予下属一定的权力，使下属在一定的监督下，有相当的自主权和行动权。授权的本质含义是：管理者不要去做别人能做的事，而只做那些必须由自己来做的事，真正的管理者必须知道如何可以有效地借助别人的力量实现组织的目标。

理解授权的含义，应注意区别以下问题：

1）授权不同于代理

代理与他所代理的某人之间是平级关系，代理期间相当于取代所代理人的职务，而不是所代理的人授权给他。

2）授权不同于助理或秘书

助理或秘书只帮助主管工作，而不承担责任；而在授权中，授权的主管应该承担全责，但是被授权者也要承担相应的责任。

3）授权不同于分工

分工是职责和职权的横向划分，彼此之间是平行的合作关系；而授权则是职责和职权的纵向划分，彼此之间是上下级的行政隶属关系。

4）授权不同于分权

授权与分权虽然都与职权授予有关，但二者有区别。分权是组织最高管理层的职责，只涉及管理工作；而授权则是每个层次的管理者都应掌握的一门艺术，既涉及管理工作，也涉及非管理工作，并且主要与非管理工作有关。可以说授权不一定是分权，但分权一定是授权，是授权的特例。

2. 授权应遵循的原则

1）因事设人，视能授权

授权时应依照授权者的才能大小和知识水平的高低为依据。"职以能授，爵以功授"，这是古今中外的历史经验。

2）明确职责

授权时，授权者必须让被授权者明确所授权事项的任务目标及权责范围，这样才有利于下属完成任务，又避免下属推卸责任。

3）授权适度

授权并不是将职权放弃或让渡。管理者授权和教师传授知识很相像，教师将知识传授给学生，学生获得了这些知识，但教师并没有失去知识。因此，授权要适度：授权过少，下属的积极性调动不起来；授权过度，等于放弃权力。

4）不可越级授权

授权者只能对直接下属授权，而不可越级授权，否则造成中层主管人员的被动，影响上下级之间的关系。

5）职、责、权、利相互平衡

职权是执行任务的自主权，职责是完成任务的义务，因此，职权应该与职责相符。职责不能大于也不能小于职权，反之亦然。在实际工作中，下级人员总是希望增加他们的职权，而同时减少他们的职责；上级人员则要求下级人员多承担职责，但又不愿意给予必要的职权。这两种做法都欠妥当。正确的做法应该是职权与职责相符，还要注意成功后给予合理报酬进行激励，真正做到职、责、权、利相互平衡。

3. 授权的程序

授权有许多好处，其中最主要的好处是授权可以使管理者摆脱日常事务，集中精力处理重要的事务。但是在实际工作中，有许多管理者并不善于授权。如管理者在授权时有一个很常见的毛病就是授予"坏工作"，只将人人厌恶的工作授权出去，而把最好的工作留给自己做。为了使管理者不犯或者说少犯那些授权上常见的错误，授权要有系统地按照下面的步骤进行。

1）决定什么工作需要授权

授权者在授权时要注意区别，哪些适宜授权，哪些不适宜授权。一般情况下，决定组织的目标、发展方向、重要人员的任命和升迁、财政预算，以及重大政策问题等，不可轻易授权。向下授权的工作应该是一些日常的业务工作，如搜集资料、编写报告、拟订计划草案、初步甄选、非关键性问题的解决等。

2）选择被授权人

应该选择那些有能力胜任又有工作意愿的人。若同时授权给两个或两个以上的人时，一定要指明由谁负责。

3）下达任务

授权的目的在于完成任务，实现目标。首先要向被授权者说明任务的内容、重要性、完成的时限、交给他做的原因。其次要向被授权人说明他所拥有的权限，告诉他有权做到什么地步。最后也是最重要的一点，是要获得被授权人对完成任务的承诺。下达任务时，授权人与被授权人最好能面对面沟通，任务尽可能量化，避免产生误解。

4）排除被授权人的工作障碍

在授权以前，一定要知道被授权者在执行任务时可能会遇到的困难（例如某些人不予合作），要提醒被授权人做好心理准备，告诉他该怎么做，不该怎么做。

5）监控与考核

在下级运用权力推进工作的过程中，要以适当的方式和手段进行必要的监控。若下属的工作偏离目标，应立即采取纠正措施，以保证权力的正确运用与组织目标的实现。在工作任务完成之后，要对授权效果、工作绩效进行考核与评价。成绩优秀者要给予奖励。对成绩不理想者要帮助他总结经验。

5.3.4　管理幅度与管理层次

1. 管理层次的产生

当生产力水平十分低下，社会分工极其简单的时候，劳动生产的方式是个体，这时的管理者也就是劳动者自己。未形成完整的严密的组织结构，管理者与被管理者关系比较简单，管理者能领导较多的人有效地实现目标。

随着生产力继续发展，科技进步，经济不断增长，组织规模越来越大，业务关系日益复杂，管理者需要花大量的时间和精力处理这些错综复杂的关系，而一个人的时间、精力、能力都是有限的。因此，最高行政主管通常只是直接领导有限数量的下属管理人员，委托他们协助完成自己的部分管理责任。这些承担受托责任的下一级管理人员可能又通过若干直接下属来协助完成，依次类推，直至受托人能直接安排和协调组织成员的具体业务，如此就形成了组织中由最高行政主管到具体工作人员之间的不同层次的管理层次。

2. 管理幅度与管理层次的关系

管理层次与管理幅度有关，两者成反比例关系。较大的幅度意味着较小的层次，组织倾向扁平型；较小的幅度意味着较多的层次，组织就倾向高耸型。高耸型组织所配备的管理人员要明显多于扁平型组织，但组织的层次并不是可以随意减少的。

3. 有效管理幅度的影响因素

一名管理者能够有效管理的人数是有限的，但确切的人数受到管理者本身的素质及被管理者的工作内容、能力、工作环境与工作条件等诸多因素的影响，每个组织及组织中的每一管理者都必须根据自身的情况来确定适当的管理幅度。

1）工作能力

主管人员的素质和能力均较强，则可以迅速地把握问题的关键，对下属的工作提出恰当的指导建议，并使下属明确地理解，从而可以缩短与每一位下属接触所占用的时间。同样道理，凡是受过良好训练的下属，不但所需的监督比较少，还可以在很多问题上根据自己的符合组织要求的主见去解决，减少与其主管接触的次数，从而增大主管的管理幅度。

2）工作条件

（1）下属人员的空间分布。同一主管人员领导下的下属，如果工作岗位在地理上的分布较为分散，那么，下属与主管以及下属与下属之间的沟通就相对比较困难，该主管所属领导的直接下属数量就减少。

（2）信息沟通的渠道。掌握信息是进行管理的前提。利用先进的信息技术去收集、处理和传输信息，信息传递迅速、准确，一方面可以帮助主管人员更及时、全面地了解下属的工作情况，从而提出忠告和建议；另一方面下属人员也可以更多地了解到与自己工作有关的情况，从而更好地自主处理分内的事务。这样管理幅度就可以放宽。

3）组织变革的速度

组织面临的环境是否稳定，会在很大程度上影响组织变革的速度，从而影响组织活动的内容和政策的调整频率与幅度。环境变化越快，组织变革越快，组织遇到的新问题就越多，下属向上级的请示就越频繁，而此时上级能用于指导下属工作的时间和精力就越少。这样，组织就可以采用较窄的管理幅度。

4）工作内容和性质

（1）主管所处的管理层次。处在管理系统中不同层次的主管人员，决策与用人的比重不同。接近组织高层的主管人员面临的是较复杂、困难的问题或涉及方向性、战略性的问题，则直接管辖的人数不宜过多。反之，接近基层的管理人员可能面临的是日常事务，已有规定的程序和解决方法，则管辖的人数可较多一些。

（2）计划的程序与性质。任何工作都需要在计划的指导下进行。由下属执行的计划如果制订得非常明确，并且为下属人员理解和接受，那么管理用于亲自指导的时间就越少，因此可以放宽管理幅度。反之，如果下属要执行的计划制订得不妥善或不明确，那么管理者对下属的指导、解释的工作量就要增加，其有效管理幅度就势必要缩小。

（3）下属工作的相似性。同一主管的下属如果所从事的工作任务相似及工作中需要协调的频率较少，这样主管人员就可指挥和监督更多的下属人员，则管理幅度就可加大。

（4）授权的程度。应该做的事情规定得清清楚楚，授予的职权又很明确时，则可以减少主管人员与下属接触的次数，节约主管人员的时间和精力，同时还可以锻炼下属的工作能力和提高积极性。在这种情况下，管辖的人数就可适当增加。相反，如果委派的任务不明确、不授权、授权不足或不当，都会使得管理者耗费大量时间指导和监督下属人员，则势必会缩小管理幅度。

（5）管理性事务。主管人员作为组织不同层次的代表，除了要处理管理性事务，还要处理一些非管理性事务，而处理这些非管理性事务往往要花费相当多的时间。一个管理者处理这些事务所需的时间越多，则用于指挥和领导下属的时间相应减小，此时管理幅度就不可能扩大。

除上述所列因素之外，还有其他一些影响管理幅度的因素。例如，下属是否愿意承担责任和风险、工作态度与积极性、管理者与下属个别接触情况等。

5.3.5　委员会与个人管理

上面讨论的集权与分权只不过是垂直意义上的集权与分权，而这里将讨论的是水平意义上的集权与分权。水平意义上的分权就是委员会制，水平意义上的集权即是个人管理。

1．委员会

1）概念

委员会可以解释为共同执行某些方面职能的同一级人员。在现代社会的组织中，委员会正在作为一种集体管理的主要形式而被广泛地利用，在管理中尤其是在决策方面扮演越来越重要的角色。

在现实组织中，委员会有多种类型和形式，它既可以是直线式的，也可以是参谋式的；既可以是正式组成部分，也可以是非正式的组成部分；既可以是永久性的，也可以是达到特定目的就解散的临时性的。在组织的各个管理层次都可以成立委员会。在公司的最高层，委员会一般叫董事会，他们负责制定重大决策。在中下层的委员会负责落实上级决策，切实保证任务的完成。

2）优点

（1）协调作用。组织部门的划分，可能会导致"职权分裂"，即对一些涉及多个部门的问题，个别部门没有完全的决策权，只通过几个相关部门的结合，才能进行完整的决策。遇到此类问题就可以通过委员会召集有关部门来解决，这样就有利于促进部门间的合作。此外，委员会还可协调各部门间的活动，各部门的主管人员可通过委员会来了解其他部门的情况，使之自觉地把本部门的活动与其他部门的活动结合起来。

（2）集思广益。利用委员会的最重要的理由，是为了取得集思广益的好处。委员会由一组人组成，其知识、经验与判断力均较其中任何一个人要高。因此，通过集体讨论、集体判断可以避免仅凭主管人员的知识和经验所造成的判断错误。

（3）避免权力过于集中。委员会做出的决策一般都是对组织前途有举足轻重影响的重大决策。委员会做出决策，一方面可以得到集体判断的好处；另一方面也可避免个人的独断专行、以权谋私等弊端，委员会之间起了权力互相制约的作用。

（4）激发主管人员的积极性。委员会可使下级主管人员和组织成员有可能参与决策与计划的制订过程。这样做可以激发和调动下级人员积极性，以更大的热情去接受和执行这些决策或计划。

（5）加强沟通联络。委员会对传送信息有好处。受共同问题影响的各方都能同时获得信息，都有同等的机会了解所接受的决策，这样可以节约信息传递时间。同时，面对面的交谈下，有机会说清楚问题，这是一种非常有效的沟通联络方式。

（6）有利于主管人员的成长。通过委员会，下级人员能够了解到其他主管人员及其整个组织所面临的问题，从而对整个组织活动有大概的了解。同时，还能有机会互相学习，取长补短，不断地完善自己。另外，上层主管人员也可以在委员会中考评下级人员的能力，以作为将来向上选拔的依据。

【知识阅读5-4】

唐太宗用人

唐太宗登基后，因开国不久，整个朝廷的结构都在建设与调整之中，把手下的有才之人分别放在什么位置上才能够成为一个最合理、最有效的组织结构呢？

房玄龄处理国事总是孜孜不倦，知道了就没有不办的，于是太宗任用房玄龄为中书令。中书令的职责是：掌管国家的军令、政令，阐明帝事，调和天人。入宫禀告皇帝，出宫侍奉皇帝，管理万邦，处理百事，辅佐天子而执大政，这正适合房玄龄"孜孜不倦"的特性。

魏征常把谏诤之事放在心中，耻于国君赶不上尧舜，于是唐太宗任用魏征为谏议大夫。谏议大夫的职责是专门向皇帝提意见，这是个很奇特的官，其既无足轻重，又重要无比；其既无尺寸之柄，但又权力很大，而这一切都取决于谏议大夫的意见皇帝是听还是不听，像魏征这样敢于直谏的人是再合适不过了。

李靖文才武略兼备，出去能带兵，入朝能为相，太宗就任用李靖为刑部尚书兼检校中书令。刑部尚书的职责是：掌管全国刑法和徒隶、勾覆、关禁的政令，这些都正适合李靖才能的发挥。

房玄龄、魏征、李靖共同主持朝政，取长补短，发挥了各自的优势，共同构建起大唐的上层组织。

除此之外，唐太宗还把房玄龄和杜如晦合理地搭配起来。李世民在房玄龄研究安邦安国时发现他能提出许多精辟的见解和具体的办法来。但是，房玄龄对自己的想法和建议不善于整理。他有许多精辟见解，很难决定颁布哪一条。而杜如晦虽不善于想事，但却善于对别人提出的意见做周密的分析，精于决断，什么事经他一审视，很快就能变成一项决策、律令提到唐太宗面前。于是，唐太宗就重用了他二人，把他俩搭配起来，密切合作，组成合力，辅佐自己，从而形成了历史上著名的"房（玄龄）谋杜（如晦）断"的人才结构。

（资料来源：佚名.唐太宗用人［EB/OL］.（2010-09-22）［2014-06-16］.http://wenku.baidu.com.）

3）缺点

（1）成本较高。委员会召开讨论会一般都要花费较多的时间和经费。委员会的每个成员都是平等的，在讨论问题时每个人都有发言的机会与权利，并且由于各成员的地位、经历、知识、角度均不同，许多问题都要经过反复的争论与推敲，要综合大家的意见，集体做出结论需较长的时间，从而失去最好的机会。

（2）权责分离。委员会的决策是集体决策，是各种利益妥协的结果，因此，决策不可能反映委员会中每个人的意见，也不会反映每个人的全部意见，这样就会造成委员会对决策的结果集体负责，集体负责往往导致没人负责。

（3）决策妥协。委员会是不同部门、不同层次的代表，代表各自不同的利益，委员会内意见的争论和分歧就难以避免。当议题意见分歧较大时，委员们常常会出于照顾各方的利益、互相尊重或屈于权威而采用折中的方法，以求取得全体委员一致的结论，影响决策的质量。

此外，委员会的决议往往还会因为少数人要把自己的意志强加给他人乃至整个集体，以个人的主张代替集体的结论，从根本上否定委员会的存在。

4）成功地运用委员会

为了有效地发挥委员会这种集体领导形式的作用，必须注意和不断地研究如何成功地运用委员会，以发挥其长处，遏制其缺陷。那么，怎样才能成功地运用委员会，卓有成效地提高管理效率呢？

（1）权限和范围要明确。委员会的权限究竟是决策，还是建议参谋，应该根据目标与任务加以明确规定。对于那些繁杂的日常事务工作，不宜采用委员会的管理方式去处理，这样会降低效率；相反对于那些长远的、全局性的、战略性的问题，适宜用委员会的方式来决策。

（2）规模要适当。一般来说，委员会要有足够的规模，以便集思广益和容纳完成任务所需要的各种专家。规模不能过大，因为人数以算术级数增加，而关系的复杂程度是以几何级数增加的，委员之间的信息沟通质量与委员会的人数成反比。成员越多，信息沟通越困难，沟通的质量也越差，决策就越困难。委员会的规模也不能过小，人数过少的委员会不可能集思广益，不可能代表各种利益，这与委员会本身的优越性相违背。有人认为，委员会成员一般为5~6人比较合适，最多不超过15~16人。

（3）选择委员。委员会的成员应该包括哪些人，要根据委员会的工作目的和工作任务来确定。同时，还要求其成员具有一定的知识和才能，成员的职务级别一般要相近，这样在委员会中才能真正广开言路，做出正确的决策。最后，主席的重要性。必须慎重选择担任委员会主席的人，因为他决定了委员会能否有效地发挥作用。委员会的成就在很大程度上取决于会议主席的领导才能。一个好的主席，应该做到精心计划和安排会议，引导大家集思广益，提高委员会的效率。

2. 个人负责

1）概念

个人负责即组织中的最高决策集中在一个人身上，由他对整个组织负责。委员会与个人负责制是组织中两种不同的高层次职权分配体系。与前面所讲的委员会相比，个人负责制的特点是权力集中，责任明确，行动迅速，效率较高。

个人负责制决策权集中在一个人的手中，因为决策者的知识、经验以及管理能力有限，难免有考虑不周之处。如果权力落在不合适的人手中，还有可能导致专制和职权滥用。对于个人负责制这样一种职权行使方式的采用，既要考虑采用的必要性，又要考虑职权行使的措施。

2）个人负责制的必要性

个人负责制与委员会这两种职权行使方式各有利弊。前者权责明确、效率高，但是权力过于集中；后者避免了权力过于集中，代表了各方面的利益，但是权责分离。除了代表各方面的利益和避免权力过于集中之外，一般情况下采用个人负责制行使职权更有效。

3）有效行使个人负责制的措施

一是将个人负责制与委员会结合起来。例如一些大公司将董事会集体负责制与总经理个人负责制结合起来，取得了很好的效果；另一方面是将个人负责制与委员会在组织同一个层面上结合，这样既发挥了委员会的集思广益，又发挥了个人负责制责任明确、效率高等优点。

5.3.6　人员配备

1. 人员配备的任务

1）物色合适的人选

为组织的各部门物色合适的人选是人员配备的首要任务，要根据岗位工作需要，经过严格的考查和科学的论证，找出或培训出为己所需的各类人员。

2）促进组织结构功能的有效发挥

只有使人员配备尽量适应各类职务性质要求，从而使各职务应承担的职责得到充分履行，组织设计的要求才能实现，组织结构的功能才能发挥出来；如果人员的安排和使用不符合各类职务的要求，或人员的选择与培养不能满足组织设计的预期目标，企业组织结构的功能得不到有效发挥。

3）充分开发组织人力资源

人力资源在组织各资源要素中占据首要地位，是组织最重要的资源。在现代市场经济条件下，组织之间的竞争实质是人才的竞争，而竞争的成败很大程度上取决于人力资源的开发程度。在管理过程中，通过适当选拔、配备和使用培训人员，可以充分挖掘每个成员的内在潜力，实现人员与工作任务的协调匹配，做到人尽其才，才尽其用，从而使人力资源得到高度开发。

2. 人员配备的程序

人员的配备一般要经过以下步骤：

（1）职务分析，制订用人计划。为了有效地选择管理人员，要求对划分出的各个部门进行职位设计，明确各个职位的性质和目的，明确各个职位应该做些什么，如何做，需要什么知识、态度和技能。为了找出这些答案必须对各个职务进行分析，在分析的基础上拟订职务说明书。职务说明书的事项包括：

①职务名称与代号；

②承担此职务的员工数；

③所属部门名称及直属主管姓名；

④待遇情况及所处级别；

⑤职务概要，包括工作的性质、范围和目的等；

⑥担任该职务应接受的教育程度及工作经验；

⑦任职者所应拥有的生理状况、个性和行为特征；

⑧任职者所应拥有的智商程度和技能等。

（2）人员的来源，即从外部招聘还是从内部重新调配。

（3）应聘人员根据岗位标准进行考查，确定备选人员。

（4）确定人选，必要时进行上岗前培训，以确保能适用组织需要。

（5）所定人选配置到合适的岗位上。

（6）员工的业绩进行考评，并据此决定员工的续聘、调动、升迁、降职或辞退。

3. 人员配备的原则

1）效率

组织人员配备计划的拟订要以组织需要为依据，以保证经济效益的提高为前提，既不能盲目地扩大职工队伍，也不能只单纯地解决职工就业，而是要保证组织的正常运行。

2）任人唯贤

在组织员工的招聘过程中，贯彻任人唯贤的原则。要求在人事选聘方面，从实际需要出发，大公无私、实事求是地发现人才、爱护人才。本着求贤若渴的精神，重视和使用确有真才实学的人。这是组织不断发展壮大、走向成功的关键。

3）因事择人

因事择人就是员工的选聘应从职位的空缺和实际工作的需要出发，以职位对人员的实际要求为标准选拔、录用各类人员。

4）量才用人

简单地说，量才用人就是根据每个人的能力大小安排到适合的工作岗位上，使其发挥聪明才智。

5）标准化、程序化

员工的选择必须遵循一定的标准和程序。科学合理地确定组织员工的选拔标准和聘任程序是组织聘任优秀人才的重要保证。只有严格按照规定的程序和标准办事，才能选聘到真正愿为组织的发展做出贡献的人才。

【学习实训】 管理游戏——组织

这是一个很有意思的游戏，它可以调动参与者的兴趣，并且能让他们从游戏中体会友谊和协作的乐趣。另外，这个游戏还可以在培训中场或结束时使用，既可以活跃课堂气氛，还可以帮助学员放松神经，增强学习效果。

● 游戏规则和程序
  ● 参与人数：5 人以上一组为佳。
  ● 时间：5~10 分钟。
  ● 场地：空地。
  ● 将学员分成几个小组，每组在 5 人以上为佳。
  ● 每组先派出两名学员，背靠背坐在地上。
  ● 两人双臂相互交叉，合力使双方一同站起。
  ● 以此类推，每组每次增加一人，如果尝试失败需再来一次，直到成功才可再加一人。
  ● 培训者在旁观看，选出人数最多且用时最少的一组为优胜。

● 相关讨论
  ● 你能仅靠一个人的力量就完成起立的动作吗？
  ● 如果参加游戏的队员能够保持动作协调一致，这个任务是不是更容易完成？为什么？
  ● 你们是否想过一些办法来保证队员之间动作协调一致？

（资料来源：朱秀文. 管理学教程［M］. 天津：天津大学出版社，2004.）

【效果评价】

根据学生出勤、课堂讨论发言及小组合作完成任务的情况进行评定。

任务 5.4　组织文化与组织变革

【学习目标】

让学生理解组织文化的功能，熟悉组织变革的原因及其阻力；能够掌握组织变革过程。

【学习知识点】

5.4.1　组织文化的功能

文化在组织中具有多种功能与作用。斯蒂芬·罗宾指出，组织文化的作用主要表现在：第一，它起着分界线的作用。即它使不同的组织相互区别开来。第二，它表达了组织成员对组织的一种认同感。第三，它使组织成员不仅仅注重自我利益，更考虑到组织利益。第四，它有助于增强社会系统的稳定性。第五，文化是一种社会黏合剂，它通过为组织成员提供言行举止的标准，而把整个组织聚合起来。第六，文化作为一种意义形成和控制机制，能够引导和塑造员工的态度与行为。

1. 组织文化的六种功能

通过对中外企业文化的比较研究，我们将企业文化的功能归纳为以下六种：

1）凝聚功能

企业文化的形成，使广大员工对外有向心力，对内有凝聚力，使得企业的个体成员能够为达成企业的目标同心协力地去奋斗。美国学者凯兹·卡思认为，社会系统的基础是人类的态度、知觉、信念、动机、习惯等心理因素；在社会系统中将个体凝聚起来的是心理力量，这种心理力量就是共同的理想与信念。

企业文化正是以各种微妙的方式，沟通人们的思想感情，融合人们的观念意识，把广大员工的信念统一到企业价值观和企业目标上来。通过员工的切身感受，产生对本职工作的自豪感、使命感、归属感，从而使企业产生强大的向心力和凝聚力。

2）导向功能

企业文化一旦形成，就产生一种定势，这种定势就自然而然地把职工引导到企业目标上来。企业提倡什么、抑制什么、摒弃什么，职工的注意力也就转向什么。当企业文化在整个企业内成为一种强文化时，其对员工的影响力也就越大，其职工的转向也就越自然。比如，日本松下集团充分注意了企业文化的导向作用，使职工自觉地把企业文化作为企业前进之舵，引导着企业不断向确定的方向发展。

3）约束功能

企业文化的约束功能是通过职工自身感受而产生的认同心理过程实现的。它不同于外部的强制机制，如"此处不准吸烟""上班不许脱岗"等，这种强制性的机制是企业管理的基本法则。而企业文化则是通过内省过程，员工产生自律意识，自觉遵守那些成文的规定，如法规、厂纪等。自律意识要比强制机制的效果好得多，因为强制在心理上与员工产生对抗，这种对抗或多或少要使措施效果打折扣。自律意识是心甘情愿地去接受无形的、非正式的和不成文的行为准则，自觉地接受文化的规范和约束，并按价值观的指导进行自我管理和控制。所以说，自律意识越强，社会控制力越大。

4）激励功能

企业文化以理解人、尊重人、合理满足人们各种需要为手段，以调动广大员工的积极性、创造性为目的。所以，企业文化从前提到目的都是为了激励人、鼓舞人。通过企业文化建设，创造良好的安定的工作环境、和谐的人际关系，造就尊重关怀下属的领导，不断创造进步的机会、合理的福利待遇、合理的工作时间，在有条件的情况下尽量满足广大职工的需求，从而激发职工的积极性和创造性。企业文化的激励已不仅仅是一种手段，而是一种艺术，它的着眼点不仅在于眼前的作用，而更着眼于人创造文化、文化塑造人的因果循环。

5）辐射功能

企业文化不仅对企业内部产生强烈的影响，通过自己的产品，通过企业职工的传播，也会把自己企业的经营理念、企业精神和企业形象昭示于社会，有的还会对社会产生强烈的影响。如 20 世纪 50 年代鞍钢的孟泰、60 年代大庆的"铁人"、90 年代的李素丽等，都对社会产生了巨大的影响，这就是企业文化的辐射功能。

同时，企业文化还以其深层次结构——观念形态的因素，对社会产生辐射。一个优秀的企业，它的企业精神、职业道德、经营管理思想、价值准则等都对社会心理产生影响，如松下公司的全员经营、首钢的经济责任制、丰田的企业精神都冲击着当代人的心理，激发着人们的创新精神和竞争意识，使人们的观念不断发生着变化。

6）协调功能

所谓协调是指组织内部各部门、人与人、人与事、事与事之间的有机配合。进入这个机制就产生了强制作用，不按此运行就破坏了机制。企业文化本身不是一种机制，它是人们心理的一种默契。好的企业文化所产生的这种心理默契比机制更有效。

为什么有的企业兴衰完全取决于某个主要管理者，靠这个人以个人的能力支撑着企业的大厦，主宰着企业的命运，而一旦这个人下台，企业就无可补救地衰败下去呢？这是因为没有建立起好的企业文化，没有建立起好的管理体制和运行机制。在企业文化中制度文化的建设十分重要。例如，日本松下电器公司的创始人松下幸之助本人已逝世，但松下的企业文化照旧发挥作用，没有因为松下本人的逝世而影响企业的经营管理，可见松下的精神和理念已成为该公司无形的运作法则。

2. 组织文化的负面作用

前面所列举的组织文化功能说明了文化对组织的重要价值，它有助于提高组织的承诺，增强员工行为的一致性，提高管理的效果和工作效率。对员工来说，它有助于减少员工行为的模糊性，因为它告诉员工什么事情应该做、应该怎样去做事、什么是重要的、什么是不重要的等。但我们也不能忽视企业文化对企业发展的潜在负面影响。

1）改革的障碍

当企业的共同价值观与进一步提高组织效率的要求不符时，它就成了企业改革的阻力。当组织面对稳定的环境时，行为的一致性对组织而言很有价值，但它却可能束缚组织的手脚，使企业难以应付变化的环境的挑战。在社会剧烈变革的时代，这是最可能发生的事情。

2）兼并和收购的障碍

以前，高层管理者在做出兼并或收购的决策时，主要考虑的是融资优势以及产品的协调性。但近几年，文化的相容性成了他们重点关注的对象。就是说，在考虑到收购对象在财务和生产方面优势的同时，还将收购对象的文化与本公司文化的相容与否作为决策的重要依据。美国银行收购查尔斯·史阔伯公司就是一个生动的例子。

美国银行为了扩展经营领域、实行多样化经营战略，于1983年买下史阔伯公司。但这两个公司的文化存在着很大差异，美国银行作风保守，而史阔伯公司喜欢冒险。一个典型表现是，美国银行的高级管理人员开的是公司提供的四车门的福特车和别克车，而史阔伯公司高级管理人员开的车却是公司提供的法拉利、宝马和保时捷等。虽然史阔伯公司利润丰厚，有助于美国银行拓展业务，但史阔伯的员工无法适应美国银行的工作方式。终于在1987年，查尔斯·史阔伯又从美国银行买回了他的公司。

3）多元化的障碍

现代社会是一个多元化的时代。企业为了在复杂的环境中掌握竞争的优势，总希望内部员工之间有差异，形成个性和特色，以适应多元化的趋势。管理人员希望新成员能够接受组织的核心价值观，否则，这些成员就难以适应或不被企业所接受。组织文化的强大影响力使员工服从于组织文化，这样就将员工的行为和思想限定在了企业文化所规定的范围内。企业之所以雇佣各具特色的个体，是因为他们能给企业带来多种选择的优势。但当员工要在企业文化的作用下试图去适应该企业的要求时，这种多元化的优势就丧失了。

【知识阅读5-5】

泡在水里的小马

一匹小斑马浸泡在水中。它悠闲而自在，完全觉察不出四下的危机。在岸边，有一头体积大它数倍的母狮正在窥伺。母狮没有贸然采取行动，不是因为无把握，而是不知道水的深浅，所以静待良机去猎杀。

不久，小斑马满足地站起来了，几乎没伸个懒腰。是的，它犯了致命的错误，让岸边的敌人洞悉：哦，原来那么浅，只及你膝。母狮蓄锐出击，一口啮咬了斑马的咽喉，并撕裂血肉，大快朵颐。

母狮进餐，是在水中一个小浮岛上进行。它并无意与同伴分食。岸上来了些狮子，远视它吃得痛快，也垂涎欲滴。不过晚来了一点，又不敢轻举妄动：不知道水的深浅呀，所以没游过去抢食。

母狮死守并独吞食物，得意地尽情享用。一不小心，尸体掉进水里，它下水叼起，一站起来，群狮洞悉了：哦，原来那么浅，只及你膝。二话不说，一起下水拥上前。饥饿的狮子群把母狮的晚餐抢走了。

（资料来源：佚名.泡在水里的小马［EB/OL］.（2013-10-13）［2014-06-16］. http://zhidao. baidu.com.）

5.4.2 组织变革的原因

任何设计得再完美的组织，在运行了一段时间以后也都必须进行变革，这样才能更好地适应组织内外条件变化的要求。组织变革是适应内外条件的变化而进行以改善和提高组织效能为根本目的的一项活动。一般来说，引起组织变革的主要因素可以归纳为以下几个方面：

1. 战略

组织在发展过程中需要不断地对其战略的形式和内容做出不断调整。新的战略一旦形式，组织结构就应该进行调整、变革，以适应新战略实施的需要。组织结构必须跟着战略走，否则无法实现其发展战略。

企业战略可以在两个层次上影响组织结构：一是不同的战略要求开展不同的业务和管理活动，由此就影响到管理职务和部门的设计；二是战略重点的转移会引起组织业务活动重心的转移和核心职能的改变，从而使各部门、各职务在组织中的相对位置发生变化，相应地就要求对各管理职务以及部门之间的关系做出调整。

2. 环境

不仅对计划，环境对组织结构而言也是一个主要的影响力量。为什么当今许多著名企业要将他们的组织改组为精干、快速和灵活的结构。因为当今企业普遍面临全球化的竞争和由所有竞争者推动的日益加速的产品创新，以及顾客对产品质量和交货期愈来愈高的要求，这些都是环境动态的表现。而传统的以高度复杂性、高度正规化和高度集权化为特征的机械式组织无法对快速变化的环境做出敏捷的反应。

与此同时，每个组织都是社会的一个子系统，它与外部的其他社会经济子系统之间存在着各种各样的联系，环境改变会影响组织目标的变化，目标的变化自然又会影响到随同目标而产生的组织结构。为使组织结构切实起到促进组织目标实现的作用，就必须对组织结构做出适应性的调整。因此，外部环境的变化迫使管理者改变组织结构，以便使它们变得更具有灵活性。

3. 技术

任何一个组织都需要应用某种技术，将投入转化为产出，组织的目标就是使该技术在应用的过程中产生效益。因此，技术以及技术设备的水平不仅影响组织活动的效果和效率，而且会对组织的职务设置与部门划分、部门间的关系以及组织结构的形式和总体特征等产生相当程度的影响。

比如，现代信息技术的发展会使现代企业组织发生巨大的变化，企业信息网建设大规模化，使企业组织线模糊化；"多对多式"的信息传递方式将代替"一对多式"的信息传递关系，使得网上各信息处理单位之间的关系变为水平的对等关系或是纵横交错的对等关系，将使企业组织结构从传统的金字塔式的组织结构变"扁"变"瘦"，向水平化发展。

4. 组织规模和成长阶段

有足够的事实可以证明，组织的规模对其结构具有明显的影响作用。而组织的规模往往与组织的成长或发展阶段相关联。伴随着组织的发展，组织活动的内容会日趋复杂，人数会逐渐增多，活动的规模和范围会越来越大，这样，组织结构也必须随之调整，才能适应成长后的组织的新情况。

组织变革伴随着企业成长的各个时期，不同成长阶段要求不同的组织模式与之相适应。例如，企业在成长的早期，组织结构常常是简单、灵活而集权的。随着员工的增多和组织规模扩大，企业必须由创业初期的松散结构转变为正规、集权的，其通常的表现形态就是职能型结构。而当企业的经营进入多元产品和跨地区市场后，分权的事业部结构可能更为适宜。企业进一步发展进入集约经营阶段后，不同领域之间的交流与合作以及资源共享、能力整合、创新力激发问题愈益突出，这样，以强化协作为主旨的各种创新型组织形态便应运而生。

总之，组织在不同成长阶段所适合采取的组织模式是各不一样的，管理者如果不能在组织步入新的发展阶段之际及时地、有针对性地变革其组织设计，那就容易引发组织发展危机。有效解决这种危机的办法就是改变组织结构。

当前世界上，成功的组织是向日益精干、快速和灵活的方向发展。组织结构的发展趋势具有三个特征：

（1）组织内的一般人员更少。

（2）结构相对扁平而不是高耸，以团队结构取代层级结构。

（3）组织设计的思路倾向于顾客或过程，而不是职能，即流程式组织结构。

【知识阅读5-6】

通用公司的组织结构变革

当杜邦公司刚取得对通用汽车公司的控制权的时候，通用公司只不过是一个由生产小轿车、卡车、零部件和附件的众多厂商组成的"大杂烩"。这时的通用汽车公司由于不能达到投资人的期望而濒临困境，为了使这一处于上升时期的产业为它的投资人带来应有的利益，公司在当时的董事长和总经理皮埃尔·杜邦以及他的继任者艾尔弗雷德·斯隆的主持下进行了组织结构的重组，形成了后来为大多数美国公司和世界上著名的跨国公司所采用的多部门结构（multidivisional structure）。在通用公司新形式的组织结构中，原来独自经营的各工厂依然保持各自独立的地位，总公司根据它们服务的市场来确定其各自的活动。这些部门均由企业的领导即中层经理们来管理，它们通过下设的职能部门来协调从供应者到生产者的流动，即继续担负着生产和分配产品的任务。

这些公司的中低管理层执行总公司的经营方针、价格政策和命令，遵守统一的会计和统计制度，并且掌握这个生产部门的生产经营管理权。最主要的变化表现在公司高层上，公司设立了执行委员会，并把高层管理的决策权集中在公司总裁一个人身上。

执行委员会的时间完全用于研究公司的总方针和制定公司的总政策，而把管理和执行命令的负担留给生产部门、职能部门和财务部门。同时在总裁和执行委员会之下设立了财务部和咨询部两大职能部门，分别由一位副总裁负责。

财务部担负着统计、会计、成本分析、审计、税务等与公司财务有关的各项职能；咨询部负责管理和安排除生产和销售之外的公司其他事务，如技术、开发、广告、人事、法律、公共关系等。职能部门根据各生产部门提供的旬报表、月报表、季报表和年报表等，与下属各企业的中层经理一起，为该生产部门制定出"部门指标"，并负责协调和评估各部门的日常生产和经营活动。同时，根据国民经济和市场需求的变化，不时地对全公司的投入-产出做出预测，并及时调整公司的各项资源分配。

公司高层管理职能部门的设立，不仅使高层决策机构——执行委员会的成员们摆脱了日常经营管理工作的沉重负担，而且也使得执行委员会可以通过这些职能部门对整个公司及其下属各工厂的生产和经营活动进行有效的控制，保证公司战略得到彻底和正确的实施。这些庞大的高层管理职能机构构成了总公司的办事机构，也成为现代大公司的基本特征。

另外，在实践过程中，为了协调职能机构、生产部门及高级主管三者之间的关系和联系，艾尔弗雷德·斯隆在生产部门间建立了一些由三者中的有关人员组成的关系委员会，加强了高层管理机构与负责经营的生产部门之间广泛而有效的接触。实际上这些措施进一步加强了公司高层管理人员对企业整体活动的控制。

（资料来源：胡君辰. 组织行为学［M］北京：中国人民大学出版社，2010.）

提示：

1. 通用公司由一个"大杂烩"变成世界知名的大公司。

2. 通用公司的组织变革最终创立了事业部制。

思考题：

1. 事业部制为什么能够助通用公司成功？

2. 我国什么样的组织能应用事业部制？在应用事业部制时应注意什么问题？

5.4.3　组织变革的动力与阻力

1. 组织变革面临两种力量的对比

组织变革面临的动力和阻力的较量，会从根本上决定组织变革的进程、代价，甚至影响到组织变革的成功和失败。

1) 组织变革的动力

组织变革的动力指的就是发动、赞成和支持变革并努力去实施变革的驱动力。总的说来,组织变革动力来源于世界经济一体化、知识经济的到来和人们对变革的必要性及变革所能带来的好处的认识。

比如,企业内外各方面客观条件,组织本身存在的缺陷和问题,各层次管理者居安思危的忧患意识和开拓进取的创新意识,变革可能带来的权力和利益关系的有利变化,以及能鼓励革新、接受风险、容忍赞赏失败、变化、模糊和冲突的开放型组织文化,都可能形成变革推动力量,引发变革的动机、欲望和行为。

2) 组织变革的阻力

组织变革的阻力则是指人们反对变革、阻挡变革甚至对变革产生制约力。这种制约组织变革的力量可能来源于个体、群体,也可能来自组织本身甚至外部环境。组织变革阻力的存在意味着组织变革不可能一帆风顺,这使变革管理者面临了更严峻的变革管理任务。

成功的组织变革管理者,应该注意到所面临的变革阻力可能会对变革成败和进程产生消极的、不利的影响,为此要采取措施减弱和转化这种阻力;同时变革管理者还应当看到,变革的阻力并不完全都是破坏性的,通过妥善的管理或自理可以转化为积极的、建设性的动力。比如,阻力的存在至少能引起变革管理者对所拟订的变革方案和思路予以更理智、更全面的思考,并在必要时做出修正,以使组织变革方案获得不断的完善和优化,从而取得更好的组织变革效果。

2. 组织变革阻力的主要来源

1) 个体和群体方面的阻力

变革中个体的阻力来源于人类的基本特征,如原有的工作和行为习惯、就业安全需要、经济收入变化、对未知状态的恐惧以及对变革的认知存有偏差等。群体对变革的阻力可能来自自上而下的群体规范的束缚,群体中原有的人际关系可能因为变革而受到改变和破坏,群体领导人物与组织变革发动者之间的恩怨、摩擦和利益冲突,以及组织利益相关群体对变革可能不符合组织或该团体自身的最佳利益的顾虑等。

2) 组织的阻力

组织对变革的阻力来源于组织结构惯性、组织的变革点、组织群体惯性、组织已有的专业知识、组织已有的权力关系和组织已有资源的分配等。这些都是可能影响和制约组织变革的因素。

此外,对任何组织系统来说,其内部各部门之间以及系统与外部之间都存在强弱程度不等的相互依赖和相互牵制的关系,一方面出于克服和化解变革阻力的需要,另一方面也由于组织问题本质上是错综复杂的,因而很难一蹴而就全部解决的缘故。这样,具有一定广度和深度的组织通常只宜采取分阶段有计划地逐步推进的渐进式变革策略。在这种情况下,每一计划期内的变革都只能针对有限的一些组织问题,这就难以避免会导致系统内外尚未变革的要素对计划变革的要素构成一种内在的牵制和影响力。这种制约力量需要变革管理者在设计组织变革方案时就事先予以周密的考虑，以便安排合适的变革广度、深度和进度。

3）外部环境的阻力

组织的外部环境条件也往往是影响组织变革力量的一个不可忽视的因素。比如，充分竞争的产品市场会推动组织变革与其相适应，缺乏竞争性的市场往往造成组织成员的安逸心态，束缚组织变革的进程；对经理人员经营企业之业绩的考评重视不足或者考评方式不正确，会导致组织变革压力和驱动力的弱化；全社会对变革发动者、推进者的期待和支持态度及相关的舆论和行动，以及企业特定组织文化在形成和发展中所根植的整个社会或民族的文化特征，这些都是重要的影响企业组织变革成败的力量。

3. 组织变革阻力的管理对策

组织变革过程是一个破旧立新的过程，自然会面临推动力与制约力相互交错和混合的状态。因此作为变革的管理者，就要采取相应的措施，促进变革的顺利进行。

概括地说，改变组织变革力量的策略有三类：

（1）增强或增加驱动力；

（2）减少或减弱阻力；

（3）同时增强动力与减少阻力。

有实践表明，在不消除阻力的情况下增强驱动力，可能加剧组织中的紧张状态，从而无形中增强对变革的阻力；在增加驱动力的同时采取措施消除阻力，会更有利于加快变革的进程。

5.4.4　组织变革的过程

成功而有效的组织变革，通常需要经历解冻、改革、冻结这三个有机联系的过程。

1. 解冻

由于任何一项组织变革都或多或少会面临来自自身及其成员的一定程度的抵制力，因此，组织变革过程需要有一个解冻作为实施变革的准备阶段。解冻阶段的主要任务是发现组织变革的动力，营造危机感，塑造出改革乃是大势所趋的气氛，并在采取措施克服变革阻力的同时具体描绘组织变革的未来蓝图，明确组织变革的目标和方向，以便形成切实可行的组织变革方案。

2. 改革

改革或变动阶段的任务就是按照所拟订变革方案的要求开展具体的组织变革运动或行动，以使组织从现有结构模式向目标模式转变。这是变革的实质性阶段，通常可以分为试验与推广两个步骤。这是因为组织变革的涉及面较为广泛，组织中的联系相当错综复杂，往往"牵一发而动全身"，这种状况使得组织变革方案在全面付诸实施之前一般要先进行一定范围的典型试验，以便总结经验，进一步完善变革方案。在试验取得初步成效后再及时进入大规模的全面实施阶段，以便消除某些人的疑虑，让更多的成员及早地看到或感觉到组织变革的潜在效益，从而获得更多组织成员的支持，加快变革的速度。

3. 冻结

组织变革过程并不是在实施了变革行动后就宣告结束。组织的变革涉及人的行为和态度。在实际运用中，经常出现组织变革发生之后，个人和组织都有一种退回到原有习惯的行为方式和组织形态的倾向。因此，要使变革能真正实现，只有在变革实施后进行冻结，以保证新的行为方式和组织形态得到强化和巩固。缺乏这一冻结阶段，变革的成果就有可能退化消失，达不到预期的效果。

【学习实训】 管理游戏——蒙眼作画

● 游戏背景：

人人都认为睁着眼睛画画比闭着眼要画得好，因为看得见。是这样吗？在日常工作中，我们自然是睁着眼的，但为什么总有些东西我们看不到？当出现这些问题时，我们有没有想到可以借助他人的眼睛？试着闭上眼睛。也许当我们闭上眼睛时，我们的心就敞开了。

● 游戏规则：

• 所需时间：10~15 分钟。

• 教具：眼罩，纸，笔。

● 游戏过程：

• 所有学员用眼罩将眼睛蒙上，然后分发纸和笔，每人一份。

• 要求学生蒙着眼睛，将他们的家或者其他指定东西画在纸上。

• 完成后，让学员摘下眼罩欣赏自己的大作。

● 游戏讨论：

• 为什么当他们蒙上眼睛，所完成的画并不是他们所期望的那样？

• 怎样使这一工作更容易些？

• 在工作场所中，如何解决这一问题？

● 游戏变化：

• 让每个人在戴上眼罩前将他们的名字写在纸的另一面。在他们完成图画后，将所有的图片挂到墙上，让他们从中挑选出自己画的那幅。

• 老师用语言描述某一样东西，让学生蒙着眼睛画下他们所听到的，然后比较他们所画的图并思考：为何每个人听到是同样的描述，而画出的东西却是不同的？在工作时呢？

（资料来源：佚名. 培训游戏：蒙眼作画 [EB/OL]. （2011-09-23）[2014-06-16]. http://www.docin.com/p-262339421.html.）

【效果评价】

根据学生出勤、课堂讨论发言及小组合作完成任务的情况进行评定。

综合练习与实践

一、判断题

1. 组织是管理的一项重要职能，它由三个基本要素构成，即目标、结构和关系。
（　　）

2. 法国古典管理理论的代表韦伯在《社会组织与经济组织理论》一书中最早提出一套比较完整的行政组织体系理论，因此被称之为"组织理论之父"。（　　）

3. 企业战略管理过程一般由战略制定、战略实施和战略评价及控制等环节组成。
（　　）

4. 一个组织选聘管理人员是采用内源渠道还是外源渠道，要视具体情况而定。一般而言，高层主管一般采用外源渠道。（　　）

5. 大批量生产的企业生产专业化程度较高，产品品种少，主要进行标准化生产，对职工技术要求相对较低，适于采用分权式组织形式。（　　）

6. 现代企业管理学认为，企业管理的重点在经营，而经营的核心是计划。
（　　）

7. 梅奥认为，在共同的工作过程中，人们相互之间必然发生联系，产生共同的感情，自然形成一种行为准则或惯例，要求个人服从。这就构成了"人的组织"。
（　　）

8. 依靠人的知识和经验，对事物变化发展的趋势做出定性的描述，这就是经济预测。它往往用于对事物远期前景的预测。（　　）

9. 究竟是采取扁平型或是高层型组织结构，主要取决于组织规模的大小和组织领导者的有效管理幅度等因素。因为在管理幅度不变时，组织规模与管理层次成正比。规模大，层次多，则呈高层型结构；反之亦然。（　　）

10. 让管理人员依次分别担任同一层次不同职务或不同层次相应职务的方法能全面培养管理者的能力，这种方法是管理人员培训方法中的职务培训。（　　）

二、单项选择题

1. 管理幅度是指一个主管能够直接有效地指挥下属成员的数目。研究发现，高层管理人员的管理幅度通常以（　　）较为合适。

　　A. 4~8 人

　　B. 10~15 人

　　C. 15~20 人

2. 责任、权利、利益三者之间不可分割，必须是协调的、平衡的和统一的。这就是组织工作中的（　　）原则。

　　A. 责权利相结合

  B. 分工协作

  C. 目标任务

3. 从组织外部招聘管理人员可以带来"外来优势"是指被聘干部（ ）。

  A. 没有历史包袱

  B. 能为组织带来新鲜空气

  C. 可以迅速开展工作

4. 人员配备的工作包括（ ）

  A. 制定工作规范，选配、培训组织成员

  B. 确定人员需用量、选配、培训组织成员

  C. 确定人员结构、选配、培训组织成员

5. 行为科学个别差异原则告诉我们，人的差异是客观存在的，一个人只有处在最能发挥其才能的岗位上才能干得最好。因此，要根据每个人的能力大小安排合适的岗位。这就是人员配备的（ ）原则。

  A. 因人设职

  B. 量才使用

  C. 因材施教

6. 企业中体现企业目标所规定的成员之间职责的组织体系是（ ）。

  A. 正式组织

  B. 非正式组织

  C. 企业结构

7. 由于管理的广泛性和复杂性及研究的侧重点不同，对管理所下定义也各异。法约尔认为，（ ）。

  A. 管理就是要确切地知道要别人干什么，并注意他们用最好最经济的方法去干

  B. 管理就是实行计划、组织、指挥、协调和控制

  C. 管理就是决策

8. 梅奥等人通过霍桑试验得出结论：人们的生产效率不仅受到物理的、生理的因素的影响，而且还受到社会环境、社会心理因素的影响，由此创立了（ ）。

  A. 行为科学学说

  B. 人文关系学说

  C. 人际关系学说

9. 环境研究对组织决策有着非常重要的影响，具体表现在可以提高组织决策的（ ）。

  A. 有效性、及时性、稳定性

  B. 前瞻性、有效性、稳定性

  C. 正确性、及时性、稳定性

10. 系统管理学派认为，组织是由一个相互联系的若干要素组成、为环境所影响的并反过来影响环境的开放的（　　　）。

    A. 社会技术系统

    B. 社会经济组织

    C. 社会经济系统

三、简答题

1. 什么是集权与分权？

2. 阐述组织结构的含义和类型。

第 *6* 章

领　导

➤ 学习目标

　　通过本章学习，学生应掌握领导职能的基本理论和技术，学会运用领导权力，清楚如何选择领导方式，懂得激励中需要掌握的激励方法和激励方式的选择。

➤ 学习要求

知识要点	能力要求	相关知识
领导职能概述	能够区分领导者具有的几种权力	领导职能的定义及功能
认识了解人性	1. 了解西方人性假设理论 2. 掌握四种基本人性假设	不同人性的特点
几种典型的领导理论	1. 了解西方的典型领导理论 2. 掌握相关领导理论中的领导方式	各自领导理论适宜的环境
团队建设和领导用人艺术	1. 掌握团队的概念、构成要素和发展过程 2. 掌握建立高效团队的流程 3. 掌握领导用人艺术的技巧	团队的类型

案例导入

毛泽东深知人才"长短"的辩证法。1959年4月，著名学者、书法家沈尹默先生曾赋诗云："不知老至共开怀，长短随人各尽才。"这可以说是概括了毛泽东用人之道的真谛。

三国时期名臣诸葛亮曾说过："因人之势以伐恶，则黄帝不能与之争威矣；因人之力以决胜，则汤武不能与之争功矣。"毛泽东常常因事择人，因人成事，用人之长，最大限度地发挥干部的长处，使人尽其才，才尽其用。据史书记载，三国时蜀国重臣法正很有才干，直言善谏，但有个毛病，常常义气用事，很计较个人恩怨。有人建议诸葛亮奏报刘备，"抑其威福"。然而，诸葛亮从大局出发，认为法正恰如羽翼一样辅佐刘备，不必因小过而束缚其施展才干。毛泽东在《资治通鉴》中读到此事，批注说："观人观大节，略小故。"1975年，毛泽东再次批示强调要"打破金要足赤、人要完人的形而上学错误思想"。

毛泽东在运用干部时善于充分运用人才的长处，并且长短搭配，用人之才，补人之短，力图组织最佳的人才结构，真正做到了如古希腊哲学家赫拉克里特所说的那样："不同的音调造成最美的和谐。"

(资料来源：佚名. 毛泽东扬长避短的用人之道［EB/OL］. (2019-04-03)［2022-05-03］. http://www.xysw.gov.cn/2019/04-03/44690.html.)

任务6.1 认识领导职能

【学习目标】

让学生初步认识领导职能，了解领导的权力构成，并激发学生学习兴趣；学生掌握领导基本概念和相关内容。

【学习知识点】

6.1.1 领导的概念

日常工作中谈到"领导"一词，很容易被理解为组织的领导者，如企业的经理、公司的总裁等。实际上，"领导"一词有两种词性。作为名词时，指领导者，是领导活动的发起者。作为动词时，指领导行为或领导职能。管理学所指的领导是后者，是作为管理的一种职能来理解的。

【知识阅读6-1】

三只鹦鹉

一个人去买鹦鹉，看到一只鹦鹉前标"此鹦鹉会两门语言，售价200元"，另一只鹦鹉前标"此鹦鹉会四门语言，售价400元"。该买哪只呢？两只鹦鹉都毛色光鲜，非常灵活可爱。这人在市场里转啊转，拿不定主意，结果突然发现一只老掉了牙的鹦鹉，毛色暗淡散乱，标价800元。这人赶紧将老板叫来：这只鹦鹉是不是会说八门语言？店主说：不。这人奇怪了：那为什么它又老又丑，又没有能力，会值这个价格呢？店主回答：因为另外两只鹦鹉叫这只鹦鹉"老板"。

人们印象中的优秀管理领导者好像一定要是能力非常全面的人，其实不然，真正的领导人不一定自己能力有多强，只要懂信任，懂放权，懂珍惜，懂抉择，管理并团结自己的下级，就能更好地利用在某些方面比自己强的人，从而使自身的价值通过他们得到了提升。相反，许多能力非常强的人却因为过于要求完美，事必躬亲，认为什么人都不如自己，最后只能做最好的科研攻关人员或是销售代表，成不了优秀的领导人。

（资料来源：佚名. 三只鹦鹉 [EB/OL]. （2011-11-28）[2014-06-20]. http://www.cnbm.net.cn/article/gs3899851.html.）

关于领导的概念，不同的学者有不同的认识和表述。孔茨认为："领导是一种影响力，它是影响人们心甘情愿地和满怀热情地为实现群体目标努力的艺术或过程。"他还认为："领导是一种影响过程，即领导者和被领导者个人的作用和特定的环境相互作用的动态过程。"《中国企业管理百科全书》把领导定义为"率领和引导任何组织在一定条件下实现一定目标的行为过程"。

要准确理解领导的概念，需要认识领导的四个本质：

（1）领导行为会受到外部环境和内部条件的影响。环境对人的心理行为有着很大的影响作用，领导的行为必须既适应于客观环境，又致力于改造环境，领导者必须创造适宜的组织环境，并运用环境来激励或抑制群体行为。

（2）领导是在一定的组织中存在的。凡是有人类聚集的地方，就有领导者的存在。任何组织和团体，无论其规模大小，总会有领导人。领导人有的是自然产生的，有的是委派的或团体内部推选的。一般来说，领导的作用只有在组织中才能得以体现。

（3）领导的目的是影响组织成员以实现组织的目标，它作用于整个实现目标的过程。领导实际上是一个动态的行为过程，这个过程是由领导者、被领导者和所处的环境之间相互作用构成的，是以实现组织目标为目的的。

（4）领导职能是领导者运用职位权力和个人权力来施加影响力，以实现组织目标。领导者对组织的影响力可分为两种，一是自然影响力，二是职务影响力，分别来自个人权力和职位权力。这两种权力是领导职能得以施行的权力基础。

综合以上观点和认识，便得出本书对领导的定义：领导是领导者在一定的环境下，运用职位权力和个人权力，通过对组织成员成功地引导、指挥、协调和控制以完成既定组织目标的行为过程。

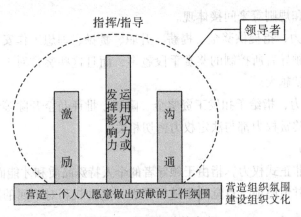

图 6-1 领导智能的内容

6.1.2 领导与管理的关系

一般人往往容易把领导的概念和管理的概念混淆起来，认为领导与管理是一回事，搞管理的人就是领导，领导者就是管理者。所以，要正确地理解领导的概念，还必须明确领导与管理的区别与联系。

在本书第一章，我们已讨论了管理的含义。管理是为实现组织的目标而对组织的资源进行有效的计划、组织、控制和领导的过程。按管理的定义，管理的活动是多种多样的，它比领导活动的范围要广泛得多，而领导活动只是组织中管理活动的一种。在实际工作中，管理活动非常复杂，在逻辑顺序上也并非一定按计划、组织、控制和领导等职能依次进行，常常会相互交织、重叠。相应地，管理者不仅包含领导者，还包括其他从事管理工作的人员。一般来讲，领导侧重于决策和用人，而管理则侧重于执行决策、组织力量实现目标。

6.1.3 领导的权力构成及影响形式

从前述领导职能的概念可以看出，为完成既定组织目标，领导者需要影响组织成员，改变他人的态度和行为。要产生这种影响，领导者必须拥有能够产生影响的"武器"，这个重要的"武器"就是权力。权力是领导者对他人施加影响的基础，下面分析一下领导权力的构成。

1. 根据来源划分权力

所谓权力，是指一个人主动影响他人行为的能力。领导者的权力来自两方面：一是职位权力，二是个人权力。

1) 职权权力

职权（authority）权力（或制度权力）是正式权力，指由于领导者在组织中所处的职位，上级或组织赋予的权利。这种权利和领导者的职位相对应，离任后相应的权利便会消失。

（1）法定权力，指组织内各领导职位所固有的合法的、正式的权力。这种权力可以通过领导者向直属人员发布命令、下达指示来直接体现，有时也可借助于组织内的政策、程序和规则等来间接体现。

（2）奖赏权力，指提供奖金、提薪、升职、赞扬、理想工作安排等任何令人愉悦措施的权力。领导者所控制的奖赏手段越多，而且这些奖赏对下属越重要，那么其拥有的影响力就越大。

（3）强制权力，指给予扣发工资奖金、降职、批评乃至开除等惩罚性措施的权力。强制权力和奖赏权力都与法定权力密切相关。

2）个人权力

个人权力是非正式权力，指由于领导者的个人特殊品质和才能而产生的影响力，它可以使下属心甘情愿地、自觉地跟随领导者，这种权利对下属的影响比职位权力更具有持久性。

（1）专家权力，指由个人的特殊技能或某些专业知识而产生的权力，如律师、医生、大学教授和企业中的工程师在其专业领域内拥有相当大的影响力。提倡"内行当家"，避免"外行领导内行"，其道理之一就在这里。

（2）感召力，也称个人魅力或个人影响力，这是与个人的品质、魅力、经历、背景等相关的权力。如纳尔逊·罗利赫拉赫拉·曼德拉，他领导的非国大在结束南非种族主义的斗争中发挥了极其重要的作用，最终当选为南非历史上第一位黑人总统，享有崇高的声誉，被誉为"全球总统"。即使在狱中，曼德拉也多次成为全球焦点，他的号召力和影响力遍及全世界，全球 53 个国家的 2 000 名市长为曼德拉的获释而签名请愿；英国 78 名议员发表联合声明，50 多个城市市长在伦敦盛装游行，要求英国首相向南非施加压力，恢复曼德拉自由。

（3）参考权力。某些人因为与某领导者或某权威人物有着特殊的关系，而因此具有与普通人不同的影响力，这可称为参考权力。如不在公司中担任职务的董事长夫人却可以对该企业内的员工产生影响力；总经理的秘书头衔和职务远低于部门经理，却可能令这些人对他敬畏三分。

2. 领导权力的影响形式

领导权力产生的影响可以分为外在形式和内在形式两种。

1）外在形式的影响

领导者通过权力来推动和影响下级的态度和行为。影响外在形式的因素有：

（1）传统观念的影响。下级受传统观念影响越深，越认同权威，领导权力的影响效果就越好。

（2）利益满足的影响。领导者的职位权力越大，奖赏权对下属所得利益影响越大，领导权力的影响效果就越好。

（3）恐惧心理的影响。领导者的强制权和参考权越大，对下属所得利益影响越大，会让其产生恐惧畏惧的情绪，领导权力的影响效果就越好。

2）内在形式的影响

这是指领导权力建立在领导者的良好素质和行为之上，吸引、感化被领导者，它不带有任何强制性，而是以潜移默化、渐进的方式发挥影响作用。影响内在形式的因素有：

（1）理性崇拜的影响。因为领导者个人的特殊技能或某些专业知识让下属信服甚至产生崇拜，领导权力的影响效果就越好。

（2）感情的影响。因为领导者个人的品质、魅力、经历、背景等个人影响力让下属产生信服或喜爱，那领导权力的影响效果就越好。

6.1.4　领导的功能

领导的功能主要体现在以下两个方面：

（1）管理学认为，领导是管理的一个重要方面，领导的目的就是要实现组织的目标并做出决策。这就是领导的组织功能。领导者必须确立组织目标并做出决策，充分运用计划、组织和控制等职能，使人力和物力有机结合起来，建立科学的管理系统，以实现组织的目标。孔茨和奥唐纳认为领导是指引途径、进行指挥、督导处理和起带头作用的人。领导者的行为是要帮助一个群体尽可能实现目的。

（2）心理学观点认为，领导具有激励功能。领导者的作用就在于建立有效的激励制度，激励下属充满热情和竭尽全力地为实现组织目标做出贡献，同时使下属的个人需要得到满足。激励功能是领导者的主要功能。

管理心理学者认为，现代组织管理工作所涉及的专业知识和各种技术日益复杂，领导者不可能懂得各方面的知识，但是，如果他能够正确地认识自己，就可以借助于别人的力量来弥补自己的不足。也就是说，只要他能够充分发挥自己的激励功能，将人们的积极性调动起来，就能借助别人的知识和能力完成工作。相反，如果领导者不能很好地发挥激励功能，即使目标再好，组织再合理，管理手段再科学，也难以实现组织的目标。激励的具体内容后面有相应的章节详细介绍。

【学习实训】　管理游戏——测试你的领导作风

● 游戏规则：

请阅读下列句子，（a）句最能形容你时，请在旁画圈；（b）句若对你来说最不正确时，请在旁画圈。请你务必按照实际情况作答，以便求得更准确的分数。

1.（a）你是个大多数人都会向你求助的人。

　（b）你很激进，而且最注意自己的利益。

2.（a）你很能干，且比大多数人更能激发他人。

　（b）你会努力去争取一项职位，因为你将对大多数人和所有的财务掌握更大职权。

3.（a）你会试着努力去影响所有事件的结果。

　（b）你会急着降低所有达成目标的障碍。

4.（a）很少人像你那么有自信。

　（b）你想取得世界上任何你想要的东西时，你不会有疑惧。

5. （a）你有能力激发他人去跟随你的领导。

　　（b）你喜欢有人依你的命令行动；若必要的话，你不反对使用威胁的手段。

6. （a）你会尽力去影响所有事件的结果。

　　（b）你会做全部重要的决策，并期望别人去实现它。

7. （a）你有吸引人的特殊魅力。

　　（b）你喜欢处理必须面对的各种情况。

8. （a）你会喜欢面对公司的管理人，咨询复杂问题。

　　（b）你会喜欢计划、指挥和控制一个部门的人员，以确保最佳的福利。

9. （a）你会与企业群体和公司咨询以改进效率。

　　（b）你对他人的生活和财务会做决策。

10. （a）你会干涉官僚的推诿拖拉作风，并施压以改善其绩效。

　　（b）你会在金钱和福利重于人情利益的地方工作。

11. （a）你每天在太阳升起前就开始了一天的工作，一直到下午六点整。

　　（b）为了达成所建立的目标，你会定期根据情况解雇无生产力的员工。

12. （a）你会对他人的工作绩效负责，也即你会判断他们的绩效，而不是你们的绩效。

　　（b）为求成功，你有废寝忘食的习惯。

13. （a）你是一位真正自我开创的人，对所做的每件事充满着热忱。

　　（b）无论做什么，你都会做得比别人好。

14. （a）无论做什么，你都会努力求最好、最高和第一。

　　（b）你具有驱动力、积极性人格和奋斗精神，并能坚定地求得有价值的任何事情。

15. （a）你总是参与各项竞争活动包括运动，并因有突出的表现而获得多项奖牌。

　　（b）赢取和成功对你来说比参与的享受更重要。

16. （a）假如你能及时有所收获，你会更加坚持。

　　（b）你对所从事的事物会很快就厌倦。

17. （a）本质上，你都依内在驱动力而行事，并以实现从未做过的事为使命。

　　（b）作为一个自我要求的完美主义者，你常强迫自己有限地去实现理想。

18. （a）你实际上的目标感和方向感远大于自己的设想。

　　（b）追求工作上的成功对你来说是最重要的。

19. （a）你会喜欢需要努力和快速决策的职位。

　　（b）你是坚守利润、成长和扩展概念的。

20. （a）在工作上，你喜欢独立和自由远甚于高薪和职位安全。

　　（b）你是安于控制、权威和强烈影响的职位的。

21. （a）你坚信凡是对自身本分内的事最能冒险的人，会赢得金钱上的最大报偿。

　　（b）有少数人判断你应比你本身更有自信些。

22.（a）你被公认为是有勇气的、生气蓬勃的乐观主义者。

　　（b）作为一个有志向的人，你能很快地把握住机会。

23.（a）你善于赞美他人，而且若是合宜的，你会准备加以信赖。

　　（b）你喜欢他人，但对他们以正确的方法行事之能力很少有信心。

24.（a）你通常宁可给人不明确的利益，也不愿与他人公开争辩。

　　（b）当你面对"说出那像什么"的提问时，你的作风是间接的。

25.（a）假如他人偏离正道，由于你是正直的，故你仍会无情纠正他。

　　（b）你是在强调适者生存的环境中长大的，故常自我设限。

● 测试结果评价：

测试完成后可按照下面的要求计算得分，看自己领导特质如何。

● 你的得分：计算一下你圈（a）的数目，然后乘以4，就是你领导特质的百分比。

● 同样的，（b）所得的分数，就是你管理特质的百分比。

● 领导特质（a 的总数）×4＝　　%

● 管理特质（b 的总数）×4＝　　%

● 游戏总结

● 请几个同学谈谈他们的测试结果和测试过后对其中一些领导或管理的方式的想法。

（资料来源：佚名. 测试你的领导作风［EB/OL］.（2012-04-23）［2014-06-20］. http://wenku.baidu.com.）

【效果评价】

根据学生出勤、课堂讨论发言及小组合作完成任务的情况进行评定。

任务6.2　认识了解人性

【学习目标】

让学生初步认识西方的几种人性假设理论，掌握四种基本的人性假设并了解每种人性的基本特点。检测学生对四种人性假设和相关内容的掌握。

【学习知识点】

要想对下级实施正确的领导，必须正确地认识和对待下级。所有的领导者都必须回答一个共同的问题：人性的本质是什么？领导者必须要研究人性、懂得人性、尊重人性，树立正确的人性观念，才能有针对性地采取领导措施。

【知识阅读 6-2】

老人爱清静，戏耍小孩子

有个老人爱清静，可附近常有小孩玩，吵得他要命，于是他把小孩召集过来，说：我这很冷清，谢谢你们让这更热闹，说完每人发三颗糖。孩子们很开心，天天来玩。几天后，每人只给 2 颗，再后来给 1 颗，最后就不给了。孩子们生气说：以后再也不来这给你热闹了。老人清静了。

（资料来源：佚名. 老人爱清静戏耍小孩子 [EB/OL].（2014-04-02）[2014-06-20]. http://wenku.baidu.com.）

6.2.1 四种人性假设理论

在管理学理论中，影响比较大的是西方四种人性假设理论：以泰勒为代表人物的 X 理论；以马斯洛、阿基里斯等人为代表人物的 Y 理论；以莫尔斯和洛希为代表人物的超 Y 理论；以大内为代表人物的 Z 理论。

1. X 理论

X 理论是麦克雷戈在 1960 年出版的《企业的人性方面》一书中提出的，其核心观点是假设人都是"经济人"。其内容要点有：

（1）大多数人天生是懒惰的，他们都尽量地逃避工作。

（2）多数人是没有雄心大志的，不愿意负任何责任，而心甘情愿地受别人指挥。

（3）多数人的个人目标与管理目标是相互矛盾的，必须采取强制的、惩罚的办法，才能迫使他们为达到组织目标而工作。

（4）多数人工作是为了满足自己的生理的和安全的需要，因此，只有金钱和其他物质利益才能激励他们努力工作。

（5）人大致可分为两类，大多数人具有上述特性，属被管理者；少数人能够自己鼓励自己，能够克制感情冲动而成为管理者。

X 理论的人性假设理论的一个显著特点，就是注意反映人的经济需求，认为人的经济需求是客观的、基本的，是人劳动工作的根本性动机，从经济的角度寻求调动工人生产、工作积极性的途径、方法和措施，在一定的历史阶段和一定的范围内，有其适用性。但 X 理论忽视了人的精神需要，在一些比较发达国家的管理界，尤其是在大中型企、事业单位，被认为是不合时宜的过时理论。

2. Y 理论

麦克雷戈总结和概括了马斯洛等人的"自我实现人"的人性假设理论，提出了一种与 X 理论相对立的理论——Y 理论。这种理论认为：

（1）一般人都是勤奋的，如果环境条件有利的话，人们工作起来就像游戏和休息一样自然。

（2）控制和处罚不是实现组织目标的唯一方法，人们在执行工作任务中能够自我指导和自我控制。

（3）在正常情况下，一般人不仅乐于接受任务，而且会主动地寻求责任。

（4）人群中存在着广泛的高度的想象力、智谋和解决组织问题的创造性。

（5）在现代工业的条件下，一般人的潜力只利用了一部分，人们蕴藏着极大的潜力。

Y 理论的人性假设以及在它影响下产生的一些管理措施，是有一定借鉴意义的。例如：它提倡在可能的条件下为职工和技术人员创造适当的工作条件，以利于充分发挥个人的才能。企业领导人要相信职工的独立性、创造性，对我们的管理工作也有借鉴意义。

3. 超 Y 理论

人类的需要和动机并非那样简单，而是复杂多变的，人的需要在不同的情境，不同的年龄，其表现形成是有差别的。约翰·莫尔斯（J. J. Morse）和杰伊·洛希（J. W. Lorscn）在 1970 年通过反复研究，提出了新的管理理论——超 Y 理论，基本内容主要有以下几点：

（1）人的需要是多种多样的，随着人的自身发展和社会生活条件的变化而发生变化，并且需要的层次也不断改组，因人而异。

（2）人在同一时期内有各种需要和动机，它们相互发生作用，并结合成一个统一的整体，形成复杂的动机模式。例如：两个人都想得到高额奖金，其动机可能不一样。一个人可能是为了改善物质、文化生活，另一个人可能是把得到高额奖金看成自己取得高的技术成就的标志。

（3）一个人在不同单位或同一单位的不同部门工作，会产生不同的需要。例如：一个人在工作单位可以表现出很不合群，而在业余时间和非正式团体中却可以满足交往的需要。

（4）人可以依据自己的动机、能力和工作性质，来适应各种不同的管理方式。但是，没有一种万能的管理方式，适用于各种人。

人的需要和潜力随着年龄的增长、知识的积累、地位的变化以及人际关系的变化在不断地变化。因此超 Y 理论既区别于 X 理论，又不同于 Y 理论，一反过去依据某种固定的人性假设理论所采用的一套管理方式和方法，去管理各种不同文化程度的被管理者的旧模式，而是强调根据不同的具体情况，针对不同的管理对象，采取不同的管理方式和方法。它包含有辩证法因素，对我国管理思想发展和实际管理工作具有积极的意义。

4. Z 理论

Z 理论是美国加利福尼亚大学教授、日裔美籍管理科学学者威廉·大内提出来的。由于威廉·大内深谙日、美两国文化，加之他对日、美两国的企业管理进行了长时期的比较研究，因而他所概括的 Z 理论在管理界引起了较大反响。

Z 理论的主要内容可以概括为以下八点：

（1）终身雇佣制。企业对职工的雇佣是长期的而不是临时的。职工一旦被雇佣，就不轻易解雇。这样，职工的职业有了保障，工作就有了稳定感，他们就会积极地关心企业的利益和发展。

（2）采取上情下达的经营管理方式，采用协议参与式的决策过程。

（3）实行比较缓慢的评价和提升制度。

（4）实行个人分工负责制。

（5）采用中等程度的专业化途径培训职工，既注意培养他们的专业技术能力，又注意使他们得到多方面的职业训练。

（6）实行含蓄的控制机制，注意发挥职工的积极性和协调合作精神。

（7）全面地关心职工，建立上下级之间融洽的人际关系。

（8）对职工的考察应是长期而全面的，不仅要考察职工的生产技术能力，而且要考察他们的社会活动能力等。

Z 理论是对 X 理论、Y 理论和超 Y 理论的继承和超越。这一理论的核心是企业管理必须重视人与人的关系，企业内部必须具有共同的意识和责任，而且要造就亲密和合作的人际关系。从 Z 理论的深层结构来看，它"全面而自由发展的人"的假设，更符合于东方传统文化的价值观，更富于人情味与人道主义精神。

6.2.1　四种人性假设理论

美国心理学家、行为科学家沙因在 1965 年出版的《组织心理学》一书中，对人性进行归类并提出了四种人性假设。

1. 经济人假设

经济人假设起源于享乐主义的哲学观点和亚当·斯密关于劳动交换的经济理论，认为人的行为在于追求本身的最大利益，工作的动机是获得劳动报酬。其代表人物有"科学管理之父"泰勒、古典组织理论奠基人法约尔等。这一假设的内容有四点：

（1）人是由经济诱因来引发工作动机的，目的在于获得最大的经济利益。

（2）经济诱因在组织的控制之下，人被动地在组织的操纵、激励和控制之下从事工作。

（3）人以一种合乎理性的、精打细算的方式行事。

（4）人的情感是非理性的，会干预人对经济利益的合理追求，组织必须设法控制个人的感情。

基于上述假设，管理者必须采取"命令与统一""权威与服从"的管理方式，把被管理者看成物件一样，忽视人的自身特征和精神需要，只满足他们的生理需要和安全需要，将金钱作为主要的激励手段，将惩罚作为有效的管理方式，采用软硬兼施的管理办法。

2. 自我实现人假设

自我实现人又称"自动人"，代表人物有美国心理学家和行为科学家马斯洛等。这一假设有四点内容：

（1）人的需要有低级和高级区别，其目的是为达到自我实现的需要，寻求工作上的意义。

（2）人们力求在工作上有所成就，实现自治和独立，发展自己的能力和技术，以适应环境。

（3）人们能够自我激励和自我控制，外来的激励和控制会对人产生一种威胁，造成不良后果。

（4）个人的自我实现同组织目标的实现是一致的。

使用这种理论进行管理要求管理者重视人的自身特点，把责任最大限度地交给工作者，相信他们能自觉地完成任务；外部控制、操作、说服、奖罚不是促使人们努力工作的唯一办法，应该采用启发、诱导、信任的方式对待每一位工作人员。基于这一假设的管理理论注意发挥人的主观能动作用，适应工业化社会经济发展的需要，在西方很流行，在管理中应用也很广泛。

3. 社会人假设

社会人的概念来自霍桑试验，是指人在进行工作时将物质利益看成次要因素，最重视的是和周围人的友好相处，满足社会和归属的需要。代表人物有行为科学奠基人玛丽·福莱特、人群关系学说创始人梅奥等。这一假设有四方面内容：

（1）人类工作的主要动机是社会需要。

（2）工业革命和工作合理化使得工作变得单调而无意义，人们必须从工作的社会关系中去寻求工作的意义。

（3）非正式组织的社会影响比正式组织的经济诱因对人有更大的影响力。

（4）人们对领导者的期望是能承认并满足他们的社会需要。

由此假设所产生的管理措施为：

（1）作为管理人员不能只把目光局限在完成任务上，而应当注意对人的关心、体贴、爱护和尊重，建立相互了解、团结融洽的人际关系和友好的感情。

（2）管理人员在进行奖励时，应当注意集体奖励，而不能单纯采取个人奖励。

（3）管理人员的角色应从计划、组织、指引、监督转变为上下级的中间人，应当经常了解工人的感情并听取他们的意见和呼声。

根据这个理论，美国的一些企业曾提倡劳资结合，利润分享。除了建立劳资联合委员会、发动群众提建议之外，还将超额的利润按原工资比例分配给职工，以谋取良好的人际关系。

4. 复杂人假设

人是复杂的，不同的人或同一个人在不同的年龄和情境中会有不同的表现，因此研究者们提出了复杂人假设。代表人物有社会系统学派巴纳德和乌尔登、权变学派约翰·莫尔斯等。这一假设有五方面内容：

（1）人的工作动机是复杂的，变动性很大。

（2）一个人在组织中可以学到新的需求和动机。

（3）人在不同的组织和不同的部门中可能有不同的动机模式。

（4）一个人是否感到满足，是否肯为组织尽力，决定于他本身的动机构造和他同组织之间的相互关系。

（5）人可以依自己的动机、能力及工作性质对不同的管理方式做出不同的反应。

复杂人假设已贯彻到西方的管理实践领域之中，学者们从这一假设出发进行了大量具体的研究工作。例如企业组织的性质不同，职工工作的固定性也会不同，因此有的企业需要采取较固定的形式，有的企业则需要有较灵活的组织结构。企业领导人的工作作风也随企业的情况而有所不同：在企业任务不明确、工作混乱的情况下，需要采取较严格的管理措施，才能使生产秩序走上正轨。反之，如果企业的任务清楚，分工明确，则可以更多地采取授权的形式，使下级可充分发挥能动性。此外，根据应变理论，要求管理人员善于观察职工的个别差异，根据具体情况采取灵活多变的管理方法。

人性假设理论，是管理科学学者根据自己对人性问题的探索研究的结果，对管理活动中的"人"的本质特征所做的理论假定。这些理论假定，是进一步决定人们的管理思想、管理制度、管理方式和管理方法的根据和前提。人是一种最珍贵的资源，是一种可以开发其他各种资源的资源，一旦人的资源被充分开发，即人巨大的体力和心理智慧的潜力被充分开发出来，21世纪的社会经济就会获得空前的繁荣。

【学习实训】 案例分析——司徒健对风云公司的有效管理

● 任务案例：

风云技术开发公司由于在一开始就瞄准成长的国际市场，在国内率先开发出某高技术含量的产品，其销售额得到了超常规的增长，公司的发展速度十分惊人。然而，在竞争对手如林的今天，该公司和许多高科技公司一样，也面临着来自国内外大公司的激烈竞争。当公司经济上陷入困境时，公司董事会聘请了一位新的常务经理司徒健全面负责公司的工作，而原先的那个自由派风格的董事长仍然留任。司徒健来自一家办事古板的老牌企业，他照章办事，十分古板，与风云技术开发公司的风格相去甚远。公司管理人员对他的态度是：看看这家伙能待多久！看来，一场潜在的"危机"迟早会爆发。

第一次"危机"发生在常务经理司徒健首次召开的高层管理会议上。会议定于上午9点开始，可有一个人直到9点半才进来。司徒健厉声道："我再重申一次，本公司所有的日常例会要准时开始，谁做不到，我就请他走人。从现在开始一切事情由我负责。你们应该忘掉老一套，从今以后，就是我和你们一起干了。"到下午4点，竟然有两名高层主管提出辞职。

然而，此后风云公司发生了一系列重大变化。由于公司各部门没有明确的工作职责、目标和工作程序，司徒健首先颁布了几项指令性规定，使已有的工作有章可循。他还三番五次地告诫公司副经理徐钢，公司一切重大事务向下传达之前必须先由他审批，他抱怨下面的研究、设计、生产和销售等部门之间互相扯皮，踢皮球，结果使风云公司一直没能形成统一的战略。

司徒健在详细审查了公司人员工资制度后，决定将全体高层主管的工资削减10%，这导致公司一些高层主管辞职。研究部主任这样认为："我不喜欢这里的一切，但我不想马上走，因为这里的工作对我来说太有挑战性了。"生产部经理也是个不满司徒健做法的人，可他的一番话颇令人惊讶："我不能说我很喜欢司徒健，不过至少他给我那个部门设立的目标我能够达到。当我们圆满完成任务时，司徒健是第一个表扬我们干得棒的人。"采购部经理牢骚满腹。他说："司徒健要我把原料成本削减20%，他一方面拿着一根胡萝卜来引诱我，说假如我能做到的话就给我油水丰厚的奖励。另一方面则威胁说如果我做不到，他将另请高就。但干这个活简直就不可能，司徒健这种'大棒加胡萝卜'的做法是没有市场的。从现在起，我另谋出路。"

但司徒健对被人称为"爱哭的孩子"销售部胡经理的态度则让人刮目相看。以前，销售部胡经理每天都到司徒健的办公室去抱怨和指责其他部门。司徒健对付他很有一套，让他在门外静等半小时，见了他对其抱怨也充耳不闻，而是一针见血地谈公司在销售上存在的问题。过不了多久，大家惊奇地发现胡经理开始更多地跑基层而不是司徒健的办公室了。

随着时间的流逝，风云公司在司徒健的领导下恢复了元气。司徒健也渐渐地放松控制，开始让设计和研究部门更放手地去干事。然而，对生产和采购部门，他仍然勒紧缰绳。风云公司内再也听不到关于司徒健去留的流言蜚语了。大家这样评价他：司徒健不是那种对这里情况很了解的人，但他对各项业务的决策无懈可击，而且确实使我们走出了低谷，公司也开始走向辉煌。

● 研讨规则：

学生临时分组，5~8 人一组，要求在阅读案例后，讨论下面两个问题：

● 研讨议题

1. 结合上述案例谈谈领导类型有哪些。

2. 应用人性假设理论谈谈司徒健的领导方式。

（资料来源：佚名. 司徒健对风云公司的有效管理［EB/OL］.（2012-12-30）［2014-06-20］. http://www.docin.com/p-567806725.html.）

【效果评价】

根据学生出勤、课堂讨论发言及小组合作完成任务的情况进行评定。

任务 6.3　几种典型的领导理论

【学习目标】

掌握几种领导理论的内涵，了解企业中不同领导风格的特点，增强对领导方式的感性认识。

【学习知识点】

行为学家们对现有的领导理论进行了分类，大致归结为三种典型的领导理论，即特质理论、行为理论和权变理论。其中行为理论主要包括连续统一体理论、管理系统理论、领导行为的四分图、管理方格理论。权变理论主要包括菲德勒领导理论和领导生命周期理论。

6.3.1 特质理论

20世纪二三十年代，有关领导理论的研究主要关注于领导者的特质。特质理论主要是通过研究领导者的各种个性特质来预测具有怎样特质的人才能成为有效的领导者。提出这种理论的学者认为，领导者所具有的特质是天生的，是由遗传决定的。显然，这种认识是不全面的。实际上，领导者的特性和品质是可以在实践中逐渐形成的，可以通过教育和培训而造就。当然，不同的环境对合格领导者提出的标准是不同的。下面列举一些人们提出的领导者应具有的特征和品质。

日本企业界要求一个领导具有10项品德和10项能力。10项品德是：使命感、责任感、信赖感、积极性、忠诚老实、进取心、忍耐性、公平、热情和勇气。10项能力是：思维能力、决策能力、规划能力、改造能力、洞察能力、劝说能力、对人理解能力、解决问题能力、培养下级能力、调动积极性能力。美国企业界认为一个企业家应具备10个条件，即合作精神、决策才能、组织能力、精于授权、善于应变、敢于求新、勇于负责、敢担风险、尊重他人、品德超人。从这些研究发现，作为一名领导者必须在多个方面具有比常人更强的能力和更好的品质。这些标准可以用于领导者的选拔和考核。

研究者而后纷纷认定，仅仅依靠特质并不能充分解释有效的领导，完全基于特质的解释忽视了领导者与下属的相互关系以及情境因素。

6.3.2 行为理论

从20世纪40年代末至60年代中叶，有关领导的研究集中在探讨领导者偏好的行为风格上。行为理论主要研究领导者的行为及其对下属的影响，以期寻求最佳的领导行为，也就是要回答一个领导人是怎样领导他的群体的。行为理论中最有影响力的是连续统一体理论、管理系统理论、领导行为的四分图、管理方格理论等。

1. 连续统一体理论

基于民主与独裁两个极端领导方式，坦南鲍姆（R. Tannenbaum）与施密特（W. H. Schmidt）提出了领导连续统一体理论（如图6-2所示）。图的左端是独裁的领导方式，认为权力来自职位；右端是民主的领导方式，认为权力来自群体的授予和承认，这是两个极端领导方式。从左到右，领导方式的民主程度逐渐提高，领导者运用权力逐渐减少，下属的自由度逐渐加大。

坦南鲍姆和施密特认为，很难说哪种领导方式是正确的，领导者应当根据具体的情况，考虑各种因素选择图中某种领导方式。在这个意义上，连续统一体也是一种情景理论。

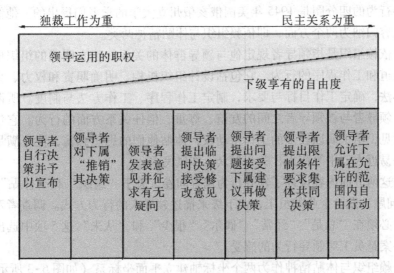

图 6-2 领导方式的连续统一体

2. 管理系统理论

行为科学家李柯特（R. Likert）以数百个组织机构为对象，通过借鉴领导方式连续统一体理论，发现了四类基本的领导形态。

1）剥削式的集权领导。在这种领导形态中，管理层对下级缺乏信心，下级不能过问决策的程序。决策由管理上层做出，然后以命令宣布，强制下属执行。上下级之间的接触互不信任。组织中的非正式组织对正式组织的目标通常持反对态度。

2）仁慈式的集权领导。在这种领导形态中，管理层对下属有一种谦和的态度，但决策权力仍控制在最高层，下层能在一定的限度内参与，但仍受高层的制约。对职工的激励有奖励也有惩处。上下级相处态度谦和但下属小心翼翼。机构中的非正式组织对正式组织的目标一般不会反对。

3）协商式的民主领导。在这种领导形态中，上下级有相当程度的信任，但不完全信任。主要的决策权仍掌握在高层手里，但下级对具体问题可以决策。双向沟通在相当信任的情况下经常进行。机构中的非正式组织一般对正式组织的目标持支持态度。

4）参与式的民主管理。在这种领导形态中，管理阶层对下属完全信任，决策采取高度的分权化。随时进行上下沟通和平行沟通。上下级之间在充分信任和友谊的状态下交往，分不出正式组织和非正式组织。

李柯特设计了一套测定表，包括领导、激励、沟通、交往与相互作用、政策、目标的设定、控制和工作指标等 8 个方面共 51 个问题，编制成一种问卷做企业调查，然后根据答案评定分数，绘成曲线，以判断企业的领导形态属于哪种类型。据他们的研究，具有高度成就的部门经理人，大部分采用参与式的民主管理，而成就低的经理人一般采用剥削式的集权领导。

3. 领导行为的四分图

领导行为的四分图是1945年美国俄亥俄州立大学的学者们提出的。他们将领导行为的内容归纳为两个方面，即依赖组织与体贴精神两类。

所谓依赖组织是指领导者规定他与领导群体的关系，建立明确的组织模式、意见交流渠道和工作程序的行为。它包括设计组织机构、明确职责和权力、相互关系和沟通办法，确定工作目标与要求，制定工作程序、工作方法与制度。所谓体贴精神是建立领导者与被领导者之间的友谊、尊重、信任关系方面的行为。它包括尊重下属的意见，给下属以较多的工作主动权，体贴他们的思想感情，注意满足下属的需要，平易近人，平等待人，关心群众，作风民主。

依据这两方面内容设计了领导行为调查问卷，关于"组织"和"体贴"各列举了15个问题，发给企业的员工，由下级来描述领导人的行为方式。调查者对问卷上的每个项必须在"总是""经常""偶尔""很少"和"从未"这5项中选出一个答案，其答案是员工对领导行为的感受。

以依赖组织与体贴精神作为两个坐标轴建立平面坐标系（如图6-3所示），用4个象限来表示4种类型的领导行为：高体贴与高组织，低体贴与低组织，低体贴与高组织，高体贴与低组织。

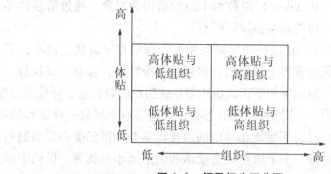

图6-3　领导行为四分图

哪种领导行为效果好结论是不肯定的。一般说来低体贴与高组织带来更多的旷工、事故、怨言和转厂。

4. 管理方格理论

管理方格理论是1964年由美国管理学者布莱克（Robert R. Blake）和莫顿（Jane S. Moaton）研究提出的。他们用纵坐标表示"对人的关心"，横坐标表示"对生产的关心"。并将两个坐标轴划分为9个等份，于是便形成了"81"种领导方式的"9·9图"（如图6-4所示）。因此，管理方格图适应性很强，准确性也很高。

关心生产，指的是领导者对如下许多不同的事项所持的态度，如政策决定的质量、程序和过程、研究工作的创造性、职能人员的服务质量、工作的效率以及产量等。关心人指的是个人对实现目标所承担的责任，保持工人的自尊，基于信任而非服从的职责，保持良好的工作环境及满意的人际关系。如果要评价某一位领导者的领导方式，只要在"9·9图"中按照他的两种行为寻找交叉点就行了。布莱克和莫顿在提出方格图理论的同时，还列举了5种典型的领导风格。

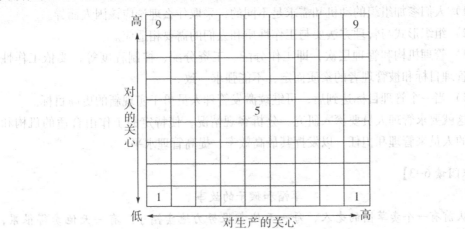

图6-4 管理方格图

（1，1）型为贫乏性管理：领导者既不关心生产，也不关心人，表现为只做最低限度的努力来完成任务和维持士气。

（9，1）型为任务型管理：领导者非常关心生产，但不关心人。其特征是把工作安排得使人的因素干扰为最小来谋求工作效率。

（1，9）为俱乐部型管理：重点在于人们建立友好关系，领导者重视对职工的支持和体谅，导致轻松愉快的组织气氛和工作节奏，但很少考虑如何协同努力去达到企业目标，生产管理松弛。

（9，9）型为战斗集体型管理：领导者不但注重生产，而且也非常关心人，把组织目标的实现与满足职工需要放在同等重要的地位。既有严格的管理，又有对人高度的关怀和支持。强调工作成就来自献身精神，以及在组织目标上利益一致、互相依存，从而导致信任和尊敬的关系。

（5，5）型为中游型管理：兼顾工作和士气两个方面来使适当的组织绩效成为可能，使职工感到基本满意。

在这五种类型的管理形态中，布莱克和莫顿认为（9，9）是最有效的管理，其次是（9，1）型，再次是（5，5）型、（1，9）型，最次是（1，1）。

6.3.3 权变领导理论

权变领导理论集中研究特定环境中最有效的领导方式和领导行为。这种理论的产生来源于这样一个事实：领导者性格理论无法用个人的特性来区分领导者和非领导者。行为理论忽略了被领导者的特性和环境因素，而孤立地研究领导者的行为，即某一具体的领导方式是否能在所有情况下都有效。为了克服这些理论的缺陷，人们提出了权变领导理论。该理论认为，没有一种领导方式对所有的情况都是有效的，没有一成不变、普遍适用的"最好的"管理理论和方法，管理者做什么、怎样做完全取决于当时的既定情况。

权变领导理论的要点是：

1）人们参加组织的动机和需求是不同的，采取什么理论应该因人而异。

2）组织形式与管理方法要与工作性质和人们的需要相适应。

3）管理机构和管理层次，即工作分配、工资分配、控制程度等，要依工作性质、管理目标和被管理者的素质而定，不能强求一致。

4）当一个管理目标达到后，可继续激发管理人员勇于实现新的更高目标。

这就要求管理人员要深入研究、分析客观情况，使特定的工作由合适的机构和合适的人员来管理和担任，以发挥其最高效率，提高管理水平。

【知识阅读6-3】

草帽和猴子的故事

从前有一个卖草帽的老人，每一天他都很努力地卖帽子。有一天他卖得很累，刚好旁边有一棵大树，他就把帽子放在树下，坐在树下打起盹来。等醒来时，他发现身旁的帽子都不见了，抬头一看，树上有很多猴子，每个猴子的头上都有一顶草帽，他很惊慌，因为如果帽子不见了，他就无法养家糊口了。他着急地向猴子嚷嚷："你们不还我草帽，我就把你们抓起来。"这时猴子也像他一样指手画脚。老人更生气了，捶胸顿足道："我要抓你们进城！"这时猴子也像他一样捶胸顿足！突然他想到猴子很爱模仿别人，他就试着举左手，果然猴子也跟他举手，他拍拍手，猴子也拍手。机会来了，他赶紧把头上的帽子拿下来狠狠地丢在地上，猴子也将帽子纷纷丢在地上，卖帽子的老人高高兴兴捡起帽子回家去了。回家之后，他将今天发生的事告诉了他的儿子和孙子。

多年后，卖草帽的孙子继承了家业。有一天，在他卖草帽的途中，也跟爷爷一样在大树下睡着，帽子被猴子拿走，孙子想到爷爷曾经告诉他的方法。于是，他举左手，猴子也举左手，拍拍手，猴子也跟着拍拍手。果然，爷爷说的话很有用。最后，他脱下帽子狠狠地丢在地上。奇怪了，猴子竟然没有跟着他做，还瞪着他看。不久，一个大猴子从树上掉下来，把他丢在地上的帽子捡起来，还用手拍拍上面的土，说："骗谁啊，你以为只有你有爷爷吗？"吡溜一下爬到了树上。

爷爷和孙子遇上了同样的问题，采取了相同的解决办法，爷爷成功了，孙子却失败了。"过去的经验也许是今天的毒药。"世易时移，孙子固守爷爷以前的经验，以不变应万变；猴子则不按猴爷的习性，以变应万变。

"士别三日，当刮目相看。"这句话让我们明白不能总以老眼光看人，总凭经验办事。"世间万物乃瞬息万变。"对生活中的新事物、新问题，应该从新的角度寻求解决的新对策，新方法。

（资料来源：佚名. 草帽和猴子的故事［EB/OL］.（2010-05-10）［2014-06-20］. http://blog.163.com/hblfenxiang@yeah/blog/static/138455613201041015612303/.）

在领导方式方面，权变理论认为，一切应以企业的任务、个人和小组的行为特点以及领导者同职工的关系而定。由此提出了领导的三维权变模式，即认为有三个重要因素直接影响领导效果，即领导与员工的关系、任务结构、职位权力。领导方式归纳为四种类型：指令性的、支持性的、参与式的和成就指向式。影响领导者能力的个人品质主要有自我认识、信心、沟通思想的能力和对任务的了解。

权变因素有两个方面：一是职工个人的特点，如教育程度、领悟能力等。二是环境因素，如工作性质等因素。

为了阐明环境因素和领导者行为间的相互影响，权变理论研究学者们提出了很多理论，最具代表性的是"费德勒领导理论""领导生命周期理论"等。

1. 费德勒模型

通过大量研究，费德勒（F. E. Fiedler）提出了一种领导的权变模型，认为任何领导形态均可能有效，其有效性完全取决于是否适应所处的环境。环境影响因素主要有三个方面：

1）领导者和下级的关系，包括领导者是否得到下属的尊敬和信任，是否对下属具有吸引力。

2）职位权力，指领导者的职位能够提供足够的权力和权威，并获得上级和整个组织的有力支持。

3）任务结构，指工作团体的任务是否明确，是否进行了详细的规划和程序化。

费德勒设计了一种"你最不喜欢的同事"（LPC）的问卷，让被测试者填写。一个领导者如对其最不喜欢的同事仍能给予好的评价，则表明他对人宽容、体谅、提倡好的人际关系，是关心人的领导。如果对其最不喜欢的同事给以低评价，则表明他是命令式的，对任务关心胜过对人的关心。

费德勒将 3 个环境变数任意组合成 8 种情况，通过大量的调查和数据收集将领导风格同对领导有利或不利条件的 8 种情况关联，绘成了图 6-5，以便了解领导有效所应当采取的领导方式。

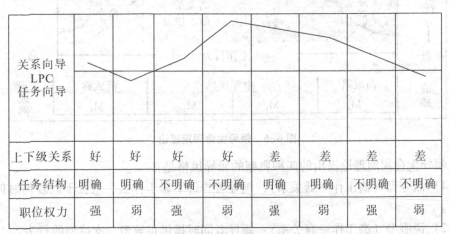

关系向导 LPC 任务向导								
上下级关系	好	好	好	好	差	差	差	差
任务结构	明确	明确	不明确	不明确	明确	明确	不明确	不明确
职位权力	强	弱	强	弱	强	弱	强	弱

图 6-5　费德勒模型

费德勒的研究结果说明，在对领导者最有利和最不利的情况下，采用任务导向效果较好。在对领导者中等有利的情况下，采用关系导向效果较好。费德勒模型在许多情况下是正确的，但有许多批评意见，如取样太小有统计误差，该模型只是概括出结论，而没有提出一套理论等等。尽管如此，费德勒模型还是有意义的，主要表现在：

1）该模型特别强调效果和应该采取的领导行为，这无疑为研究领导行为指出了新方向。

2）该模型将领导行为和情景的影响、领导者和被领导者之间关系的影响联系起来，指出并不存在一种绝对好的领导形态，必须和权变因素相对应。

3）该模型指出了选拔领导人的原则，在最好的或最坏的情况下，应选用任务导向的领导，反之则选用关系导向者。

4）该理论指出必要时可以通过环境的改造以适应领导者的风格。

2. 领导生命周期理论

美国学者卡曼（A. K. Korman）提出了领导的生命周期理论。该理论指出了有效的领导形态和被领导者的成熟度有关：当被领导者的成熟度高于平均以上时应采用低关系、低工作；当被领导者成熟度一般时应采用高关系、高工作或低工作；当被领导者成熟度低于平均水平时应采用低关系、高工作。这里指的成熟不是指年龄和生理上的成熟，而是指心理和人格上的成熟。它被定义为成就感的动机，负责任的愿望与能力，以及具有工作与人群关系方面的经验和受过相当的教育。年龄是影响成熟度的一个因素，但没有直接关系。领导的生命周期理论，是由家长对子女在不同的成长期采取不同的管理方式类比而得出的。以工作行为和关系行为作为坐标轴建立坐标系，如图 6-6 所示。

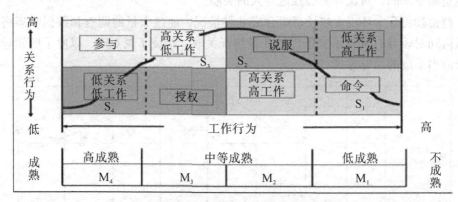

图 6-6 领导生命周期理论

领导生命周期理论提出的四种典型的领导风格是：

1）命令型（高工作—低关系）：领导者告诉下属干什么、怎么干以及何时何地去干。

2）说服型（高工作—高关系）：领导者同时提供指导型与支持型的行为。

3）参与型（低工作—高关系）：领导者与下属共同决策，并提供便利条件与沟通。

4）授权型（低工作—低关系）：领导者提供极少的指导。

【学习实训】　管理游戏——寻找共同的图案

- ● 游戏准备
  - ● 时间：20分钟。
  - ● 所需材料：空白纸条，带有信息的纸条。
- ● 游戏规则
  - ● 不许越级指挥和汇报，即董事长不能越过经理直接指挥员工，员工也不允许越过经理直接向董事长汇报和询问。
  - ● 只允许使用文字方式沟通，不允许讲话。要在30分钟内完成，哪个组最先完成任务就算优胜者。
  - ● 不管遇到什么问题，只有董事长有权举手示意，并低声向教师询问，此外的所有事情都只能在你们组织内部通过文字沟通的方式解决。
- ● 游戏步骤：
  - ● 教师首先将学生分成多个小组，每个小组6~8人。
  - ● 小组划分完，教师要求各小组成员在小组内部选举出1位董事长，然后由董事长从小组成员中挑选并任命1位经理，其他小组成员作为员工。
  - ● 教师说明游戏规则。
  - ● 教师给每个小组发一沓类似便签的空白纸条，供大家沟通使用。
  - ● 让这些董事长们远离他们的经理和员工，经理和员工坐在一起。
  - ● 教师先给每一位董事长发一张上面画有五种图案的纸，图的下面有几行文字说明，接着又给每一个小组的成员发类似的一张纸，郑重声明不能交换，游戏开始。
  - ● 经理和员工拿到的纸是一样的，上面画有五种图案，有的图案是一种鸟，有的图案是交通标志，图案的下面注明教师刚刚宣布的各种游戏规则，此外什么都没有。
  - ● 董事长拿到的纸有所不同，除了其他成员掌握的信息外，这张纸上多一条信息："你们小组的每个人都拿了一张纸，上面也有五种图案，这些图案是不同的，只有一种图案在你们每个人拿到的纸上都有，你的任务是带领你的下属，在最短的时间内将这个共同的图案找出来，要求小组成员每个人都能向教师指出这个共同的图案。"
- ● 游戏评价：
  - ● 仔细观察每个小组的做法都有何不同。
  - ● 结合案例信息，分析各小组表现差异的原因。

（资料来源：佚名. 领导素质和能力的训练［EB/OL］.（2013-06-28）［2014-06-20］. http://www.nuohanwei.com/news/zixun/1366.htm.）

【效果评价】

根据学生出勤、课堂讨论发言及小组合作完成任务的情况进行评定。

任务6.4　团队建设和领导用人艺术

【学习目标】

掌握团队的基本概念、类型和团队发展的过程，学习和运用建立有效团队的方法，了解领导用人的艺术，增强对领导艺术的感性认识。

【学习知识点】

6.4.1　团队建设

1. 团队的含义与构成要素

1）团队和团队建设

随着社会分工越来越细化，个人单打独斗的时代已经结束，团队合作提到了管理的前台。一个人不能演奏出交响乐，演奏交响乐需要一个交响乐团。团队作为一种先进的组织形态，越来越引起企业的重视，许多企业已经从理念、方法等管理层面进行团队建设，团队管理建设也就成了领导职能中非常重要的内容。欧宝是欧洲最佳的汽车制造厂之一，约有200个6~8人组成的团队。

所谓团队是由两个或者两个以上相互作用、相互依赖的个体，为了特定目标而按照一定规则结合在一起的组织。而团队建设是指为了实现团队绩效及产出最大化而进行的一系列结构设计及人员激励等团队优化行为。

2）团队构成要素

团队有几个重要的构成要素，如图6-7所示：

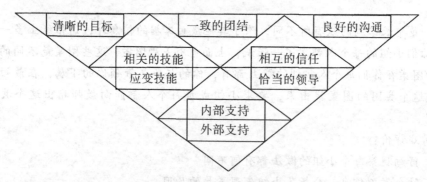

图6-7　团队的重要构成要素

一般说来，团队有5个重要构成要素，即5P。

（1）目标（purpose）。团队应该有一个既定的目标，没有目标这个团队就没有存在的价值。团队的目标必须跟组织的目标一致，团队大目标分成小目标具体分到各个团队成员身上。目标还应该有效地向大众传播，让团队内外的成员都知道这些目标。

【知识阅读6-4】

自然界中有一种昆虫很喜欢吃三叶草（也叫鸡公叶），这种昆虫在吃食物的时候都是成群结队的，第一个趴在第二个的身上，第二个趴在第三个的身上，由一只昆虫带队去寻找食物，这些昆虫连接起来就像一节一节的火车车厢。管理学家做了一个实验，把这些像火车车厢一样的昆虫连在一起，组成一个圆圈，然后在圆圈中放了它们喜欢吃的三叶草。结果它们爬得精疲力竭也吃不到这些草。

（资料来源：佚名. 团队［EB/OL］.（2014-02-28）［2014-06-20］. http://baike.baidu.com.）

（2）人（people）。目标是通过人员具体实现的，所以人员的选择是团队中非常重要的一个部分。不同的人通过分工来共同完成团队的目标，在人员选择方面要考虑人员的能力如何，技能是否互补，人员的经验如何。

（3）定位（place）。团队的定位包含两层意思。①团队的定位，即：团队在企业中处于什么位置。由谁选择和决定团队的成员。团队最终应对谁负责。团队采取什么方式激励下属。②个体的定位，即：作为成员在团队中扮演什么角色。是订计划还是具体实施或评估。

（4）权限（power）。团队当中领导人的权力大小跟团队的发展阶段相关，一般来说，团队越成熟，领导者所拥有的权力相应越小，在团队发展的初期阶段领导权相对比较集中。

（5）计划（plan）。目标最终实现，需要一系列具体的行动方案支持。可以把计划理解成目标的具体落实的程序。提前制订计划可以保证团队的顺利进度。

2. 团队的类型及发展过程

1）团队类型

根据团队存在的目的和拥有自主权的大小可将团队分成四种类型，如表6-1所示：

（1）解决问题型团队。其核心点是提高生产质量，提高生产效率，改善企业工作环境等。在这样的团队中，成员就如何改变工作程序和工作方法相互交流，提出一些建议。成员几乎没有什么实际权利来要求对方根据建议采取行动。

（2）自我管理型团队。也称自我指导团队，通常由10~16人组成，他们承担着以前自己的上司所承担的一些责任。一般来说，他们的责任范围包括控制工作节奏，决定工作任务的分配，安排工间休息。

（3）多功能型团队。由来自同一等级、不同工作领域的员工组成，他们走到一起的目的就是完成某项任务。

（4）虚拟型团队。人员分散于不同地点，通过远距离通信技术一起工作的团队。虚拟团队的人员分散在相隔很远的地点，可以是在不同城市，甚至可以跨国、跨洲；人员可以跨不同的组织；工作时间可以交错；联系依靠现代通信技术；他们完成共同的目标和任务。

表6-1　团队类型

团队类型	成员特点	团队特点
解决问题型	同一部门，一般5~12人	定期开会提出解决问题的建议，但无决策权
自我管理型	同一部门，一般10~15人	拥有获得所需资源和决策的权利，对工作结构承担全部责任
多功能型	同一等级，跨部门和技能，人数灵活	成员相互交流，合作解决面临的问题，完成比较复杂的项目
虚拟型	不同等级，跨部门和技能，人数灵活	充分使用网络、电话或视讯工具进行沟通、协调，突破时间和空间的限制

2）团队发展过程

团队发展会经历四个阶段，如图6-8所示：

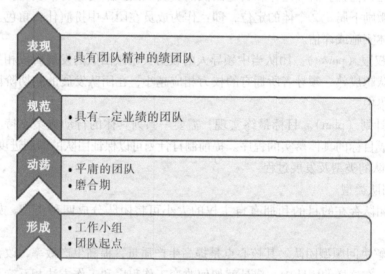

图6-8　团队的发展阶段

（1）形成期（forming）。个体成员转变成为团队成员，团队的成员开始相互认识，团队成员总体上有一个积极的愿望，急于开始工作，团队要建立起形象，并试图完成工作。

（2）磨合期（storming）。团队目标更加明确，成员们开始运用技能执行分配到的任务，开始缓慢地推进工作。现实也许会与当初的设想不一样，团队成员之间会争论。

（3）规范期（norming）。经受磨合期的考验，团队进入了相对正规的发展阶段，团队成员之间，团队成员与领导之间的关系逐渐理顺，团队成员接受了这种工作环境，有了团队的归属感，凝聚力开始形成，彼此能互相接受。

（4）表现期（performing）。团队成员积极工作，工作程序规范，绩效很高，大家有集体感和荣誉感，信心十足，彼此能够开放、坦诚、及时地进行沟通，团队成员通过团队参与，自我受到鼓舞，工作热情高，表现出高水平的相互支持，把团队的进步看成是个人的进步。

3. 建设有效团队

有效的团队具有以下优点：一是减少摩擦和内耗，节约成本。二是可以使成员获得安全感，免于被排斥的恐惧。三是可以为成员提供社交满足，从中获得友爱、支持、信任和信息。四是可以使成员体会到工作的价值，在工作场所获取集体情感的满足。五是能够帮助成员克服单独面对新问题的胆怯和恐惧的心理。六是可以增强成员的自信心。

既然有效团队对企业和组织这么重要，那么领导者设计一个真正有效的团队要做些什么？建设有效团队要注意以下方面：

1）绩效为主

团队的一般目的可以理解为具体的、可测量的绩效目标。以团队为基础的绩效目标帮助定义和区分团队产品，鼓励团队内部沟通，激励和鼓励团队成员合作，提供反馈，确保团队明确关注结果。

最好的团队衡量系统会向高层管理者通知团队的绩效，帮助团队成员理解自己的进步，检查自己的进度。理想状态下，团队在设计自己的衡量系统时居于主导地位，这是团队是否被授权的很好的指示器。

2）激励团队合作

当成员间相互了解后，他们之间可以交流，明确绩效目标，任务对执行者有意义，他们认为努力有利于自身时，就存在支持团队的动机。团队努力也来自把团队的任务设计得更具有激励性，需使用多种技能、提供足够的任务多样性、确定性、自主性和及时的绩效反馈时，任务是有激励作用的。

最后，团队将通过将绩效与相应报酬挂钩获得最大的激励。团队内的个人根据积极参加活动、合作、领导和对团队其他成员的贡献等给以不同的报酬。如果团队成员的报酬不同，不应由老板来决定，应由团队通过评估系统来确定，团队更易于进行有效的报酬分配，组织拥有越多的团队，更加全面的团队越会存在，通过分享利润和其他组织激励报酬分配就会有效。

3）成员合作

当个人认为他们的贡献是不重要的，其他人可以做他的工作，他们偷懒可以躲过监督，就不会愿意做唯一努力工作的傻瓜。当个人关注别人怎样看他，他们希望保持正面的形象，这时他就会努力工作。这样，理想的团队就是每个人努力工作，为团队做出具体的贡献，对团队其他成员负责。相互负责而不是只对"老板"负责是一个好团队成员的基本要求，责任激发了成员之间相互的承诺和信任。信任你的团队伙伴——也就是信任你，也可能是有效性的方法。

团队成员要进行选拔和培训以使其成为团队有效的贡献者。团队经常雇佣新成员，选择新成员是一个复杂的过程，但非常值得。

4）规范

规范是人们应该如何思想和行为的共同认识。从组织的立场出发，规范可以起正面和负面的作用。在一些团队中，每个人都努力工作，在其他团队中，雇员反对管理并尽可能少地减少自己的工作，规范可以在雇员在公共场合赞扬或者批评公司中体现，规范还支持开放、诚实、尊重他人的意见，避免冲突和背后议论别人。

5）角色

有两个角色必须执行。任务专家由更多相关工作技能和能力的人来担当。这些雇员有更多的决策责任，提供指导和建议。他们推动团队走向成功。团队维护专家在团队内发展和维持协调，他们提高士气，给予支持，提供幽默感，抚慰悲伤者，创造成员的好情绪。

如果团队有正式的领导者，领导者的角色就是确立团队的目标，建立承诺和信任，加强团队成员技能的融合和水平，管理与外界的联系；消除提升团队绩效的障碍，为团队和成员创造机会，真正做工作而不是监督。

6）凝聚力

工作团队最重要的财产之一就是凝聚力。第一，它有助于成员满意；第二，对绩效有重要的影响。

如果任务是决策或者解决问题，凝聚力就会导致较坏的绩效。当一个紧密群体如此合作以至于意见相同时，避免批评就会成为规范。

7）建立凝聚力和高效规范

以下行动可以帮助建立有凝聚力和高效规范的团队。

（1）补充具有相似态度、价值观和背景的成员，相似的个人相互之间易于交往。如果团队的任务需要多种技能和素质，就不要这样做。

（2）维持高进入和社交标准，团队和组织难以进入有许多优点，经过困难的面试、挑选或培训的个人会成功而自豪，对团队归属感更强。

（3）使团队维持小规模（但足以完成工作），群体越大，成员会感觉到越不重要，小型团队使个人感觉是重要的贡献者。

（4）帮助团队成功，公布其成功。

（5）做一名参与的领导。参与决策使成员之间相互紧密，致力于目标的成功；太多的独裁会使群体脱离管理。

（6）从团队外部引入挑战。和其他团队的竞争会使团队成员紧密团结以对抗敌人。

（7）把报酬和团队绩效联系起来。

6.4.2　领导用人艺术

管理学家西蒙说过这样一句名言："长官"从事决策，而真正到战场上开枪打仗的则是"士兵"。不能挑选一批精干的士兵，不能认真地训练士兵，不能激励士兵勇敢地冲锋杀敌，长官有再好的决策也无法实现。士兵的具体行动是领导实现决策目标的手段。由此可见，领导做出决策与企业决策目标的实现之间只有间接联系，领导还必须通过员工这个中间环节来实现决策目标。这种领导决策行为与企业经营目标之间联系的间接性充分显示了领导用人的重要性。我们将着重从领导用人的方法与艺术这一角度加以阐述。

【知识阅读 6-5】

动物园里的骆驼

在动物园里，小骆驼问妈妈："妈妈，为什么我们的睫毛那么长？"骆驼妈妈说："当风沙来的时候，长长的睫毛可以让我们在风暴中都能看得到方向。"小骆驼又问："妈妈，为什么我们的背那么驼？丑死了！"骆驼妈妈说："这个叫驼峰，可以帮我们储存大量的水和养分，让我们能在沙漠里耐受十几天的无水无食条件。"小骆驼又问："妈妈，为什么我们的脚掌那么厚？"

骆驼妈妈说："它可以让我们重重的身子不至于陷在软软的沙子里，便于长途跋涉啊。"小骆驼高兴坏了："哇，原来我们这么有用啊！可是妈妈，为什么我们还在动物园里，不去沙漠远足呢？"

无可置疑，每个人的潜能都是无限的，问题的关键在于找到一个能充分发挥潜能的舞台。好的管理者就是能为每一个员工提供这个合适的舞台的人，我们需要细心观察，找到每一个员工的特长，并尽可能地为他们提供适合他们发展的舞台。

一个好领导不一定是业务能力最强的人，但他一定是个懂得惜才、用才的人。

（资料来源：佚名. 动物园里的骆驼［EB/OL］.（2010-02-28）［2014-06-20］. http://wenku. baidu.com）

1. 善于发现人才

在企业的众多员工中，有作为有才能的人才是客观存在的，问题在于企业的领导者如何去发现人才，如何去发现每一个员工的特长。领导必须在发现上下功夫，努力使自己成为独具慧眼的伯乐。实践证明，深入的调查研究，经常性的个别谈话，与员工交朋友，定期的民意测验和有计划的组织考察都可以了解员工的某些特长，都是发现人才的重要手段。关键是领导要把发现人才当作管理工作的重中之重，把人才的发展同企业的发展放在同等位置上来思考。领导要做有心人，以信任的态度敏锐寻找、大胆使用企业中每一个有能力的员工，积极地为他们发挥才能创造条件。

2. 用人之长，容人之短

"金无足赤，人无完人。"每个人都是许多优点与缺点的结合体。领导用人一定要用人之长，容人之短。所谓用人之长是指发挥人才在专业上的长处和才能。在具备基本道德素养的前提下，起用与否和怎样起用，主要取决于才能之高低、特长之多寡。起用人才时以德才为主，这样才能始终保证第一流的人才在最合适的岗位上发挥作用。

在现实生活中，领导时常面临两类人：一类是有突出优点但也伴有某些轻微缺点的人；另一类是长短处不明显，成就没有、错误不犯的人。对此，有魄力、有远见的领导应该选用第一类人。

此外，企业在用人时需要量才使用。一般来说，分配工作应适合员工的才能、性格、爱好等，工作难度应比其平时表现出的能力稍大一些，这样能够激发人才的进心，把工作需要和个人能力很好地结合起来，兢兢业业地做好本职工作，真正做到人尽其才，才尽其用。

3. 尊重人才，充分信任

"用人不疑，疑人不用。"诚信是领导同广大员工交往之本，是长期真诚合作的感情基础。将心比心、以诚待人是调动积极性的最好方法。信任能够激发人才的责任心和成就感，使其积极主动发挥自己的优势，在实现自身价值的同时推动企业不断发展。信任是人才自由发挥才干的前提，如果领导在此基础上对他们在合适的时间给予合适的支持，则能取得事半功倍的理想效果。领导同人才之间最怕由信任而转为怀疑，因感情伤害而转为对抗，这必然会严重削弱企业发展的基本动力。

领导必须注意尊重人才，通过诚挚的交谈、中肯的批评和热情的鼓励，激发员工的自尊心，使其认识到自己有实力完成任务，有毅力改正缺点，有能力协调好人际关系，从而鼓起工作生活的信心和勇气。要学会换位思考，允许不同的人在个性特征、思维方法和认识水平上的差异，不求全责备，不讽刺挖苦，不打击报复。对众多人才的思维成果，甚至是一闪念的灵感，领导都应及时给予鼓励和支持，促使其继续深入思考下去；对人才因独出心裁的思路、建议、言行或举措引起的非议、攻击、诬陷等，领导要及时批评制止，严肃处理，避免人才因智慧出众、技艺超群而遭嫉妒、受打击，以至于丧失斗志。领导要主动关心人才在工作和生活中的实际困难，切实解决人才的后顾之忧，如此，他们自然会全身心地投入到企业的生产经营中去。这是一种相辅相成的关系。

4. 讲求人才使用效益

市场经济是唯效益至上的经济，劳动力是商品的一种。人才作为高层次的劳动力，同样具有价值和使用价值。市场经济体制下领导使用人才也应以效益为中心。领导用人应打破论资排辈的旧观念，任人唯贤，把人才用在刀刃上，用在关键岗位上，讲求人员与职位的最佳配置，人员与人员的最优组合，使人员整体配置的社会效益大于个人效益的总和，即"1+1>2"理论。要正确看待人才对物质利益的正当追求，建立贡献与报酬对等的分配体制，鼓励按劳取酬和多劳多得。但是，人才并不是普通意义上的商品，人才本身除了经济价值，还具有精神价值，等价交换的原则用于人才的交换和流通领域中是有一定的局限性的。在选人用人时，领导既要重视人才的物质利益追求，也要重视人才的精神追求，给人才提供建功立业的环境和机会，帮助他们实现个人价值。

5. 勇于启用比自己更出色的人才

领导应当心胸宽广，勇于启用比自己更出色的人才。能够承认别人比自己强并且大胆地雇佣之，这本身就是一个人格的跨越。美国的钢铁大王卡内基的墓碑上刻着这样的话："这里躺着一个知道如何使用比他自己更有本领的人们来为他服务的人。"中国古代的刘邦也懂得同样的道理："运筹帷幄，出谋划策，决胜于千里之外，我不如张良；镇守后方，安抚百姓，筹集军需粮草，我不如萧何；统率大军，战必胜，攻必取，我不如韩信。这三个人均是杰出的人才，而我能够重用他们，这才是我夺得天下的主要原因。"利用自己的优势，使强将良才都心甘情愿地为我所用才是真正的领导者风采。

6. 不断进行人才更新

"流水不腐，户枢不蠹。"领导要学会及时、慎重、果断地淘汰企业富余人员。当企业原有人才发生变动、人才与职位无法有效结合时，领导应当努力改变现状，淘汰那些对企业的发展起障碍作用的人员，或者经过认真考核，对有能力者进行智力投资（如后期培训等），给他们创造其他的就业机会。如果企业建立了合理的人才选聘机制，那么富余人员的淘汰并不会对企业员工队伍的稳定构成威胁。

7. 树立发展的人才观念

发展的人才观包含两层含义：一是在人才的选择上有发展的眼光；二是在人才的使用上有发展的思想。

领导选聘人才时，应当用发展变化的观点看待问题，辩证地对待人才的成绩与过失，将主流和细节分开，将历史表现与现实政绩分开。不能把人才的贡献和能力混为一谈，有贡献的要奖励，有能力的则委以重任。以发展的眼光选拔人才，还在于善于挖掘人才的潜能，预见其长远的发展趋势，甚至于在"小荷才露尖尖角"时就大胆起用，让人才在一定的压力下得到锻炼和发展。

在人才的使用过程中，要大力提倡开发式使用，即边使用边培训、边锻炼边提高，使人才的智慧和素质不断完善，技能和经验不断丰富，实现人才在使用过程中的增值，以适应今后更高层次工作的需要。切忌"涸泽而渔、焚林而猎"，对人才进行掠夺式使用。如果领导只利用人才的显能，而不发掘其潜能，只对人才的现有机智感兴趣，而不注重使用过程中的保护和再生产，那么再丰富的人才资源也有枯竭耗尽之时。只有将使用与培养相结合，才能实现人才的可持续发展，使人才这一生产力中最重要的因素成为推动社会发展的无尽财富。

8. 重视个人素质，也要重视群体互补效应

人的素质各不相同，优点缺点更是千差万别。英国学者贝里奇在他的《科学研究的艺术》一书中，引用这样的事例："一个大型商业性研究机构的工作安排：他们雇佣推测型的人才来随意设想，一旦发现这些人有某个有价值的设想时，这个设想就不再让他们过问，而交给一个条理型的研究人员去加以检验和充分发展。"因此，任何工作和科学研究一样，他认为要把"不同类型的头脑"结合起来，取长补短、相互促进，切忌把同一类型的人才凑在一起。

军事上也是如此。第二次世界大战中诺曼底登陆，美军在确定地面部队的指挥员时，马歇尔说："巴顿当然是领导这次登陆的最理想的人选。但是，他过于急躁，需要有一个能够对他起制约作用的人来限制他的速度。他上面总要有一个人管着，这就是我把指挥权交给布雷德利的原因。"巴顿作战勇猛，但性格刚直粗烈，而布雷德利老练持重，处事稳健。所以，把他们搭配在一起，可以挟制他们性格中的弱点，并发挥各自的长处。当然，搭配时要慎重，否则，"互补"变成了"窝里斗"，就会产生起破坏作用的摩擦和内讧。

【学习实训】 管理游戏——建立有效的工作团队

● 游戏规则
- 班级成员以5~6人为单位分成若干个团队。
- 每个团队需要准备一个新的作业本。

● 游戏要求
- 为自己的团队起一个名字。
- 确定一首队歌,确保每个团队成员都会唱。
- 每个团队设法收集完成以下各条目中的内容:一张团队的照片、一件带有学院名字或标志的物品、一个棉球、一根饮料吸管、一本金庸的作品、一份介绍电子产品的说明书、一打口香糖、一个U盘、一条长于30厘米的绳子。
- 30分钟后,所有团队回到教室里,教师和班级成员检查所有团队是否完成任务。
- 完成本次实训的简要总结,总结由每个团队的自我评价汇总而成。

● 游戏总结
- 团队的策略是什么?
- 每位成员所扮演的角色如何?
- 团队的效果如何?
- 怎样才能使团队的工作效率更高?

● 集中讨论
- 更有效的团队和缺少效率的团队区别何在?
- 你从这次团队合作中学到了什么?

【效果评价】

根据学生出勤、课堂讨论发言及小组合作完成任务的情况进行评定。

综合练习与实践

一、判断题

1. 领导者只要有权力,下属自然会跟从。 （　　）
2. 高关系高工作是最有效的领导方式。 （　　）
3. 知识经济时代人们最认可的是个人的品德魅力、知识能力和成功经历。
（　　）
4. 高层领导者拥有概念技能的比重应大于基层领导者。 （　　）
5. 1型即消息俱乐部型管理,上属关心下属,努力营造和谐的氛围。 （　　）

二、单项选择题

1. 领导活动的全过程，主要有五个构成要素，其中起决定作用的是（　　）。

   A. 领导者　　　　　　　　　　B. 被领导者

   C. 职权　　　　　　　　　　　D. 客观环境

2. 下面关于领导授权意义的说法错误的是（　　）。

   A. 使组织成员，相信自己有能力

   B. 为自己的工作意义，提高工作效率

   C. 减少领导者的工作量和责任

   D. 使成员在工作中全身心地投入，做出贡献，承担起自己的责任

3. 下面关于领导特质说法正确的是（　　）。

   A. 领导特质是天生的，领导者也是天生的

   B. 我们现在仍然要进行领导特质理论的研究，以便于区分领导者和被领导者

   C. 没有所谓的领导者特质，特质理论没有什么意义

   D. 没有一个一般的、普遍适用和有效的领导者特质清单

4. 下面哪个理论认为领导者的风格是不可改变的？（　　）

   A. 情境理论　　　　　　　　　B. 菲德勒的权变理论

   C. 途径—目标理论　　　　　　D. 领导风格连续流一体理论

5. 途径—目标理论指出的领导方式是（　　）。

   A. 独裁型、支持型、推销型和成就型

   B. 指导型、授权型、参与型和推销型

   C. 独裁型、授权型、参与型和推销型

   D. 指导型、支持型、参与型和成就型

三、多项选择题

1. 早期研究领导行为的学者，主要是从领导者如何运用其职权的角度来划分领导方式，风格或形成的最基本的分类有（　　）。

   A. 专制式　　　　　　　　　　B. 民主式

   C. 放任式　　　　　　　　　　D. 仁慈专制式

   E. 支持式

2. 领导者要正确运用组织赋予的权力，进行有效的领导，因此，需把握的原则有（　　）。

   A. 合法性原则　　　　　　　　B. 民主性原则

   C. 时代性原则　　　　　　　　D. 综合性原则

   E. 例外性原则

3. 具体讲职权主要涉及（　　）。

   A. 合法权　　　　　　　　　　B. 专长权

    C. 奖赏权   D. 感情权

    E. 惩罚权

4. 管理方格理论认为：领导风格取决于两个维度，即（   ）。

    A. 对利润的关心   B. 对产值的关心

    C. 对人的关心   D. 对制度的关心

    E. 对生产的关心

5. 菲德勒所确定的对领导的有效性起影响因素的三个准度是（   ）。

    A. 职位权力   B. 任务结构

    C. 领导与下属的关系   D. 领导者性格

    E. 领导者素质

四、简答题

1. 如何认识领导特质理论？

2. 简述管理方法图中的五种典型的领导方式。

3. 利克特的"四种领导体制"是什么？

4. 简述路径—目标理论。

五、深度思考

"坚果岛效应"：当优秀团队误入歧途

    这是一支每个经理人心目中理想的团队——他们任劳任怨，无偿加班数千小时，甚至用自己的钱为公司购买备用的零件。这支团队几乎不需要监管，自己就能做出人员调配的安排，在工作中互相帮助，共同提高工作水平。尽管有预算的限制，运营过程中也困难重重，他们还是能创造性地改进工作方法。他们对公司的事业充满责任心并富有团队精神。但他们的勤奋工作却导致公司的经营遭受了灾难性的失败。坚果岛污水处理厂将30亿加仑（1加仑=3.785 412升）的污水排入港口。为了让排出的污水看起来被净化过，他们还干了更糟的事，比如在未处理的污水中加入氯，使港口已经很糟糕的水质更加恶化。

    为什么这么优秀的团队会表现得如此之坏呢？为什么坚果岛污水处理厂的员工——更不用说他们在波士顿的老板——没能认识到他们在搞垮他们的事业甚至他们自己呢？这个问题的核心就是我所说的"坚果岛效应"。

    每一个发生"坚果岛效应"的地方，都存在一对矛盾，矛盾的双方一个是有奉献精神、有凝聚力的团队，另一个是漠不关心的高级管理层。矛盾分为五个阶段，矛盾的双方都遵循一定的行为方式。"坚果岛效应"的各个实例中，五个步骤发生的顺序都不尽相同，但大体症状是相似的。这种变化与其说是一种恶性循环，不如说是一个不断恶化的怪圈，双方的关系在不理解与不信任中慢慢地瓦解，直至最终彻底破裂。

    这种组织形态的恶化并不总像坚果岛案例那样鲜明与典型，更经常的情况是，这种效应缓慢且逐渐地起作用，犹如煤气泄漏，轻微、难以察觉。然而，坚果岛的故事对那些把主要时间花在解决组织表层问题的经理们是一个警示：严重的问题往往隐藏在我们看不到的角落。

坚果岛故事

1952 年，为解决昆西地区的污水问题，坚果岛污水处理厂应运而生。原打算用来处理波士顿都会区南部产生的污水，并将处理后的污水排入 1 英里（1 英里＝1.609 344 千米）外的波士顿港。从一开始坚果岛污水处理厂的适用性就存在问题。这个污水处理厂设计每天可以处理污水 2.85 亿加仑，远高于每天平均产生的 1.12 亿加仑污水，但是，大量的海潮和暴雨使实际产生的污水高于平均值的 3 倍，超出了污水处理厂的能力，并使它的效用降低。

在本文涵盖的 30 年中，运作污水处理厂的团队是由监察长比尔·史密斯（Bill Smith）、操作主任杰克·马登（Jack Maden）、实验室主任迈克·金农（Mac Kinnor）三个人领导的。这三人与我最近还在坚果岛重聚。没聊几句，这三个朋友就陷入对昔日在坚果岛工作的那段岁月的回忆。他们仍然把那段时光看作他们工作以来最开心的日子。在讲述充满昔日同事绰号的故事时他们还会开怀大笑，却不记得在坚果岛每天的工作艰难。

在谈话中，他们经常会说自己和同事们是一个大家庭。但是坚果岛并不总是像他们讲的那样和谐。1963 年，从海军退役的史密斯刚到这里的时候，就陷入了不同部门的冷战。每一个部门都认为自己的作用最重要，看不起其他部门的同事。

这之后的几年间，史密斯尽其所能使各个部门之间有了一些合作。到 1968 年，金农和马登成为他的两个主要盟友。不久，他们就把污水处理厂那些懒惰的、爱抱怨的人清除出去，并建立了一个团结的团队。他们雇佣的人大都与他们秉性相投：勤奋、愿意默默无闻地工作，为能在公共事业部门得到一份有保障的工作感到庆幸。这些人在污水处理厂设备老化、人员不足的艰苦条件下，处理经常发生的危机。

由于这种用人原则，坚果岛形成了一个内部高度一致的团队。团队的成员由共同的事业和相同的价值观联系在一起。与此同时也排除了所谓的"刺头"，这些刺头有可能对团队标准操作程序提出质疑，并提醒管理层工厂的情况正在恶化。但这正是史密斯和他的同事们所不乐于见到的。建立一个思想一致的团队，跨部门培训会更容易，部门之间的不和也更易消除。团队的领导人把工作的满足感作为优先考虑的对象，将员工从原来的岗位调到更适合他们的岗位。这些措施提高了士气，并在员工中建立了高度信任和很强的归属感。

团队成员工作的牺牲精神就是这种强烈归属感的证明。在坚果岛很少有人的工资超过年薪 2 万美元，这在 20 世纪 60 年代和 70 年代也是低工资。即使是这样，当他们没钱买零件时，团队的成员也愿意自己出钱为工厂买需要的设备。他们同样不吝惜时间，工厂的骨干员工经常加班，但很少要求加班费。

1952—1985 年，坚果岛污水处理厂一直在都会区委员会的管辖之下。到了 20 世纪 60 年代，委员会成了州议会的玩偶，州议会的议员们把这个机构作为他们的政治资本。这些议员们非常清楚，在他们的选区内建滑冰厂和游泳池比改善污水处理厂更能得到选民们的选票。选票决定了他们如何施加政治影响和进行财政拨款。这样一来,大波士顿地区污水处理的管理权就落在了这些政客手里。这些人的主要兴趣是在州议会取悦他们的支持者,为了这个目的,他们宁愿再造一个滑冰场也不去维修坚果岛污水处理厂。都会区管理委员会领导层对污水处理系统的态度,造成了这样一个有典型意义的企业悲剧,也是造成坚果岛团队自行其是的主要原因。都会区管理委员会的高级管理者到坚果岛的次数是如此之少,以至于当有一个委员真的在工厂出现的时候,员工都不认识他,并要求他离开。史密斯先生对这件事主要的评价是:"我们干我们的,他们只要别来惹我们。"

至此,坚果岛效应的第一阶段已经形成。我们已经有了一个偏离轨道的管理层和一个颇有责任心的团队,双方已在暗中发生摩擦。坚果岛团队不仅与管理层产生隔阂,而且也与他们的客户——也就是公众——失去联系。团队的成员有共同的背景、价值观和世界观,他们彼此互相信任,但对外人,尤其是管理层,缺乏信任。管理层表现出的过分冷漠使情况进一步恶化,这时坚果岛效应就进入第二阶段。

在 1976 年 1 月份,坚果岛污水处理厂的四个大型柴油机被迫关闭。自 20 世纪 70 年代初起,坚果岛的工人就一直提醒他们在波士顿的老板,工厂的柴油机急需维修,但是都会区委员会拒绝提供任何资金,他们对坚果岛的人说,你们还是自力更生吧。如果有机器真的坏了,我们会给你们钱修理的。事实上都会区委员会的管理层拒绝采取任何措施,直至危机发生。当这四个柴油机彻底停止运行时,危机就爆发了。坚果岛的团队急切地要修好这些柴油机,但整整四天,未经处理的污水流进了波士顿港。

这个事件使坚果岛团队与管理层的矛盾发展到第三阶段——从反感到疏远。坚果岛污水处理厂的员工们认为这个事件原本是可以避免的,如果都会区委员会的"头头们"能听取他们的意见,而不是任他们自生自灭。在一般的情况下,管理层的冷漠会打击团队的士气和进取心,但坚果岛的情况正好相反,它使坚果岛的团队更加团结。他们认为坚果岛污水处理厂是他们的事业,工厂能维持下去都是他们努力的结果。波士顿的那些官僚们不会妨碍他们,工厂该怎么运行就怎么运行。

渐渐地,坚果岛的人尽可能地避开与管理层的接触。当污水处理厂缺少氯化铁时,坚果岛没有人到总部去要求拨款。他们联络当地社区的一个积极分子,请求他向州议员提出投诉,污水处理厂里飘出异味,州议员再去要求都会区委员会的官员们给坚果岛污水处理厂拨款购买氯化铁。史密斯和他的同事们导演了这出下情上达的好戏,这说明坚果岛的团队是多么不愿意与他们的管理层打交道。

为了减少与管理层的接触,坚果岛的人尽量延长机器的使用寿命。尽管他们对机器的维修十分有创意,他们甚至在现场为机器制造零件,但最终,团队这种废物利用的精神无助于他们完成使命。

在坚果岛污水处理厂,最麻烦的设备是水泵,这些水泵主要是用来将粪便和其他固态污染物注入消化池,再加进用来消灭病原菌的厌氧性细菌,缩小它们的体积,使其安全地排放到波士顿港中。由于缺乏维护,这些水泵的效能已在降低,坚果岛人并没有要求波士顿市政当局更换它们，而是往水泵中加入了大量的润滑油，这些润滑油最终渗入了消化罐，随着污泥排入了波士顿港。污水处理系统的一位科学家对我讲，他认为由于这些被润滑油污染的固体污染物排入波士顿港中，港底的沉积物中油的含量远远高于美国东海岸其他港口。

大拇指规则

一个团队如果过分关注于眼前棘手的工作，就很容易丧失全局观念，忽视其他的工作。为了避免这种趋势，聪明的经理们往往在督查当前工作的同时，向他的团队成员介绍其他部门的想法和做法。如果一个团队已处在坚果岛效应的第四阶段，那他们就不会对其他公司或部门的任何做法和想法发生兴趣，他们固执己见，与外界完全隔绝，并制定自己的规则。这些规则通常都是非常有害的，因为这些规则使团队和团队的管理层错误地认为他们的工作做得还不错。

在坚果岛有一条关于氯的使用规则也是这样一条"大拇指规则"（意指单凭经验做事的方法）。当输入污水处理厂的污水过多时，有一部分污水没有经过完全的处理就被排出，坚果岛污水处理厂的人就在这些未被完全处理的污水中加入大量的氯，并将它们排入大海，氯可以杀灭污水中的一些细菌，但同时也有副作用。美国环保局把氯列为环境污染物，氯会杀死海洋生物，耗尽海水中的氧气，并破坏海岸生态系统。但坚果岛的团队认为，加入氯总比什么都不加强。他们精心地测算，对污水进行最低限度的处理，当昆西的居民投诉这些没有处理的污水污染了海水和海滩时，坚果岛污水处理厂的人则以污水已被处理过为理由愤然反驳。

在坚果岛效应的第五阶段，现实已经完全被扭曲了。这种情况的形成应完全归罪于管理层。管理层原本就不想严格地监管团队，团队又很巧妙地掩饰他们的问题和不足，所以管理层就很容易被误导。事实上他们愿意被误导，他们面临太多的问题。管理层之所以放任坚果岛，一个很重要的原因是坚果岛的情况虽然在恶化，但它看起来还不错。他们可以集中精力应付那些看起来更紧迫的问题。

坚果岛团队自欺的方式则颇为耐人寻味：他们往往不愿意接受那些与自己预想情况相矛盾的信息。实际上这是一种自欺做法。例如，美国环保署允许污水处理厂处理的污水含有一定数量的大肠杆菌，但要求每处污水处理厂都对此进行实验室试验，以确定被处理污水中细菌的含量。据一个原来在马萨诸塞州工作过的技术人员讲，在坚果岛的实验室，不利的实验结果被他们轻易地放过。"他们倒不是有意欺骗环保署，"这位前环保署的技术人员紧接着说："得到这些数据后他们可能会说，这个实验也许没做好，我们再做一遍吧。"一般实验室都难以避免犯这种无意识的错误，但通常，这种误差是可以被矫正的，但在坚果岛，这种偏差是无法被矫正的。坚果岛的数据只要基本符合环保署的标准，都市区委员会的管理层就认为没有理由去质疑坚果岛的实验结果。对于坚果岛人自己来说，获得这种许可就证明他们在改善波士顿港的水质。

戴维·斯坦德利（David Standley）是一位在昆西任职多年的环境顾问。他高大、随和，有着天生的工程师的精确，他向我讲述了1996年坚果岛污水处理厂消化罐的情况。为了逃避现实，坚果岛污水处理厂的人不仅需要自欺欺人，还需要在外界指出事实时予以坚决的否认。

无论什么时候，这些固体污染物都是十分污浊的，甚至污水处理厂的人都避之不及。斯坦德利在污水处理厂看到工人们以最随意的方式处理这些污物，从未考虑到处理后再加以利用。坚果岛人是有责任将这些固体污染物处理后转化为肥料的。1995—1996年，负责将波士顿的固态污染物转化为肥料的公司拒收了40%由坚果岛处理的固态污染物，显然，坚果岛污水处理厂的消化罐出了问题。斯坦德利说："我记得，我看了一眼消化罐的操作仪表就告诉他们，这个东西应该报废了。理论上讲，如果罐中的活性酸每天变化达到20%，消化罐就存在很严重的问题。"

然而正如意料当中的，这些质疑并没有被坚果岛人接受。"坚果岛的人一开始就存有敌意，"斯坦德利说，"他们不喜欢我管他们的事情，并坚持消化罐没有问题。而消化罐中酸性值的波动只是这些消化罐的小毛病。"坚果岛的团队没有从根本上去解决问题，而只是发明了搪塞的办法。当从消化罐中采集的样本酸性过高时，他们就在消化罐中加入大量的碱。

如果没有外部的干预，坚果岛污水处理厂的情况还会继续恶化下去，一直到消化罐彻底报废或其他的危机爆发。当然这种情况没有发生，为了大规模检修波士顿污水处理系统和清洁波士顿港，坚果岛污水处理厂在1997年就被关闭了。坚果岛的团队被解散了，团队的核心成员在20世纪60年代来到这里，经过30年的努力工作，波士顿港并没有比他们来的时候更干净。

当我把这个故事讲给其他经理人时，他们都颇有同感。也许没有一个正式的名称，正说明坚果岛效应的微妙与隐蔽性。坚果岛效应没有被经理人和管理学者所重视，正如在坚果岛效应下团队的成员被管理层所忽视一样。坚果岛效应是在公共机构和私人企业中一个常见的顽症，但它并没有被看作一种病态，而被视为一种常态。即使是优秀的人才陷入坚果岛效应也难免做错事。但我确信，这种局面是不正常的也是可以避免的。坚果岛效应是一个悲剧，它浪费了人们的热情和精力，使组织功能无法正常发挥，并降低了企业的盈利能力。管理层有责任找出可能产生坚果岛效应的环境，并阻止坚果岛效应的发生。

案例讨论：

分析坚果岛效应五个阶段的问题及原因，你认为应该如何有效地防止坚果岛效应。

（资料来源：佚名. 管理哲学和领导艺术（一）[EB/OL].（2013-08-22）[2017-01-25]. http://wenku.baidu.com.）

第 **7**章

激 励

▶ 学习目标

通过本章学习，学生应掌握激励的基本理论和技术，了解不同激励方法的适用条件及在管理中的运用，学会使用各种不同的激励方法。

▶ 学习要求

知识要点	能力要求	相关知识
激励概述	掌握激励的含义和过程	激励构成要素
激励理论	1. 了解激励思想的发展 2. 了解和掌握不同的激励理论 3. 掌握不同激励理论的在管理中的运用	不同激励理论的优缺点
激励职能的运用	1. 了解激励的原则 2. 学会使用不同的激励方式	不同激励方式的内容

案例导入

奖金发放故事

企业的一名营销员兢兢业业，取得不俗业绩，公司决定奖励他 13 万元。年终总经理单独把他叫到办公室，对他说："由于本年度你工作业绩突出，公司决定奖励你 10 万元！"业务员非常高兴，谢谢总经理后推门要走。

总经理突然说道："回来，我问你一件事，今年你有几天在家里陪你的妻子？"

该业务员回答道："今年我在家不超过 10 天。"总经理惊叹之余，拿出了一万元递到业务员手中，对他说"这是奖励你妻子的，感谢她对你工作无怨无悔的支持。"

然后总经理又问："你儿子多大了，你今年陪他几天？"

这名业务员回答道："儿子不到六岁，今年我没有好好陪他"。

总经理又从抽屉里拿出一万元放在桌子上，说："这是奖励你儿子的，告诉他，他有一个伟大的爸爸。"

该业务员热泪盈眶，刚准备走，总经理又问道："今年你和你的父母见过几次面？尽到当儿子的孝心了吗？"

业务员难过地说："一次面也没有见过，只是打了几个电话。"

总经理感慨地说："我要和你一起去拜见伯父、伯母，感谢他们为公司培养了如此优秀的人才，并代表公司送给他们一万元。"

这名业务员此时再也控制不住自己的感情，哽咽着对总经理说："感谢公司多给的奖励，我今后一定更加努力。"

好的奖励方法如同将胡萝卜变成沙拉，同样的材料稍做加工，拌上美味的沙拉酱，就可以更大限度地满足调动人的胃。

（资料来源：http://xm.pxto.com.cn/news/xm/af7f1ad3d160fa50.html.）

任务 7.1　激励概述

【学习目标】

让学生认识了解激励及其相关定义和过程；训练学生发现别人优点、赞美别人的能力；让学生深刻理解，激励并非只有靠物质手段，赞美也是一种有效的激励。

【学习知识点】

激励是管理的基本职能，同时又是管理的最重要的职能之一，激励在现代管理中具有不可替代的作用。激励活动在管理中无处不在，它贯穿、渗透在管理的其他职能如组织职能、决策职能中，发挥着积极的作用。制订计划必须考虑组织成员的士气如何提高，提高至何种程度等相关激励因素。

　　组织的各种活动同样也要以是否有利于激励效果的提高来展开，优秀的组织文化本身就是强有力的激励措施。指挥所运用的手段，同时也是激励的各种方法。协调离不开激励手段的运用，激励工作的好坏会为协调工作带来直接的后果。激励贯穿于整个控制过程中，无一不包含激励方法的具体运用。

　　综上所述，激励渗透于管理过程的每一个要素之中，与其他职能相互作用、相辅相成，为实现管理目标而承担着不可替代的重要功能。成功的管理者必须知道用什么样的方式有效地调动下属的工作积极性。

7.1.1　激励的内涵

1. 激励的含义

　　无论在理论界和管理实践中，"激励"一词几乎说是人尽可知，但要对其下一个明确的定义，却并不是一件容易的事。在中文中，"激励"有两层意思：一是激发、鼓励的意思，如在《六韬·王翼》中，"主扬威武，激励三军"；在《英烈传》第十四回中，"太祖又说：'此举非独崇奖常将军，正以激励诸侯'"。这些文献中的激励均有激发、鼓励之意。二是斥责、批评之意，如在《后汉书·袁安传》中，"司徒恒虞改义从安，太尉郑弘、司空第五伦皆恨之。弘因言激励虞曰：'诸言当生还口者，皆为不忠'"，此处激励则为斥责、批评。当然，在我们日常生活中，目前一谈到激励，人们想到的主要是第一层意思，即激发、鼓励。

【知识阅读 7-1】

鲶鱼效应

　　挪威人爱吃沙丁鱼，但沙丁鱼非常娇贵，极不适应离开大海后的环境。渔民们把刚捕捞上来的沙丁鱼放入鱼槽运回码头后，用不了多久沙丁鱼就会死去，而死掉的沙丁鱼味道不好销量也差。倘若抵港时沙丁鱼还存活着，鱼的卖价就要比死鱼高出若干倍。为延长沙丁鱼的活命期，渔民想方设法让鱼活着到达港口。后来渔民想出一个法子，将几条沙丁鱼的天敌鲶鱼放在运输容器里。鲶鱼是肉食鱼，放进鱼槽后，便会四处游动寻找小鱼吃。为了躲避天敌的吞食，沙丁鱼自然加速游动，从而保持了旺盛的生命力。如此一来，一条条沙丁鱼就活蹦乱跳地回到渔港。这在经济学上被称作"鲶鱼效应"。

　　其实用人亦然。一个公司如果人员长期固定，就缺乏活力与新鲜感，容易产生惰性，尤其是一些老员工，工作时间长了就容易厌倦、疲惰、倚老卖老，因此有必要找些外来的"鲶鱼"加入公司，制造一些紧张气氛。当员工们看见自己的位置多了些"职业杀手"时，便会有种紧迫感，知道该加快步伐了，否则就会被杀掉。这样一来，企业自然而然就生机勃勃了。

　　（资料来源：佚名. 鲶鱼效应 [EB/OL]. （2009-01-12）[2014-06-10]. http://wiki.mbalib.com/wiki.）

在英文中，作为动词的激励（motivate）来自拉丁语，有两个含义：一是提供一种行为的动机，即诱导、驱使之意；二是通过特别的设计来激发学习者的学习兴趣，如教师可以通过一系列教学管理措施来引导学生的学习行为。相应的，作为名词的motivation则含有三层意思：一是指被激励（motivated）的过程；二是指一种驱动力、诱因或外部的奖酬（incentive）；三是指受激励的状态，比如说受到激励的程度比较高。而在目前的中文版或英文版教材中，激励一般是兼具动词和名词词性的，即既可视为动词，又可视为名词，需要相机而定。

从管理学的角度出发，国内外的专家和学者从不同的角度对激励的定义进行了阐述。

美国管理学家贝雷尔森（Berelson）和斯坦尼尔（Steiner）给出如下定义："一切内心要争取的条件、希望、愿望、动力等都构成了对人的激励。它是人类活动的一种内心状态。"①。

斯通纳将激励论述为："激励是人类心理方面的特征，它决定着个体的努力程度。激励对人们在其承诺的某一特定方面的行为具有始发、引导和支持的作用。激励是管理的一个过程，即利用有关动机的知识来影响人们的行为。"②

周三多的定义为："激励是指影响人们的内在需求或动机，从而加强、引导和维持行为的活动或过程。"③

张文士和张雁的定义："激励是一种精神力量或状态，起加强、激发和推动作用，并且指导和引导行为指向目标。"④

综合起来，我们对激励做出如下界定，激励就是管理者采用某种有效的措施或手段调动人的积极性的过程，它使人产生一种兴奋的状态并保持下去，在这种状态的支配下，员工的行为效率得以不断提高，其行为趋向并最终高效地完成组织的目标。

2. 激励的构成要素

激励一般由五个要素组成：

（1）激励主体，指施加激励的组织或个人，在管理中，激励是由组织管理者（可以是组织中各个层次的）做出。

（2）激励客体，指激励的对象，而对象则是与所设定目标相关的个体或群体。激励对象的确定与欲达成的目标是相关的。

（3）目标，指主体期望激励客体的行为所实现的成果。激励是为达到某些目标而做出的，这些目标可以是一种行为，也可以是一种结果，或者二者兼而有之。如果没有明确设定的目标（无论是组织层次的，还是个体或群体层次的），那么激励则无从谈起。换而言之，激励首先要做到的，就是要有的放矢。

---

① 小詹姆斯·H. 唐纳利，等. 管理学基础 [M]. 北京：中国人民大学出版社，1982：195.
② 斯通纳. 管理学教程 [M]. 北京：华夏出版社，2001：355.
③ 周三多. 管理学 [M]. 北京：高等教育出版社，2000：212.
④ 张文士，等. 管理学原理 [M]. 北京：中国人民大学出版社，1994：329.

（4）激励手段，指能导致激励客体的物质或精神的因素。激励主要通过改变个体或群体的行为，使其更加努力地工作来达到目标，但这需要充分考虑被激励者的需要特征，管理者需要对此做出详细的分析，通过满足激励对象的需要来获得期望的激励效果。激励是一种措施、力量或过程，也可以是一种意愿等其他形式。

（5）激励环境，指激励所处的环境因素，它会影响激励的效果。这些因素可以进一步地区分为内部因素和外部因素。

为了引导人的行为达到激励的目的，领导者既可在了解人的需要的基础上，创造条件促进这些需要的满足，也可心通过采取措施，改变个人的行动环境。这个环境被研究人员称为人的行动的"力场"。对企业而言，领导者对在"力场"中活动的员工行为的引导，就是要借助各种激励方式，减少阻力，增强驱动力，提高员工的工作效果，从而改善企业经营的效率。

7.1.2 激励过程

1. 激励与动机

激励的实质是动机的激发过程。人的行为是由动机决定的，而动机则是由需要引起的。当人们产生某种需要而未能满足时，就会引起人的欲望，它促使人处在一种不安和紧张状态之中，从而成为做某件事的内在驱动力。心理学上把这种驱动力叫作动机。动机是由需要驱动、刺激强化和目标诱导三种因素相互作用的一种合力。

动机具有三个特征：

（1）动机与实践活动有密切关系，人的一切活动、行为都是由某种动机支配的；

（2）动机不但能激起行为，而且能使行为朝着特定的方向、预期目标行进；

（3）动机是一种内在的心理倾向，其变化过程是看不见的，通常只能从动机表现出来的行为来逆向分析动机本身的内涵和特征。

动机产生以后，人们就会寻找、选择能够满足需要的策略和途径，而一旦策略确定，就会采取一定的行为。活动的结果如果未能使需要得到满足，则人们会采取新的行为，或重新努力，或降低目标要求，或变更目标去从事别的活动。如果活动的结果使作为活动原动力的需要得到满足，则人们往往会被自己的成功所鼓舞，产生新的需要和动机，确定新的目标，进行新的活动。因此，从需要的产生到目标的实现，人的行为是一个周而复始、不断进行、不断升华的循环过程。激励就是要指导内驱力、需要、目标三个相互影响、相互依存的要素衔接起来，构成动机激发的整个过程。需要、动机、行为之间的关系模型如图 7-1 所示：

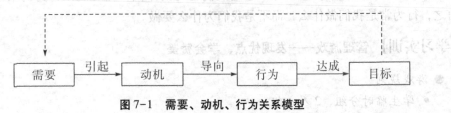

图 7-1　需要、动机、行为关系模型

2. 激励的过程

我们可以把激励的过程看成是为了满足被激励对象的某些需要的一系列连锁反应。正如上文所谈到的，激励其实是对人的行为施加影响的一种过程，那么，人的行为又是怎样发生并改变的呢？我们需要了解与此相关的过程。参见图 7-2。

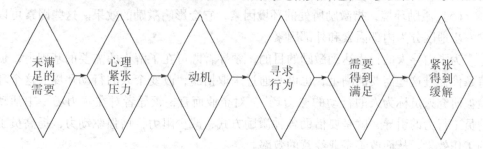

图 7-2　个体被激励的过程

在图 7-2 中，显然，人的未满足的需要是其行为的起点。所谓需要，是指能使特定的结果具有吸引力的某种内部状态。通俗地讲，需要就是人们对某种事物的渴求和欲望。正如在下文中可以看到的那样，人的需要是多种类型的，也是有层次划分的，比如有基本层次的需要（如饥饿等生理需要）和高层次的需要（如社交和安全需要）。还需指出的一点是，人们的需要不是独立存在的，还可能受环境的影响。比如闻到食物的香味就容易使人们产生食欲和饥饿感，而看到电视上的商品广告或商品的现场展示等人们就容易产生购买欲望。

当一种未被满足的需要形成时，就会给人们带来一定程度的紧张和压力，从而使人们产生减少这种不安的内在驱动力量，这就是动机。所谓动机往往是使人们有某种行为冲动的一种心理状态。当条件许可时，动机会产生寻求行为，引导人们去寻找满足需要的特定目标。如果目标达到，需要会得到满足，同时紧张程度也得以降低。所以从整个过程来看，被激励的员工处于一种紧张状态，为缓解紧张他们会努力工作。紧张强度越大，努力程度越高。如果这种努力成功地满足了需要，紧张感将会减轻。但是，需要指出的是，这种减轻紧张程度的努力必须是指向组织目标的。否则，即使个体表现出高努力水平，但也有悖于组织的利益。

这个过程有时也并不经常像前述那样简单地运转。需要会引起行为，但需要也可能是由于行为引起的结果。满足了一种需要，可能会引起满足更多需要的愿望。例如，一个人对成熟的需要，可能在所追求的目标实现后变得更加强烈，也可能因得不到满足而减弱下来。这种连锁过程的单向性，也已受到了一些生物科学家研究成果的挑战，他们发现，需要并不总是人们行为的原因，而可能是行为的结果。换言之，行为常是我们做什么，而不是我们为什么要做。

【学习实训】 管理游戏——发现优点、学会赞美

● 游戏规则
　● 学生临时分组，2 人一组。

- 在15分钟内,各自在纸上列出对方尽可能多的优点,针对每一个优点,都必须有一句赞美。
- 写完后,组内2人交换,并进行评价。
● 游戏总结
- 可适当选出几组,上台演示,教师与同学进行点评并讨论。

【效果评价】

根据学生出勤、课堂讨论发言及小组合作完成任务的情况进行评定。

任务7.2 激励理论

【学习目标】

了解激励思想的发展,掌握几种激励理论的内涵,了解管理中不同激励理论如何运用。

【学习知识点】

激励是一种活动,同时又是一个过程。它的产生有一定的内外因素。激励的起点是需求,由此产生出的动机会引起人们一定的行为,从而对目标的实现产生相关的作用。研究激励,不仅要研究产生激励的诱因,还要研究由此产生的不同的行为,那必须要对激励理论进行研究了。

在管理学中,激励理论是研究如何预测和激发人的动机、满足人的需要、调动人的生产积极性的理论。有关激励的理论有很多种,大体上可以分为三种类型:内容型激励理论、过程型激励理论和综合型激励理论三种。内容型激励理论侧重研究用什么样的因素激励人、调动人的积极性;过程性激励理论着重探讨人们接受了激励信息以后到行为产生的过程。综合型激励理论则对已有的激励理论进行概括与综合,试图全面揭示人在激励中的心理过程。目前比较流行的激励过程理论有期望理论、公平理论、目标设置理论和认知评价理论等。

【知识阅读7-2】

表演大师鞋带解松了

有一位表演大师上场前,他的弟子告诉他鞋带松了。大师点头致谢,蹲下来仔细系好。等到弟子转身后,又蹲下来将鞋带解松。有个旁观者看到了这一切,不解地问:"大师,您为什么又要将鞋带解松呢?"大师回答道:"因为我饰演的是一位劳累的旅者,长途跋涉让他的鞋带松开,可以通过这个细节表现他的劳累憔悴。""那你为什么不直接告诉你的弟子呢?""他能细心地发现我的鞋带松了,并且热心地告诉我,我一定要保护他这种热情的积极性,及时地给他鼓励,至于为什么要将鞋带解开，将来会有更多的机会教他表演，可以下一次再说啊。"

对待"善意错误"要讲究策略，善意的地方要肯定，错误的地方要纠正，奖惩不但要分明，而且要分开。有时处理问题的时候，保护别人的热情和积极性比评价事情本身的是非更为重要，特别是对于无大碍的小事，更应当如此。

（资料来源：佚名. 表演大师鞋带解松了［EB/OL］.（2011-04-02）［2014-06-10］. http://blog.sina.com.cn/s/blog_6647861d0100pz8c.html.）

7.2.1 激励思想的发展

在认识三大类激励理论之前，先来了解一下激励思想的发展。在西方管理理论中，激励思想大致经过了四个发展阶段：

（1）以"恐吓与惩罚"为主的激励思想，盛行于20世纪以前至20世纪初，以泰勒为代表。这种思想坚持"经济人"的人性假设，主张以恐吓和惩罚作为激励的主要措施，而以奖赏作为较为次要的措施。

（2）以"奖赏"为主的激励思想，流行于20世纪20年代至40年代，以霍桑实验为代表。这种思想坚持"社会人"的人性假设，更为重视对雇员的关心，主张提供各种福利和良好的工作条件，以使雇员心情愉快，对工厂"感恩戴德"，从而起到激励的作用。

（3）以"工作中的奖赏"为主的激励思想，第二次世界大战后开始流行于美国，强调工作本身的激励作用。这种思想实际上是坚持了"自我实现的人"的人性假设，认为有利于员工交往的工作组织形式和工作内容的丰富化就是对员工的激励。

（4）以"激励特征"为主的激励思想，始于20世纪70年代，中心内容是建立具有期望的激励特性的组织，包括设计具有激励特征的工作，培养有利于员工发挥主动性和创造性的组织气氛，建立扁平化的组织结构，注重员工自我激励等。这种思想以"复杂人"的人性假设为基础和前提。

前面已经详细介绍过四种人性假设了，在这就不再重复介绍。

7.2.2 内容型激励理论

内容型激励理论研究的是"什么样的需要会引起激励"这样的问题，它说明了激发、引导、维持和阻止人的行为的因素，旨在了解人的各种需要，解释"什么会使员工努力工作"的问题，如马斯洛的需要层次论、赫茨伯格的双因素理论、麦克莱兰的三种需要理论、奥尔德弗的EGR理论等。

1. 需要层次理论

1）理论内容

需要层次理论（hierarchy of needs theory）是研究人的需要结构的一种理论，是美国心理学家马斯洛（Abraham H. Maslow，1908—1970）首创的一种理论。他在1943年出版的《人类动机的理论》（*A Theory of Human Motivation Psychological Review*）一书中提出了需要层次理论。

马斯洛的需要层次论主要有三个基本出发点：第一。人要生存，他的需要能够影响他的行为。只有未满足的需要能够影响行为，满足了的需要不能充当激励工具。第二，人的需要按重要性和层次性排成一定的次序，从基本的（如食物和住房）到复杂的（如自我实现）。第三，当人的某一级的需要得到最低限度满足后，才会追求高一级的需要，如此逐级上升，成为推动继续努力的内在动力。

在此基础上，马斯洛认为，每个人都有五个层次的需要：生理的需要、安全的需要、社会或情感的需要、尊重的需要、自我实现的需要。如图 7-3 所示。

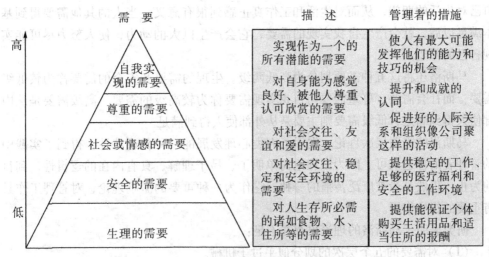

图 7-3　需要层次理论综合图示

（1）生理的需要。任何动物都有这种需要，但不同动物的需要的表现形式是不同的。就人类而言，人们为了能够继续生存，首先必须满足基本的生活要求、如衣、食、住、行等。马斯洛认为，这是人类最基本的需要。人类的这些需要得不到满足就无法生存，也就谈不上其他需要。所以在经济不发达的社会，必须首先研究并满足这方面的需要。

（2）安全的需要。基本生活条件具备以后，生理需要就不再是推动人们工作的最强烈力量，取而代之的是安全的需要。这种需要又可分为两小类：一类是现在的安全的需要，另一类是对未来的安全的需要。对现在的安全需要，就是要求自己现在的社会生活的各个方面均能有所保证，如就业安全、生产过程中的劳动安全、社会生活中的人身安全等等；对未来的安全需要，就是希望未来生活能有保障。未来总是不确定的，而不确定的东西总是令人担忧的，所以人们都追求未来的安全，如病、老、伤、残后的生活保障等。

（3）社会或情感的需要。马斯洛认为，人是社会的一员，需要友谊、爱情和群体的归属感，人际交往需要彼此同情、互助和赞许。因此，人们常希望在一种被接受的情况下工作，在他所处的群体中占有一个位置，否则就会感到孤独而消沉。

（4）尊重的需要。这是指人希望自己保持自尊和自重，并获得别人的尊敬，得到别人的高度评价。这种需要可分为两类：一类是那种要求力量、成就、信心、自由和独立的愿望，属于内在需要；另一类是要求名誉和威信（别人对自己的尊敬和尊重)、表扬、注意、重视和赞赏的愿望，属于外在需要。每一个人都有一定的自尊心。这种需要得到满足，就会使人感到自信、有价值、有力量、有能力并适于生存；若得不到满足，就会产生自卑感、软弱无能感，从而导致情绪沮丧，失去自信心。

（5）自我实现的需要。这是指人希望从事与自己能力相称的工作，使自己潜在的能力得到充分的发挥，成为自己向往久已的人物。一个人通过自己的努力，实现自己对生活的期望，从而对生活和工作真正感到很有意义。当人的其他需要得到基本满足以后，就会产生自我实现的需要，它会产生巨大的动力，使人努力尽可能实现自己的愿望。

马斯洛还将这五种需要划分为高低两级。生理的需要和安全的需要称为较低级需要，而社会需要、尊重需要与自我实现需要称为较高级的需要。高级需要是从内部使人得到满足，低级需要则主要是从外部使人得到满足。

马斯洛的需要层次理论，揭示了人类心理发展的一种普遍特性，得到了实践中的管理者的普遍认可。因为该理论简单明了、易于理解、具有内在的逻辑性，到目前为止，仍然是最被广泛传播的一种，它作为一种重要的激励理论，对管理工作具有重要的指导作用。

研究表明，马斯洛的理论也存在不足：

（1）对需要的五个层次的划分似乎过于机械。

（2）需要并不一定依循等级层次递增。

（3）许多行为的后果可能与满足一种以上的需要有关（如适当的薪酬不止能满足生理和安全的需要，也能满足自尊的需要）。

（4）一个人的自我观感会影响需要层次体系对个人动机的激励力。有人满足了低层次的需要后，不一定就会对高层次的需要有所渴求。

2）理论在管理中的运用

马斯洛的需要层次理论对于管理实践具有重要的启发意义，在管理中的应用主要体现为以下三个方面。

（1）掌握员工的需要层次，满足员工不同层次的需要

管理者在实践中应该根据员工的不同层次的需要，采取相应的组织措施，以使其行为与组织的或社会的需要相一致。表7-1给出了员工的需要层次及相应的激励因素和组织管理措施之间的对应关系，管理者可参考。

表7-1　激励因素、需要层次与组织管理措施的对应关系

一般激励因素	需要层次	组织管理措施
1. 成长 2. 成就 3. 提升	自我实现需要	1. 挑战性的工作 2. 创造性 3. 在组织中提升 4. 工作的成就

表7-1(续)

一般激励因素	需要层次	组织管理措施
1. 承认 2. 地位 3. 尊重	尊重需要	1. 工作职称 2. 给予奖励 3. 上级/同事认可 4. 对工作有信心 5. 赋予责任
1. 志同道合 2. 爱护关心 3. 友谊	社交需要	1. 管理的质量 2. 和谐的工作小组 3. 同事的友谊
1. 安全 2. 保障 3. 胜任 4. 稳定	安全需要	1. 安全工作条件 2. 外加的福利 3. 普遍增加工资 4. 职业安全
1. 食物 2. 住所	生理需要	1. 基本工作报酬 2. 物质待遇 3. 工作条件

(资料来源：傅永刚. 组织行为学 [M]. 北京：清华大学出版社，2011.)

（2）了解员工的需要差异，满足不同员工的需要

员工不但有着不同层次的需要，而且其职业、年龄、个性、物质条件、社会地位等不同，需要层次的排列及需要特点也各有差异。因此，管理者要注意掌握不同员工的不同需要，针对不同员工的不同需要采取不同的激励方法和管理措施。

（3）把握员工的优势需要，实施最大限度的激励

在一定时期内，员工可能存在着多种需要，但一定有一个占主导地位的优势需要支配、推动其行为。而且，随着时间、条件的改变，人的优势需要的内容也在变化。例如，当员工的收入很高时，其第一位的需要会由金钱需要转变为自我实现需要。因此，管理者不但要注意分析不同员工的需要差异，还要掌握一定时间内、一定条件下员工的优势需要及其变化。只有满足员工的优势需要，才能产生较大的激发力量。

2. 双因素理论

1）理论内容

双因素理论，又称为激励—保健理论（motivation-hygiene theory），是由美国心理学家赫茨伯格（Frederick Herzberg）于 20 世纪 50 年代所提出。他通过对 200 名工程师和会计师的访谈，深入研究了"人们希望从工作中得到些什么"。他要求受访者详细描述哪些因素使他们在工作中感到特别满意及受到高度激励，又有哪些使他们感到不满和消沉。赫茨伯格对调查结果进行了分类归纳，如图 7-4。

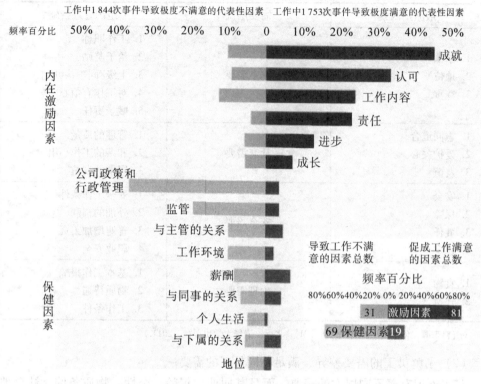

图 7-4　赫茨伯格的调查结果

赫茨伯格惊讶地发现，对工作满意的员工和对工作感到不满意的员工的回答十分不同，与满意和不满意相关的因素是两类完全不同的因素。例如"低收入"通常被认为会导致不满，但"高收入"却不一定被归结为满意的原因。图 7-4 上方列出的因素是与工作满意有关的特点；下方列出的因素是与工作不满意有关的特点。一些内在因素如成就、认可、责任与工作满意相关。当对工作感到满意时，员工倾向于将这些特点归因于他们本身；而当他们感到不满意时，则常抱怨外部因素，如公司的政策、管理和监督、人际关系、工作条件等。

这个发现使赫茨伯格对传统的"满意—不满意"相对立的观点提出了修正。传统的看法认为满意和不满意是一个单独连续体相对的两端（见图 7-5）。但是，赫茨伯格认为，满意的对立面并不是不满意，消除了工作中的不满意因素并不必定能使工作结果令人满意。如图 7-5 所示，赫茨伯格提出这之中存在双重的连续体：满意的对立面是没有满意，而不是不满意；同时，不满的对立面是没有不满，而不是满意。

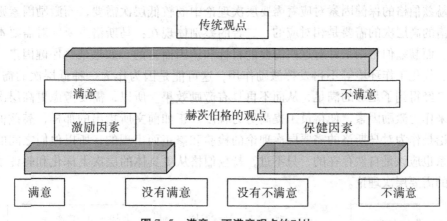

图 7-5　满意—不满意观点的对比

因此，赫茨伯格提出，影响人们行为的因素主要有两类：保健因素和激励因素。

（1）保健因素是那些与人们的不满情绪有关的因素，如公司的政策、管理和监督、人际关系、工作条件等。保健因素处理不好，会引发对工作不满意情绪的产生，处理得好，可以预防或消除这种不满。但这类因素并不能对员工起激励的作用，只能起到保持人的积极性、维持工作现状的作用。所以保健因素又称为"维持因素"。

（2）激励因素是指那些与人们的满意情绪有关的因素。与激励因素有关的工作处理得好，能够使人们产生满意情绪，如果处理不当，其不利效果顶多只是没有满意情绪，而不会导致不满。他认为，激励因素主要包括这些内容：工作表现机会和工作带来的愉快，工作上的成就感，由于良好的工作成绩而得到的奖励，对未来发展的期望，职务上的责任感等。

按照赫茨伯格的观点，在企业管理的过程中，要调动和维持员工的积极性，首先要注意保健因素，以防止不满情绪的产生。但更重要的是要利用激励因素去激发员工的工作热情，创造奋发向上的局面，因为只有激励因素才会增加员工的工作满意感。

双因素理论在学术界同样存在着争议，批评意见主要来自以下几个方面：

（1）赫茨伯格所采用的研究方法具有一定的局限性。人们容易把满意的原因归于他们自己，而把不满意的原因归因于外部因素。

（2）赫茨伯格研究方法的可靠性令人怀疑。评估者必须要进行解释，但他们有可能会对两种相似的回答做出不同的解释，因而使调查结果掺杂偏见。

（3）缺乏普遍适用的满意度评价标准。一个人可能不喜欢他工作的一部分，但他仍认为这份工作是可以接受的。

（4）双因素理论忽视了情境变量，没有考虑情境变量在其中所起的作用。

（5）赫茨伯格认为满意度与生产率之间有一定的关系，但他所使用的研究方法只考察了满意度，而没有涉及生产率。

再来看看双因素理论与需要层次理论之间的关系。通过仔细分析，我们发现，它们之间是相互关联的。图 7-6 则描述了二者之间的相关性。

赫兹伯格的保健因素对应着需要层次理论中的较低层次需要，而激励因素则与马斯洛的高层次的需要是相对应的。二者的差别体现在：马斯洛主要针对需要本身而言，而赫兹伯格则是针对这些需要的目标和诱因而言的。如果某些保健因素，如加薪、优化工作环境等不再发挥激励作用，这可能是因为作为一种低层次的需要，员工已经得到了足够的满足，从而不再具有激励效果。所以，需要考虑更高层次的需要来作为激励因素，使得员工提高努力程度。正如前文所指出的那样，赫兹伯格的理论是作为对马斯洛的需要层次理论的检验和修正而出现的，所以他们之间的这种关系也应该是自然存在的，只不过，赫兹伯格从更具体的层次上深化和验证了马斯洛的需要层次理论。

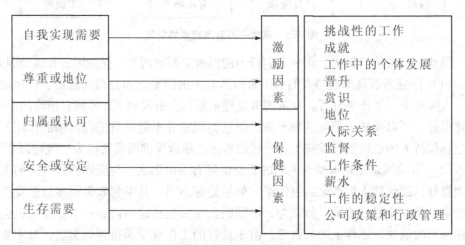

图7-6 马斯洛和赫兹伯格的激励理论比较与联系

（资料来源：哈罗德·孔茨，等. 管理学［M］. 北京：经济科学出版社，1998：306.)

2）理论在管理中的应用

赫茨伯格的双因素理论在现代激励理论中占有重要的地位，特别是双因素理论所提示的内在激励的规律，为许多管理者更好地激发员工的工作动机提供了新的思路，具有重要的指导和应用价值。双因素理论对管理者的启发主要表现为以下两方面。

（1）注重对员工的内在激励

管理者若想持久而高效地激励员工，必须注重工作本身对员工的激励。第一，改进员工的工作内容，进行工作任务再设计，从而使员工能从工作中感到责任和成长。第二，对高层管理者而言，应下放权力，实施目标管理，扩大基层管理者和员工的自主权及工作范围，并敢于给予基层管理者富有挑战性的工作任务，使他们的聪明才智得到充分发挥。第三，对员工的成就及时给予肯定、表扬，使他们感到自己受到重视和信任。

（2）正确处理保健因素与激励因素的关系

首先，不应忽视保健因素，但又不能过分地注重改善保健因素。双因素理论指出，满足员工的保健因素，只能防止反激励，并不构成激励。赫茨伯格通过研究还发现：保健因素的作用是一条递减曲线。当员工的工资、奖金等报酬达到某种满意程度后，其作用就会下降，过了饱和点，还会适得其反。

其次，要善于把保健因素转化为激励因素。保健因素和激励因素是可以转化的，不是一成不变的。例如，员工的工资、奖金如果同其工作绩效挂钩，就会产生激励作用，变为激励因素。如果两者没有联系，奖金发得再多，也构不成激励，且一旦减少或停发，还会造成员工的不满。因此，高明的管理者既要注意保健因素，以消除员工的不满，又要努力使保健因素转变为激励因素。

3. 三种需要理论

1）理论内容

三种需要理论（three needs theory）（也称为成就需要理论）是由美国哈佛大学教授戴维·麦克莱兰（David McClelland）等人在 20 世纪 40~50 年代通过对人的需求和动机的研究而提出来的。

麦克莱兰认为个体在工作情境中有三种主要的动机或需要：

（1）成就需要（need for achievement）：达到标准、追求卓越、争取成功的需要。麦克莱兰认为，具有强烈的成就需要的人渴望将事情做得更为完美，提高工作效率，获得更大的成功，他们追求的是在争取成功的过程中克服困难、解决难题、努力奋斗的乐趣，以及成功之后的个人的成就感，他们并不看重成功所带来的物质奖励。个体的成就需要与他们所处的经济、文化、社会、政府的发展程度有关；社会风气也制约着人们的成就需要。麦克莱兰发现高成就需要者的特点是：他们希望得到有关工作绩效的及时明确的反馈信息，从而了解自己是否有所进步；他们喜欢设立具有适度挑战性的目标，不喜欢凭运气获得成功，不喜欢接受那些在他们看来特别容易或特别困难的工作任务。高成就需要者事业心强，有进取心，敢冒一定的风险，比较实际，大多是进取的现实主义者。

高成就需要者对于自己感到成败机会各半的工作，表现得最为出色。他们不喜欢成功的可能性非常低的工作，这种工作碰运气的成分非常大，那种带有偶然性的成功机会无法满足他们的成功需要；同样，他们也不喜欢成功的可能性很大的工作，因为这种轻而易举就取得的成功对于他们的自身能力不具有挑战性。他们喜欢设定通过自身努力才能达到的奋斗目标。对他们而言，当成败可能性均等时，才是一种能从自身的奋斗中体验成功的喜悦与满足的最佳机会。

（2）权力需要（need for power）：影响或控制他人且不受他人控制的欲望。权力需要是指影响和控制别人的一种愿望或驱动力。不同人对权力的渴望程度也有所不同。权力需要较高的人喜欢支配、影响他人，喜欢对别人"发号施令"，注重争取地位和影响力。他们喜欢具有竞争性和能体现较高地位的场合和情境，他们也会追求出色的成绩，但他们这样做并不像高成就需要的人那样是为了个人的成就感，而是为了获得地位和权力或与自己已具有的权力和地位相称。权利需要是管理成功的基本要素之一。

（3）归属需要（need for affiliation）：建立友好亲密的人际关系的愿望。麦克莱兰提出的第三种需要是归属需要，也就是寻求被他人喜爱和接纳的一种愿望。高归属需要者渴望友谊，喜欢合作而不是竞争的工作环境，希望彼此之间的沟通与理解，他们对环境中的人际关系更为敏感。有时，归属需要也表现为对失去某些亲密关系的恐惧和对人际冲突的回避。归属需要是保持社会交往和人际关系和谐的重要条件。

2）理论在管理中的应用

在如何辨别一个人是高成就需要者还是其他类型这个问题上，麦克莱兰主要通过投射测验进行测量。他给每位被试者一系列图片，让他们根据每张图片写一个故事，而后麦克莱兰和他的同事分析故事，对被试者的三种需要程度做出评估。

在大量的研究基础上，麦克莱兰对成就需要与工作绩效的关系进行了十分有说服力的推断。

（1）高成就需要者喜欢能独立负责、可以获得信息反馈和中度冒险的工作环境。他们会从这种环境中获得高度的激励。麦克利兰发现，在小企业的经理人员和在企业中独立负责一个部门的管理者中，高成就需要者往往会取得成功。

（2）在大型企业或其他组织中，高成就需要者并一定就是一个优秀的管理者，原因是高成就需要者往往只对自己的工作绩效感兴趣，并不关心如何影响别人去做好工作。

（3）归属需要与权力需要和管理的成功密切相关。麦克利兰发现，最优秀的管理者往往是权力需要很高而归属需要很低的人。如果一个大企业的经理的权利需要与责任感和自我控制相结合，那么他很有可能成功。

（4）可以对员工进行训练来激发他们的成就需要。如果某项工作要求高成就需要者，那么管理者可以通过直接选拔的方式找到一名高成就需要者，或者通过培训的方式培养自己原有的下属。

麦克莱兰的动机理论在企业管理中很有应用价值。首先在人员的选拔和安置上，通过测量和评价一个人动机体系的特征对于如何分派工作和安排职位有重要的意义。其次由于具有不同需要的人需要不同的激励方式，了解员工的需要与动机有利于合理建立激励机制。再次麦克莱兰认为动机是可以训练和激发的，因此可以训练和提高员工的成就动机，以提高生产率。

4. 生存、关系、发展理论（ERG）

美国耶鲁大学的克雷顿·奥尔德弗（Clayton Alderfer）在马斯洛提出的需要层次理论的基础上，进行了更接近实际经验的研究，提出了一种新的人本主义需要理论。

奥尔德弗认为，人们共存在三种核心的需要，即生存（existence）的需要、相互关系（relatedness）的需要和成长发展（growth）的需要，因而这一理论被称为ERG理论。生存的需要与人们基本的物质生存需要有关，它包括马斯洛提出的生理和安全需要。第二种需要是相互联系的需要，即指人们对于保持重要的人际关系的要求。这种社会和地位的需要的满足是在与其他需要相互作用中达成的，它们与马斯洛的社会需要和自尊需要分类中的外在部分是相对应的。最后，奥尔德弗把成长发展的需要独立出来，它表示个人谋求发展的内在愿望，包括马斯洛的自尊需要分类中的内在部分和自我实现层次中所包含的特征。

ERG 理论假设激励行为是遵循一定的等级层次的。在这点上虽然和马斯洛提出的观点相类似。但它又有两个重要的区别：第一，ERG 理论认为在任何时间里，多种层次的需要会同时发生激励作用。所以它承认人们可能同时受赚钱的欲望（生存的需要）、友谊（关系的需要）和学习新的技能的机会（成长的需要）等多种需要的激励。第二，ERG 理论明确提出了"气馁型回归"的概念。马斯洛理论认为人的低层次的需要得到满足后，就会上升为更高层次的需要，受高层次需要的激励。可是奥尔德弗认为，如果上一层次的需要一直得不到满足的话，个人就会感到沮丧，然后回归到对低层次需要的追求。

ERG 理论比马斯洛理论更新、更有效地解释了组织中的激励问题。当然，管理人员不应只局限于用一两个理论来指导他们对职工的激励工作，但通过对需要层次论的了解，应看到人和人的需要重点是不同的，当某种需要得到满足后，人们可能会改变他们的行为。

以上几种内容型激励理论虽各有自己独特的观点，但它们相互之间又有联系，其关系如图 7-7 所示。

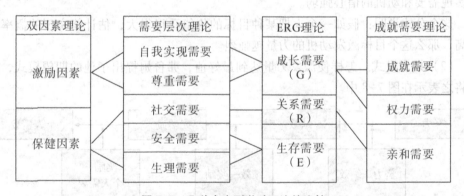

图 7-7　几种内容型激励理论的比较

7.2.3　过程型激励理论

过程型激励理论研究"激励是怎样产生的"问题，解释人的行为是怎样被激发、引导、维持和阻止的，着重分析人们怎样面对各种满足需要的机会以及如何选择正确的激励方法，过程型激励理论解释的是"为什么员工会努力工作"和"怎样才会使员工努力工作"这两个问题，如弗鲁姆的"期望理论"、亚当斯的"公平理论"、斯金纳的"强化理论"、洛克的"目标设置理论"等。

1. 期望理论

1）理论内容

相比较而言对激励问题进行比较全面研究的，是激励过程的期望理论。期望理论（expectancy theory of motivation）是美国心理学家弗鲁姆（Victor Vroom）在1964年出版的《工作与激发》一书中首先提出来的。

期望理论的基本内容主要包括弗鲁姆的期望公式和期望模式。

（1）期望公式。弗鲁姆认为，人总是渴求满足一定的需要并设法达到一定的目标。这个目标在尚未实现时，表现为一种期望，这时目标反过来对个人的动机又是一种激发的力量，而这个激发力量的大小，取决于目标价值（效价）和期望概率（期望值）的乘积。用公式表示为：

$$激励水平（M）≈目标效价（V）×期望值（E）$$

M 表示激发力量，是指调动一个人的积极性，激发人内部潜力的强度。

V 表示目标价值（效价），这是一个心理学概念，是指达到目标对于满足他个人需要的价值。同一目标，由于各人所处的环境不同，需求不同，其需要的目标价值也就不同。同一个目标对每一个人可能有三种效价：正、零、负。效价越高，激励力量就越大。

E 是期望值，是人们根据过去经验判断自己达到某种目标的可能性是大还是小，即能够达到目标的概率。目标价值大小直接反映人的需要动机强弱，期望概率反映人实现需要和动机的信心强弱。

这个公式说明：假如一个人把某种目标的价值看得很大，估计能实现的概率也很高，那么这个目标激发动机的力量越强烈。

（2）期望模式。怎样使激发力量达到最好值，弗鲁姆提出了他的期望模式，我们将之表示在图7-8中。

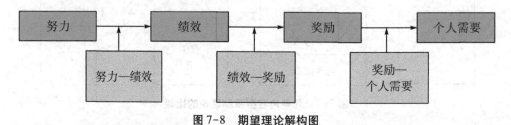

图7-8　期望理论解构图

在这个期望模式的四个因素中包含了以下三个方面的关系：

①努力和绩效的关系。个人感觉到通过一定程度的努力而达到工作绩效的可能性。

②绩效与奖励的关系。个人对于达到一定工作绩效后即可获得理想的奖赏结果的信任程度。人们总是期望在达到预期成绩后，能够得到适当的合理奖励，如奖金、晋升、提级、表扬等。组织的目标，如果没有相应的有效的物质和精神奖励来强化，时间一长，积极性就会消失。

③奖励和个人需要的关系。如果工作完成，个人所获得的潜在结果或奖赏对个

人的重要性程度。奖励什么要适合各种人的不同需要，要考虑效价。要采取多种形式的奖励，满足各种需要，最大限度地挖掘人的潜力，最有效地提高工作效率。

通过对弗鲁姆的期望模式的分析，我们可以总结出期望理论中所包含的激励产生过程的四个步骤：

①员工感到这份工作能提供什么样的结果。这些结果可以是积极的，如工资、人身安全、同事友谊、信任、额外福利、发挥自身潜能或才干的机会等；也可以是消极的，如疲劳、厌倦、挫折、焦虑、严格的监督与约束、失业威胁等。当然，也许实际情况并非如此，但这里我们强调的是员工知觉到的结果，无论他的知觉是否正确。

②这些结果对员工的吸引力有多大。他们的评价是积极的、消极的还是中性的？这显然是一个内部的问题，与员工的态度、个性及需要有关。如果员工发现某一结果对他有特别的吸引力，也就是说，他的评价积极，那么他将努力实现它，而不是放弃工作。对于相同的工作，有些人则可能对其评价消极，从而放弃这一工作，还有人的看法可能是中性的。

③为得到这一结果，员工需采取什么样的行动。只有员工清楚明确地知道为达到这一结果必须做些什么时，这一结果才会对员工的工作绩效产生影响。比如，员工需要明确了解绩效评估中"干得出色"是什么意思，管理者使用什么样的标准评价他的工作绩效。

④员工是怎样看待这次工作机会的。在员工衡量了自己可以控制的决定成功的各项能力后，他认为工作成功的可能性有多大？

2）理论在管理中的应用

期望理论对企业安全管理具有启迪作用，它明确地提出职工的激励水平与企业设置的目标效价和可实现的概率有关，这对企业采取措施调动职工的积极性具有现实的意义。

（1）企业应重视安全生产目标的结果和奖酬对职工的激励作用，既充分考虑设置目标的合理性，增强大多数职工对实现目标的信心，又设立适当的奖金定额，使安全目标对职工有真正的吸引力。

（2）要重视目标效价与个人需要的联系，将满足低层次需要（如发奖金、提高福利待遇等）与满足高层次需要（如加强工作的挑战性、给予某些称号等）结合运用；同时，要通过宣传教育引导职工认识安全生产与其切身利益的一致性，提高职工对安全生产目标及其奖酬效价的认识水平。

（3）企业应通过各种方式为职工提高个人能力创造条件，以增加职工对目标的期望值。管理者应该与下级一起设置切实可行的目标，激发下级的工作积极性；同时，管理者可以通过指导、培训等方法提高下级的工作能力，从而提高下级通过努力实现绩效的期望。

2. 公平理论

1）理论内容

公平理论（equity theory）是美国心理学家亚当斯（J. S. Adams）于 20 世纪 60

年代首先提出的，也称为社会比较理论。这种理论的基础在于，员工不是在真空中工作的，他们总是在进行比较，比较的结果对于他们的工作中的努力程度有影响。大量事实表明员工经常将自己的付出与所得和他人进行比较，而由此产生的不公平感将影响到他以后付出的努力。

公平理论主要讨论报酬的公平性对人们工作积极性的影响。人们通常通过两个方面的比较来判断其所获报酬的公平性，即横向比较和纵向比较。所谓横向比较，就是将"自我"与"他人"相比较来判断自己所获报酬的公平性，从而对此做出相对应的反应。纵向比较则是把自己目前的与过去的进行比较。

亚当斯提出"贡献率"的公式，描述员工在横向和纵向两个方面对所获报酬的比较以及对工作态度的影响：

$$O_A/I_A = O_B/I_B$$

式中：I 为个人所投入（付出）的代价，如资历、工龄、教育水平、技能、努力等；O 为个人所获取的报酬，如奖金、晋升、荣誉、地位等。

该式简明地表达了影响个体公平感的各变量间的关系。从中可以看出，人们并非单纯地将自己的投入或获取与他人进行比较，而是以双方的获取与投入的比值来进行比较，从而衡量自己是否受到公平的对待。比较会产生三种结果，如表7-2所示：

①若 $O_A/I_A = O_B/I_B$，人们就会有公平感；

②若 $O_A/I_A < O_B/I_B$，人们就会感到不公平，产生委屈感；

③若 $O_A/I_A > O_B/I_B$，人们也会感到不公平，产生内疚感。

表7-2 公平理论

公平状态	当事人 a		参照者 b	实　　例
公平	O_a/I_a	=	O_b/I_b	a 认为比 b 的投入多，也相应地得到更多的报酬
低报酬不公平	O_a/I_a	<	O_b/I_b	a 认为比 b 的投入多，但得到的报酬相同
高报酬不公平	O_a/I_a	>	O_b/I_b	a 认为与 b 的投入相同，但得到的报酬比 b 多

在公平理论中，员工所选择的与自己进行比较的参照对象（referents）是一个重要变量，我们可以划分出三种参照类型："他人""制度"和"自我"。"他人"包括同一组织中从事相似工作的其他个体，还包括朋友、邻居及同行。员工通过口头、报刊及网络等渠道获得了有关工资标准、最近的劳工合同方面的信息，并在此基础上将自己的收入与他人进行比较。"制度"指组织中的薪金政策与程序以及这种制度的运作。"自我"指的是员工自己在工作中付出与所得的比率。它反映了员工个人的过去经历及交往活动，受到员工过去的工作标准及家庭负担程度的影响。

当一个人发现自己受到不公平（利己或损己）待遇时，他往往采取以下几种方式消除心理的不公平感：

（1）力求改变自己的报酬

阿伦（J. Allen）和布鲁斯（K. Bruce）做过一个处于不公平状态下的人怎样改

变自己报酬的实验。实验是让被试大学生每两人一组解数学题，一人为解题者，一人为验算者，并告诉他们按解题的速度和正确的程度支付报酬，报酬付给两人后，再由他们两人自己分配。在实际解题过程中，解题者和验算者投入的时间量相等，因此公平的分配方法是将报酬平分。实验分两次进行。第一次由解题者掌握报酬分配权，第二次由验算者掌握报酬分配权。无论哪一次，没有分配权的人有权对分配者的决定做出 5 美分的修正。

在第一次实验中，绝大多数解题者提出的是公平的分配（平分），故验算者无异议。在第二次实验中，实验者操纵验算者使分配发生变化，即将得到的 1 美元 40 美分分别按 85.7%（1 美元 20 美分）、67.9%（95 美元）、50%（70 美分）、32.1%（45 美分）、14.3%（20 美分）、3.6%（5 美分）、1.4%（2 美分）分配给解题者。结果是，得到 85.7% 和 67.9% 报酬的解题者，提出要将自己的报酬减少 5 美分，而所得报酬不足 50% 的，提出要把自己的报酬增加 5 美分。只有恰好获得 50% 报酬的，才没有异议。这说明，解题者不仅在损己不公平（所得报酬不足 50%）时，而且在利己不公平（所得报酬超过 50%）时，都想通过改变自己的报酬以减少不公平感。

（2）要求改变他人的报酬

这点在上面的实验中也得到了证明。当报酬总额衡定时，要求改变自己的报酬实际上就是要求改变他人的报酬。

（3）设法改变自己的投入

雅各布森（P. R. Jacbson）等人做过处于利己不公平状态下的人的实验。实验是让哥伦比亚大学的学生（被试）参加印刷品校对工作。事先告诉被试校对一页给30 美分。实验之前，先检测被试的校对能力，再随机分为 3 个实验组（3 组成员的校对能力实际上大致相等，没有统计学意义上的差别）。

实验开始前，实验者告诉第一组被试："测验证明，你们的校对能力并不强。但由于我们要赶任务，所以还是聘请你们。报酬还是事先商定的，即每页 30 美分。"然后对第二组说："测验证明，你们的校对能力不大强。因此不能按事先商定的支付报酬，只能每页 20 美分。"最后告诉第三组："测验证明你们的校对能力很强。因此按事先所说每页 30 美分付钱，这种报酬与有资格从事这项工作的其他人所得的报酬相同。"

实验结果证明：第一组觉得自己报酬过多而要改变不公平，于是比其他两组更努力地工作，矫正校样的错误最多。其他两组都觉得自己的投入与报酬相当，没有不公平感，因而在投入上也比较正常。这是利己不公平实验。至于因损己不公平而减少投入的，实际生活中屡见不鲜。

（4）要求改变他人的投入

处于不公平待遇状态下的人，不仅能通过改变自己的投入和报酬，而且能通过改变他人的投入和报酬消除不公平。因为改变他人的投入，也就改变了他人的投入与报酬之比值，就有可能使其比值与自己的投入与报酬比值接近。

（5）自我消除不公平感

具体的办法是改变比较对象或知觉方式。前者如换一个投入与报酬比值低于自己的人和自己做比较。后者如重新分析自己的投入，使自己的投入和报酬之比接近比较对象。

公平理论揭示了人们公平心态的激励功能，把一个客观存在却不大为人们注意的问题纳入了科学研究领域。但是这种理论还有待深入研究，这主要因为：其一，公平可以消除人们的不满，但它似乎难以激励人们。因为公平感本身是一种心理平衡感，平衡而无冲突，就失去了动力。这在上述一些实验中可找到证明。其二，公平的主观色彩甚浓，因此实际上很难操作，也就难以利用。其三，有利于自己的不公平感也是激励人们的力量。这点也可从上述实验中看出。实际生活中的"倾斜政策"等能调动积极性的原因也在于此。因此公平的激励价值也许存在于尽量减少人们损己的不公平感而扩大人们利己的不公平感的策略之中。

2）理论在管理中的运用

公平理论为组织管理者公平对待每一位员工提供了一种分析处理问题的方法，对于组织管理有较大的启示意义。

（1）管理者要引导员工形成正确的公平感

员工的比较往往是凭个人的主观感觉进行的，因此，管理者要多作正确的引导，使员工形成正确的公平感。在人们的心理活动中，往往会过高估计自己的贡献和作用，而压低他人的绩效和付出的行为，因此总认为自己报酬偏低，从而产生不公平心理的现象。随着信息技术的发展，人们的社会交往越来越广泛，比较范围也越来越大，加之收入差距增大的社会现实，都增加了产生不公平感的可能性。组织管理者要引导员工正确进行比较，多看到他人的长处，认识自己的短处，客观公正地选择比较基准，多在自己所在的地区、行业内比较，尽可能看到自己报酬的发展和提高，避免盲目攀比而造成不公平感。

（2）员工的公平感将影响整个组织的积极性

事实表明，员工的公平感不仅对其个体行为有直接影响，而且还将通过个体行为影响整个组织的积极性。在组织管理中，管理者要着力营造一种公平的氛围，如正确引导职工言论，减少因不正常的舆论传播而产生的消极情绪；经常深入群众中，了解员工工作、生活中的实际困难，及时帮助其解决困难。

（3）领导者的管理行为必须遵循公正原则

领导者的行为是否公正将直接影响员工对比较对象的正确选择。例如，领导者处事不公，员工多会选择受领导者"照顾的人"做比较基准，以致增大比较结果的反差而产生不公平心理。因此，组织管理者要平等地对待每一位员工，公正地处理每一件事情，依法行政，避免因情感因素导致管理行为不公正。同时，也要注意，公平是相对的，是相对于比较对象的一种平衡，而不是平均。例如，在分配问题上，必须坚持"效率优先，兼顾公平"的原则，允许一部分人通过诚实劳动和合法经营先富起来，带动后富者不断改变现状，逐步实现共同富裕，否则就会产生"大锅饭"现象，使组织运行机制失去活力。

（4）报酬的分配要有利于建立科学的激励机制

对员工报酬的分配要体现"多劳多得，质优多得，责重多得"的原则，坚持根据不同工作的特点，配合采用多种分配方式相结合的办法。如按时间付酬时，收入超过应得报酬的员工的生产率水平，将高于收入公平的员工；按产量付酬，将使员工为实现公平感而加倍努力，这将促使产品的质量或数量得到提高；按时间付酬，对于收入低于应得报酬的员工来说，将降低他们生产的数量或质量；按产量付酬时，收入低于应得报酬的员工与收入公平的员工相比，他们的产量高而质量低。

3. 强化理论

1）理论内容

强化理论（reinforcement theory）又是由美国哈佛大学教授、心理学家斯金纳（B. F. Skinner）提出来的。强化理论也叫作行为矫正理论，是斯金纳在对有意识行为特性深入研究的基础上提出的一种新行为主义理论，它是以学习的强化原则为基础的关于理解和修正人的行为的一种学说。此理论认为人的行为具有有意识条件反射的特点，可以对环境起作用，促使其产生变化，环境的变化（行为结果）又反过来对行为发生影响。因此，当有意识地对某种行为进行肯定强化时，可以促进这种行为重复出现；对某种行为进行否定强化时，可以修正或阻止这种行为的重复出现。因此，人们可以用这种正强化或负强化的办法来影响行为的后果，从而修正其行为。根据这一原理，采用不同的强化方式和手段，可以达到有效激励职工积极行为的目的。

所谓强化，从其最基本的形式来讲，指的是对一种行为的肯定或否定的后果（报酬或惩罚），它至少在一定程度上会决定这种行为在今后是否会重复发生。

强化包括正强化、负强化、惩罚和自然消退四种类型：

（1）正强化，又称积极强化。正强化即当人们采取某种行为时，能从他人那里得到某种令其感到愉快的结果，这种结果反过来又成为推进人们趋向或重复此种行为的力量。例如，企业用某种具有吸引力的结果（奖金、休假、晋级、认可、表扬等），以表示对职工努力进行安全生产的行为的肯定，从而增强职工进一步遵守安全规程进行安全生产的行为。

（2）负强化，又称消极强化。负强化是指在行为反应之后减少个体所厌恶的刺激，所产生的强化作用，如关掉令人痛苦的电流。负强化有两种，其中逃脱制约表现为在令人厌恶的刺激刚出现时用行为终结它，例如抓痒或按下闹钟的按钮。回避制约出现在一个为了避免出现厌恶刺激的行为时，例如为了避免饥饿而进食，或是为了避开塞车而改变路径。若职工能按所要求的方式行动，就可减少或消除令人不愉快的处境，从而也增大了职工符合要求的行为重复出现的可能性。例如，企业安全管理人员告知工人不遵守安全规程，就要受到批评，甚至得不到安全奖励，于是工人为了避免此种不期望的结果，而认真按操作规程进行安全作业。

（3）惩罚是负强化的一种典型方式。在消极行为发生后，以某种带有强制性、威慑性的手段（如批评、行政处分、经济处罚等）给人带来不愉快的结果，或者取消现有的令人愉快和满意的条件，以表示对某种不符合要求的行为的否定。

（4）自然消退，又称衰减。它是指对原先可接受的某种行为强化的撤销。由于在一定时间内不予强化，此行为将自然下降并逐渐消退。例如，企业曾对职工加班加点完成生产定额给予奖酬，后经研究认为这样不利于职工的身体健康和企业的长远利益，因此不再发给奖酬，从而使加班加点的职工逐渐减少。

如上所述，正强化和负强化用于加强期望的个人行为；惩罚和自然消退的目的是为了减少和消除不期望发生的行为。这四种类型的强化相互联系、相互补充，构成了强化的体系，并成为一种制约或影响人的行为的特殊环境因素。

2）理论在管理中的运用

强化理论具体应用的一些行为原则如下：

（1）应以正强化方式为主。正强化比负强化更有效，在强化手段的运用上，应以正强化为主。在企业中设置鼓舞人心的安全生产目标，是一种正强化方法，但要注意将企业的整体目标和员工个人目标、阶段目标等相结合，并对在完成个人目标或阶段目标中做出明显绩效或贡献者，给予及时的物质和精神奖励，以便充分发挥强化作用。

（2）二是采用惩罚要慎重。惩罚应用得当会促进安全生产，应用不当则会带来消极影响，如可使人产生悲观、恐惧等心理反应，甚至发生对抗性消极行为等。因此，在运用惩罚时，应尊重事实，讲究方式方法，以尽量消除其副作用。与正强化结合应用一般能取得更好的效果

（3）注意强化的时效性。采用强化的时间对于强化的效果有较大的影响一般而言，及时强化可提高行为的强化反应程度，但须注意，及时强化并不意味着随时都要进行强化。不定期的非预料的间断性强化，往往可取得更好的效果。

（4）因人制宜，采用不同的强化方式。由于人的个性特征及其需要层次不尽相同，不同的强化机制和强化物所产生的效应会因人而异。因此，在运用强化手段时，应采用有效的强化方式，并随对象和环境的变化而相应调整。

（5）设立明确而又适当的目标。对于人的激励，首先要设立一个明确的、鼓舞人心而又切实可行的目标，只有目标明确而具体时，才能进行衡量和采取适当的强化措施。而太高的目标会使人感到不达到的希望很小，从而难以充分调动人们为达到目标而做出努力的积极性。

4. 目标设置理论

1）理论内容

目标设置理论是由美国著名行为科学家洛克（Edwin A. Locke）于1967年首先提出的。它是组织行为学中理论与实践相结合的一个典型范例。

该理论认为，设置目标是管理领域中最有效的激励方法之一，是完成工作的最直接动力，也是提高激励水平的重要过程。目标会导致努力，努力创造工作绩效，绩效又增强自尊心和自信心，从而通过目标的达成来满足个人的需要。

　　洛克等人在研究中还发现，从激励的效果来看，有目标比没有目标好，具体的目标比空泛的目标好，能被执行者接受而又有适当难度的目标比唾手可得的目标好。个体的目标设置并不是对所有任务都具有相同效果。当任务是简单的而不是复杂的时，是经过仔细研究的而不是突发奇想的时，是相互独立的而不是相互依赖的时，目标对工作绩效更有实质性的影响。对相互依赖性强的任务来说，群体目标更为可取。

　　2）理论在管理中的运用

　　目标设置理论是组织行为学中较新的一种激励理论，它对管理学的意义是重大的，对于实践管理者也具有重要的应用价值。

　　（1）目标是一种外在的可以得到精确观察和测量的标准，管理者可以直接调整和控制，具有可应用性。

　　（2）管理者应帮助下属设立具体的、有相当难度的目标，使下属认同并内化为自己的目标，变成员工行动的方向和动力。

　　（3）管理者应尽可能地使下属获得较高的目标认同，对目标的实现采取各种形式的激励和肯定，以强化和调动员工实现目标的积极性。

　　（4）促进目标管理。目标设置理论为目标管理技术提供了心理学方面的理论依据，是对目标管理的进一步发展，目标管理正是应用目标设置原理来提高绩效的一种管理技术。要制定出组织整体目标和其他层次、部门、团体和个人的目标，各层次必须了解组织目标要求、工作范围与组织的关系，做到彼此支持、协调、上下左右兼顾，以达成组织预定目标。

7.2.4　综合激励模型

　　综合激励理论是指有综合特性的激励理论，是这内容型和过程型两类理论的综合、概括和发展，它为解决调动人的积极性问题指出了更为有效的途径。罗伯特·豪斯（R. House）的综合激励模型、莱曼·波特（L. Porter）和爱德华·劳勒（E. Lawler）的综合激励模型以及罗宾斯的综合激励理论都属于此种类型。

　　1. 波特—劳勒综合激励模型

　　波特—劳勒综合激励理论是由美国心理学家波特（Lyman W. Porter）和劳勒（Edward E. Lawler）在 1968 年的《管理态度和成绩》一书中首先提出来的。它是在期望理论的基础上引申出的一个更为实际更为完善的激励模式。

　　波特和劳勒以工作绩效为核心，对与绩效有关联的许多因素，进行了一系列相关性研究，并在此基础上提出了一个激励综合模型。如图7-9所示，图中涉及10种因素，分别由图中 10 个方框表示，实线表示因素间的因果关系，虚线表示反馈回路。

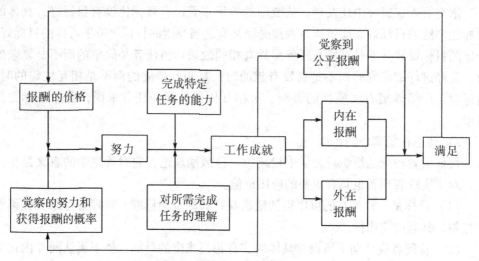

图 7-9 波特—劳勒的激励模式

在该模式中，突出了四个变量，即努力程度、工作成果绩效、报酬和满意感之间的有机联系。把整个激励过程（特别是期望理论和公平理论）联结为一个有机的整体。

从图 7-9 中我们可以归纳出该模式的几个基本点：

（1）个人是否努力以及努力的程度不仅仅取决于奖励的价值，而且还受到个人觉察出来的努力和受到奖励的概率的影响。个人觉察出来的努力是指其认为需要或应当付出的努力，受到奖励的概率是指其对于付出努力之后得到奖励的可能性的期望值。很显然，过去的经验、实际绩效及奖励的价值将对此产生影响。如果个人有较确切的把握完成任务或曾经完成过并获得相当价值的奖励的话，那么他将乐意付出相当的或更高程度的努力。

（2）个人实际能达到的绩效不仅仅取决于其努力的程度，还受到个人能力的大小以及对任务了解和理解程度深浅的影响。特别是对于比较复杂的任务如高难技术工作或管理工作，个人能力以及对此项任务的理解较之其实际付出的努力对所能达到绩效的影响更大。

（3）个人所应得到的奖励应当以其实际达到的工作绩效为价值标准，尽量剔除主观评估因素。要使个人看到：只有完成了组织的任务或达到目标时，才会受到精神和物质上的奖励。不应先有奖励，后有努力和成果，而应当先有努力的结果，再给予相应的奖励。这样，奖励才能成为激励个人努力达到组织目标的有效刺激物。

（4）个人对于所受到的奖励是否满意以及满意的程度如何，取决于受激励者对所获报酬公平性的感觉。如果受激励者感到不公平，则会导致不满意。

（5）个人是否满意以及满意的程度将会反馈到其完成下一个任务的努力过程中。满意会导致进一步的努力，而不满意则会导致努力程度的降低甚至离开工作岗位。

综上所述，波特和劳勒的激励模式是对激励系统比较全面和恰当的描述，它告诉我们，激励相绩效之间并不是简单的因果关系。要使激励能产生预期的效果，就必须考虑到奖励内容、奖励制度、组织分工、目标设置、公平考核等一系列的综合性因素，并注意个人满意程度在努力中的反馈。

2. 豪斯激励综合模式

豪斯把前述若干种激励理论综合起来，使人们从事工作的内在性激励与外在性激励结合起来，提出了有名的综合激励模式。其代表性的公式是：

$$M = V_{it} + E_{ia}\left(V_{ia} + E_{ej}V_{ej}\right)$$

式中：i 为内在的激励，e 为外在的激励，t 为任务本身的激励，a 为完成，j 为喜悦和快乐。

M 表示激励水平。

V_{it} 表示活动本身提供的内酬效价，它给予的内部激励不受任务完成与否及结果如何的影响，因而与期望值大小无关。

E_{ia} 表示活动能否完成任务的期望值。

V_{ia} 表示完成任务的效价。

$E_{ej}V_{ej}$ 表示一系列双变量的总和，其中 E_{ej} 表示任务完成能否获得某项外酬的期望值，V_{ej} 表示该项外酬的效价。

运用乘法分配律，可将此公式变为：

$$M = V_{it} + E_{ia}V_{ia} + E_{ia}E_{ej}V_{ej}$$

式中：$E_{ia}V_{ia}$ 表示内激励。

$E_{ia}E_{ej}V_{ej}$ 表示各种外激励之和。

上述模型表明，整体激励力量取决于内部和外部两大方面。所以，要提高对职工的激励效果，就必须同时重视对职工内在性激励和外在性激励的提高。

1）内在性激励的提高

对职工的内在性激励包括工作本身的内在性价值（V_{it}）和完成工作给职工所能带来的内在性激励作用（$E_{ia}V_{ia}$）。提高工作本身的内在性价值可以有许多办法，如采取工作丰富化和工作多样化等措施，让职工经常体验到一些新的工作，感受到工作的乐趣和挑战性，减少工作的单调乏味感；鼓励职工参与决策计划的制订工作，让他们了解自己所从事的工作在整个组织工作中的位置和作用，提高他们对自身工作重要性的认识，等等。在职工认识到自己所从事的工作的重要性之后，关键的问题是设法保证职工自身努力之后，能够达到预期的目标，实现预期的期望。所以，要加强对职工的培训，提高他们完成工作任务的能力，帮助他们克服工作中出现的各种问题和困难，为职工创造完成工作任务的良好条件。同时，根据职工在工作中做出的各种成绩随时对职工进行强化，使他们明确自己正在不断地朝着目标迈进，从而提高完成工作任务的自信心，加大工作动力。

2）外在性激励的提高

外在性激励取决于职工对各种外在性报酬的追求。所以，要提高外在性激励水平，必须了解职工所追求的外在性报酬的种类及重视程度，以便对症下药。目前有些企业领导经常深入群众，定期或不定期地走访职工家庭，就某些问题向职工进行问卷调查等，在不同程度上都具有这样的目的。另外，要注重奖罚及时兑现，取信于民。职工努力工作并取得了较大成绩之后，要及时地满足他们对外在性报酬的需求，这样才能促使职工继续努力地工作。

3. 罗宾斯的综合激励理论

美国著名的管理学教授、组织行为学权威人物斯蒂芬·P. 罗宾斯（Stephen P. Robbins）在《管理学》（第七版）中整合了各种关于激励的理论后，提出了一个综合激励模型，见图7-10：

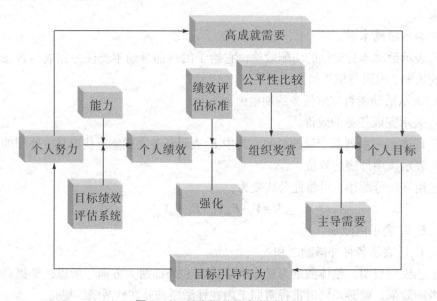

图7-10　罗宾斯的综合激励模型

罗宾斯的综合激励理论指出，机会可以帮助也可以妨碍个人的努力。"个人目标"方框中有一个从"个人努力"延伸而来的箭头，这与目标设置理论相一致，目标—努力链接提醒人们注意目标对行为的导向作用。

这一模型，总结了前面所提到的关于激励问题的大部分内容。它的基本构架是简化的期望理论模型。期望理论认为如果个体感到在努力与绩效、绩效与奖赏之间、奖赏与个人目标的满足之间存在密切联系，那么他就会付出高度的努力；反过来，每一种联系又受到一定因素的影响。对于努力与绩效之间的关系来说，个人还必须具备必要的能力，对个体进行评估的绩效评估系统也必须公正、客观。对于绩效与奖赏之间的关系来说，如果个人感知到自己是因绩效因素而不是其他因素而受到奖励时，这种关系最为紧密。期望理论中最后一种联系是奖赏—目标之间的关系。在这一方面需要理论起着重要作用。当个人由于他的绩效而获得的奖赏满足了与其目标一致的主导需要时，他的工作积极性会非常高。

这个模型包含了成就需要理论。高成就需要者不会因为组织对他的绩效评估以及组织奖赏而受到激励，对他们来说，努力与个体目标之间是一种直接关系。对于高成就需要者而言，只要他们所从事的工作能使他们产生个体责任感、有信息反馈并提供了中等程度的风险，他们就会产生内部的驱动力。这些人并不关心努力—绩效、绩效—奖赏以及奖赏—目标之间的关系。

模型中还包含了强化理论，它通过组织的奖励强化个人的绩效体现。如果管理层设计的奖励系统在员工看来是用于奖励卓越的工作绩效的，那么奖励将进一步强化和激励这种良好绩效。

最后，在模型中报酬也体现了公平理论的重要作用。个人经常会将自己的付出与所得比率同相关他人的比率进行对比。若感到不公平，将会影响到个体的努力程度。

本章所论述的许多理论的观点事实上是相互补充的，只有将各种理论融会贯通，才会加深对如何运用激励职能的理解。

【知识阅读 7-3】

李英的困惑

李英现已 40 岁。回首这二十几年的奋斗历程，很为自己早年艰苦而又自强不息的日子感叹不已。

想当初自己没有稳定的工作就结了婚，妻子是位孤女，有父母留下的一栋虽然面积不小但很破旧的平房。妻子在待业之中，俩人常为生计发愁。

后来，李英在某企业找到了一份固定的工作，并很快地被提拔为工段长，接着又成为车间主任，进而升为生产部长。他记得那段日子对他个人和公司来说，都是极重要的转折。他没命地为公司工作，很为自己是其中的一分子感到自豪。

他的付出也给他带来了丰厚的回报。他的工资收入已相当可观了，更重要的是，他在不断的提拔、升级中得到了他妻子也为他感到自豪的权力和地位。有段时间，他自己也沾沾自喜过，可现在细细想来，他觉得自己并没有成就什么，心里老是空落落的。

他现在是企业生产的总指挥官，可他看着企业一年比一年不景气，很想在开发新产品方面为企业做些更大的贡献，可他在研究开发和销售方面并没有什么权力。他多次给企业领导提议能否变革组织设计方式，使中层单位能统筹考虑产品的生产、销售及研究开发问题，以增强企业的活力和创新力。可领导一直就没有这方面的想法。

所以，李英想换个单位，换个职务不要太高，但能真正发挥自己潜能的地方。可自己都步入中年了，"跳槽"又谈何容易。

案例分析思考题：

1. 请运用有关激励理论，对李英走过历程中所体现的个人需要的满足情况以及他目前的困惑心境做分析。

2. 如果李英有意跳槽到你所领导的单位来工作，你应该在哪些方面采取措施以吸引他并给他提供所看重的激励？请说明理由。

任务 7.3 激励职能的运用

【学习目标】

了解激励的原则，了解几种常用的激励方式，掌握和运用这些激励方式。

【学习知识点】

人的心理、需求和行为的复杂性以及外部环境的多样性决定了在不同的情形下对不同的人进行激励的复杂性和困难性。同时，激励总是存在一定的风险性，所以在制定和实施激励政策时，一定要谨慎。尽管如此，在管理中仍然有一些共同的激励原则可以遵循和参考。

【知识阅读 7-4】

猎人与猎狗的故事

目标

一条猎狗将兔子赶出了窝，一直追赶它，追了很久仍没有捉到。羊看到此情景，讥笑猎狗说："你们两个之间，个子小的反而跑得快得多。"猎狗回答："你不知道，我们两个跑的目的是完全不同的，我仅仅为了一顿饭，他却是为了性命！"

这话被猎人听到了。猎人想：猎狗说得对啊，我要是想得到更多的猎物，就得想个好法子。

引入竞争，绩效

于是，猎人买来几条猎狗，凡是能够在打猎中捉到兔子的，就可以得到几根骨头，捉不到的就没有饭吃。这一招果然有用，猎狗们纷纷去努力追兔子，因为谁都不愿意自己没吃的。过了一段时间，问题又出现了。大兔子非常难捉到，小兔子好捉，但捉到大兔子得到的奖赏和捉到小兔子得到的骨头差不多。猎狗们善于观察，发现了这个窍门，专门去捉小兔子。

猎人知道后，经过思考，将分配方式改为根据猎狗捕捉的兔子的总重量决定其待遇。于是猎狗们捉到兔子的数量和重量都增加了。

养老

猎人很开心。但是过了一段时间，猎人发现，猎狗们捉兔子的数量又少了，而且越有经验的猎狗捉兔子的数量下降得就越多。

于是猎人又去问猎狗。猎狗说："我们把最好的时间都奉献给了您，主人。但是我们会变老，当我们捉不到兔子的时候，您还会给我们骨头吃吗？"猎人决定论功行赏，规定如果捉到的兔子超过了一定的数量后，即使捉不到兔子，每顿饭也可以得到一定数量的骨头。一段时间过后，有一些猎狗达到了猎人规定的数量。

自立门户

没过多久，其中有一只猎狗说："我们这么努力，只得到几根骨头，而我们捉的猎物远远超过了这几根骨头，我们为什么不能给自己捉兔子呢？"于是，有些猎狗离开了猎人，自己捉兔子去了。

吸引留住人才

猎人意识到猎狗正在流失，并且那些流失的猎狗像野狗一般和自己的猎狗抢兔子。情况变得越来越糟，于是猎人再次进行了改革，使得每条猎狗除骨头外，还可以获得其所猎兔肉总量的N%，而且随着服务时间加长，贡献变大，该比例还可递增，并有权分享猎人总兔肉的M%。这样之后，连离散的猎狗也纷纷要求重新归队。

（资料来源：佚名. 猎人与狗［EB/OL］.（2008-12-30）［2014-06-10］. http://www.ycy.com. cn/Article/myjj/200812/28941.html.）

1. 物质激励与精神激励相结合

物质激励是激励的一般模式，也是目前使用最为普遍的一种激励模式。精神激励相对而言不仅成本较低，而且常常能取得物质激励难以达到的效果。将精神激励和物质激励组合使用，可以大大激发员工的成就感、自豪感，使激励效果倍增。

2. 目标合理

激励往往和目标联系在一起，因此，应树立合理的目标及尽可能准确、明确的绩效衡量标准。目标既不能过高，也不能过低。过高使员工的期望值降低，影响积极性，过低则会使目标的激励效果下降。

3. 奖惩结合

对有贡献者进行奖励是必需的，而对有过失者实施适当的惩罚也是必要的。在奖惩时要注意奖惩分明，以奖为主。同时，对于无功无过者也不能采取不闻不问的态度。对无功无过者也必须给予适当的批评、教育，让他们懂得"无功便是过"，激发他们的热情，促使他们进取。

4. 因人而异

不同人的需求是不一样的，同一个人在不同时期的需求也是不一样的。管理者必须努力与员工共同去发现最有效的激励因素，是物质奖励、培训、发展机会、良好的工作氛围，还是其他的什么回报。个人的需求有多种，见表7-3。

表7-3　个人需求表

你想从工作中得到什么？

通过圈出下面每一个工作回报的重要性，以决定你想从工作中得到什么。

我想从工作中得到哪些？

工作回报	非常重要	比较重要	无所谓	不重要	很不重要
晋升机会	5	4	3	2	1
适当的公司政策	5	4	3	2	1
权威	5	4	3	2	1
工作的自主性和自由	5	4	3	2	1
挑战性的工作	5	4	3	2	1
公司声望	5	4	3	2	1
额外福利	5	4	3	2	1
地理位置	5	4	3	2	1
良好的同事	5	4	3	2	1
良好的监督	5	4	3	2	1
工作安全	5	4	3	2	1
金钱	5	4	3	2	1
个人发展机会	5	4	3	2	1
舒适的办公室和工作条件	5	4	3	2	1
绩效反馈	5	4	3	2	1
受尊重的工作头衔	5	4	3	2	1
对出色工作的认可	5	4	3	2	1
责任	5	4	3	2	1
成就感	5	4	3	2	1
培训项目	5	4	3	2	1
工作类型	5	4	3	2	1
与人共事	5	4	3	2	1

（来源：托马斯·S. 贝特曼. 管理学：构建竞争优势［M］. 北京：北京大学出版社，2001.）

5. 公开公平公正

激励应坚持公开公平公正的原则，切忌平均。公开是公平公正的基础，公开的核心是信息的公开，包括制度、程序及结果的公开。公平公正必然导致价值分配实际上的不平均，而这种不平均正好体现了制度和程序的公平公正。追求成果分享的平均主义，可能产生副作用，打击优秀员工的积极性。

6. 适度激励

激励要适度，奖励和惩罚不适度都会影响激励效果，同时增加激励成本。奖励过重会使员工产生骄傲和满足的情绪，失去进一步提高自己的欲望。惩罚过重会让员工感到不公，或者失去对公司的认同，甚至产生怠工或破坏的情绪。

下面对组织在坚持基本激励原则的基础上常用的激励方法进行分析和介绍。

7.3.1 工作设计

1. 工作设计概述

工作设计是指为了有效地达到组织目标以及合理有效地处理人与工作的关系，对能满足个人需要的工作内容、工作职能和工作关系的特别处理。组织通过工作设计向员工分配工作任务，使员工履行自己的职责，目的是满足员工和组织的需要。科学合理的工作设计能够激发员工的工作积极性，提高员工的工作满意度及工作绩效。

工作设计的内容包括以下事项：

(1) 确定工作的常规性、多样性、复杂性、难度及整体性；

(2) 确定工作责任、工作权限、工作方法及信息沟通方式；

(3) 确定工作承担者与其他人相互交往联系的范围、建立友谊的机会；

(4) 确定工作任务完成所达到的具体标准（如产品产量、质量、效益等）；

(5) 确定工作承担者对工作的感受与反应（如工作满意度、出勤率、离职率等）；

(6) 确定工作反馈等。

2. 工作设计的发展

1）工作专业化

工作专业化是指把工作划分为单一的、标准化和专业化的任务，以提高生产率的一种工作设计方式。其实质是，一个人只负责完成某一步骤或某一环节的工作，而不是承担一项工作的全部。

工作专业化是最早的工作设计模式。其思想可以追溯到古典经济学的鼻祖亚当·斯密（Adam Smith，1723—1790）。亚当·斯密在《国富论》中提出了劳动分工理论，指出如果每位工人被指派完成一件小的重复性的工作任务，大头针生产线的生产率就会大大提高。例如，一个人抽铁线，一个人拉直，一个人削尖线的一端，一个人磨另一端，一个人装上圆头，一个人涂色，一个人包装，这便是专业化分工。这种专业化分工对提高劳动生产率和增加国民财富产生了巨大作用。

由于工作专业化确实有助于提高劳动生产率，因此不仅在生产性组织中成为主流的工作设计方式，而且在其他组织也越来越流行，如银行、医院等组织。但是，随着社会的发展，工作专业化的负面影响日益突出，如员工长期从事单一的工作会产生厌倦心理、出现疲劳感、员工的缺勤率和离职率上升等。为了减少工作专业化的弊病，管理者及学者又探索出了自主性更高的工作设计方法，如工作轮换、工作扩大化、工作丰富化、工作再设计等。

2）工作轮换

工作轮换即让员工在能力相似的工作岗位之间不断调换，以使员工对不同的工作有更多的了解，从而改变员工长期从事一种单一工作的单调感，从而提高生产效率。这是早期为减少工作重复最先使用的方法。

工作轮换不仅能够有效激发员工的工作热情，提高员工的工作生活质量，对促进组织发展也有一定的作用：适时的工作轮换，能够促进企业内部的人员流动，增加组织活力。而且工作轮换有利于组织储备复合型、多样化人才，有助于打破部门之间的界限，增加组织及团队内部的沟通与交流，增强部门间的协作。但是，工作轮换要求合理设计工作轮换的流程和绩效评价体系。另外，工作轮换增加了员工培训成本，员工变换工作的最初时期工作效率较低，从而会影响组织效率。

3）工作扩大化

工作扩大化是指扩大员工的工作范围或领域，增加工作的内容，以改变员工对常规性的、重复性的简单工作感到单调乏味的状态。

工作扩大化能够克服专业化过强、工作多样性不足的缺点，提高员工的工作满意度和工作与质量，进而提高员工的工作效率。但它没有使员工获得参与、控制的机会，也没有提高员工的工作自主权，因此，工作扩大化在激发员工的积极性和培养挑战意识等方面成效并不十分理想。

4）工作丰富化

工作丰富化是指增加员工在工作计划、参与决策、进度控制乃至绩效评估与奖励等方面的内容，使之介入工作的管理过程，增加工作自主性，使员工获得成就感、责任感和得到认可的满足感，从而促进员工的自身发展。

工作丰富化的核心是体现工作本身对员工的激励作用，因此工作丰富化可以从以下几方面入手：

（1）提高员工的责任心和决策的自主权，进而提高其工作成就感。

（2）充分授权，赋予员工一定的工作自主权，降低对其的控制程度，使其获得更多支配个人行为的权力。

（3）对员工工作绩效定期进行反馈。

工作丰富化虽然会增加组织的培训费用，并要求组织向员工提供更高的工资，但它却可以提高员工的工作满意程度，进而提高生产效率与产品质量，对降低员工离职率和缺勤率能产生积极的影响。

5）工作特征模型

哈克曼（Hackman）和奥德汉姆（Oldham）认为，工作特征与员工对工作的反应之间存在相互影响的关系，如果工作具有高水平的核心维度，员工可以因此产生高水平的心理状态和工作成果。他们在此基础上提出了工作特征模型。工作特征模型的基本观点是，工作的五个核心维度能够使员工体验到"关键心理状态"，进而影响"个人和工作成果"。

哈克曼和奥德汉姆指出，工作的五个维度是技能多样性、任务完整性、任务重要性、工作自主性和反馈。这五个维度可以让员工体验到三种心理状态：体验到的工作意义、体验到的工作责任和对工作结果的了解。

　　技能多样性、任务完整性和任务重要性能够使员工体验到工作的意义，体验到的工作意义是指员工把工作知觉为一种有价值的贡献以及工作值得做的程度；工作自主性有助于员工体验到工作责任；反馈可使员工了解自己的工作结果。哈克曼和奥德汉姆认为，三种心理状态同时具备时，工作对员工的内在激励作用最高。在工作特征对员工的心理状态产生影响的过程中，员工的成长需要是一种重要的中介变量，如图 7-11 所示。

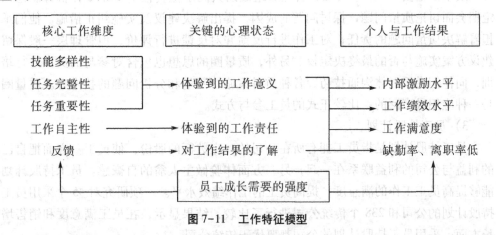

图 7-11　工作特征模型

　　6）工作再设计

　　工作再设计是指重新确定组织员工所要完成的具体任务及方法，同时确定一种工作如何与组织中其他工作相互联系起来的过程。它被视为提高员工工作生活质量的重要途径之一。

　　工作再设计是为了提高生产效率和工作质量而对某些具体工作内容和安排的改变。工作再设计必须从整体入手，不仅要考虑组织的环境因素和工作本身的因素，如工作内容、工作难度、工作自主性、责任等，还要关注工作结果因素，如生产率、员工满意度、出勤率、离职率等，以及员工的个人特征，如个人需求、价值观倾向等。

7.3.2　员工参与

　　1. 员工参与概述

　　员工参与是组织为了发挥员工所有的潜能，鼓励员工为了组织成功而付出更多努力、做出更多贡献的过程。其隐含的逻辑是，让员工参与与他们相关的决策，增加他们对工作的自主权和控制力，会提高员工的工作积极性和工作效率，提高员工的工作满意度，从而使员工对组织更忠诚。

　　2. 员工参与的主要形式

　　作为一种管理思想和管理过程，员工参与有多种形式，较常见的、比较有效的形式有参与式管理、质量圈、员工持股计划、员工代表参与。

　　1）参与式管理

　　参与式管理是指在不同程度上让员工与管理者共同做出决策。它强调通过员工参与组织的管理决策，使员工改善人际关系，发挥聪明才智，实现自我价值，同时达到提高组织效率、增长组织效益的目标。参与式管理是员工参与最常见的形式。

2）质量圈

质量圈的理论基础是全面质量管理（TQM）。全面质量管理强调质量存在于组织管理的全过程，质量与企业的每一个员工都有关系。

质量圈是由 8~10 个员工和管理者组成的共同承担责任的一个工作群体。他们定期会面讨论质量问题，探讨问题的成因，提出解决建议及实施纠正措施。他们承担着解决质量问题的责任，对工作进行反馈并对反馈进行评价，但管理层一般保留建议方案实施与否的最终决定权。另外，质量圈的思想也包含对参与的员工进行培训，向他们讲授群体沟通技巧、各种质量策略、测量和分析问题的技术等。质量圈是一种应用最广泛的、比较正式的员工参与方式。

3）员工持股计划

员工持股计划是指员工拥有所在公司的一定数额的股份，使员工一方面把自己的利益与公司的利益联系在一起，另一方面体验做主人翁的自豪感。员工持股计划能够提高员工工作的满意度，提高员工的工作绩效水平。一项研究对 45 个采用员工持股计划的公司和 238 个传统公司进行了比较，结果显示，在员工满意度和销售增长方面，采用员工持股计划的公司都要优于传统公司。

4）员工代表参与

员工代表参与是指普通员工并不直接参与企业管理决策，而是由一小群员工的代表进行参与决策。西方大多数国家都通过立法的形式要求企业实行代表参与。其目的是在企业内重新分配权利，把劳方放在和资方、股东利益平等的地位上。在西方企业中，最常见的代表参与方式是工作委员会和董事会代表。在中国企业中，最常见的代表参与方式是职工代表大会。

员工代表参与能否起到激励员工的目的，并非取决于这种形式，而在于这种形式能否发挥应有的作用，使员工受到激励。

总之，员工参与在一定程度上能够提高员工的工作满意度和工作效率。因此，员工参与在西方企业得到了广泛应用，其形式也不断推陈出新。近年来，我国的企业也开始注重使用员工参与的方式来激励员工，例如联想等企业已开始采用员工持股计划。

7.3.3 多样化的工作安排

为了提高员工的工作热情和工作积极性，许多组织还通过多样化的工作安排（如弹性工作制、工作分享、远程办公）来激励员工。

1. 弹性工作制

弹性工作制是指在完成规定的工作任务或固定的工作时间长度的前提下，员工可以灵活地、自主地选择工作的具体时间安排，以代替统一、固定的上下班时间的制度。

20 世纪 60 年代，德国的经济学家为了解决员工上下班交通拥挤的问题，提出了弹性工作制。20 世纪 70 年代开始，这一制度在欧美等国得到稳定发展。例如，20 世纪 90 年代，美国大约 40%的大公司采用了弹性工作制，如杜邦公司、惠普公司等著名的大公司。

弹性工作制常见的形式有核心工作时间与弹性工作时间结合、成果中心制、压缩工作时间。核心工作时间与弹性工作时间结合是指工作日分为核心工作时间和弹性工作时间，在核心工作时间，所有员工必须到岗，而在弹性工作时间，员工可以自由安排，如图 7-12 所示。这种弹性工作时间能够使员工根据自己的实际情况对工作时间进行合理安排。例如，有的员工喜欢上午早上班，下午早下班；有的员工喜欢上午晚上班，下午晚下班。

图 7-12　弹性工作时间与核心工作时间结合

成果中心制是指组织对员工的工作只考核其成果，不规定具体时间，只要在所要求的期限内按质按量完成任务就照付薪酬。

一些组织的员工还可以把一个星期的工作压缩在两三天内完成，剩余时间自己自由安排。这种工作安排属于压缩工作时间。由于压缩了工作时间，员工的上班时间减少，提高了公司设备的利用率。

在企业中推行弹性工作制，对员工个人而言，由于可以自由选择工作时间，可以避免上下班的交通拥挤，免除由于担心上班迟到或缺勤所带来的紧张感；能够合理安排私人社交活动；有利于安排家庭生活和追求业余爱好。更重要的是，由于员工感到个人的权益受到尊重，自己的社会交往和尊重等高层次的需要得到满足，因此有利于其提高工作责任感、工作满意度和工作士气。对组织而言，弹性工作制可以减少员工的缺勤率、迟到率和离职率，提高工作效率。另外，弹性工作制增加了组织工作营业时限，减少了加班费的支出。例如，一份研究结果显示，德国的一家公司实行弹性工作制后，加班费减少了 50%。

2. 工作分享

工作分享有广义和狭义之分。广义的工作分享是指为了减少非自愿失业，通过对经济系统内部，如一个组织的工作总量和工作时间进行重新分配，以增加就业机会而采取的措施。狭义的工作分享是指通过对工作岗位的劳动时间（工作日或工作周）进行不同形式的分割和组合，从而创造出更多就业机会，如两个人分享一个工作岗位。

工作分享不是对工作的简单平均分享，而是以兼顾效率和公平为原则，通过对劳动时间的分割，让更多的人分享工作，实现更多的人就业。因此，工作分享是劳动用工制度的一场革命。对员工而言，工作分享有助于提高他们的积极性，增加工作满意度。

3. 远程办公

远程办公是指通过现代互联网技术，实现非本地办公，如在家办公、异地办公、移动办公等。随着互联网的普及，远程办公成为发展最为迅速的工作安排方式之一。

从员工的角度来说，远程办公提供了相当大的灵活性，进而使员工的工作效率和工作满意度都有所提升。但对于社交需要较高的员工来说，远程办公增加了隔离感，在一定意义上反而降低了他们的工作满意度。对管理者而言，远程办公可以帮助其从更多优秀人才中挑选员工，使生产效率更高、员工士气更高以及办公空间成本削减。不过，远程办公的不足也是显而易见的。例如，管理者难以直接监督员工。

7.3.4 薪酬激励

薪酬激励是强化理论在组织管理中的具体应用。薪酬的内容丰富多彩，主要有基本薪酬、可变薪酬和福利等。

1. 基本薪酬

基本薪酬又叫基本工资，是指一个组织根据员工所承担或完成的工作本身、所具备的完成工作的技能或能力和资历而向员工支付的稳定性报酬。基本报酬具有定期性和保障性的特点，为员工提供较为稳定的收入来源，满足员工的基本生活需求；同时也为组织薪酬体系符合国家或当地政府规定的最低工资保障法规提供了依据。基本薪酬是员工对组织报酬制度的公平性、合理性的评价基础。

2. 可变薪酬

可变薪酬是一种按照企业业绩的某些预定标准支付给经营者的薪酬。组织广泛使用的可变薪酬形式是计件工资、利润分享和收益分享。

1）计件工资

计件工资是指按照合格产品的数量和预先规定的计件单位来计算的工资。它不直接用劳动时间来计量劳动报酬，而是用一定时间内的劳动成果如产品数量或作业量来计算劳动报酬。

计件工资可分为个人计件工资和集体计件工资两种。个人计件工资适用于个人能够单独操作而且能够制定个人劳动定额的工种；集体计件工资适用于工艺过程要求集体完成，不能直接计算个人完成合格产品的数量的工种。

2）利润分享计划

利润分享计划是指员工根据自己的工作绩效水平而获得的一定比例的组织利润的组织整体激励计划。在利润分享计划中，组织对员工报酬的支付是建立在对利润这一组织绩效指标的评价的基础上的，是一次性支付给员工的奖励，它不会进入雇员的基本工资，因而不会增加组织的固定工资成本。利润分享计划的优点是员工的利益能够在组织利润中得到体现，从而使全体员工都关注公司的利润。在实际运用中，利润分享计划在成熟型企业中显得更为有效。

3）收益分享计划

收益分享计划是指组织与员工分享因生产率提高、成本节约和质量提高等而带来的收益。收益分享计划的主旨是通过员工参与来提高组织的整体绩效水平，因此收益分享计划成功的关键在很大程度上取决于员工的参与程度。因为员工能够与组织共同分享通过自己的努力使成本节约、生产率提高、产品和服务质量提高等而带来的收益，因此，收益分享计划最终能够增强员工的主人翁意识和提高员工对组织的忠诚度。

3. 福利

福利是指员工作为组织成员所享有的组织为员工提供的间接报酬。一般包括健康保险、带薪假期或退休金等形式。

组织福利的直接目标不是提高员工个人的工作绩效，而是希望以此为手段吸引、保留和凝聚员工，从而达到长期提高组织整体绩效水平的目的。

【知识阅读7-5】

达纳公司：一个非凡的纪录

美国达纳公司主要生产螺旋桨叶片和齿轮箱之类的普通产品，这些产品多数是满足汽车和拖拉机业普通二级市场需要的，该公司是一个拥有30亿美元资产的企业。20世纪70年代初期，该公司的雇员人均销售额与全行业企业的平均数相等。到了70年代末，在并无大规模资本投入的情况下，公司雇员人均销售额已猛增3倍，一跃成为《财富》杂志按投资总收益排列的500家公司中的第2位。这对于一个身处如此乏味行业的大企业来说，的确是一个非凡纪录。

1973年，麦斐逊接任公司总经理。他做的第一件事就是废除原来厚达22英寸半的政策指南，代之而用的是只有一页篇幅的宗旨陈述。其大意是：

1. 面对面的交流是联系员工、保持信任和激发热情的最有效手段。关键是要让员工知道并与之讨论企业的全部经营状况。

2. 我们有义务向希望提高技术水平、扩展业务能力或进一步深造的生产人员提供培训和发展的机会。

3. 向员工提供职业保险至为重要。

4. 制订各种对设想、建议和艰苦工作加以鼓励的计划，设立奖励基金。

麦斐逊很快把公司班子从500人裁减到100人，机构层次也从11个减到5个。大约90人以下的工厂经理都成了"商店经理"。因为这些人有责任学会做厂里的一切工作，并且享有工作的自主权。麦斐逊说："我的意思是放手让员工们去做。"

他指出："任何一项具体工作的专家就是干这项工作的人，不相信这一点，我们就会一直压制这些人对企业做出贡献及其个人发展的潜力。可以设想，在一个制造部门，在方圆2.32平方米的天地里，还有谁能比机床工人、材料管理员和维修人员更懂得如何操作机床、如何使其产出最大化、如何改进质量、如何使原材料流量最优化并有效地使用呢？没有。"

他又说："我们不把时间浪费在愚蠢的举动上。我们办事没有种种程序和手续，也没有大批的行政人员。我们根据每个人的需要、每个人的志愿和每个人的成绩，让每个人都有所作为，让每个人都有足够时间去尽其所能……我们最好还是承认，在一个企业中，最重要的人就是那些提供服务、创造和增加产品价值的人，而不是管理这些活动的人——这就是说，当我处在你们那 2.32 平方米的空间里时，我还是得听你们的！"

达纳公司和惠普公司一样，不搞什么上下班时钟。对此，麦斐逊说：大伙都抱怨说"没有钟怎么行呢"，我说："你该怎么去管 10 个人呢？要是你亲眼看到他们老是迟到，你就去找他们谈谈嘛。何必非要靠钟表才能知道人们是否迟到呢？"我的下属说："你不能摆脱计时钟，因为政府要了解工人的出勤率和工作时间。"我说："此话不假。像现在这样，每个人都准时上下班，这就是记录嘛！如果有什么例外，我们自会实事求是地加以处理的。"麦斐逊非常注意面对面的交流，强调同一切人讨论一切问题。他要求各部门的管理人员和本部门的所有成员之间每月举行一次面对面的会议，直接而具体地讨论公司每一项工作的细节情况。

麦斐逊非常注重培训工作，以此来不断地进行自我完善。仅达纳大学，就有数千名雇员在那里学习，他们的课程都是务实方面的，但同时也强调人的信念，许多课程都由老资格的公司副总经理讲授。

达纳公司从不强人所难。麦斐逊说："没有一个部门经理会屈于压力而被迫接受些什么。"在这里，人们受到的压力是同事间的压力。大约 100 名经理人员每年要举行两次为期 5 天的经验交流会，同事间的压力就是前进的动力。他说："你能一直欺骗你的头头，我也能。但是你没法逃过同行的眼睛，他们可是一清二楚的。"

麦斐逊强调说："切忌高高在上、闭目塞听和不察下情的不良作风，这是青春不老的秘方。"

案例分析思考题

1. 在上述案例中，麦斐逊采取的激励方法有哪些？
2. 试用学过的激励理论分析麦斐逊的激励措施及其作用。

（资料来源：佚名. 一个非凡的记录 [EB/OL]. （2010-11-25）[2014-06-10]. http://wenku.baidu.com.）

 综合练习与实践

一、判断题

1. 弗鲁姆提出的期望理论，他认为"激励力=效价×期望值"。　　　　（　　）
2. 具有高成就需要的人一定是优秀的管理者，特别是在大组织当中。（　　）
3. 强化理论认为，正强化应保持渐进性和连续性。　　　　　　　　（　　）
4. 麦克莱认为人们建立友好和亲密的人际关系的愿望是成就需要。（　　）
5. 能够促进人们产生工作满意感的一类因素叫作激励因素。　　　　（　　）

二、单项选择题

1. 需要层次理论，是由（　　）最先提出的。

    A. 赫茨伯格   B. 马斯洛

    C. 弗鲁母   D. 亚当斯

2. 在激励工作中，最为重要的是要发现职工的（　　）。

    A. 安全需求   B. 现实需求

    C. 主导需求   D. 自我实现的需求

3. 在赫茨伯格的领导理论中，下列哪一个因素与工作环境和条件有关？（　　）

    A. 激励因素   B. 保健因素

    C. 环境因素   D. 人际因素

4. 不仅提出需要层次的"满足—上升"趋势，而且提出"挫折—倒退"趋势的理论是（　　）。

    A. 需要层次理论   B. 成就需要理论

    C. ERG 理论   D. 双因素理论

5. 有一种强化方法是撤除消极的行为后果，以鼓励良好的行为。这种方法是（　　）。

    A. 正强化   B. 负强化

    C. 惩罚   D. 消退

三、多项选择题

1. 美国心理学家麦克莱兰提出的激励需求理论认为人的基本需要有（　　）。

    A. 权力的需要   B. 生理的需要

    C. 对成就的需要   D. 安全的需要

    E. 对社交的需要

2. 激励理论可以分为（　　）。

    A. 过程型激励理论   B. 内容型激励理论

    C. 行为改造激励理论   D. 强化激励理论

3. 赫茨伯格提出，影响人们行为的因素主要有（　　）两类。

    A. 满意因素   B. 不满意因素

    C. 保健因素   D. 激励因素

4. 根据双因素理论，（　　）往往与职工的不满意关系密切。

    A. 企业政策   B. 工作的成就感

    C. 工资水平   D. 责任感

5. 强化的方法按强化的手段来划分有（　　）。

    A. 正强化   B. 负强化

    C. 消退   D. 惩罚

    E. 学习

四、简答题

1. 简述激励理论的基本种类。
2. 麦克莱兰的三种需要理论。
3. 简述亚当斯的公平理论。

五、深度思考

华为的激励制度的功与过

华为技术有限公司成立于 1988 年，总部位于深圳，是一家专门从事通信网络技术与产品研发、生产以及销售的公司。2010 年华为全球销售收入达 1 852 亿元人民币，同比增长 24.2%。目前，华为拥有员工 8 万多人。面对如此众多的员工，华为是如何对其进行激励，并使他们创造出了如此佳绩的呢？

华为的人才激励机制，主要表现在以下几个方面。

一是建立以自由雇佣为基础的人力资源管理体系，不搞终身雇佣制。1996 年通信市场爆发大战，华为的市场体系有 30% 的人员下岗，其中有曾经立下汗马功劳而又变为落后者的员工。这次变革让华为人认识到："在市场一线的人，不允许有思想上、技术上的沉淀。必须让最明白的人、最有能力的人来承担最大的责任。"从此，华为形成了干部没有任期的说法。那些居功自傲、故步自封的人，不得不在企业快速发展的压力下，不断提高个人素质，不断提高工作能力。

二是建立内部劳动市场，允许和鼓励员工更换工作岗位，实现内部竞争与选择，促进人才的有效配置，最大限度地发现和开发员工潜能。

三是高工资。华为被称为"三高"企业，指的是高效率、高压力和高工资。华为的工资相对于其他同类公司是比较高的，应届本科生起薪大约是税前 4 000 元，硕士生大约是税前 5 000 元。且在进公司三个月左右有一次加薪，幅度在 200～3 000 元不等，主要取决于部门业绩和自己的表现。除了高工资，还有奖金与股票分红，内部职工的投资回报率每年都超过 70%，有时甚至高达 80%。经济利益是最直接、最明显的激励方式，高收入是高付出的有效诱因。

四是提供持续的开发培训。华为实行在职培训与脱产培训相结合，自我开发与教育开发相结合的开发方式，让员工素质适应企业的发展，同时让员工有机会充分提升个人能力。每年华为都要派遣大量的管理人员、技术人员到国外考察、学习、交流，优化了重要领域的人员素质，为有进取精神的人才提供了提高知识和素质的机会，这个机会是当前高素质人才最看重的，有着很强的激励效果。

五是"公平竞争，不唯学历，注重实际才干"。华为看重理论，更看重实际工作能力，大量起用高学历人才和有实际工作能力的人。例如，华中科技大学毕业的李一南到华为工作的第二天就被提升为工程师，半个月后升任为主任工程师，半年后升任中央研究部副总经理，27 岁时李一男坐上了华为公司副总裁的宝座。华为大胆的用人策略，让员工看到了希望，激发了员工的事业心，使大批年轻人成为公司的中坚力量。

六是客观公正的考评。华为的考评工作有着严格的标准和程序，是对员工全方位的考评，其依据依次是才能、责任、贡献、工作态度与风险承诺，依据考评结果对员工实行奖惩。

七是知识资本化、知识职权化。华为的员工持股制度是按知分配的，即把员工的知识劳动应得的一部分回报转化为股权，即转化为资本，股金的分配又使得由股权转化来的资本的收益得到体现，通过股权和股金的分配来实现知识资本化。另外，组织权力也按照知识的价值来分配。组织权力的分配形式是机会和职权，因而知识可以通过职权分配来表现。这是华为的一项长期激励方法，体现了知识的价值，保证了企业的稳定。

华为颇有成效的激励机制，调动了员工的工作热情，增加了企业的竞争实力。2011 年上半年，华为实现销售收入 983 亿元人民币，同比增长 11%。华为首席财务官孟晚舟表示，借助终端和企业业务的增长，预计华为在今年全年将完成 1 990 亿元人民币的销售收入。

阅读以上材料，回答问题：

请运用本章的激励理论评价华为的激励机制。

（资料来源：佚名. 华为高效的人力资源管理在于人才激励机制［EB/OL］.（2011-01-22）［2014-06-10］. http://wenku.baidu.com.）

第 *8* 章

控 制

➤ 学习目标

通过本章学习，学生应掌握控制的含义与类型，学会建立控制标准，清楚控制过程管理，懂得采用 PDCA 循环对工作进行有效的控制。

➤ 学习要求

知识要点	能力要求	相关知识
控制的含义	掌握控制的作用	管理控制的特点
控制类型	1. 了解事前控制 2. 掌握不同类型控制的作用 3. 学会在不同阶段进行控制	管理控制的重要性
控制的过程	1. 了解控制过程的基本要素 2. 掌握管理控制过程的四个步骤	有效控制
PDCA 循环	1. 掌握 PDCA 循环的含义 2. 掌握 PDCA 循环各个阶段的主要任务	执行力

Sin-Tec 企业

Sin-Tec 企业的总经理乔治·谭就其产品印刷电路板的销路，到欧洲同买主建立联系后返回了新加坡。同往常一样，他的邮件箱中堆满了信件。但是他却没有时间浏览这些信件并处理有关产品发送、抱怨和其他内部问题。

正当乔治埋头于这些信件时，工厂经理和财务经理来到了他的办公室。他们来这儿是由于乔治的盛怒：为什么没有任何人告诉我，我们公司究竟发生了什么？为什么我未能知道周围发生了什么？为什么我始终一无所知？我没有时间去浏览所有这些文件并了解问题。没有一个人告诉我我们的企业是如何运作的，而且我似乎从没听过我们的问题，直到它们变得相当严重。我要求你们制订一个系统从而使我能持续得到信息。我对一无所知已经很厌倦了，特别是那些我要对公司负责就必须知道的事情。

当这两位经理返回他们的部门时，工厂经理对财务经理说："每一件乔治想知道的事都在他桌上的那堆报告之中。"

（资料来源：朱秀文. 管理学教程［M］. 天津：天津大学出版社，2004.）

任务 8.1　了解管理控制

【学习目标】

让学生初步认识管理控制，激发学生学习兴趣；检测学生对管理基本概念和相关内容的掌握。

【学习知识点】

控制就是由管理人员对组织实际运行是否符合预定的目标进行测定，并采取措施确保组织目标实现的过程。

8.1.1　控制

1. 控制的含义

控制是监视组织各方面的活动，保证组织实际运行状况与组织计划要求保持动态适应的一项管理工作。作为一项重要的管理职能，控制就是由管理人员对组织实际运行是否符合预定的目标进行测定，并采取措施确保组织目标实现的过程。从传统意义上理解，控制工作指的是"纠偏"，即按照计划标准衡量计划的完成情况，针对出现的偏差采取纠正措施，以确保计划得以顺利实现。控制既可以说是一个管理过程的终结，又是一个新的管理工作的开始，而且计划与控制工作的内容往往相互交织在一起。管理工作本质上就是由计划、组织、领导、控制等职能有机地联系而构成一个不断循环的过程。

控制工作与计划工作密切相关。计划和控制是同一事物的两个方面。一方面，有目标和计划而没有控制，人们可能知道自己干了什么，但无法知道自己干得怎样、存在哪些问题、哪些方面需要改进。另一方面，有控制而没有目标和计划，人们将不会知道要控制什么，也不会知道怎么控制。事实上计划越是明确、全面和完整，控制的效果也就越好；控制工作越是科学、有效，计划也就越容易得到实施。控制把组织、人员配备、领导指挥职能与计划设定的目标联系在一起，在必要时，它能随时启动新的计划方案，使组织运行的目标更加符合自身的资源条件和适应组织环境的变化。

2. 管理控制的特点

1）目的性

管理控制无论是着眼于纠正执行中的偏差还是适应环境的变化，都是紧紧围绕组织目标进行的。同其他管理工作一样，控制工作也具有明确的目的性特征。换言之，管理控制并不是管理者主观任意的行为，它总是受到一定的目标指引，服务于组织特定目标的需要。控制工作的意义就体现在，它通过发挥"纠偏"和"调适"两个方面的功能，促使组织更有效地实现其根本的目标。

2）动态性

管理工作中控制不同于电冰箱的温度调控，后者是一种高度程序化的控制，具有稳定的特征。组织则不是静态的，其外部环境和内部条件随时都在发生着变化，从而决定了控制标准和方法不可能固定不变。管理控制应具有动态的特征，这样可以保证和提高控制工作的有效性与灵活性。

3）整体性

管理控制的整体性包括两层含义：一是从控制的主体来看，完成计划和实现目标是组织全体成员的共同责任，管理控制应该成为组织全体成员的职责，而不单单是管理人员的职责。让全体成员参与到管理控制中来，这是现代组织中推行民主化管理思想的重要方面。二是从控制的对象上来看，管理控制覆盖组织活动的各个方面，人、财、物、时间、信息等资源，各层次、各部门、各单位的工作，以及企业生产经营的各个不同阶段等，都是管理控制的对象。不仅如此，管理控制中需要把整个组织的活动作为一个整体来看待，使各个方面的控制能协调一致，达到整体优化。

4）人性

管理控制应该成为提高员工工作能力的工具。控制不仅仅是监督，更重要的是指导和帮助。管理控制本质上是由人来执行的，而且主要是对人的行为的一种控制。与物理、机械、生物及其他方面的控制不同，管理控制不可忽视其中人性方面的因素，管理者可以制订偏差纠正计划，但这种计划要靠员工去实施，只有当员工认识到纠正偏差的必要性并具备纠正能力时，偏差才会真正被纠正。通过控制工作，管理者可以帮助员工分析偏差产生的原因，端正员工的态度，指导他们采取纠正的措施。这样既能达到控制的目的，又能提高员工的工作能力和自我控制能力。

8.1.2 管理控制的重要性

1. 在执行组织计划中的保障作用

在管理活动中所制订的计划是针对未来的，由于各方面原因，制订计划时不可能完全准确、全面，计划在执行中也会出现变化，因此，为了实现目标，实行控制是非常必要的。

2. 在管理职能中的关键作用

有效的管理有五个职能，它们构成一个相对封闭的循环。控制工作是管理职能循环中最后的一环，它与计划、组织、领导工作紧密结合在一起，使组织的整个管理过程有效运转，循环往复。

【知识阅读 8-1】

不要授权给"猴子"

有一个国王老待在王宫里，感到很无聊。为了解闷，他叫人牵了一只猴子来给自己做伴。猴子天性聪明，很快就得到国王的喜爱。这只猴子到王宫后，国王给了它很多好吃的东西，猴子渐渐地长胖了，国王周围的人都很尊重它。国王对这只猴子更是十分相信和宠爱，甚至连自己的宝剑都让猴子拿着。

在王宫的附近，有一片供人游乐的树林。当春天来临的时候，这片树林简直美极了，成群结队的蜜蜂嗡嗡地咏叹着爱神的光荣，争芳斗艳的鲜花用香气把林子弄得芳香扑鼻。国王被那里的美景所吸引，带着他的皇后到林子里去。他把所有的随从都留在树林的外边，只留下猴子给自己做伴。

国王在树林里好奇地游了一遍，感到有点疲倦，就对猴子说："我想在这座花房里睡一会儿。如果有什么人想伤害我，你就要竭尽全力来保护我。"说完这几句话，国王就睡着了。

一只蜜蜂闻到花香飞了来，落在国王头上。猴子一看就火了，心想："这个倒霉的家伙竟敢在我的眼前蜇国王！"于是，它就开始阻挡。但是这只蜜蜂被赶走了，又有一只飞到国王身上。猴子大怒，抽出宝剑就照着蜜蜂砍下去，结果把国王的脑袋给砍了下来。

同国王睡在一起的皇后被惊醒了，爬起来大声哭喊："哎呀！你这个傻猴子，你究竟干了什么事儿呀！"

（资料来源：佚名. 不要授权给"猴子" [EB/OL]. （2013-01-25) [2014-06-10]. http://wenku.baidu.com.）

8.1.3 控制的类型

根据前述对控制过程和控制体系的分析，可以将管理控制分为事前控制、同步控制和事后控制三种类型。

1. 事前控制

事前控制也称前馈控制，是根据过去的经验或科学分析，对各种偏差发生的可能性进行预测，并采取措施加以防范。事前控制的重点是预防组织过远地偏离预期的标准，防止不合期望的事情发生。例如，对市民进行交通规则和违章驾驶后果的教育，就是一种试图事前控制驾驶行为的努力。又如，预测公司未来现金流入与流出的现金预算也是一种事前控制。通过制定现金预算，管理人员可以知道是否发生资金短缺或是资金过剩的情况，如果预测在某个月份将发生资金短缺，则可事先安排好银行贷款，或是利用其他方式加以解决，以免到时捉襟见肘。

事前控制的必要性表现在以下两个方面：首先，管理控制过程中存在着"时间延迟"现象。例如，财务部门在 11 月份才能向总经理报告 10 月份的企业亏损情况，而这些亏损又可能是因为 7 月份所做的事情造成的。所以，为了能及时地采取纠正措施，就必须预测可能发生的错误和问题。其次，如果等到事情已经发生才去控制，所造成的损失是无法弥补的。例如，如果企业等到产品制造出来之后才进行质量检验，虽然可以把不合格品剔除出来，但废品和次品造成的资源损失已无法挽回。所以，同样需要在工作开始之前就对可能发生的问题进行预防。事前控制能在还来得及采取纠正措施之前就向管理者发出警告信息，使他们知道如果不采取措施就会出问题。

2. 同步控制

同步控制也叫即时控制或现场控制，是指偏差在刚一发生或将要发生时，便能立即测定出来，并能迅速查明原因和采取纠正措施。同步控制的出发点是在偏差刚一发生时就进行调整，要比等到结果产生之后再进行纠正造成的损失小，而且也容易纠正。例如，生产过程中用于控制工序质量的控制图就是同步控制的一个例子。在控制图中标出了质量的控制上限和控制下限。在生产过程中，定时随机抽取生产线上的产品进行测量，将测得的质量特性数据用点标在图上。如果点落在控制界限，或点虽未越出控制界限，但排列有缺陷，则表明生产过程异常，应及时查明造成异常的原因，采取措施使生产过程恢复控制状态。

同步控制需要有实时信息。实时信息就是事件一发生就出现的信息，在企业的经营活动中，利用各种手段取得实时信息在技术上是有可能的。例如，航空公司只要把航班班次、起始站名和日期输入计算机系统，就能立刻反映出有关订座状况的信息，从而了解到机上是否还有座位。

有些学者认为，除了最简单的情况和例外之外，单有实时信息是不可能做到同步控制的。在许多管理领域内，搜集用来衡量绩效情况的实时信息是可能的，把这些信息和标准进行比较，找出存在的偏差甚至也是可能的。但是，偏差原因的分析、纠偏方案的制度以及方案的执行，都不是一蹴而就的。

3. 事后控制

很明显，事前控制和同步控制并不足以把组织的活动维持在期望的限度之内。因此，仍有必要进行事后控制。事后控制也叫反馈控制，是指偏差和错误发生之后，再去查明原因，并制定和采取纠正措施。产品质量检验、盘点、检查费用账目等都是事后控制的例子。在每种情况下，实际成就与标准之间的差距都要查清，并制订改进方案。事后控制虽然无法挽回过去的错误所造成的损失，但它可以防止同样的错误再次发生；可以消除偏差对下游活动的影响。例如，产品质量检验可以防止不合格品流入市场给消费者造成损失；可以找出薄弱环节，帮助管理人员改进工作。

事前控制、同步控制和事后控制对管理者来说都有价值。如果所有的控制都可以预先测知，当然最好，但事实上这是不可能的，也是没有必要的。管理者还需要依赖同步控制和事后控制。这三种类型的控制如果能够结合使用，控制的效果会更佳。对一些非常重要的活动，可以三种控制方式同时采取，将偏差发生的可能性降低至接近于零的水平。全面质量控制就是一种综合运用三种控制方式的管理方法。

【学习实训】 黄金台招贤

《战国策·燕策一》记载：燕国国君燕昭王（公元前311—前279年）一心想招揽人才，而更多的人认为燕昭王仅仅是叶公好龙，不是真的求贤若渴。于是，燕昭王始终寻觅不到治国安邦的英才，整天闷闷不乐。

后来有个智者郭隗给燕昭王讲述了一个故事，大意是：有一国君愿意出千两黄金去购买千里马，然而时间过去了三年，始终没有买到，又过去了三个月，好不容易发现了一匹千里马，当国君派手下带着大量黄金去购买千里马的时候，马已经死了。可被派出去买马的人却用五百两黄金买来一匹死了的千里马。国君生气地说："我要的是活马，你怎么花这么多钱弄一匹死马来呢？"国君的手下说："你舍得花五百两黄金买死马，更何况活马呢？我们这一举动必然会引来天下人为你提供活马。"果然，没过几天，就有人送来了三四匹千里马。

郭隗又说："你要招揽人才，首先要从招纳我郭隗开始，像我郭隗这种才疏学浅的人都能被国君采用，那些比我本事更强的人，必然会闻风千里迢迢赶来。"

燕昭王采纳了郭槐的建议，拜郭槐为师，为他建造了宫殿，后来没多久就引发了"士争凑燕"的局面，投奔而来的有魏国的军事家乐毅，有齐国的阴阳家邹衍，还有赵国的游说家剧辛等。

落后的燕国一下子便人才济济了。从此以后一个内乱外祸、满目疮痍的弱国，逐渐成为一个富裕兴旺的强国。接着，燕昭王又兴兵报仇，将齐国打得只剩下两个小城。

思考题：

你从案例中得到什么启示？

（资料来源：佚名. 黄金台招贤［EB/OL］.（2013-01-25）［2010-06-10］. http://wenku. baidu. com.）

【效果评价】

根据学生出勤、课堂讨论发言及小组合作完成任务的情况进行评定。

任务8.2 控制的过程

【学习目标】

让学生掌握控制的过程，了解执行力的概念。

【学习知识点】

从本质上来看，管理系统中的控制过程与物理系统、生物系统和社会系统中的控制过程是相同的。控制论创立人诺伯特·维纳指出，所有类型的系统都是通过信息反馈揭露目标实现过程中的错误，并采取纠正措施来控制自己的。反馈控制系统具有四个基本要素：①输入目标信息；②测量输出信息并反馈到输入端；③将输出的结果信息与输入的目标信息相比较求出差值信息；④利用差值信息对系统进行调节使之达到期望的输出。管理控制就是这样一种典型的反馈控制系统。

8.2.1 管理控制的步骤

1. 确定标准

要控制就要有标准。因此，控制过程的第一个步骤就是确定标准。目标和计划是控制的总标准。为了对各项业务活动实施控制，还必须以目标和计划为依据设置更加具体的标准，如劳动定额、消耗定额、生产进度、质量标准等，作为控制的直接依据。这是因为对许多业务工作的控制而言，目标和计划显得不够具体和详尽。此外，直接用目标和计划进行控制会导致权力高度集中，管理人员特别是高层管理人员，不可能事事过问。标准是衡量绩效的尺度，是从计划方案中选出的对工作成果进行衡量的一些关键点。以这些关键点作控制的标准，可使管理人员在计划执行中无须亲历全过程就能了解工作的进展状况。

2. 衡量绩效

所谓绩效就是行为或行动实际的结果，衡量绩效就是搜集反映实际结果的信息，目的是为控制提供必要有用的信息。

绩效衡量应该定期进行。例如，每隔10分钟从生产线上抽取一批产品进行质量检验，每个月末盘点一次仓库存货等。衡量绩效的周期或频率视工作性质而定。有些工作如质量检验、生产进度、成本核算等，需要频繁地将实际工作情况和标准做比较。以质量检验为例，如果间隔很长时间才对产品质量进行抽查，则大部分产品可能要报废或返工。但是有些工作，如技术开发、职工培训、公共关系等，就不宜过于频繁地比较。任何一项工作或任务，其进行过程和取得明显的效果之间总是需要一定的时间。复杂工作需要的时间比简单工作要长些。对复杂工作来说，在工作成果变得明显之前就对它进行比较并得出结论，往往有欠公正。对复杂工作的过早比较，会使得到的信息失去可靠性和有效性。另外，对不同类别的人员，如有经验者和无经验者、工程技术人员和普通工人，比较的周期也应该有所不同。

　　3. 比较实际绩效与标准

　　这一步就是按照标准衡量工作实绩达到标准的程度。当工作实绩低于（或超过）标准时，就说明工作出现偏差。"防患于未然"，洞察力和远见卓识可以使管理人员预见到可能会出现的偏差，并采取适当措施加以避免。具有这种能力当然最好不过，问题是大多数管理人员可能并不具备这种超凡的能力。如果缺乏这种能力，则需要尽早找出偏差。

　　如果有明确的标准和准确衡量下属人员实际工作情况的方法，对工作绩效的评价是很容易做到客观公正的。但是，有许多工作不是很难制定出明确的标准，就是很难衡量，特别是需要某种程度的主观判断时，评价工作就不那么容易和单纯了。

　　一般来说，专业化程度高的工作比专业化程度低的工作、技术性强的工作比技术性低的工作容易确定标准，因而也容易评价。例如，对大量生产的产品，可以运用时间研究方法制定出精确的工时定额作为控制标准，根据这些标准来评价计划执行情况就十分容易了。如果产品不能大量制造，而是根据客户需要定做的，则工作绩效的衡量与评价就比较困难。又如，对财务经理和公关经理的工作绩效的控制，就要比对装配线上的工人的工作绩效的控制困难得多，因为很难为前者拟订明确的工作标准，这类人员的工作标准往往是含糊的，据此做出的评价也难免是含糊的。这些技术性低的工作往往过分重视那些可以衡量的项目，例如，重视利润、成本、产量等容易衡量的指标，忽视商誉、公关等难衡量的项目。实际上，难以衡量的项目往往比容易衡量的项目更重要。

　　4. 纠正偏差或修改标准

　　采取必要措施纠正偏差是控制过程的关键步骤。它要求在衡量工作绩效的基础上，针对偏离标准的偏差进行及时有效的纠正，从而恢复到原定标准中去。任何控制行为都是针对问题及其产生的原因而采取解决对策的过程。控制措施的制定必须建立在对偏差原因进行正确分析的基础上。对问题原因的不正确解释，可能会导致控制行动的低效、无效甚至反效果。如果环境变化导致控制标准或计划失效，则需要考虑修正标准或改变计划，使组织的运行能够适应新的环境变化。

　　有效的控制系统应能揭示出哪些环节上出了差错，谁应当对此负责，并能确保采取纠正措施。对控制系统来说，发现偏差及寻找偏差的原因是必要的，但更重要的是进一步采取明确、有效的纠正措施。只有纠正偏差，才能证明控制系统是有效的。

　　控制过程如图8-1所示。控制过程的四个步骤是紧密联系的。没有第一步确定标准，就不会有衡量实际绩效的依据；没有第二步衡量绩效，就无法获得所需要的控制信息；没有第三步实际绩效与标准的比较，就不会知道是否存在偏差以及是否需要采取纠正措施；没有第四步纠偏措施的制定和落实，控制过程就会成为毫无意义的活动。

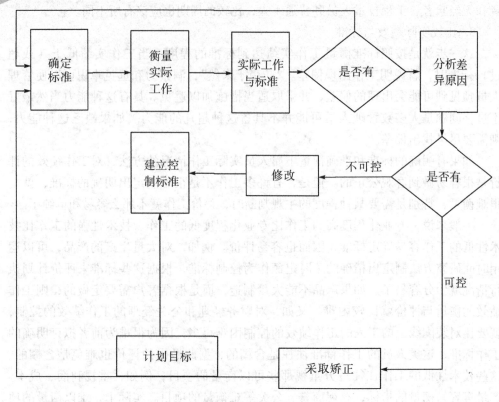

图 8-1　控制过程

【知识阅读 8-2】

大宇公司改变企业文化

　　大宇公司创建于 1967 年，其创始人金宇中勤奋，严厉，具有强烈的进取心。大宇最初在出口纺织品方面取得成功。公司业务不断扩展到贸易、汽车、机械、电子、建筑、重型造船、电脑、电信以及金融领域，成为韩国第四大企业集团。大宇公司是西尔斯（Sears）、Christian Dior 等多家公司的纺织品供应商。大宇还同通用汽车公司成立了合资企业生产牌汽车。然而，由于劳动力和其他一些问题，汽车产品发送受到了限制。

　　公司成功的重要因素是总裁金宇中努力工作的理念以及植入人们脑海深处的价值观。可是，到 20 世纪 80 年代末和 90 年代初，公司开始面临着几个问题。其中一个是金宇中的担心——随着韩国进一步繁荣和发展，工人们可能会丧失努力工作的热情。另外，年轻工人的不满情绪越来越强烈，奋发向上的精神正被淡忘。

　　由于金宇中对此疏于管理、放任自流，大宇集团公司的某些公司便处于失控状态。例如，在并不赚钱的重型造船行业他注意到有许多不必要的花费。后来，仅是撤除公司开办理发店便为公司节约 800 万美元。

　　总体上讲，大宇公司的员工年轻，受教育程度高，大宇公司的高级职位只聘任能干的人，并无裙带关系，这一点与许多其他韩国公司的相似职位，大有不同。

虽然大宇公司拥有 91 000 名员工，是一家大型公司，但它在任何一个产业中都不占有支配地位。大宇制定了努力成为通用汽车公司和波音等几家国外大公司供应商的战略，这也许会导致大宇以自己的品牌成为主要市场开拓者的机会。在 20 世纪 90 年代，金宇中也一直在欧洲寻找机会，比如，他同在法国的一家经销公司成了合资企业。

这些重大的重组活动已经产生了积极效果，金宇中出售了一些钢铁、金融和房地产项目，以加强管理代替了放任自流的管理风格，重新实行了集权化管理；一些管理者或者退休，或者解聘，此外，还撤销了几千岗位。

所有这些变化对财务状况和公司文化都产生了积极的影响，然而，到 90 年代初期，大宇还需要对付坚挺的韩国货币、上升的劳动力成本、与日本的竞争以及其业务涉及的不同国家的经济衰退等不利因素。

思考题：

1. 本案例中，哪些是可控因素，哪些是不可控因素？

2. 你如何评价金宇中的反应对策？从本案例中你能得出什么结论？

（资料来源：李英. 管理学基础 [M]. 大连：大连理工大学出版社，2009.）

8.2.2 PDCA 循环

PDCA 是英语单词 plan（计划）、do（执行）、check（检查）和 action（处理）的第一个字母，PDCA 循环就是按照这样的顺序进行质量管理，并且循环不止地进行下去的科学程序。P（plan）计划，包括方针和目标的确定以及活动计划的制订。D（do）执行，指具体运作，实现计划中的内容。C（check）检查，指总结执行计划的结果，分清哪些对了，哪些错了，明确效果，找出问题。A（action）处理，指对检查的结果进行处理，对成功的经验加以肯定，并予以标准化；对于失败的教训也要总结，引起重视。对于没有解决的问题，应提交给下一个 PDCA 循环中去解决。见图 8-2。

一是计划阶段。要通过市场调查、用户访问等，摸清用户对产品质量的要求，确定质量政策、质量目标和质量计划等。

二是执行阶段。实施上一阶段所规定的内容。根据质量标准进行产品设计、试制、试验及计划执行前的人员培训。

三是检查阶段。主要是在计划执行过程之中或执行之后，检查执行情况，看是否符合计划的预期结果效果。

四是处理阶段。主要是根据检查结果，采取相应的措施。巩固成绩，把成功的经验尽可能纳入标准，进行标准化，遗留问题则转入下一个 PDCA 循环去解决，即巩固措施和下一步的打算。

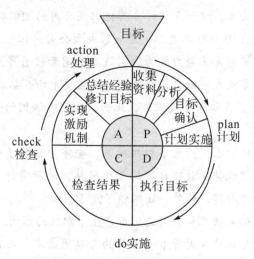

图 8-2　PDCA 循环

8.2.3　执行力

　　执行力是目前在企业管理领域比较流行的一个概念。关于什么是执行力，目前还没一个比较确切的定义。比较通俗的理解就是：执行并完成任务的能力。比较理论化的理解就是：执行并实现企业既定战略目标的能力。

　　每一个老板、每一名管理人员都会对下属有要求，无论这些要求是否明确、合理，这些要求与期望都会遭遇它们各自的结果；每一个企业都会有战略目标，无论是否明确、合理或者宏大，同样每一个目标都会有最终的结果。这些老板、管理人员与企业必须共同面对的现实是：结果往往与目标之间有很大的差距，或者说"没有完成任务""没有达成目标"。问题在哪里呢？想法没有得到实施，方案没有得到执行，所以没有达成目标，这是一个很符合逻辑的推断，于是执行力的概念就应运而生。

　　由于这里主要探讨执行，所以这里我们假定探讨的前提是：目标方向是正确的、方案本身是完善的，也就是说战略规划是没有问题的。

　　其实"执行"就是"做"，我们可以从两个不同层次去理解执行力，一是个人执行力，另一个就是企业执行力。

　　个人执行力整体上表现为"执行并完成任务"的能力，对于企业中不同的人要完成不同的任务需要不同的具体能力，个人执行力严格说来包含了战略分解力、时间规划力、标准设定力、岗位行动力、过程控制力与结果评估力，是一种合成力，对于企业中不同位置的个体所需要的技能需求并不完全一致（见表 8-1）。

表 8-1 企业员工执行力构成要素

要求 层次	战略 分解力	标准 设定力	时间 规划力	岗位 行动力	过程 控制力	结果 评估力
高层管理	√	√	√	√	√	√
中层管理		√	√	√	√	√
基层管理			√	√	√	√
普通员工				√	√	√

由表 8-1 可以直观地看到越是高层所需要的技能越全面，因此企业高层的执行技能比一般中层的执行技能和普通员工的执行技能更重要，很多人想当然地认为企业执行力不强是下属没有按照上级的意志去落实其实是一种误区。直接把任务简单地抛给员工，当然不会得到有效的执行，如果管理人员把某个任务的完成标准、时间都明确了，在下属执行的过程中进行检查和协助，而下属还是完不成任务的话，只能说把任务没有交代给真正有能力去完成这件事的人或者说他应该找更合适的人来做，所以执行的效果关键还是看管理人员是不是有计划（时间规划、完成标准）、有组织（找合适的人干活）、有领导（协助、激励）和控制。

【知识阅读 8-3】

经济学院的教学过程控制

某大学经济学院下设经济管理、市场营销、会计学、国际贸易、经济学五个系，共有老师 150 名，学生（包括博士、硕士研究生）2 500 名，每个学生必须在一个系里学习专业课，专业课约占整个课程的 1/3，其余 2/3 课程可在大学和学院的其他系去选修，按学分制管理。

1990 年，已连续任职 20 年的老院长退休。他德高望重，采用独裁型的领导方式，老师的聘任和解聘，教职工的工资和晋升，各系的教学计划和对主要课程的要求等，均由他自己决定，然后宣布其决定，要求执行。不同意这位院长领导方式的教师都只好辞职而去。

新院长是按学校规定程序选聘的，他年轻有为，曾任大公司总经理，对企业很熟悉。他一上任，就约见五位系主任，请他们继续留任并请求合作和支持。他说："我想按管理的基本原则来管理学院，即把我们所教的东西付诸实践。我主要关心的是建立学院教学管理的程序，我需要经常了解各系课程的开设、选用教材、教师是否在按所选教材授课、学生是否已从教学中得到收益，以及哪些教师的教学效果好。"

新院长又说："我非常赞赏教师们在教学之外从事的研究和服务活动，但在目前，要求大家把精力集中在教学上。首先要对教学建立管理程序，制订一套标准，还要经常掌握教学的实际情况，并在必要时可以采取纠正的行为。"他指示各系主任找骨干教师组成委员会，共同草拟一个说明草案，提出能回答他所提问题的最适合的办法。各系的草案在一月之内提出。

几天后，经济学系主任去向院长说："我和系上教师都积极地配合您的工作，但老实说，我们对如何回答您所提的问题真有点一无所知。经济学家不同于企业家，您说要按管理的基本原则来管理教学。我不懂您的意思。作为系主任，我过去所做的事就是向全体老师传达院长对教学的指示和决定，仅此而已。现在您要求系组成委员会，提出教学管理程序，制订教学标准，请您给我们规定好，越详细越好。"

思考题：

（1）学校确实不同于企业，新院长提出"按管理基本原则来管理学院、管理教学活动"是否合理？应当如何理解？

（2）新院长是否能说服经济学系主任以及其他系主任和教师们？

（3）你认为学院能否制订出一套包括反馈控制程序的教学管理程序，这个程序大体应包括哪些内容？

（资料来源：李英. 管理学基础［M］. 大连：大连理工大学出版社，2009.）

综合练习与实践

一、判断题

1. 企业集权程度越高，控制就越有必要。   （   ）

2. 计划编制程序、统计报告程序、信息传递程序等都属于跟踪控制性质。

                                                              （   ）

3. 同期控制的主要作用是通过总结过去的经验和教训，为未来计划的制订和活动安排提供借鉴。   （   ）

4. 统计标准是建立在历史数据的基础上的。   （   ）

5. 利用既定的标准去检查工作，有时并不能达到有效控制的目的。   （   ）

6. 一般来说，科研机构的控制程度应大于生产劳动。   （   ）

二、单项选择题

1. 财务分析、成本分析、质量分析等都属于（   ）。
   A. 反馈控制   B. 结果控制
   C. 同期控制   D. 前馈控制

2. （   ）是进行控制的基础。
   A. 确定控制对象   B. 选择控制重点
   C. 确立控制对象   D. 纠正偏差

3. （   ）是企业需要控制的重点对象。
   A. 资源投入   B. 组织的活动
   C. 人员分配   D. 经营活动的成果

4. 所有权和经营权相分离的股份公司，为强化对经营者行为的约束，往往设计有各种治理和制衡的手段，包括：①股东们要召开大会对董事和监事人选进行投票表决；② 董事会要对经理人员的行为进行监督和控制；③监事会要对董事会和经理人员的经营行为进行检查监督；④要强化审计监督。这些措施是：（　　　）。

  A. 均为事前控制

  B. 均为事后控制

  C. ①事前控制，②同步控制，③④事后控制

  D. ①②事前控制，③④事后控制

三、多项选择题

1. 管理中，控制存在必要的原因是（　　　）。

  A. 领导者的素质差异　　　　　　B. 环境的变化

  C. 工作能力的差异　　　　　　　D. 管理权力的分散

2. 根据时机、对象和目的的不同，可以将控制划分为（　　　）。

  A. 前馈控制　　　　　　　　　　B. 同期控制

  C. 条件控制　　　　　　　　　　D. 反馈控制

3. 一般来说，企业可以使用的建立标准的方法有（　　　）。

  A. 员工通过讨论确立的标准

  B. 利用统计方法来确定预期的结果

  C. 根据经验和判断来估计预期的结果

  D. 在客观定量分析的基础上建立工作标准

四、简答题

1. 简述控制过程的概念。

2. 管理者怎样使用三种基本类型的控制才是最有效的？

五、深度思考

为什么说员工进行自我控制是提高控制有效性的根本途径？

第 *9* 章

沟通与协调

学习目标

通过本章学习，学生应掌握沟通和协调职能的基本理论和技术，学会运用有效沟通的方法和技巧，能够运用协调冲突的策略和技巧，懂得沟通中哪些会成为障碍。

学习要求

知识要点	能力要求	相关知识
沟通概述	1. 掌握沟通的定义和功能 2. 了解沟通过程 3. 认识和了解沟通的类型	各种沟通类型的适用条件
沟通网络与沟通障碍分析	1. 了解沟通的网络形式 2. 掌握常见的沟通障碍 3. 掌握并运用有效沟通的方法和技巧	沟通的小窍门
协调	1. 了解协调的定义和原则 2. 了解和掌握管理者协调的内容	管理中协调的作用
冲突协调	1. 掌握冲突的概念 2. 了解冲突的特性和类型 3. 掌握和运用协调冲突的策略和技巧	处理与上司冲突的方法

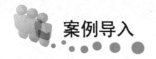

小宏的裤子

小宏明天就要参加小学毕业典礼了，怎么也得精神点，把这一美好时光留在记忆之中。于是他高高兴兴上街买了条裤子，但可惜裤子长了两寸（1寸≈3.33厘米）。吃晚饭的时候，趁奶奶、妈妈和嫂子都在场，小宏把裤子长两寸的问题说了一下，饭桌上大家都没有反应。饭后大家都去忙自己的事情，这件事情就没有再被提起。妈妈睡得比较晚，临睡前想起儿子明天要穿的裤子还长两寸，于是就悄悄地一个人把裤子剪好叠好放回原处。半夜里，狂风大作，窗户"哐"的一声关上把嫂子惊醒，她猛然醒悟小叔子裤子长两寸，自己辈分最小，怎么也得得自己去做了，于是披衣起床将裤子处理好才又安然入睡。老奶奶觉轻，每天一大早醒来给小孙子做早饭上学，趁水未开的时候也想起孙子的裤子长两寸，马上快刀斩乱麻。最后小宏穿着短四寸的裤子去参加毕业典礼了。

一个团队仅有良好的愿望和热情是不够的，要积极引导并靠良好的沟通来分工协作，这样才能把大家的力量形成合力。管理一个项目如此，管理一个部门也是如此。

团队协作需要默契，是靠长期的日积月累来达成的。在协作初创起，还是要有明确的约束和激励。没有规则，不成方圆，冲天的干劲引导不好，彼此之间没有很好的沟通和协调，就会欲速不达。

（资料来源：佚名. 从《小宏的裤子》看企业管理［EB/OL］.（2011-11-13）［2014-06-10］. http://blog.sina.com.cn/s/blog_499a54610100z8z6.html.）

任务9.1　沟通概述

【学习目标】

让学生初步认识沟通职能，掌握沟通的功能和过程，了解沟通的类型，激发学生学习兴趣；检测学生对沟通基本概念和相关内容的掌握。

【学习知识点】

正如美国杜邦公司前任董事长查尔斯·麦考尔所指出的那样："我们把沟通放在绝对优先的位置。雇员们有权利获得信息，他们应该及时了解公司的重要新闻。"在一个组织中，如果没有良好的沟通，那么群体就无法正常运转，团队就无法存在，因为人们需要通过沟通来获得和传递各种信息。有效的沟通可以使组织运转得更有效率，从而带来竞争优势。而无效的沟通则对管理者、员工和组织本身都是有害的，它会导致组织中的人际关系紧张、效率低下、工作质量下降等。

9.1.1 何为沟通

1. 沟通的概念

沟通（communication）作为管理者的基本技能，一直以来都是诸多管理学者研究的重要课题之一。当然，不同的管理学家对沟通的界定也是不尽相同的。当代著名管理学家斯蒂芬·P. 罗宾斯认为沟通是"意义的传递与理解"，他指出，如果存在完美的沟通的话，应是经过传递之后被接受者感知到的信息与发送者发出的信息完全一致。纽曼和萨默把沟通解释为在两个或更多的人之间进行的事实、思想、意见和情感等方面的交流。美国主管人员训练协会把沟通界定为：它是人们进行的思想或情况交流，以此取得彼此的了解、信任及良好的人际关系。加雷思·琼斯、珍妮弗·乔治和查尔斯·希尔则认为沟通是指两个或两个以上的人或组织为达成共识而进行的信息分享。

尽管上述几种解释不尽相同，但把几者结合起来理解的话，我们则可以从中归纳出沟通的五个基本特征：第一个特征是沟通必然涉及至少两个以上的主体。孤单单的一个人是不需要也不可能形成沟通的，也就是说，只有涉及与他人接触时，才存在沟通的可能性。第二个特征就是在沟通的主体之间，一般应该存在沟通主体与沟通客体（也可称为沟通对象）之分。也就是说，要完成这个沟通，应该明白哪一方是主动的，而哪一方是被动的。第三个特征是沟通过程中一定存在沟通标的，如信息等，这个标的是一个沟通过程所必须要完成的主要任务的载体。第四个特征是沟通是为了改善现有的绩效水平，取得更高水平的目标。如果一个沟通过程完成后，对现状的改进没有任何贡献，则这个沟通就没有存在的必要。这个特征其实表明了沟通的基本动机。第五个特征就是沟通需要正确的方式和途径选择。不管是交流也好，分享也罢，对不同的沟通对象而言，其相应的方式应该是有所差别的。在下文将进行论述。

基于上述内容，我们对管理中的沟通做出如下界定：沟通是指两个以上主体，为了改善组织绩效等目的，通过对相关信息的传递、理解和共享，达成共识并指导行动的过程。需要指出的是，这里的共识并不仅仅指好的共识，比如协议达成、项目立项等，还应该包括不好的共识，比如协议无法成立、项目无法立项等。无论好坏结果，都应视为经过沟通过程的产物。当然，我们都希望经过有效的沟通，达成理想目标。

2. 沟通的功能

在群体或组织中，沟通主要有控制、激励、情绪表达和信息传递四项功能。

1）控制

沟通的控制功能是指可以通过有效的沟通控制组织成员的行为，使之遵守组织中的指导方针和权力等级，按照组织的要求工作。例如，组织成员首先要和自己的直接主管交流工作中的不满，也要按照职务说明书工作，通过沟通可以实现这种功能。

2）激励

激励是指管理者运用沟通来影响员工的思想、情感和行为，鼓励并激发员工为实现组织的目标积极、努力地工作。沟通可以通过以下一些途径来激励组织成员：明确告诉他们做什么，如何做，没有达到标准时应如何改进。在实现组织目标过程中的持续反馈及对理想行为的强化都有激励作用，而这些都需要沟通。

3）情绪表达

情绪表达指沟通的目的在于每一个群体中的成员进行情感性的而非任务性的相互交流的需要。组织工作群体也是主要的社交场所，组织成员通过沟通可以表达出自己的满足感和挫折感。因此，沟通提供了一种释放情感的情绪表达机制，并满足了人们的社交需要。

4）信息传递

信息传递是指沟通的目的在于实现某种信息的交流。这与决策角色有关。沟通可为个体和群体提供决策所需要的信息，使决策者能够确定并评估各种备选方案。

沟通的四种功能没有轻重之分，在组织管理中交叉运用。群体或组织中的每一次沟通都可以实现这四种功能中的一种或几种。

9.1.2　沟通过程

1. 沟通过程的构成要素

沟通过程就是发送者将信息通过选定的渠道传递给接收者的过程，必需的四大要素是：

（1）沟通主体。沟通主体是沟通的开始者，负责提出沟通信息、进行编码并发送信息。

（2）沟通客体。沟通客体接收沟通信息，并负责实现沟通最终的执行。沟通客体最关键的是通过解码来达到理解沟通信息，并转化为可以执行的指令或信息。

（3）通道。这是沟通信息传递的路径和渠道。它决定了采用什么形式传递信息。

（4）环境。环境是指对整个沟通过程产生影响的外部环境，其中，噪声是沟通环境中常见的影响因素。

2. 沟通过程

从根本上来讲，一个完整的沟通过程由两大部分构成。第一个部分是传播阶段，主要包括信息的传播、理解和共享等内容。第二个部分为反馈阶段，主要包括沟通各方达成共识并能形成行动。具体来说，沟通的过程可以被细分为如下组成部分：

在传播阶段，沟通的出发点是发送者（sender）。发送者在进行沟通之前，首先要形成一个意图，我们称之为信息（message），它贯穿随后的整个沟通过程，是发送者想与他人或群体共同分享的标的物。在发送前，发送者要把该信息转变成为符号或语言，即进行编码（encoding）工作，然后通过沟通渠道（channel），即媒介物（如电话、信笺、面对面的交流等）将之传送给接收者（receiver）。接收者随后对收到的信息进行翻译和理解，这个过程称为解码（decoding），这样信息就由一个人传到了另一个人那里。需要指出的是，解码是个非常关键的过程，可以视为沟通的关键点。

随后则进入了反馈阶段。在这个阶段中，第一阶段中的发送者和接收者恰好进行了换位，即原来的信息接收者成了发送者，他将需要传递的信息进行编码，然后通过选择的渠道发送出去，而原发送者变成了接收者，他将对收到的信息重新解码。信号中必须确认原信息已经收到和理解，也可重述原信息以确保原信息被正确理解，或者请求更多的信息。这样的过程可能会发生多次，直到双方确保达到了彼此理解。具体过程可参见图9-1。

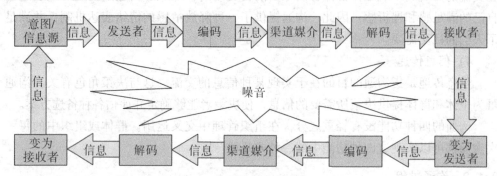

图9-1　沟通过程模型

9.1.3　沟通的类型

沟通在管理中是如此重要，以至于人们发展了各种样的方法来提高沟通的效率。如果从不同的角度进行划分，可能会得出多种分类：言语沟通、非言语沟通和电子媒介沟通，单向沟通和双向沟通，正式的沟通和非正式的沟通等。下面我们对各种常见沟通方法进行简要介绍。

1. 言语沟通、非言语沟通和电子媒介沟通

从信息编码方式和承载的媒体不同划分，沟通主要包括三类：言语沟通、非言语沟通和电子媒介沟通。

1）言语沟通

把信息通过写或说的字词进行编码，我们称之为言语沟通。我们又可以进一步把言语沟通划分为口头沟通和书面沟通。

（1）口头沟通

人们之间最常见的交流方式是面对面的交谈，就是口头沟通。此外，常见的口头沟通方式包括演讲，正式的一对一讨论和小组讨论，非正式的讨论以及传闻或小道消息的传播。

口头沟通的优点是快速传递和快速反馈。在这种方式下，信息可以在最短的时间里被传送，并在最短时间里得到对方的回复。口头沟通的主要缺点是卷入的人越多，信息失真的可能性就越大。如果组织中的重要决策通过口头方式在权力金字塔中上下传递，则信息失真的可能性相当大。

（2）书面沟通

书面沟通包括备忘录、信件、组织内发行的期刊、布告栏及其他任何传递书面文字或符号的手段。书面沟通的优势在于它持久、有形、可以核实。一般情况下，发送者与接收者双方都拥有沟通记录，沟通的信息可以无限期地保存下去。对于复杂或长期的沟通来说，这尤为重要。书面沟通的最终效益来自其过程本身，比口头语言考虑得更为周全。把东西写出来促使人们对自己要表达的东西更认真地思考。因此书面沟通显得更为周密，逻辑性强，条理清楚。

2）非言语沟通

如果在沟通过程中我们不把信息通过语言进行编码，那么就构成了非语言沟通。显然，它指的是既非书面的也非口头的沟通方式，而是通过面部表情（微笑、扬眉、皱眉、拉下巴等）、体态语言（手势、姿势、点头、耸肩和其他身体动作）、语调（轻柔、平稳、刺耳、着重音、反问），甚至衣服的款式（随意、保守、正式、流行）进行的沟通。美国心理学家艾伯特·梅拉比安经过研究认为：人们在沟通中所发送的全部信息仅有7%是由言语来表达的，而另外93%的信息是由非言语来表达的，如图9-2所示。

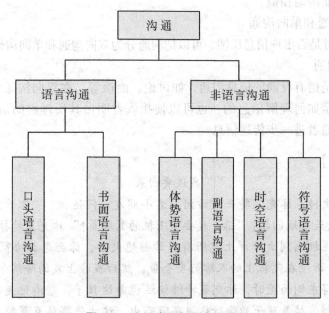

图9-2 言语沟通与非言语沟通

非言语沟通能够支持或加强语言沟通，就像一个热情和真诚的微笑能够增强对一件干得好的工作表示赞赏一样，一个关切的表情能增强表达对个人问题的同情。有时，不好用语言表述的，用表情或身体语言可以顺利地进行表达。某位员工在赞同一个实际上他并不喜欢的建议时，也许会无意识地通过皱眉来表达他的不喜欢。非言语沟通内涵十分丰富，主要包括体势语言沟通、副语言沟通、时空语言沟通和符号语言沟通等。

（1）体势语言沟通。体势语言沟通是指通过目光、表情、手势、坐姿、站姿、立姿等身体运动形式来实现的沟通。

（2）副语言沟通。副语言沟通是指通过非语词的声音，如重音、声调的变化，哭、笑等来实现的沟通。心理学家称非语词的声音信号为副语言。

（3）时空语言沟通。时空语言主要是指春夏秋冬四季变换以及时间、空间变化所传递的信息。

（4）符号语言沟通。符号语言主要是指各种信息符号、物体等代表的某一公共信息的特定含义，如 SOS、国旗、国徽、企业标识等所代表的含义。

3）电子媒介沟通

人类已步入信息时代和知识经济时代，各种复杂多样的电子媒介已经逐步成为沟通渠道。除了传统的媒介（如电话和公共邮寄系统），现代的组织还拥有闭路电视、计算机、复印机、传真机等一系电子设备。将这些设备与言语和纸张结合起来就产生了更有效的沟通方式。有学者研究表明，通过电话进行口头沟通的信息充裕度（information richness）仅次于面对面沟通。在互联网时代里，电子邮件、微信等非常普及，其沟通的功效则类似于个人的书面沟通，还具有迅速且廉价的特点。它的优缺点与书面沟通相似。

2. 双向沟通和单向沟通

根据沟通时是否出现信息反馈，可以把沟通分为双向沟通和单向沟通。见表9-1。

1）双向沟通

双向沟通是指有反馈的信息沟通，如讨论、面谈等。在双向沟通中，沟通者可以检验接收者是如何理解信息的，也可以使接收者明白其所理解的信息是否正确，并可以要求沟通者进一步传递信息。

【知识阅读9-1】

我还要回来

美国知名主持人林克莱特一天访问一名小朋友，问他说："你长大后想要当什么呀？"小朋友天真地回答："嗯，我要当飞机的驾驶员！"林克莱特接着问："如果有一天，你的飞机飞到太平洋上空所有引擎都熄火了，你会怎么办？"小朋友想了想："我会先告诉坐在飞机上的人绑好安全带，然后我挂上我的降落伞跳出去。"当现场的观众笑得东倒西歪时，林克莱特继续注视着这孩子，想看他是不是自作聪明的家伙。没想到，接着孩子的两行热泪夺眶而出，这才使得林克莱特发觉这孩子的悲悯之情远非笔墨所能形容。于是林克莱特问他说："为什么要这么做？"答案透露出一个孩子真挚的想法："我要去拿燃料，我还要回来！！"

你听到别人说话时，你真的听懂他说的意思吗？你懂吗？如果不懂，就请听别人说完吧，这就是"听的艺术"：听话不要听一半；不要把自己的意思，投射到别人所说的话上头。

（资料来源：佚名. 听的艺术［EB/OL］.（2009-03-26）［2014-06-16］. http://blog.sina.com.cn/s/blog_4e6178070100c95k.html.）

2）单向沟通

单向沟通是指没有反馈的信息沟通。如大家熟悉的例行公事，向低层传达命令，可用单向沟通；从领导者个人来讲，如果经验不足，无法当机立断，或者不愿下属指责自己无能，想保全权威，那么单向沟通对他有利。

有关单向沟通和双向沟通的效率和利弊比较研究表明：单向沟通的速度比双向沟通快；双向沟通的准确性比单向沟通高；双向沟通中有更高的自我效能感；双向沟通中的人际压力比单向沟通时大；双向沟通动态性高，容易受到干扰。

表 9-1 双向沟通和单向沟通比较

因素	结果
时间	双向沟通比单向沟通需要更多的时间
信息和理解的准确程度	在双向沟通中，接受者理解信息和发送信息者意图的准确程度大大提高
接受者和发送者置信程度	在双向沟通中，接受者和发送者都比较相信自己对信息的理解
满意度	在双向沟通中，接受者和发送者都比较满意
噪音	由于与问题无关的信息较易进入沟通过程，双向沟通的噪音比单向沟通要大得多

在企业管理中，双向沟通和单向沟通各有不同的作用。一般情况下，如果要求接收者准确无误地接收消息，或处理重大问题，或做出重要决策时，宜用双向沟通。而在强调工作速度和工作秩序时，宜用单向沟通。

3. 正式沟通与非正式沟通

在正式组织中，成员间所进行的沟通可因其途径的差异分为正式沟通和非正式沟通两类。

1）正式沟通

正式沟通是指组织中依据规章制度明文规定的原则进行的沟通。例如，组织之间的公函来往、组织内部的文件传达、召开会议等。显然，正式的沟通包括组织内的正式沟通和组织外的正式沟通。按照信息流向的不同，正式沟通又可细分为下向沟通、上向沟通、横向沟通、斜向沟通等几种形式，如图 9-3 所示。

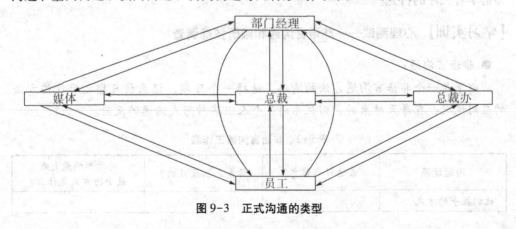

图 9-3 正式沟通的类型

通常，上行沟通多用于向上传递信息，下行沟通多用于下达指示、指令或绩效反馈，而水平沟通则多用于协调努力与活动。在多层次的正式沟通中，由于人们的价值取向和认识水平不同，在上行沟通和下行沟通中都会不同程度地出现由于"过滤""夸大""缩小"甚至"曲解"而带来的偏差。从组织基层向较高层次的直接上级交流信息的上行沟通一般少于下行沟通，大体为15%，而且往往会出现严重的失真或偏差。

例如，下属常常觉得需要强调自己的成绩，对自身差错却"大事化小，小事化了"，或者是"报喜不报忧"，有避免传递坏消息的倾向。通常，正式沟通中的水平沟通比较随意和准确，在良好的组织文化条件下，可以作为上行和下行沟通的重要补充。

2）非正式沟通

非正式沟通是指组织另一方面的沟通不是通过组织内正式的沟通渠道、组织与外界的正式沟通渠道进行，而是一种非官司方的、私下的沟通，其沟通途径超越了单位、部门以及级别层次等。这样的非正式沟通包括两个方面：一是通过非正式组织进行，二是通过私人进行。非正式沟通相应于正式沟通其传递的消息有时又被称为小道消息。

研究表明，小道消息沟通的主要问题不是沟通方式的问题，而在于信息源本身的准确性低。Davis（1953）在一家中型皮件厂的经理中进行的经典研究中发现，小道消息沟通有四种基本模式：聚类式、概率式、流言式、单线式。聚类式沟通是把小道消息有选择地传递给朋友或有关人员；概率式沟通以随机的方式传递信息；流言式是有选择地把消息传播给某些人；单线式则以串联方式把消息传播给最终接收者。Davis的研究结果表明，小道消息传播的最普通形式是聚类式，传播小道消息的管理人员一般占10%。后来进行的验证研究也证实，非正式沟通网络的发送者并不多。

但不可否认的一个趋势是，在知识经济时代，在专业化分工越来明确的时代，非正式沟通在知识共享和组织创新方面的作用正在逐渐加大，这已经引起了越来越多的学者关注的目光。

【学习实训】 心理测试——非语言沟通和倾听技能调查

● 非语言沟通：

以下是一个非语言沟通方法的清单。选择一个日期，记录该日期之后这些方法的应用情况，在每天结束时，回忆你同3个人以某种形式沟通的反应。

表9-2 非语言沟通工作表

沟通途径	表达什么信息？	你是怎么反应的？	对你影响最大或最小的方式是什么？
他们握手的方式			

表9-2(续)

沟通途径	表达什么信息?	你是怎么反应的?	对你影响最大或最小的方式是什么?
他们的姿势			
他们的面部表情			
他们的形象			
他们的口气			
他们的笑容			
他们的眼神			
他们的自信度			
他们的行走方式			
他们的站姿			
他们离你的距离			
他们的气味			
他们用的手势和符号			
他们的声音大小			

(来源:贝特曼. 管理学:构建竞争优势 [M]. 北京:北京大学出版社,2001.)

● 倾听技能调查

为了衡量你的倾听技能,圈出每个项目的赞同程度,完成调查表。

表9-3 倾听技能调查表

	非常赞同	赞同	中立	反对	强烈反对
1. 我通常耐心听讲,在做出反应之前确定对方已经把话说完了	5	4	3	2	1
2. 在听别人说话时,我不会乱画乱动以防走神	5	4	3	2	1
3. 我试图理解说话人的观点	5	4	3	2	1
4. 我不会用争论和批评来挑战说话者	5	4	3	2	1
5. 在听说话时,我关注说话人的情感	5	4	3	2	1
6. 说话人讨厌的方式会分散我的注意力	5	4	3	2	1
7. 别人说话时,我仔细注意其表情和形体语言	5	4	3	2	1
8. 在别人想说什么时,我从不说话	5	4	3	2	1
9. 说话中,小段的沉默都使我感到尴尬	5	4	3	2	1
10. 我只想别人把事实告诉我,然后我做决定	5	4	3	2	1
11. 当人家把话说完时,我对其感情做出反应	5	4	3	2	1
12. 只有当别人把话说完时,我才会对其话语做出评估	5	4	3	2	1
13. 当别人还在说话时,我就对其做出反应	5	4	3	2	1
14. 我从不假装我正在倾听	5	4	3	2	1

表9-3（续）

	非常 赞同	赞 同	中 立	反 对	强烈 反对
15. 即使别人表达得很糟，我也能关注其表达的信息	5	4	3	2	1
16. 我通过点头、微笑和其他形体语言鼓励别人说下去	5	4	3	2	1
17. 有时我能预知别人下面要说什么	5	4	3	2	1
18. 即使说话的人使我恼怒，我也控制住怒火	5	4	3	2	1
19. 我和说话人保持很好的眼神接触	5	4	3	2	1
20. 我试图注意说话人所要表达的信息，而非言语本身	5	4	3	2	1
21. 如果我未弄懂，在明白之前我不会做出反应	5	4	3	2	1

（来源：贝特曼. 管理学：构建竞争优势［M］. 北京：北京大学出版社，2001.）

● 倾听技能结果判断

• 在"倾听"技能测验表中的每个题项中勾选出最符合你自身情形的答案，然后将所有得分加起来。

• 得分在90~100分，则说明你是一个优秀的倾听者。

• 得分在80~89分，你是一个很好的倾听者。

• 得分在65~79分，你是一个勇于改进、尚算良好的倾听者。

• 得分在50~64分，在有效倾听方面，你确实需要再训练。

• 若得分在50分以下，你就要反问自己：我注意倾听了吗？

【效果评价】

根据学生出勤、课堂讨论发言及小组合作完成任务的情况进行评定。

任务9.2　沟通网络与沟通障碍分析

【学习目标】

让学生认识了解沟通的网络结构，了解沟通的常见障碍，并掌握良好沟通的方法和技巧。

【学习知识点】

9.2.1　沟通的网络结构

在现实中，沟通往往是多人一起参与的。虽然人们可以运用不同的沟通渠道和媒介，但组织中总会形成一定的沟通模式，在组织中信息流入和流出群体和团队的渠道结构，我们称之为沟通网络。在组织沟通活动中存在着如下五种沟通网络模式：卫星模式、Y型模式、链型模式、环型模式和全通道模式。请参见图9-4。

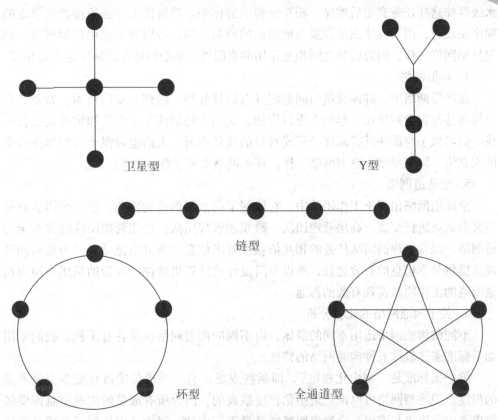

图 9-4　沟通中的沟通网络模式

1. 卫星型网络

在卫星型模式中，信息流向来自网络中的一个中心成员，其余群体成员没有必要相互沟通，所有成员通过与中心成员沟通来完成群体目标。卫星型网络经常出现于相互合作、相互依赖的指挥群体中。比如一群向调度员报告的出租车司机，该调度员也是他们的指挥者，每个司机都需要与调度员进行沟通，但是司机之间不必相互沟通。在这样的群体中，卫星型网络能产生高效的沟通，能节省时间。尽管卫星型网络可在群体中出现，但是因为团队工作紧密、相互作用性强等特性，卫星型网络其实无法在团队中出现。

2. Y 型网络

这是一个纵向沟通网络，其中只有一个成员位于沟通网络的中心，成为沟通的联结者。在组织中，这一网络大体相当于组织领导、秘书班子再到下级主管或一般成员之间的纵向关系。这种网络集中化程度高，解决问题速度快，组织中领导人员预测程度较高。此网络适用于主管人员工作任务比较繁重，需要有人选择信息，提供决策依据，节省时间，而又要对组织实行有效控制。但此网络容易导致信息曲解或失真，影响组织中成员的士气，阻碍组织提高工作效率。

3. 链型网络

在链形网络中，成员们按照原先设定的顺序互相沟通。链型网络一般出现在流水线群体这样任务有先后顺序、相互依赖的群体中。当群体工作必须按预选设定的顺序完成时，因为群体成员需要与他前面的成员沟通，所以通常采用链型网络。同卫星型网络一样，因为成员之间相互作用的有限性，链型网络在团队中也不易出现。

4. 环形网络

在环形网络中，群体成员与同他们具有同样经历、信仰、专门技术、背景、办公场所甚至聚会时坐在一起的人进行沟通。例如，特别任务工作队和常务委员会的成员们习惯于与那些具有同样经历或背景的成员沟通。人们也习惯于与相邻办公室的人交流。同卫星型和链型网络一样，环形网络常见于群体而非团队。

5. 全通道网络

全通道网络出现于工作团队中。它体现了高水平沟通的特色：第一个团队成员与其余队员进行交流。高层管理团队、跨职能管理团队、自我管理团队经常有全通道网络，经常出现的团队任务的相互依赖性要求信息的全方位流动。因为能给团队成员提供分享信息的有效途径，所以专门设计的计算机软件可以帮助采用全通道沟通网络的工作团队实现有效的沟通。

6. 关于沟通网络的比较分析

不同的沟通网络适用不同的群体，而不同的沟通网络也是各有千秋，我们采用如下标准来比较这五种沟通网络的特征。

第一条标准是"集中化程度"，即某些成员比另一些成员能占有更多交流通道的程度。卫星型网络可以说是集中化程度最高的，因为所有成员的沟通信息都要经过中心成员流进与流出。全通道网络则是最不集中的，因为其中任何一个成员都可以与任意其他成员进行即时的信息沟通，故其成员所占有的交流通道是均等的，也是最不集中的。

第二个标准是"可能的交流通道数"，它与集中化程度标准密切相关，但方向相反。它是指占用交流通道的成员的增加速度，把全体成员当作一个整体来看，卫星型网络的可能的交流通道数是最少的，全通道型网络则最多。

第三个标准是"领导预测度"，它测量的是哪个成员可能会脱颖而出成为群体领导的可能性。比较五种网络图，卫星型网络中的中心成员，链型网络中第一位成员，Y型网络中的联结者，相比其他成员最有可能成为领导者。而环形网络和全通道网络中的成员这个指标是相同的，都有可能，但也都不可能。这要取决于哪位成员掌握的信息要多些，对这些信息、建议的控制力度等因素。

最后的两个指标是群体的平均满意度和各成员之间满意度的相关幅度。它们度量的是在每种网络中把全体成员当作一个整体来考虑时，总体表现出来的满意度和个体所表现出来的满意度。卫星型网络中，中心成员处于大家注意的中心，对群体具有相当大的影响力，会觉得该网络最能令自己满足，可是其他成员却十分依赖该中心成员，在决策中只能当配角，接受决策结果，故满意度相当低，满意度的相差幅度又是最高的。全通道网络为全体成员更多地参与创造了潜在的可能性，它的群体平均满意度相对来说可能较高，而且每个成员的满意度的相差幅度也是比较小的。

我们把对如上五种网络的比较用表 9-4 来直观地表示出来，供参考。

表 9-4　四种沟通网络的比较

标准	卫星型	Y 型	链型	环型	全通道型
集中化程度	很高	高	中等	低	很低
可能的交流通道数	很低	低	中等	中等	很高
领导预测度	很高	高	中等	低	很低
群体平均满意度	低	低	中等	中等	高
各成员满意相差幅度	高	高	中等	低	很低

9.2.2　沟通障碍分析

1. 沟通中的障碍

在信息沟通的过程中，人们常会受到各种因素的影响和干扰，造成了信息沟通的延误或曲解，影响了沟通的有效性。沟通过程中主要存在以下影响因素：

1）信息表达障碍

信息发送者要把自己的观念和想法传递给接收者，首先必须通过整理将其变成双方都能理解的信息，即信息发送者把要传递的信息表达出来，并表达得十分清楚。这方面容易出现的障碍主要有以下几个方面：

（1）表达能力不佳。词不达意，口齿不清，或者字体模糊，使人难以了解信息发送者所要表达的意图。

（2）语义的差异。信息沟通所使用的主要信号是语言和文字。语言是通过人的思维反映客观事物的符号，它与事物之间只存在间接的关系。另外，由于客观事物及人的思想意识的复杂多变，语言的表达范围和人使用语言的能力受到较大的局限。有时，所用的语言和文字又是多义的，对不同对象会产生不同的意思、不同的理解，从而引起误解错译。即使同样的词汇对不同的人来说含义也是不同的。由此造成了沟通中的障碍。

（3）传送形式不协调。当信息用几种形式（符号）传送时，如果互相之间不协调，就难以正确理解所传信息的内容。在用非言语符号（如表情等）传递信息时，如果非言语信息与言语信息有不相符（如笑容满面的训斥）之处，则将使信息不能完整、无误地传出去。只有两者一致时，才会彼此增强效果。

（4）社会环境与知识经验的局限。当发送者把自己的观念翻译成信息时，他只能在自己的知识和经验范围内进行编译。同样，接收者也只能在他自己的知识和经验内进行译解、理解对方传送来的信息的含义。如果双方的知识经验范围有共同经验区（共通区），那么，信息就可以容易地被传送和被接收。相反，如果双方没有共同经验区，就无法沟通信息，接收者就不能准确地翻译和理解发送者发送过来的信息的含义。因此，信息沟通往往受到知识和经验的局限。只有存在共通区，才能进行有效的信息沟通。

2）信息传递障碍

信息在传递过程中，也会出现种种障碍。

（1）不失时机。信息传递的时机会增加或减低信息沟通的价值，不合时机地发送信息，对于接受者的理解将是一个难以克服的障碍。时间上的耽搁和拖延，会使信息因过时而无用。

（2）漏失和错传。在信息传递过程中，信息内容的漏失和错传都会造成沟通的障碍。

（3）干扰。传递信息时，如果受到客观因素的干扰就会影响信息的正确传递。

3）信息接收和理解障碍

接收者接收到信息符号之后，要进行译解，以变成对信息的理解。在这个过程中经常出现的障碍有如下几种：

（1）知觉选择性。知觉选择性是指在沟通过程中，接收者会根据自己的需要、动机、经验、背景等有选择地去看或去听信息。解码的时候，接收者还会把自己的兴趣和期望带入信息中。

（2）发送者对信息的"过滤"。过滤是指发送者有意操纵信息，以使信息显得对接收者更为有利。例如，一名管理者告诉上级的信息都是上级想听到的东西，那么管理者就是在过滤信息。过滤的主要决定因素是组织结构中的层次数目。组织垂直的层次越多，过滤的机会也就越多。

（3）传送者的理解差异和曲解。传送者往往会根据个人的立场和认识来解释其所获得的信息。由于人的生活环境、社会背景和思想愿望不同，人们对于同一信息的理解也有所差异。即使是同一个人，由于其接收信息时的情绪状态或场合不同，也可能对同一信息有不同解释。极端的情绪体验，如狂喜或大悲，都可能阻碍有效的沟通。

（4）信息过量。在现代组织中，由于每天接收的信息过量，管理者无暇一一获取，因此很多信息都被搁置，阻碍了有效沟通。

（5）心理障碍。当接收者对发送者怀有不信任感、敌意，或者紧张、恐惧的心理时，就会拒绝传递来的消息，或者歪曲信息的内容。

2. 克服沟通障碍的方法

1）作为信息发送者的沟通技巧

正如我们在前文指出的那样，信息的发送者的技巧水平在沟通过程中会起到至关重要的作用。下面这些是对信息发出者有帮助的技巧。

（1）明确沟通的目的

沟通不应是漫无边际和漫无目的的，这就要求信息的发送者必须对他想要传递的信息有清晰的想法。所以沟通的第一步是阐明信息的目的，并制定实现预期目的的计划。一般而言，沟通者在沟通之前要明了沟通的5W1H，即清楚知道为什么要沟通（why），沟通什么（what），和谁沟通（who/whom），什么时候沟通（when），什么地点沟通（where）以及怎么沟通（how）。确定了沟通的目标，沟通就容易规划了。

（2）确保自己发出完整和清晰的信息

信息发出者需要学习如何发出清楚而完整的信息。所谓清楚是指能让信息接收者理解和领会。所谓完整，是指沟通过程中包含了发送者和接收者达成共识所需的全部信息。为了使信息既清楚又完整，信息发出者必须考虑接收者如何接收信息，如何对信息进行矫正以消除误会和混淆。要做到这一点，管理者应当具备沟通的理论知识、概念、操作性技艺。

（3）信息的编码应让接收者容易理解

有效的沟通应使编码、解码信号易于理解。信息发出者在将信息进行编码时，必须使用接收者能够理解的符号或语言，应当避免使用不必要的术语或行话，它们是同一职业、群体或组织的成员方便沟通的特殊语言，不能用来与非同职业、群体、组织的成员进行沟通。例如，在全球化时代的跨国公司中，当你用英语给母语是非英语者发送信息时，要尽量使用常见的词汇，避免用一些冷僻词汇，以免接收者在翻译时不知所云。

（4）选择适当的沟通渠道

信息发出者可以从许多的沟通渠道中加以选择，包括个人面对面沟通、书面信函、便笺、简报、电话交谈、电子邮件、声音邮件和电视会议等。在选择这些渠道时，要考虑所需的信息充裕程度、时间限制、书面或电子记录等，其中主要要考虑的是信息的性质：它是否是私人性的？重要程度如何？是否非常规？是否会引起误解？是否需要做进一步澄清？

另一个在渠道方面所要考虑的因素是发送者所选择的媒介，是否是接收者关注的媒介，或是否能引起接收者的关注。一些具体有效的沟通渠道包括：①定期提交书面报告。②提出议题，引发沟通。③随时随地自然沟通，在午饭和咖啡厅休息时间里，在超市或街道上，以非正式的方式自然进入话题。④在沟通中保持互动，对上级或下级提出的要求、意见和建议及时反馈、及时答复，等等。

最后一个在沟通媒介方面的选择是要考虑接收者是否有某种习惯性的偏好或残疾性障碍，这会限制到他对某些信息的解码能力。如对一个盲人来说，书面信息是无法被阅读的（除非是盲文）。

（5）注意非言语提示

行动比言语更明确，因此注意使你的行动和语言相匹配并起到强化语言的作用。非言语信息在沟通中占很大比重，因此有效的沟通者十分注意自己的非言语提示，保证它们也同样传达了所期望的信息。沟通中的声音、语调、措辞、讲话内容和讲话方式之间的和谐一致等等都会影响信息接收者的反应。

（6）避免信息过滤和信息曲解

当信息发送者认为接收者不需要某信息或不想接收某信息时，发送者会保留部分信息而导致信息过滤。信息在经过一系列的发送者和接收者后，产生了意思的改变，我们称之为信息曲解。信息过滤和曲解会发生在组织的每个层次，一些信息曲解是偶然的，但也有一些信息曲解可能是故意的。减少、避免这一问题的最好途径是在组织中建立信任，让下属相信自己不会因超出自己控制能力的事受到责备，并依然会受到公平对待，上级也会向下属提供清楚、完整的信息，同时建立必要检查和监管机制。

（7）注重运用反馈机制

发送者只有得到反馈，他才能知道信息是否被人正确理解，反馈对于有效的沟通来说是相当必要的。信息发出者可以在信息中提出反馈的要求，也可以表明何时或通过何种方式知道信息已收到或理解。信息传递后必须设法取得积极的、建设性的反馈，以弄清对方是否已确切了解，是否愿意遵循，是否采取了相应的行动等。通过在沟通中建立这样的反馈机制，管理者才能确保自己的信息被接收到和正确理解。

2）作为信息接收者的沟通技巧

信息接收者的技巧水平在沟通过程中也是很重要的，需要掌握的必要接收技巧如下：

（1）抑制情绪

当人处在比较情绪化的状态，情绪能使信息的传递严重受阻或失真。当信息接收者不能很好控制情绪时，他就很可能对所接收的信息产生误解，在解码过程中无法做到清晰和准确。所以，在沟通过程能够较好地控制情绪是非常重要的。当你确实对某些发送者有了负面情绪时，那么，最好的方法之一就是暂停沟通，直到情绪恢复正常。

（2）集中注意力

一个人在组织中往往会同时承担多种任务，在沟通过程中产生超负荷沟通的障碍，或者被迫同时思考多个事情，造成对接收到的信息没有足够的注意。要进行有效的管理，无论多忙，管理者都要对收到的信息有足够的注意。只有专心专意，才能明白对方说些什么。

【知识阅读9-2】

沟通小窍门

- 善于像收音机那样，仔细、完整地接收和倾听信息。
- 注意分析和抓住段落信息，要求对方加以复述，并进行小结和回顾。
- 尽量采用"我……"的表述，而避免"我们如何如何……"的称呼。
- 在沟通信息中，订立阶段目标，例如"这次主要解决……问题"等。
- 注重运用肯定技巧，通过信息反馈、姿势、表情和运用"对抗"方式肯定自己意见。
- 注意在沟通中针对情景或人员做出不同的信息处理，并强调时机性。

（3）积极倾听：信息接收的关键

正如管理学大师斯蒂芬·P.罗宾斯所指出的那样，当别人说话时，我们在听，但很多情况下我们并不是在倾听。倾听是对信息进行积极主动的搜寻，而单纯的听则是被动的。例如，美国联邦快递公司采用开门政策，鼓励雇员直接与管理层交流意见，反映他们的问题以及对公司和行业的评论。公司不断重申公正对待每个快递邮送员，确保公司倾听雇员对公司的任何抱怨和意见。

信息接收者需要掌握以下几点倾听技能：①与讲话者保持眼睛接触，使讲话者知道你在认真地听。②不要随便打断别人说话，这样讲话者不会被打断思路。③学会运用复述，即用自己的话复述说话者讲的内容。④做一个批判的倾听者。在接收信息后，信息接收者要对模糊不清的或混淆的地方提出疑问，以保证你对该信息的充分了解。

此外，基思·戴维斯和约翰·纽斯特龙提出了改进倾听的十条建议：①自己不再讲话；②让谈话者无拘束；③向讲话者显示你是要倾听他的讲话；④克服心不在焉的现象；⑤以设身处地的同情态度对待谈话者；⑥要有耐心；⑦不要发火；⑧与人争辩或批评他人时要平和宽容；⑨提出问题；⑩自己不再讲话。第一条和第十条是最重要的，即在我们能够倾听意见之前必须自己不再讲话。

（4）移情

当试图从信息发送者的感觉和描述中理解信息，而不只是从自己的观点理解信息时，接收者便成功做到了移情。通过与发送者的移情，也就是让自己处于发送者的位置，可以提高积极倾听的效果。从另一个角度来审视移情时，它某种程度上也包含着在沟通过程中对发送者投入感情。

（5）了解语言风格

语言学家坦能（Deborah Tennen）将语言风格（linguistic style）描述为人们讲话时特有的方式，包括声调、语速、音量、停顿、率直或含蓄、遣词造句、提问方式、笑话和其他的语言方式。当语言风格不同，而人们又没有了解这些差异时，会导致无效的沟通。信息接收者不应该期望和试图改变人们的语言风格，而应该了解这种差异性。

在跨文化环境中，语言风格的差别更多更大。比如，日本的管理者在与较高层管理者或地位较高的人交谈时，显得比美国管理者更正式、更尊重上级。当他们感到进一步交谈可能不利时，日本的管理者不会介意交谈中的长时间的停顿。相反美国管理者会感觉到停顿时间太长，气氛似乎不协调，被迫讲话，打破沉默。还比如，在进行商务谈判时，谈话者与聆听者之间要保持适当的身体距离。在美国，交谈者之间的距离要比在巴西或者沙特阿拉伯要大。不同国家的居民在沟通中，有的率直，有的含蓄。对为个人成就而取得荣誉的态度也有不同。在日本，倡导的是集体主义和群体主义，其语言风格倾向于鼓励与强调群体成绩，而在美国则恰恰相反。

【学习实训】　沟通对策情景模拟

假定你是一家大型全国性公司的一分支机构经理，你对地区事业部经理负责。你的分支机构有 120 名员工，在他们与你之间有两个层次的管理人员——作业监督人员和部门负责人。你所有下属人员都在本分支机构的所在地工作。请对下面描述的四种案例情形分别制定出有效的沟通对策方案，并说明你的理由。

情景1

你的1名新任命的部门经理明显地没有达到该部门预算的目标。成本控制人员的分析报告表明，该部门在上上个月，原材料和设备费、加班费、维修费和电话费等项目超支了40%。当时你没有说什么，因为这是部门经理就任的头1个月。但这次你感到必须采取某种行动了，因为上月份该部门的开支又超预算55%，而其他的部门并没有这样的问题。

情景2

你刚刚从地区事业部经理的电话中听说，你们的公司已被一家实力雄厚的企业收购。这项交易在1小时内就会向金融界宣布。事业部经理人知道具体的细节，他要求你尽快将这消息告诉你的手下人。

情景3

一项新的加班制度将在1个月内生效。过去作业监督人员在确定加班人选时，是当面或通过电话并按工龄长短的次序征求个人意见后敲定。这样，资历较长的工人便享有加班工作的优先权。这种做法已被证明为慢而低效，因为过去几年内不少资深的工人已经减少了加班时间投入。而新的制度将在加班任务安排方面给各位监督人员以更大的变通性，也即要将提前1个月征得工人们对加班的允诺。你发现部门经理和监督人员都明确赞成这项新的制度，且大多数的工人也都会喜欢的，但一些资历较深的工人可能对此有意见。

情景4

你的上司曾在你的职位上工作过多年。这次你了解到，他越过你而直接同你的两位部门经理进行了沟通。这两位部门经理向你的上司报告了几件对你不利的事情，并由此使你受到了轻微的责备。你有些惊讶，因为尽管他们所说的是事实，但他们并没有向你的上司全面说明情况。你的上司两天后要来视察，你想当面向他解释以消除误会。

（资料来源：陈春花，杨忠，曹周涛. 组织行为学［M］. 北京：机械工业出版社，2013.）

【效果评价】

根据学生出勤、课堂讨论发言及小组合作完成任务的情况进行评定。

任务9.3　协调

【学习目标】

让学生初步认识协调职能，掌握协调的原则，了解和掌握管理者协调的内容，激发学生学习兴趣；检测学生对协调基本概念和相关内容的掌握。

【学习知识点】

法约尔 1916 年在其管理学名著《工业管理与一般管理》中指出，管理活动有五项职能，即计划、组织、指挥、协调和控制，协调是其中之一。后来许多管理学家认为管理的其他职能都有协调之意，所以不能把协调从管理的职能中独立出来。尽管如此，协调是管理者的一项重要职能是毋庸置疑的，协调能力也应是管理者必须具备的最重要的能力之一。协调的功能就是通过正确处理组织内外各种关系，为组织发展创造良好的内部条件和外部环境，从而促进组织目标的实现。组织内经常因目标不一致而出现矛盾、冲突，这就需要管理者通过协调加以解决。

9.3.1　何为协调

1. 协调的含义

法约尔认为，协调就是指企业的一切工作都能和谐地配合，以便企业的经营活动顺利进行，并有利于企业取得成功。他要求企业各部门、部门内各成员都要对自己在完成企业共同目标方面必须承担的工作和应相互提供的协助有准确的认识；同时，必须反对各自为政、互不通气和不顾企业整体利益的行为。

任何组织都是由人、财、物、技术、信息等要素共同构成的。组织要顺利运转，必须根据组织的目标，对各要素进行统筹安排和全面调度，使各要素间能够均衡配置，各环节相互衔接、相互促进。这里的统筹安排和全面调度就是协调，它需要管理者的管理行为来落实。这种协调就是理顺组织内部的各种关系，如部门之间的关系、员工之间的关系、上下级间的关系等。同时，组织是开放的系统，在其运转过程中，必然会与外部环境发生多种关系，如组织与政府之间的关系、与消费者之间的关系、与新闻界之间的关系等。这些关系处理是否得当，也会影响组织的正常运转。所以，管理者也必须正确处理这些关系，为组织正常运转创造良好的条件和环境。

总之，协调就是正确处理组织内外各种关系，为组织正常运转创造良好的条件和环境，促进组织目标的实现。因此，从一定意义上说，管理者的任务就是协调关系。协调如同"润滑剂"，是组织凝聚力的源泉之一。

2. 协调的作用

协调的作用主要表现在以下方面：

（1）使个人目标与组织目标一致，促进组织目标的实现。若个人目标与组织目标一致，人们的行为就会趋向统一，组织目标就容易得到实现。但是我们知道，人们加入组织是为了满足个人的某些需要，如生存的需要、安全的需要、尊重的需要等，这使得个人目标往往与组织目标不完全一致。管理者可以通过协调工作，使个人目标与组织目标相辅相成，从而促进组织目标的实现。

（2）解决冲突，促进协作。人与人之间、人与组织之间、组织与组织之间的矛盾、冲突是不可避免的，并且这种矛盾和冲突如果积累下去就会由缓和变到激烈、由一般形式发展到极端形式。如果这样下去，轻则干扰组织目标的实现，重则会使组织目标崩溃、瓦解。所以，管理者必须通过协调很好地处理和利用冲突，发挥冲突的积极作用，并使部门之间、人与人之间能够相互协作、很好地配合。

（3）提高组织效率。协调使组织各部门、各成员都能对自己在完成组织总目标中所需承担的角色、职责以及应提供的配合有明确的认识，组织内所有力量都集中到实现组织目标的轨道上来，各个环节紧密衔接，各项活动和谐地进行，而各自为政、相互扯皮、不顾组织整体利益的现象则会大大减少，从而极大提高组织的效率。

3. 协调的原则

1）目标一致原则

协调的目的是使组织成员充分理解组织的目标和任务，并使个人目标（或集体目标）与组织目标一致，从而促进组织总目标的实现，所以管理者的协调工作必须围绕组织总目标进行。从这个意义上讲，目标管理（MBO）是实现组织分工、协作的有效工具。

2）效率原则

协调的目的不是掩盖、抹杀问题，也不是"和稀泥"，而是通过发现问题、解决问题，使部门之间、个体与个体之间更好地分工、合作，每个人都能满腔热忱、信心十足地去工作，从而提高组织效率。

3）责任明确原则

明确责任是协调的基本手段。明确责任就是规定各部门、各岗位在完成组织总目标方面所应承担的工作任务和职责范围。除了要明确自己的职责范围，还要明确互相协作的责任，提倡部门间、同事间发扬主动支援、积极配合的精神，反对各自为政、相互扯皮的恶劣作风。

4）加强沟通原则

沟通是协调的杠杆，组织内部以及组织与外部环境之间的信息沟通越有效，彼此间的理解、支持就越容易建立，发生误会、摩擦、扯皮的可能性就越小，而组织的协调性就越强；反之，沟通效果越差，组织协调性也越低。所以，管理者在其工作中，要掌握有效的沟通技能，合理选择信息沟通渠道，积极排除沟通障碍，充分发挥信息沟通在协调中的积极作用。

9.3.2　协调的内容

组织是一个由多要素组成的、开放的系统，在其生存和发展过程中，需要协调的关系很多也很复杂，但它们大体上可以分为两部分：一部分是组织内部关系，另一部分是组织与外部环境间的关系。通过对组织内部关系的协调，组织内部各种力量都统一到为实现组织目标而努力的轨道上来；通过与外部的沟通、协作，为组织发展创造良好的外界环境。

1. 组织与外部关系的协调

在市场经济条件下，组织运行既有高度自主性、独立性，又有对外部环境的依存性，因此，作为组织的一名管理人员，必须注意适应外部环境，处理、协调好外部关系。任何组织的活动都是社会活动的一部分，必然要受整个社会的制约和监督，组织的自身利益必须服从社会的整体利益。因此，组织的管理人员研究外部关系的类型、处理好与各部门和机构的关系，有助于组织活动的开展，也有助于协调好组织利益与社会整体利益的关系。社会整体利益是由各类社会成员的利益汇集而成，各种组织机构在一定程度上代表一些成员的利益要求，组织必须通过处理好外部关系，尽量满足社会公众的要求。

按照了解到的情况，管理人员要着重处理好与政府机构、新闻单位、社区组织、消费者或用户的关系。

1）与政府机构的关系

政府是具有特殊性质的社会机构。一方面，政府是国家权力的执行机构，代表国家行使对全社会进行统一管理的职能；另一方面，政府是国家利益和社会总体利益的代表者和实现者，政府行为对社会各个领域和组织的利益都具有不同程度的影响。

在市场经济条件下，政府具有对经济建设组织、指导、调控的职能。按照国民经济发展的客观要求，政府机构运用行政的、经济的、法律的手段，对经济组织及其他组织进行必要的管理、监督；扶持弱小产业，支援重点建设。

组织在处理和政府机构的关系时，首先要了解和熟悉政府颁布的政策、法规、条例等，准确把握政府的大政方针和宏观意图，接受政府的宏观管理；自觉遵守政府的法规、条例等，规范组织的活动；主动协调处理好组织利益与国家利益的关系，维护和服从国家的整体利益。其次是依法开展活动，照章纳税，向政府有关部门通报情况，提供资料，熟悉政府机构的设置和职能分工，加强与政府机构及工作人员的联系与沟通。最后是利用各种方式，协助政府机构解决一些社会问题，如积极参加社会公益活动，保护生态环境，以取得政府机构的了解与信赖。

2）与新闻媒介的关系

新闻媒介是指大众传播媒介的社会组织机构及其人员、工具，包括报纸、杂志、电台、电视台、通信社等机构和编辑、记者等新闻从业人员。

在现代社会，新闻传播媒介发挥着越来越重要的作用，它传播信息、影响公众舆论、沟通社会联系。

处理好和新闻媒介的关系，对组织的生存和发展具有重要的影响。新闻媒介是塑造组织形象的主要力量，对社会舆论具有强大的影响作用。它将组织的信息通过收集、整理，广泛传送给社会各界受众，并利用舆论导向作用，引导社会公众对组织的评价。在现实中，正面报道是组织塑造形象的先导；反之，负面报道会使组织形象受到严重损害。

新闻媒介能够密切组织与社会各界的广泛联系。新闻媒介传播范围广、受众多，组织借助新闻媒介的力量，可以在更大范围内加强与公众的沟通，扩大影响，获得公众的理解与支持。同时，新闻媒介还是组织获得社会公众动态、市场信息，了解公众意向、要求的重要渠道。

总之，新闻媒介处于特殊的社会地位，组织管理者必须高度重视，协调处理好与新闻媒介及新闻从业人员的关系。具体来说要做好以下几个方面的工作：

（1）了解尊重新闻媒介的基本权利，与新闻机构及其从业人员建立相互信任的关系。新闻媒介是社会公众传播机构，新闻报道具有客观性、社会性、及时性。组织应充分尊重新闻媒介的各种权利，不要横加干涉，应当把新闻界人士视为组织的朋友和支持力量，在相互信任的基础上建立起友好合作关系。

（2）了解各种新闻媒介的特点，如受众范围、传播方式、传播渠道、报道重点、主要栏目等。新闻界从业人员讲究效率，分秒必争；新闻有极强的时效性。组织发布信息，要符合新闻媒介的惯例和要求，选择适宜的传播媒介，提供各种必要的文稿、素材等。

（3）及时向新闻媒介通报组织的重大事件，提供真实、准确的信息。组织对记者的采访，应实事求是地提供便利条件，对负面事件的采访，也应认真对待，清楚地加以说明，不应隐瞒事情真相。还可以通过定期或不定期向新闻机构寄发各类资料和新闻稿件、邀请记者参加组织活动等方式向新闻媒介提供信息。

3）与社区的关系

社区是指组织活动的所在区域。社区关系是指组织与相邻的单位和居民的相互关系。社会单位、社区居民是组织活动的外部环境，对组织的生存与发展也有重要影响。

组织活动的正常进行有赖于社会许多部门的服务，如交通、水电、治安保卫等部门；特别是员工的生活有赖于社区的社会公益部门。组织活动对周围环境发生的影响，既有积极的，如繁荣经济、增加就业，也有消极的，如噪音、废水、废气、废渣污染环境等。

组织管理者在处理、协调与社区的关系时，主要是向社区单位、居民通报情况，阐述组织宗旨，表达与社区单位、居民友好相处的良好意愿。

经常邀请社区单位、居民代表到本单位来参观、座谈乃至共同举办娱乐活动，听取社区单位、居民对组织及员工的意见、反映、要求，可以正确、及时地处理矛盾纠纷。

在可能的条件下，要资助社区公益部门，如教育、文化、福利单位、医疗机构等；参加社会公益活动，如植树、打扫环境卫生、捐助社区机构、帮助解决困难等。

从表面上看，组织开展上述活动是一种负担，但从长远看，上述活动的开展有利于组织处理好与社区的关系，取得社区公众的理解与支持，为组织发展创造良好的外部环境。

4）与用户（消费者）的关系

一个组织必然有其产品或服务的消费者或用户，这是组织所面对的最重要的公众群体，是组织最重要的外部关系。在市场经济条件下，组织的活动是以市场为中心，围绕市场进行的，取得消费者（或用户）的信赖直接关系到组织的生存、成败，因此，管理中要高度重视这种关系。

处理与消费者关系，最重要的是树立"消费者第一"的宗旨，为消费者提供最佳的产品或服务。要从产品（或服务）的设计、制造、包装、广告宣传、购物环境、销售方式、促销活动、售后服务等方面为消费者提供优质的产品和全方位的服务，充分满足消费者的物质需求和精神需求。

处理与消费者的关系，一方面要及时、全面、准确地向消费者传递组织的信息，另一方面要了解消费者的信息。特别要注意保护消费者的利益，设立专门机构，接待、处理消费者投诉，尊重消费者的合法权益，并为消费者传递产品使用、消费的各种知识。与消费者建立稳定的关系，在现代市场经济中，是组织得以生存和发展的重要保障。

2. 组织内部关系的协调

1) 对组织各要素的协调

组织要顺利地运转，必须根据组织总目标的要求，对组织各要素进行统筹安排和合理配置，并使各环节相互衔接、相互配合。在要素配置过程中，就产生了各种各样的关系。例如，企业中有产品销售与生产能力的关系、生产任务与原材料供应的关系、生产任务与生产技术准备的关系、资金需求与资金筹措的关系等。组织的诸多关系大多表现为部门与部门间的关系。

（1）对组织要素进行协调的主要工具是计划。在组织发展中，要编制的计划主要有组织发展总体规划、销售计划、生产计划、供应计划、财务计划、人力资源计划等。在编制计划时，要注意三点：一是加强信息传递、沟通，使计划工作有充分、准确的依据；二是学会使用滚动计划法，这种方法能够灵活地适应环境变化；三是实施目标管理，建立组织目标体系，并把目标的完成情况作为部门和个人绩效考评的依据。

（2）完善、科学的规章制度是协调工作能够顺利进行的基本保证。组织的规章制度主要由管理制度、工作制度或程序等组成。管理制度是为了规范组织内各种关系而制定的，它明确了各部门在完成组织目标中应承担的职责范围，以及应提供的配合，是协调工作的主要依据，具体有企业中的生产技术准备制度、原材料供应制度、质量管理制度、财务管理制度、考核制度等。工作制度或程序主要说明工作任务及要求、工作程序、责任范围等，是每个工作岗位行为的依据。

（3）会议也是协调的重要方式。横向部门间可采用定期或不定期的会议方式，加强彼此间的联系、沟通，如联席会、调度会、信息发布会等。组织通过协调性会议，使横向部门间步调一致，进展平衡，相互衔接，按期完成任务。

2) 对组织内部人际关系的协调

组织内部的人际关系主要指下级与上级关系的上行、上级与下级关系的下行和同级关系之间的平行等，协调好这些人际关系是密切组织与员工感情、提高组织凝聚力的重要途径。

（1）上行关系的协调

人际关系中存在着下级组织对上级组织、下级对上级领导者的关系，处理这种关系称为对上关系协调或上行协调。正确协调好与上级领导者的关系，需要注意把握以下五点：

①尊重而不恭维。作为下级应该懂得尊重领导者。在工作中要主动请示汇报，自觉接受上级的领导，树立上级领导的威信，甘当无名英雄。在生活中要注意谦虚礼让，尽量给上级领导者以体面；对私下议论上级领导者的人，要好言规劝，正确引导；对上级领导者的家庭困难要主动关心，帮助解决。

②服从而不盲从。下属服从领导者，是领导者实现领导的基本条件，是维护上下级关系的基本组织原则。这里需要注意三点：一是抵制和反对原则性错误。二是对大是大非问题，一定要坚持原则，决不能妥协，但要讲究方式方法，注意场合，考虑到效果。三是要胸怀坦荡，气量恢宏。自己一时受了委屈，要相信组织上会弄清事实，做出公正的结论。

③到位而不越位。作为下级在协调与上级领导关系时，一定要明确自己在组织系统中的角色地位，努力按照角色的行为规范去做好工作，做到尽职尽责尽力而不越位。就是要求做到以下几个方面：一是要有很强的事业心、责任感，主动积极地做好工作，而不能被动消极地应付了事；二是对于领导者临时交办的任务，一旦承担下来，就要有头有尾尽职尽力做好，让领导放心；三是对工作目标责任不清、职责权限不明的，要请示弄清楚；四是遇到超出自己职责范围的问题，要及时请示报告，并提出建议，供领导参考；五是对工作进度和问题要定期汇报，以便让领导者及时了解情况并给予必要的提示和支持；六是在工作中出现差错和失误时，要勇于承担责任，不推诿责任，不上交矛盾。

④建议而不强求。下级在协调与上级人际关系时，要特别注意善于将自己的意见用适当的方式让上级领导者采纳，变成领导者自己的意见。为此，一要研究不同领导者听取下边意见的特点，采用不同的反映意见方法；二要反复研究推敲自己的意见，使之既有科学性，又有可行性，易于被领导者采纳；三要选择向领导者提建议的适当时间、地点和场合，最好是领导者也在思考这个问题而又百思不得其解的时候，或是领导者心情舒畅的时候；四在建议中要有几种方案，留给领导者以选择的余地，一般不要造成逼领导者就范、被你牵着鼻子走的局面；五要点出问题的成败利害，使领导者有紧迫感；六要语言简明，逻辑性强，态度端正，让人信服。

（2）下行关系协调

在人际关系中存在着上级领导者与下级领导者的关系，对这些关系的协调称为对下关系协调或下行协调。作为上级领导者，要协调好与下级关系，必须遵循公正、平等、民主、信任的原则，在此基础上，需要掌握好以下三个方面的方法与艺术：

①对亲者应保持距离。在领导和管理实践中，成功的领导者都是以一种超然的、不受感情影响的方式来看待同下属的关系的。这是因为，首先，领导的责任是团结大多数人，共同把事业搞上去。其次，保持距离容易客观地观察到不同观点的利弊

是非，从而冷静地去调整内部各种关系，化解下属之间的分歧和矛盾。第三，保持距离不致使领导者与下属在违法乱纪行为上打成一片，也避免使自己在错误的泥坑里越陷越深。第四，保持距离有利于领导者与下属保持一种深沉、持久、真挚的私人友谊。所以，我们坚持"只有公事以外才是朋友"的准则，才能正确处理好与下级的关系协调问题。

②对疏者当正确对待。人际关系中总存在着一些不愿接近上级领导或与上级领导持不同意见，甚至反对上级领导的"疏者"。正确对待疏者，团结一个可以带动一批，有利于调动一切积极因素。唐人魏征说得好："爱而知其恶，憎而知其善。"只要我们充分肯定疏者的优点、成绩，对他们与"亲者"一样爱护、使用，本着"亲者严，疏者宽"的精神，在分清大是大非的基础上求大同、存小异，允许疏者和自己有不一致的地方，并力图在实践中逐渐取得统一的认识，这样才能消除隔阂，增进人际关系的协调发展。

③对下级要尊重。高明的领导者，都懂得尊重下级的道理，对自己的下级谦虚有礼，平等相待，善于调动他们的积极性。为此，应该做到：一要尊重下级的人格，建立和谐的人际关系最关键的是尊重下级的人格和尊严。二要尊重下级的首创精神，保护好下级的积极性和创造性。三要关心信任下级，最好的尊重是在思想上充分信任，工作上大胆任用，生活上关心帮助。四要对纠纷公平处理，一视同仁，不因亲疏爱憎而区别。

（3）平行关系协调

人际关系中存在不仅有上下级关系，而且有同一组织层次和部门同事之间的平行关系，因此，就有平行关系协调或称横向关系协调问题。所以，协调同事关系要注意做到以下几个方面。

①彼此尊重，平等相待。只有尊重别人，平等相待，才会有融洽和谐的同事关系，这也是社会道德的要求。因此，需要做到：首先，要尊重同事的人格。尊重最根本的问题是对人格的尊重。不能随意散布有损他人人格的言论，做出有损他人形象的事情。其次，要尊重同事的意见。尽可能地减少失误，对于自己分管的工作应该注意多与其他同事商讨、交流，积极主动地征询他们的意见，采纳他们的合理建议，欢迎同事对自己所辖工作的有益批评。再次，要尊重同事的劳动。事情是大家合作做成的，对于其他同事的劳动，我们决不能熟视无睹，甚至据为己有。

②相互信任，不要权术。只有真诚坦率，相互信任，才能换得真情实意，才能使彼此关系纯洁亲密、淳朴美好。因此，需要做到：首先，要为人正直，光明正大。正直正派的人，总能赢得人们的赞赏和信赖，必然有深厚的群众基础。其次，要相互信任，不乱猜疑。同事之间切记不要在上级那里打小报告，当听到社会上的闲言碎语时，要认真分析，明辨是非。再次，要相互理解，彼此宽容。同事之间要相互理解，彼此宽容，严于律己，宽以待人，做到"大事清楚，小事糊涂"。

③团结同志，密切合作。每个人要做好自己的本职工作，不仅需要个人努力，而且还需要相互支持和帮助。只有归属群体，才能使自己的工作才能得到充分发挥，

才能创造出更突出的成绩。

首先，要培养合作精神。只有大家通力合作，使各自付出的力量达到最大并通过合作合理叠加，从而产生一种新的合力，才能做好各自的工作。

其次，要平等竞争，甘为人梯。在和同级的竞争中做到领先时、落后时都一如既往地积极进取，同时为别人的进步成长提供条件和帮助，衷心鼓励别人在事业上冒尖，才能赢得同事的尊重。

最后，要化解矛盾，协调关系。这里需要注意的是同事之间要经常交流思想，沟通情况，才能彼此了解，相互信任，将一切不必要的误会和摩擦消灭在萌芽状态，只有这样才可能进行有效的合作。

【学习实训】 案例讨论——处理投诉

作为生意人，不仅要向顾客提供优质的产品和上乘的服务，更重要的是通过自己的产品和服务使顾客获得一定程度的满足。但是往往事非人愿，并不是所有顾客都对产品和服务满足。我们常常会被那些不满足的顾客抱怨和指控。所以一个具有远见卓识的经营者不但在经营方面有奇招和怪招，而且在处理投诉方面也要有庖丁解牛、游刃有余的能力。

有一个生产美容品的工厂，一天来了一位不速之客，她怒气冲冲地跑进工厂，对张厂长说："你们的美容霜不如叫毁容霜算了！我的18岁的女儿用了你们厂的美容霜后，面容受到严重破坏，现在她连门都不敢出，我要控告你们，你们要负起经济责任，要赔偿我们所有的损失！"

张厂长听完，稍加思索，心里明白了几分。但他仍诚恳地道歉："是吗？竟发生这样严重的事，实在对不起您，对不起令爱。不过，当务之急是马上送令爱到医院医治，其他的事我们以后再慢慢说。"

那位不速之客本想臭骂一番，出口窝囊气，万万没想到厂长不但认真而且还挺负责的。想到这里她的气消了一些。于是在厂长的亲自陪同下，她的女儿去了医院皮肤科检查。

检查的结果是：小姐的皮肤有一种遗传性的过敏症，并非美容霜所致。医生开了处方，并安慰她说不久便会痊愈，不会有可怕的后遗症。

这时，母女的心才放下来。她们对张厂长既感激又敬佩。张厂长又说："虽然我们的护肤霜并没有任何有毒成分，但小姐的不幸我们是有责任的，因为虽然我们的产品说明书上写着'有皮肤过敏症的人不适用本新产品'，但小姐来选购时，售货员一定忘记问她是否有过皮肤过敏症，也没有向顾客叮嘱一句注意事项，致使小姐遇到麻烦。"

小姐听到这些话，再拿起美容霜仔细一看，果然包装上明确说明，只怪自己没看清就用了，心中不禁有些懊悔。张厂长见此情景便安慰她："小姐请放心，我们曾请皮肤专家认真研究过关于患有过敏症的顾客的护肤问题，并且还开发设计了好几种新产品，效果都很好，等您治愈后，我再派人给您送两瓶试用一下，保证以后不再出现过敏反应，也算我们对今天这事的补偿。你们意见如何？"

思考题：

请问张厂长是如何协调处理顾客的投诉的？

（资料来源：佚名. 处理投诉［EB/OL］.（2013-11-10）［2014-06-16］. http://www.docin.com/p-723853650.html.）

【效果评价】

根据学生出勤、课堂讨论发言及小组合作完成任务的情况进行评定。

任务 9.4　冲突协调

【学习目标】

认识了解冲突，了解掌握企业中协调冲突的策略和技巧，增强对冲突协调的感性认识。

【学习知识点】

冲突是一种客观存在的、不可避免的、正常的社会现象，是组织行为的一个部分。企业作为社会中一种重要的组织不可能不存在冲突。当其中的一方（个体或群体）感觉自己的利益受到另一方（另一个体或群体）的反对或威胁时，冲突就会发生。为了协调组织内部及组织间的人际关系，提高组织的生产效率，冲突的处理方式是非常重要的。

9.4.1　何为冲突

1. 冲突的含义

美国管理协会曾对中层和高层管理人员做过一次调查，调查发现管理者平均花费 20% 的工作时间来处理冲突，而且大多数管理者认为冲突管理的重要性排在决策、领导之前。那么，什么是冲突呢？

冲突广泛存在于组织的各项活动之中，影响和制约着组织及其成员个体的行为倾向和行为方式，是组织活动的基本内容和基本形式之一。从不同的角度出发，对冲突会有不同的认识。如从政治学角度看，冲突是"人类为了达到不同的目标和满足各自相对利益而发生的某种形式的斗争"。从社会学角度看，冲突是"两个或两个以上的人或团体之间直接的或公开的斗争，彼此表示敌对的态度和行为"。管理心理学则认为，"冲突是指两个人或两个团体的目标互不相容或互相排斥，从而产生心理上的矛盾"。

总之，冲突可以理解为两个或两个以上的行为主体因在特定问题上目标不一致、看法不相同或意见分歧而产生的相互矛盾、排斥、对抗的一种态势。

2. 冲突的特性

1）客观性

冲突是客观存在的、不可避免的社会现象，是组织的本质特征之一。任何组织中都存在冲突。

2）主观知觉性

客观存在的各种冲突必须由人们自身去感知。当客观存在的分歧、争论、竞争等成为人们大脑中或心理上的内在矛盾斗争，导致人们进入紧张状态时，冲突才被人们意识或知觉到。

3）二重性

冲突并非总是意味着对抗和分歧，也不都是具有破坏性的，适当的冲突不但能使组织保持旺盛的生命力，还能使人不断进行自我批评和创新。因此，冲突具有二重性，即冲突具有破坏性、有害性，有产生消极影响的可能，又具有建设性、有益性，有产生积极影响的可能。以前者为主要特征的冲突称为破坏性冲突，以后者为主要特征的冲突称为建设性冲突。二者的区别见表9-5。

表9-5　破坏性冲突和建设性冲突的区别

破坏性冲突	建设性冲突
关心胜负	关心目标
针对人（人身攻击）	对事不对人
降低工作动机	提升创造力
阻碍沟通	促进沟通
危害整体利益	平衡利益关系

9.4.2　冲突的类型

1. 按冲突对组织的作用，可以把冲突划分为建设性冲突和破坏性冲突两种

建设性冲突是指对组织生存和发展有促进作用的冲突，破坏性冲突则是指对组织生存和发展有不利影响的冲突。目前，在国外，主要以冲突的水平（即激烈程度）或冲突的多少来区分建设性冲突和破坏性冲突，它们之间的关系如表9-6所示：

表9-6　冲突水平与组织绩效

冲突水平	冲突类型	组织状态	组织绩效
没有冲突或很少冲突	破坏性冲突	呆滞，没有活力，缺乏创新精神	低
冲突水平适当	建设性冲突	充满活力，对环境变化反应快，不断创新	高
冲突太激烈或冲突太多	破坏性冲突	秩序混乱，合作性差，甚至分裂	低

（1）没有冲突，或冲突太激烈（或太多），属于功能失调的冲突，即破坏性冲突。在这种情况下，组织或显得呆滞、没有活力，或秩序混乱甚至出现分裂，组织

绩效都较低。

（2）冲突水平（或次数）适度，属于功能正常的冲突，即建设性冲突。在这种情况下，组织充满活力，对环境变化反应快，组织绩效较高。

遗憾的是，到目前为止，还没有一个用来判断建设性冲突和破坏性冲突界限的标准或工具。要评估某种冲突水平是建设性的还是破坏性的，需要依靠管理者自己的经验判断。总之，没有冲突或冲突太激烈都是不利的。

2. 根据冲突表现出来的状态，可以把冲突分为战斗、竞争、辩论

（1）战斗。战斗是冲突程度最激烈的一种情况。在这种情况下，冲突双方自我控制能力都急剧下降，并且其中一方的任何行为都可能成为另一方产生类似行为的起点。如超级大国间的军备竞赛，当一国研制出一种新型的武器时，另一国必定会在短时间里研制出同样的或更高级的武器来对付它；接着，前者又会研制更为厉害的武器。在组织内部，战斗的情形经常会发生，如两人为争夺同一个职位而相互对对方进行人身攻击。

（2）竞争。在竞争状态下，双方的对抗程度要小于战斗的状态，而且对抗双方对自己的行为都有一定的理性控制。在竞争中，双方都会考虑采取什么样的策略会对自己有利，自己的行动会对对方产生什么影响，最终自己会得到什么。在竞争中，双方都会尽力避免两败俱伤。如两个企业为争夺同一个市场而进行的价格竞争、技术竞争等，就属于这种类型的冲突，争夺的结果往往是双方达成一种均衡状态而共生存。此外，在竞争中常常会产生一些新的思想或新的技术，如某个企业为了在竞争中取得优势，下大力气研究新技术，这必然会对新技术的产生起到积极的促进作用。

（3）辩论。这是一种理性的和有控制的对抗。在辩论中，双方各抒己见，并通过批驳对方来维护自己。此外，通过辩论还可以使双方得到一定的情感发泄。

在辩论中，由于双方都在积极地思考，因此同样可能产生一些新思想或新方法。如企业中，两名技术人员为某一技术问题发生冲突并进行辩论。在辩论中，双方都想维护自己的说法；通过辩论也有可能产生一种新的思路，并且这种思路好于两人原有的想法，从而使冲突得到解决。

3. 根据冲突双方主体的不同，还可以把冲突分为人与人之间的冲突、部门与部门之间的冲突、个体与组织之间的冲突以及组织与外部环境之间的冲突

组织中人与人之间的冲突、部门与部门之间的冲突、个体与组织之间的冲突，统称为组织内部的冲突。组织内部冲突经常因个体利益（或局部利益）与组织利益不一致而发生，如劳资冲突、生产环节与销售环节间的冲突等。组织与外部环境之间的冲突也是冲突管理的重要内容，如企业与消费者之间的冲突、企业与政府部门之间的冲突等，若协调不好同样会影响组织目标的实现。

9.4.3 冲突协调的策略

美国行为科学家托马斯（Thomas）认为，冲突发生以后冲突各方至少存在两种

可能的行为反应：

关心自己和关心他人。其中，关心自己是指在追求个人利益过程中的武断程度，关心他人则是指在追求个人利益过程中的合作程度。根据关心自己还是关心他人这两个维度，Thomas 区分出五种冲突管理策略：竞争、合作、回避、迁就和折中。如图 9-5 所示。

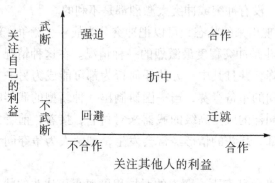

图 9-5 冲突管理的策略

1. 回避策略

这是既不合作又不武断的策略。此时，人们将自己置身于冲突之外，忽视了双方之间的差异，或保持中立态度。这种方法反映出当事人的态度是放任冲突自然发展，对自己的利益和他人的利益均无兴趣。回避可以避免问题扩大化，但常常会因为忽略了某种重要的意见、看法，使对方受挫，易遭对手的非议，故长期使用效果不佳。

回避策略适用于下列情境：冲突主体中没有一方有足够的力量去解决问题；与冲突主体自身利益不相干或输赢价值很低；冲突一方或多方不关心、不合作。

2. 强制策略

这是高度武断且不合作的策略，它代表了一种"赢—输"的结果，即为了自己的利益牺牲他人的利益。一般来说，此时一方在冲突中具有绝对优势的权力和地位，因此认为自己的胜利是必要的。相应地，另一方必然以失败而告终。强制策略通常是使人们只考虑自己的利益，所以不受对手的欢迎。

强制策略适用于以下情境：冲突各方中有一方具有压倒性力量；冲突发展在未来没有很大的利害关系；冲突各方的利益彼此独立，难以找到共赢或相容部分；冲突一方或多方坚持不合作立场。

3. 克制策略

它代表一种高度合作而武断程度较低的策略，也是一种无私的策略，因为当事人是牺牲自己的利益而满足他人的要求。通俗地讲，是指为了维持相互关系，一方愿意做出自我牺牲，旨在从长远角度出发换取对方的合作，或者是不得不屈从于对手的势力和意愿。

通常克制策略是为了从长远利益出发换取对方的合作，屈从于对手的要求。因此，克制策略是受到对手欢迎的，但是容易被认为是过于软弱的表示。

4. 合作策略

这是在高度的合作和武断的情况下采取的策略，它代表了冲突解决中的"双赢"结果，即最大限度地扩大合作利益，既考虑了自己的利益，又考虑了对手的利益，一般来说，持合作态度的人有几个特点，一是认为冲突是一种客观的、有益的现象，处理得当会有利于问题的解决；二是相信对手；三是相信冲突双方在地位上是平等的，并认为每个人的观点都有其合理性；四是他们不会为了共同的利益而牺牲任何一方的利益。

合作策略适用于下列情境：冲突双方不参与权力斗争；双方未来的正面关系很重要；未来结果的赌注很高；双方都是独立的问题解决者；冲突各方力量对等或利益互相依赖。

5. 妥协策略

妥协是当冲突各方都选择放弃一些利益，从而共同分享利益时的冲突管理策略。在妥协策略里，没有明显的赢家或输家。大家愿意共同承担冲突问题，并接受一种双方都达不到彻底满足的解决办法。因此，它的突出特点是，双方都倾向于放弃一些利益。妥协策略在满足促成双方一致的愿望时十分有效。

妥协策略常用于下列情境：冲突双方没有一方有绝对胜算，可以按各方拥有资源情况来分配利益；双方未来的利益有一定的相互依赖性和相容性，有某些合作、磋商或交换的余地；双方实力相当，任何一方都不能强迫或压服对方。

伯克于 1970 年曾对以上五种策略的有效程度做过调查，如表 9-7 所示。

表 9-7　伯克关于各种冲突协调策略有效性的研究

冲突处理策略	有效/%	无效/%
回避	0.0	9.4
克制	0.0	1.9
妥协	11.3	5.7
强迫	24.5	79.2
合作	58.5	0.0
其他	5.7	3.8

调查结果表明使用合作策略常常能有效解决问题，强迫的效果很不好，回避和克制策略一般较少使用，使用时效果也不好。妥协策略只能部分地满足双方的要求。但妥协策略却是常用并且也容易被人们接受的一种处理冲突的策略。因为它具备以下几个优点：一是尽管它部分地阻碍了对手的行为，但仍然表示出合作的姿态；二是它反映了处理冲突问题的实际主义态度。

9.4.4　冲突协调技巧

对于组织来说，理想的状态是只有适度的群体间的冲突和竞争。管理者不能让冲突过于激烈而造成太大损失，应尽可能地激励群体间的合作来实现组织目标。因此管理者对冲突的处理技巧就显得非常重要。

1. 对话和谈判

当冲突双方通过直接接触来解决分歧时，便会有对话。在对话的过程中双方互讲条件的过程就是谈判，它使双方有条不紊地找到解决问题的方法。对话和谈判都有某种风险，因为不能保证讨论集中于某种冲突，也不能保证双方都能控制住情绪。但是，如果人们能够在面对面讨论的基础上解决冲突，他们就会发现对方的另一面，进一步的合作将变得容易。通过直接的谈判可能会开始相对持久的态度转变过程。

2. 正式的权力

使用规章制度赋予不同的部门以合法权力，为冲突管理提供了正式的途径。比如，广告部和销售部对广告策略的看法不一致。广告部习惯利用广播和电视，而销售部希望直接与客户打交道，这类冲突可以通过将问题交给负责市场营销的副总裁来解决，这是组织内合法的权力安排。这种方法的不利之处在于它并不能改变对合作的态度，只能处理临时的问题。当组织中对某种特定冲突的解决方案没有一致意见时，正式权力是有效的。

3. 第三方管理

当双方冲突激烈并持续时间较长时，部门间的成员就会多疑并不合作，这时，可以由第三方作为顾问来管理冲突。第三方顾问应该是行为问题方面的专家，他们能被冲突双方接受。第三方并不是要判断双方的是非曲直，而是要让双方了解其相互依赖的关系。通常组织中冲突调解的第三方由双方的共同上级充当。为了使双方合作，第三方需要做好以下工作：保证双方有良好的动机；使双方把注意力转移到问题的解决上来；使双方在冲突中保持权力的平衡，因为如果双方地位不对等，那么公开的交流、信任和合作是不可能的；增加双方之间的透明度，并使双方在高透明度下不会受到对方的伤害。

4. 群体的整合

将发生冲突的部门代表结合在一起是减少冲突的一个有效办法，这些代表可以是项目组和超出边界的项目经理。通过设置一个专职人员与各部门成员交流信息来实现协调。该整合员必须能懂得各部门的问题，必须能提出双方都可以接受的解决方法。

作为团队和任务组的进一步发展，今天许多组织正在构建多重约束的、自我管理的工作团队，与以往注重职能的组织不同的是，工作团队更注重横向结合。实践表明，工作团队能减少冲突促进合作，因为它们将不同部门的人整合到了一起。

5. 设置超级目标

超级目标的作用在于使冲突双方的成员有紧迫感和吸引力，然而任何一方单凭自己的资源和精力又无法达到目标，只有在相互竞争的群体的通力合作下才能实现。在这种情况下，冲突双方可以相互谦让和做出牺牲，共同为这个超级目标做出贡献，从而使原有的冲突与超级目标统一起来。为了保证有效性，超级目标的设置必须很实在，要使群体成员认为在一定的时间内通过合作确实能达到该目标。最有力的超级目标当然就是组织的生存。当组织的生存受到威胁，群体会忘记它们的差别，并试图拯救组织。

6. 群体间的轮换和培训

这种方法是由 Robert Blake、Jane Mouton、Richard Walton 等几位心理学家发展起来的。当其他的方法不合适或无法解决问题时，就应该对群体成员进行特殊的培训。这种培训要求群体成员离开他每天面对的工作到其他的工作场所，即实现岗位的短期轮换，在此期间要安排各种活动，目的是让冲突的群体感知到它们之间的差异。群体间的培训工作步骤如下：

（1）将冲突的群体分开，让每个群体讨论并列出对自己和对方团体的感知。

（2）召开交流会议，当两个群体列席时，由各群体代表公开各自对自己和对方群体的认识，双方应尽可能准确地向另一群体报告对方在本群体内形成的形象。

（3）实行部门交换之前，各个群体回到本部门消化、分析所听到的内容，大多数情况下，自己对自己的看法和对方对自己的看法是有分歧的。

（4）通过再一次交流会议，共同探讨所暴露出来的分歧和造成分歧的可能原因，分析真实的可观察到的行为。

（5）综合探讨如何处理双方未来的关系以促进群体之间的合作。

7. 敏感性训练

敏感性训练是为了加强不同群体成员对不同文化环境的反应和适应能力，促进不同文化背景的成员之间的沟通和理解。具体措施是将不同文化背景的管理者和雇员结合在一起进行多种文化培训，通过角色扮演、案例分析、小群体讨论等方式，有效地打破成员心中的文化和角色束缚，加强不同文化成员之间的合作意识与联系。

【知识阅读 9-3】
处理与上司冲突的 7 种方法

1. 引咎自责，自我批评

心理素质要过硬，态度要诚恳。若责任在己方，就要勇于向上司承认错误，进行道歉，求得谅解；如果重要责任在上司一方，只要不是原则性问题，就应灵活处理，因为目的在于和解，下属可以主动灵活一些，把冲突的责任往自己身上揽，给上司一个台阶下。

2. 丢掉幻想，主动搭腔

不少人都有这样的体会，当与对方吵架之后，有时候见面谁都不愿先开口，却在内心待对方先开口讲话。所以，作为下属，遇到上司特别是有隔阂后与上司见面，就更应及时主动搭腔问好，热情打招呼，以消除冲突所造成的阴影。不要总是即使上司与你说话你也不搭腔、不理睬，昂首而过，长此下去会使矛盾像滚雪球般越滚越大，如此再想和好就更困难了。

3. 不做争论，冷却处理

与自己的上司发生冲突之后，作为下属不计较、不争论、不扩散，而应把此事搁置起来，埋藏在心底，在工作中一如既往，该汇报汇报，该请示请示，就像没发生过任何事情一样待人接物。这样，随着时间的流逝，就会逐渐冲淡冲突，忘却以前的不快，冲突所造成的副作用也就会自然而然消失了。

4. 请人斡旋，从中化解

找一些在上司面前谈话有影响力的"和平使者"，请他带去自己的歉意，以及做一些调解说服工作，不失为一种行之有效的策略。尤其是当事人自己碍于情面不能说、不便说的一些语言，通过调解者之口一说，效果极明显。调解人从中斡旋，就等于在上司和下属之间架起了一座沟通的桥梁。但是，调解人一般情况下只能起到穿针引线的作用，要重修旧好，起决定性作用的还是当事人自己。

5. 避免尴尬，电话沟通

打电话解释可以避免双方面对面交谈可能带来的尴尬和别扭，这正是电话的优势所在。打电话时要注意语言应亲切自然，不管是由于自己的鲁莽造成的碰撞，还是由于上司心情不好引发的冲突，不管是上司的急慢而引起的"战争"，还是由于下属自己思虑不周造成的隔阂，都可以利用这个现代化的工具去解释。或者利用邮件的方式去谈心，把话说开，求得理解，达成共识，这就为恢复关系初步营造了一个良好的开端，为下一步的和好面谈铺平了道路。这里需要说明的是，此法要因人而用，不可滥用，若上司平时就讨厌这种表达方式的话就不宜用。

6. 把握火候，寻找机会

要选择好时机，掌握住火候，积极去化解矛盾。譬如当上司遇到喜事、受到表彰或提拔时，作为下属就应及时去祝贺道喜，这时上司情绪高涨、精神愉快，适时登门，上司自然不会拒绝，反而会认为这是对其工作成绩的同享和人格的尊重，当然也就乐意接受道贺了。

7. 宽宏大量，适度忍让

一般来讲在许多情况下，遇事能不能忍反映着一个人的胸怀与见识。但是，如果一味地回避矛盾，采取妥协忍让、委曲求全的做法，就是一种比较消极和压抑自己的行为了，而且在公众心中自身的人格和形象也将受到不同程度的损害。正确的做法是现实一些，适度地采取忍让的态度，既可避免正面冲突，又可保全双方各自的面子和做人的尊严。

当然，如果遇到的是一位不近情理、心胸狭窄、蛮横霸道的上司，就应当当机立断，毫不犹豫地"三十六计走为上""良禽择木而栖"，换个工作环境，再图发展。

（资料来源：理弘，张海生.给企业主管101条忠告［M］.西安：西北大学出版社，2012.)

【学习实训】 冲突忍耐性测验

● 测验规则

下面的问题将帮助你了解自己的冲突忍耐性水平，请诚实作答。

计分方法：同意＝3分，不确定＝2分，不同意＝1分。

● 测验题目

1. 必要时你会毫不犹豫地在争论中坚持自己的立场。

2. 你认为，群体中的小的冲突可以带来激励和兴奋。

3. 发现有不同意见时你会感到振奋并热衷于讨论。

4. 即使面对威胁，你也坚持自己的立场。

5. 每当你不同意他人的观点时，你总是毫不隐讳自己的看法。

6. 你对事物的看法通常比较固执，并且会让他人知道你的看法。

7. 当你与他人意见不同时，你通常会向他们证明你是对的而他们是错的。

8. 在有必要争论时，你会坚持自己的立场，并且不会让感情因素影响自己。

9. 你喜欢就有争议的问题进行辩论。

10. 受到压力时，你会顶回去。

● 结果说明

10~16 分：你对冲突感到不安并希望回避。

17~23 分：你对冲突具有中等程度的忍耐性。

24~30 分：你对冲突具有高水平的忍耐性。

【效果评价】

根据学生出勤、课堂讨论发言及小组合作完成任务的情况进行评定。

综合练习与实践

一、判断题

1. 在沟通过程中至少存在着一个发送者和一个接受者。　　　　　（　　）

2. 发送者比较满意双向沟通，而接受者比较满意单向沟通。　　　（　　）

3. 人际沟通是由人的自利行为的客观性和多样性决定的。　　　　（　　）

4. 彼此不打交道的人也可以组成一个团队。　　　　　　　　　　（　　）

5. 信息传递是双方面的，而不是单方面的事情。　　　　　　　　（　　）

二、单项选择题

1. 单向沟通和双向沟通是按（　　）进行分类的。

A. 按组织系统　　　　　　　　　B. 按照方向

C. 按照是否进行反馈　　　　　　D. 按照方法

2. 团队沟通是指组织中以（　　）为基础单位对象进行的信息交流和传递的方式。

A. 工作团队　　　　　　　　　　B. 员工

C. 部门　　　　　　　　　　　　D. 级别

3. （　　）适合于需要翻译或精心编制才能使拥有不同观念和语言才能的人理解的信息。

    A. 书面沟通　　　　　　　　　　　B. 口头沟通

    C. 工具式沟通　　　　　　　　　　D. 感情式沟通

4. 随着下属人员的成熟度由较低转为较高，管理者的领导风格以及其他相关的管理措施应做以下哪一种调整？（　　）

    A. 管理者可以赋予下属自主决策和行动的权力，管理者本人只起监督作用

    B. 管理者应通过双向沟通方式与下属进行充分交流，对下属工作给予更多的支持而不是直接指示

    C. 管理者应改进沟通以便更加有效地指导和推进下属的工作

    D. 管理者应采取单向沟通方式进一步加强对下属工作的检查、监督，使他们继续发展

5. 王先生前些年下岗后，自己创办了一家公司。公司开始只有不到十个人，所有人都直接向王先生负责。后来，公司发展很快，王先生就任命了一个副总经理，由他负责公司的日常事务并向他汇报，自己不再直接过问各部门的业务。在此过程中，该公司沟通网络的变化过程是（　　）。

    A. 由轮式变为链式　　　　　　　　B. 由轮式变为 Y 式

    C. 由链式变为 Y 式　　　　　　　　D. 由链式变为圆式

三、多项选择题

1. 按照方法划分，沟通可以分为（　　）。

    A. 口头沟通　　　　　　　　　　　B. 书面沟通

    C. 非语言沟通　　　　　　　　　　D. 电子媒介沟通

2. 按照方向划分，沟通可以分为（　　）。

    A. 横向沟通　　　　　　　　　　　B. 上行沟通

    C. 下行沟通　　　　　　　　　　　D. 平行沟通

3. 组织中的沟通包括（　　）。

    A. 部门沟通　　　　　　　　　　　B. 人际沟通

    C. 团队沟通　　　　　　　　　　　D. 员工沟通

4. 对冲突的看法，主要的观点包括（　　）。

    A. 冲突的传统观点　　　　　　　　B. 冲突的现代观点

    C. 冲突的相互作用观点　　　　　　D. 冲突的人际关系观点

5. 书面沟通的优点有（　　）。

    A. 读者可以以自己的方式、速度来阅读材料

    B. 易于远距离传递

    C. 易于存储并在做决策时可提供信息

    D. 可传递敏感的或秘密的信息

四、简答题

1. 简述沟通在管理中的重要意义。

2. 沟通中信息的传递过程。

3. 影响有效沟通的障碍。

4. 克服沟通中障碍的一般准则。

5. 有人认为"非正式组织的沟通往往会造成不良影响的小道消息，因此应该尽量杜绝"。对这种看法你是否同意？请说明理由。

五、深度思考

中国文化背景下的有效沟通

在中国文化的背景之下，沟通有着其自身的特色。笔者认为，要在中国文化背景下实现有效的沟通，以下几点是值得注意的问题。

（一）"含蓄沟通"

中国人普遍比较"含蓄""不善表达，不善沟通"，主张说话要圆通，留有余地，不要把话说满。

有个小故事可以说明中国人"不善表达，不善沟通"，并且有时太爱猜疑。一个人去找邻居借斧头，可是他觉得邻居与他有些矛盾，不知道会不会借给他，所以边走边想，越想越气，最后跑到邻居的门口说："你不用借斧头给我了！我才不会求你！"其实邻居可能乐意把斧子借给他，可他在并不去了解邻居意见的情况下就去揣摩邻居的想法。

另外，中国人比较习惯有什么意思不明确表达出来。举个日常生活中大家都会碰到的例子：客人王先生来做客，主人李某招呼他坐下，并顺便问他"喝点什么"，王先生按照惯例回答"随便，随便"。中国人喜欢说随便，其实并非随便，里面有很多含义，如果你就给他倒杯白开水就大错特错了。读者可以思考一下"随便"背后的含义，主人李某应当怎么回答才比较合理。

唐僧取经团队就吃过沟通不畅的苦头，"九九八十一难"，有几难完全就是内部沟通出了问题。譬如"三打白骨精"：孙悟空无疑是对信息的本质把握最早、最清楚的人，但是他性子急，不擅传递正确信息。孙悟空擅自打死妖怪，师父唐僧误以为大徒弟滥杀无辜，劣性不改。而猪八戒对大馒头的兴趣早就超过了对妖怪的警戒，当欲望被阻后，为了满足一己之私，利用师傅与师兄的信息通道淤塞，散布师傅爱听、师兄憎恶的谣言，结果师兄被逐。沙和尚本身对信息分辨能力不高，老实人凭感觉做事，只会唉声叹气。结果唐僧被白骨精掠取，让白骨精成为师徒四人沟通不畅的受益者。

（二）"实话成本"

在中国文化下沟通之所以困难，还有一个重要原因：组织内政治氛围太浓厚，说实话的成本太高。

一位公司老总反映与员工沟通存在很多困难。他说，在公司跟员工谈话，结尾通常会说："今天我跟你谈话的意思只是这个事情本身，没有别的意思。"为什么要这么说？因为员工非常敏感，你说他哪些方面需要改进，他会联想到公司是否想炒他；你问他们部门的工作量是否饱和，他会联想到公司是否想裁人；你问他最近有没有继续进修的打算，他会联想到公司是否想炒他。大家喜欢猜来猜去，相互间不信任，本来只是工作上的问题，非要上升到政治的高度，所以都不说实话。

中国人的政治敏感度太高，企业里面的政治气味太浓，一方面因为中国人太含蓄，另外也与中国人的经历有很大关系，除了几千年的封建文化影响外，笔者发现"文化大革命"对中国人的影响往往很大，尤其是对那些经历过"文化大革命"洗礼的中年人影响深远。笔者曾深入研究了一下经过"文化大革命"洗礼的企业老板，发现这些老板的控制欲太强，"文化大革命"遗风、封建式家长作风浓厚，以支配比他学历高的职业经理人为乐。当然没有一个环境是完全纯净的，发生政治行为也很正常，有人的地方就会有政治，但要控制在一个适当的程度。政治行为太泛滥了，就会损害信任和尊重，不利于沟通。

（三）对非正式沟通的过度运用

虽然我们在前文中强调要重视非正式沟通的作用，但在中国的文化背景下，往往会有非正式沟通过剩之虞。我们常常遇到这样的情况，下属在工作中遇到了问题，本应该在工作时间和领导提出并讨论。但下属却往往避免采用这样的方式。他们会在下班后，找领导吃饭喝茶，在闲谈的过程中，提出工作中的问题。虽然说这样的做法避免了直接在正式工作中交流的尴尬，但仍然会导致很多的问题。首先，它削弱了正式沟通的威信，损害了正式权力的行使。其次，应该工作内解决的问题被带到了工作之外，影响了工作的效率。

因此，在日常的沟通中，需要注意正式沟通和非正式沟通两种方式的选择。同时，组织内部也需要对非正式沟通作正确引导，使其能够发挥更好的作用。

（四）"坏消息"管理

前文已经提到，"报喜不报忧"的现象在企业组织中大量存在。

在上行沟通中，老板总是最后一个知道坏消息的人，坏消息必须"过五关，斩六将"才能传到老板们耳朵里。一线人员通常是最早知道坏消息的人，即使他想把问题反馈给上司，却不一定能解释清楚。当坏消息出现时，部下总是倾向于自己解决，然后向老板"邀功"，而部下自行解决问题的过程，可能正是坏消息恶化的过程。有句古话，"纸是包不住火的"，但部下总是心存侥幸，只有等到纸已经包不住火的时候，才会让问题暴露。

在层级管理体系中，层层汇报可能意味着层层掩盖问题，至少会对坏消息进行适合自己需要的"修正"。有一个营销老总干脆在营销大会上说，所有营销人员都不得绕过我直接向老板汇报。当某个人"垄断"了老板的信息源时，企业就永远没有坏消息，只有灾难。

在下行沟通中同样存在这样的问题。许多公司领导人不愿让员工知道坏消息。他们因为害怕失去业绩卓著的员工，而对坏消息秘而不宣，以期留住这些人才。有些领导人则希望自己能够赶在公布消息之前，把问题解决掉。而许多领导人对坏消息所抱的态度就是一条：避而不谈。当然，也有这样一些人，他们认为绝大多数员工层次太低、素质太差，无法应付坏消息带来的打击。

那么这样的"坏消息"大量积压带来的后果是什么呢？首先，坏消息的积压也就意味着危机的积压，问题不能及时解决，就会像滚雪球一样，越来越大。其次，当坏消息最终被知晓，员工及上下级之间的信任就会受到影响。最后，上行沟通中信息的垄断，使管理者无法准确地了解市场，并做出正确的决策。因此，如何有效、有技巧地传递"坏消息"，也是中国文化背景下极需重视的问题之一。

（五）"官话""套话"

在中国，人的地位和面子极为重要，为使其得到体现，人们在沟通的过程中常故意采用一些特别的方式。如使用别人听不懂的语言文字，采用复杂的、符号化的、专业术语较多的表达方式。一些领导在交流的过程中还喜欢说一些官话、套话。这使他的发言变得冗长且内容含糊不清。这样的表述很显然影响沟通绩效。尽管有些场合中，官话套话在某一程度上是必需的，但在企业的日常沟通中，我们仍应该向西方学习，强调语言的简单、直白、简洁，铺陈直叙，开宗明义，做到简洁朴实。

（六）反馈的忽视

控制论的创始人维纳曾说过，一个有效行为必须通过某种反馈过程来取得信息，从而了解目的是否已经达到。但中国人的沟通常常不是一个完整的闭环，对反馈的忽视同样是沟通中存在的严重问题之一。

忽视反馈的原因在很大程度上与前面所提的"含蓄沟通"有关。中国人讲究"喜怒不形于色"，认为这是老练沉稳的表现。因此，肢体语言和面部表情较少地运用于沟通中。这就使沟通的双方无法通过这些附属语言，揣度对方的意思。除此之外，人们也会在言语中对需要反馈的内容刻意隐藏和回避，凡事"留分寸""留余地"，让对方无法了解对方的真实想法和意图。

要解决这一问题，首先，要让沟通的参与者了解到沟通不仅是信息传递的过程，更是信息分享的过程。其次，沟通者要知道如何利用表情、手势、姿态等附属语言来辅助表达信息。最后，沟通者可以加强沟通中的激励，鼓励交流的对象尽量地表达出自己的想法。

（资料来源：陈春花，杨忠，曹周涛. 组织行为学 ［M］. 北京：机械工业出版社，2013.）

第 *10* 章

创 新

学习目标

通过本章学习，学生应掌握创新的含义和内容，理解创新的特征和创新的过程；能联系实际分析企业创新的特征和技术创新的过程。

学习要求

知识要点	能力要求	相关知识
创新的概述	理解创新的含义和内容，联系实际说明创新的特征	1. 创新的含义 2. 创新的特征 3. 创新的内容
技术创新	理解技术创新的概念，能举例说明企业产品创新的过程	1. 技术创新的内涵 2. 技术创新的类型 3. 技术创新的内容 4. 技术创新的模式 5. 技术创新过程

案例导入

将开口扩大 1 毫米

美国有一间生产牙膏的公司，产品优良，包装精美，深受广大消费者的喜爱，每年营业额蒸蒸日上。记录显示，前 10 年每年的营业增长率为 10%～20%，董事部雀跃万分。不过，进入第 11 年、第 12 年及第 13 年时，业绩则停滞下来，每个月维持同样的数字。董事部对这三年业绩表现感到不满，便召开全国经理级高层会议，以商讨对策。

会议中，有名年轻经理站起来，扬了扬手中的一张纸对总裁说："我有个建议，若您要使用我的建议，必须另付我 5 万元！"

总裁听了很生气地说："我每个月都支付你薪水，另有红包奖励，现在叫你来开会讨论，你还要另外要求 5 万元，是不是有点过分？"

"总裁先生，请别误会。若我的建议行不通，您可以将它丢弃，一毛钱也不必付。"年轻的经理解释说。

"好！"总裁接过那张纸后，阅毕，马上签了一张 5 万元支票给那年轻经理。

那张纸上只写了一句话：将现有的牙膏开口扩大 1 毫米。

总裁马上下令更换新的包装。

试想，每天早上，每个消费者多用 1 毫米的牙膏，每天牙膏的消费量将多出多少倍呢？这个决定，使该公司第 14 年的营业额增加了 32%。

（资料来源：佚名. 创新小故事精选 [EB/OL].（2012-01-10）[2014-06-16]. http://www.795.com.cn/wz/17806.html.）

任务 10.1　创新概述

【学习目标】

理解创新的含义、特征和内容。

【学习知识点】

10.1.1　创新的含义

创新一般是指人们在改造自然和改造社会的实践中，以新的思想为指导，创造出不同于过去的新事物、新方法和新手段，用以达到预期的目标。创新的本质是突破。

"创新"这一概念，最早源自美籍奥地利经济学家熊彼特的"创新"理论，他认为"创新"就是在新的生产体系里引入新的组合，即实现生产要素和生产条件的一种从来没有过的新组合，这种组合或变动包括以下五个方面的内容：一是引入一种新产品或提供一种产品的新质量（产品创新）；二是采用一种新的生产方法（工艺创新）；三是开辟一个新市场（市场创新）；四是获得一种原材料或制成品的新供给来源（资源开发利用创新）；五是实行一种新的组织形式，如建立一种垄断地位或打破一种垄断地位（体质和管理创新）。

10.1.2 创新的特征

创新活动大体上有以下特征：

1. 新颖性

创新活动的新颖性包括三个层次：①世界级新颖性或绝对新颖性；②局部新颖性；③主观新颖性，即只是对创造者个人来说是前所未有的。

总体上，创新活动是解决前所未有的问题，其核心在"新"上，是在继承中的突破。它或者是产品的结构、性能和外部特征的变革，或者是造型设计、内容的表现形式和手段的创造，或者是内容的丰富和完善。

2. 开拓性

创新在实践活动上表现为开拓性，即创新实践不是重复过去的实践活动，它不断发现和拓宽新的活动领域。创新在行为和方式上必然和常规不同，它易于遭到习惯势力和旧观念的极力阻挠。对于创新主体来讲，应具有思想解放、头脑灵活、敢于批评、勇于挑战的开拓精神，因此，创新和开拓紧紧相连。

3. 创造性

创新是一项复杂的系统工程，具有创造性特点。这种创造性一是体现在新技术、新产品、新工艺的显著变化上；二是体现在组织机构、制度、经营和管理方式的创新上。这种创新的特点是打破常规、适应发展、勇于探索。创造性的本质属性就是敢于进行包括新的设想、新的实验、新的举措等新尝试。

4. 变革性

创新的实质，就是一种变革。变革是事物发展的本质属性，任何事物不破不立，破旧方能立新，推陈才能出新，这些就是对旧事物的变革、创新。

5. 市场性

市场是企业创新的出发点，也是企业创新的归宿。企业的创新活动应致力于与市场的吻合度，即适应市场需求，获得市场认可，方有存在的意义。一方面，企业创新行为要适应市场变化，通过创新做到与市场同步前进；另一方面，企业要预测市场未来的发展趋势与方向，通过创新去创造机会、创造市场。

6. 效益性

效益性又称为价值性。创新的最终目标是使创新结果有价值，为企业节源增效，并促进企业可持续发展。创新的价值性特点与前述的新颖性特点密切相关，其中世界级新颖性的价值层次最高，局部新颖性次之，主观新颖性更次之。

【知识阅读 10-1】

创新的本质正在发生改变

现在，随着持续的数字化发展和革命，加之基于市场的传统经济结构向基于生态系统环境转变，创新在三个不同方面发生了改变：

消费者直接参与创新。技术和超强的互联互通是消费者与企业在整个价值链活动中开展合作的催化剂，包括共同设计、共同创造、共同生产、共同营销、共同分销和共同融资。消费者与企业的合作越来越多，在透明、互信的环境中共同创造价值。例如，中国的智能手机制造商小米建立了一种无市场营销预算和销售团队的业务模式。为了建立客户忠诚度，该公司根据用户反馈，每周发布新的软件版本。

技术是创新的核心。新技术支持企业更快地响应客户需求，开发具有吸引力的新功能和新业务模式。例如，在线游戏 Foldit 提供众包型蛋白质折叠计算，玩家在 10 天内就破解了梅森—菲舍猴病毒的逆转录蛋白酶结构，而科学家们对这个问题的研究已经超过 12 年之久。

生态系统正在定义新型创新。生态系统是互相依赖的企业和关系为创造并分配业务价值而组成的复杂网络。这方面发展的一个例子就是 Quirky 和通用电气之间的合作。通用电气通过众包创新，从而降低风险，并与取得突破性进展的发明者共享收益。

（资料来源：摘自《销售与市场》管理版，2016 年第 11 期）

10.1.3 创新的内容

创新是一个非常复杂的思维过程，它最能充分地体现出一个组织或一个国家的主观能动作用。创新的内容十分广泛，大体分为三类：制度创新、技术创新和管理创新。下面先介绍制度创新和管理创新，技术创新将在下节内容中介绍。

1. 制度创新

制度创新是指在人们现有的生产和生活环境条件下，通过创设新的、更能有效激励人们行为的制度、规范体系来实现社会的持续发展和变革的创新。所有创新活动都有赖于制度创新的积淀和持续激励，通过制度创新得以固化，并以制度化的方式持续发挥着自己的作用，这是制度创新的积极意义所在。

制度创新意味着对原有制度的否定，需要经历一个破旧立新的艰难过程。我国经济体制经历了二十多年的不断探索与改革，就是一种制度（或体制）的创新，它舍弃传统的计划经济体制，逐步建立起社会主义市场经济体制。这种新体制包括了以下几个方面：

1）转换企业经营机制，建立适应市场经济要求的产权清晰、权责明确、政企分开、管理科学的现代企业制度。

2）建立全国统一开放的市场体系，实现城乡市场紧密结合，国内市场与国际市场相接轨，促进资源通过市场优化配置。

3）彻底转变政府管理经济的职能，建立以间接手段为主的完善宏观调控体系。

4）建立按劳分配与按生产要素分配相结合、效率优先、兼顾公平的分配制度，鼓励一部分地区、一部分人先富起来，走共同富裕的道路。

5）建立多层次的社会保障体制，促进经济发展与社会稳定。

2. 管理创新

所谓管理创新，是指在一定的生产技术条件下，为了使组织资源更加合理有效利用，组织系统运行更加和谐高效，生产能力得到更充分有效的发挥而进行的组织发展战略、管理体制、组织结构、运作方式以及具体的管理方法与技术、文化氛围等方面的创新。实质上，管理创新就是创造一种新型的、具有更高效率的资源整合的范式。它既可以是有效整合资源以达到组织目标的全过程的管理的创新，也可以是某个具体方面的细节管理的创新，应包括以下几个方面的内容：

1）管理理念创新

管理理念创新，也就是管理思想观念方面的创新，它是一切创新活动的先导，是管理创新的根源。观念创新就是要改变人们对某种事物的原有的、过时的或不利于实践活动的既定看法和思维模式，换位思考，得出一个新的结论或形成一个新的观点，从而采取一个新的态度和方法的行为的过程。而管理理念创新则指具有领先时代的经营思想和经营理念，这是组织生存和发展的先决条件。对现代企业来讲，它主要包括新的经营思想、新的经营理念、新的经营思路及其在推行中形成的新的经营方针、新的经营战略、新的经营策略，等等。

2）组织结构创新

组织结构创新即组织的整合、变革与调整，是组织内管理者及成员为使组织系统适应外部环境变化或满足自身成长需要，对内部各子系统及其相互作用机制或组织与外部环境的相互作用机制的创造性调整、变革与完善的过程。其目的是通过组织结构与功能的调整与变革、组织系统的重建与重组来完成组织系统的抗衰性和注入新的生命力。

组织结构创新的理论基础主要是系统理论、情景理论和行为理论。首先，组织作为一个开发的、有机的和动态的系统，它由技术子系统、管理和行政子系统、文化子系统三个子系统组成。这三者相互联系、相互作用，一个子系统改变，其他会跟着改变。组织变革和创新就是通过改变员工态度、价值观和信息交流，使他们认识组织的系统性质，实现组织的变革与创新。其次，在组织中不存在一成不变、普遍适用的最好管理理论和方法，管理者需要根据不同情境研究相适宜的管理方法。最后，组织中人的行为是组织与个人相互作用的结果。通过组织变革和创新，可以改变人的行为风格、价值观念、熟练程度，同时能改变管理者的认识方式。组织结构创新主要有三种：

（1）以组织结构调整为重点的变革与创新，如重新划分或合并部门，改造工作流程，改变工作岗位与职责，调整管理幅度等。

（2）以人为本的变革和创新，包括改变员工的观念和态度、知识变革、个人行为乃至群体行为的变革。

（3）以任务和技术为重点，重新组合分配任务，更新设备、技术创新，达到组织创新的目的。

3. 管理模式创新

所谓管理模式是指组织总体资源有效配置实施的一种范式。一般来讲，不同组织有不同的管理模式，同一组织在不同时期也有不同的管理模式。这里，组织随着环境变化，能结合实际研究、设计、创造出新的管理模式，实质上就是管理模式的创新。例如，国外管理实践从第一次产业革命开始，历经的经验管理阶段、古典管理理论阶段、行为科学管理阶段和现代管理理论阶段等等，都属于管理模式的创新。管理模式创新是基于一种新的管理思想、管理原则和管理方法，来改变组织的管理流程、业务运作流程及组织形式等。作为企业，其管理流程主要包括战略规划、资本预算、项目管理、绩效评估、内部沟通、知识管理等；其业务运作流程主要有产品开发、生产、后勤、采购和客户服务等。通过管理模式创新，企业可以解决主要的管理问题，如降低成本和费用，提高效率，增加客户满意度和忠诚度。持续的管理模式创新可以使企业自身成为有生命、能适应环境变化的学习型组织。

管理模式创新的目的是通过设计一种能与组织发展相适应的管理模式，使各项资源达到合理有效的配置。

4. 管理方法创新

管理方法是组织进行资源整合所使用的工具，直接影响着资源的有效配置。在现代管理理论中，许多现代管理方法，诸如线性规划、目标管理、全面质量管理、网络计划技术、库存管理、看板管理等都是在管理实践中被证实为行之有效的方法。管理方法创新可以是前述的单一性的管理方法的创新，也可以是多种管理方法的综合性创新，如生产组合的综合改造等。管理方法的创新，可以更好地提高生产效率，协调并改善人际关系，有效地激励组织员工，最终实现组织资源有效整合。

【学习实训】 案例讨论

卫浴行业"缺乏创新"成阻力

近几年，卫浴行业开始向产品专业化、品牌化发展。但中国卫浴行业竞争主要表现为本土品牌和外资品牌的市场争夺，国内卫浴品牌尽管数量众多，但在国内卫浴市场上还没有一家企业能占据10%的市场份额，高端卫浴市场几乎被外资品牌垄断。这一切的根源，不外乎两个字：山寨。

在此现状下，也有不少企业开始反思，并用自己的创新设计拼出一条血路。近年来，许多卫浴企业开始自行研发新型产品：集洗漱、梳妆台、储物功能等为一体的浴室柜，"青花瓷马桶""旗袍坐便器"，儿童卫浴产品，老年人卫浴产品和残疾人卫浴产品纷纷面世，产品越来越多样化，让人耳目一新。

这些创新型卫浴产品的出现，在一定程度上弥补了国内卫浴自主创新的空白市场，也给了消费者一个满意的交代。了解国内消费者的心理和生活使用习惯，制造切切实实适合中国人使用的、时尚的卫浴产品，应是卫浴生产者在塑造品牌时值得思考的问题。

在业内专家看来，建筑卫生陶瓷工业第三阶段发展，重点要抓好 3 个关键：提升技术创新目标，创新技术研发模式；标准创新，政策创新；加快兼并重组和节能环保。

分析问题：

案例中卫浴行业的市场现状给了我们什么启示？

（资料来源：佚名."缺乏创新"成阻力 卫浴企业兼并重组提效率 [EB/OL].（2014-01-10）[2014-05-10]. http://home.focus.cn/news/2014-01-10/392796.html.）

【效果评价】

根据学生出勤、课堂讨论发言及小组合作完成任务的情况进行评定。

任务 10.2　技术创新

【学习目标】

了解技术创新的含义和模式，理解技术创新的内容，运用理论知识举例说明企业产品创新的过程

【学习知识点】

技术创新是组织创新活动的主要内容，也是企业实现技术进步，从而维持企业竞争优势和可持续发展的主要手段。一个企业没有技术创新，它将失去自身的市场竞争力，从而不断走向衰退，甚至破产倒闭。当今，经济全球化下，市场产品趋于同质化，企业技术创新尤显重要。

10.2.1　技术创新的内涵

技术创新是指企业应用创新的知识和新技术、新工艺，采用新的生产方式和经营管理模式，提高产品质量，开发生产新的产品，提供新的服务，占据市场并实现产品市场价值的过程。

企业技术创新源自新产品、新工艺、新管理的市场需求，并诱使创新设想的产生，经过研究与开发，使设想变成现实的商品、工艺，最终推向市场的一个系统的过程。在这一过程当中，市场需求是先导、诱因，企业是创新的主体，市场化是最终的结果。这里，技术创新包括四个方面的内涵：

（1）技术创新不是纯粹的科技概念，也不是一般意义上的科学发现和发明，而是一种新的经济发展观。

（2）技术创新是一个系统工程，而不是某一种单项活动或一个环节。

（3）技术创新强调技术开发与技术有效应用的统一，重视技术要素同其他要素

的新组合。

(4) 技术创新的主要动力来自市场，市场是技术创新的基本出发点和落脚点。

【知识阅读 10-2】

砸了地板

1941 年的一天，美国洛杉矶的一间摄影棚内，一伙人正在拍摄一部电影。刚开拍不一会儿，年轻的导演就叫停。他一边做着暂停动作，一边对摄影师大喊：

"我要的是一个大仰角。'大仰角'，你明白吗?"

这个镜头已经拍摄了十几次了，大伙儿都累得不行了。就在这时，扛着摄影机正趴在地板上的摄影师终于不耐烦了，他站起来大吼道——

"我趴得已经够低了，难道你还不明白吗?! 再低的话，难道你还要我钻到地板里去吗?"

年轻的导演听了摄影师的话，沉默了一会儿。突然，他转身走到道具房，操来一把斧子，向摄影师快步走了过来。

周围的人不由得惊呼了起来。只见导演走上前来，什么也没说，便半跪在地上抡起斧子，向摄影师刚才趴过的木制地板猛地砍砸下去……过了不久，他在地板上砸出一个直径约半米的窟窿。这时，他指着地上对摄影师说："你趴在这里拍，这才是我想要的最佳角度。"

摄影师按导演的吩咐趴在地板洞中，无限压低镜头，结果拍出了一个前所未有的大仰角。

他们拍的这部电影就是《公民凯恩》，年轻的导演名叫奥逊·威尔斯。这部电影因大仰拍、大景深、阴影逆光等摄影创新技术及新颖的叙事方式，被誉为美国有史以来最伟大的电影之一，至今它仍是美国电影学院必备的教学片。

(资料来源：缪晨. 300 个创新小故事 [M]. 上海：学林出版社，2007.)

10.2.2 技术创新的类型

(1) 按内容分，技术创新包括产品创新、工艺创新、服务创新。

(2) 按重要性分，技术创新包括渐近性创新、根本性创新、技术系统的变革、技术经济模式的变更。

(3) 按技术来源分，技术创新包括自主创新和技术引进。

(4) 按生产要素分，技术创新包括劳动节约型创新、资本节约型创新和综合型创新。

10.2.3 技术创新的内容

企业技术创新的主要内容包括产品创新、工艺创新以及服务创新等，产品创新和工艺创新包括从新产品或新工艺的设想、设计、研究、开发、生产及市场开发、认同与应用到商业化的完整过程。

1. 产品创新

产品是企业存在的根本，任何企业都是通过生产产品投放市场获得利润而生存的，产品在市场上被接受和受欢迎的程度决定了企业产品的市场占有率及竞争力。产品创新为市场提供新产品或新服务，创造一种产品或服务的新质量，以实现其商业价值。如果企业推出的新产品不能为企业带来利润和商业价值，那就算不上真正的创新。企业产品创新包括新产品开发和老产品改造。

1）新产品开发

所谓新产品，是指在一定的地域内，第一次生产和销售的在原理、用途、性能、结构、材料和技术指标等某一方面或几个方面比老产品有显著改进、提高或独创的产品。

对新产品的开发，企业可根据自身的特点和环境条件选择不同的开发方式，一般有五种方式可供企业选择，即独立研制方式、联合研制方式、技术引进方式、自行研制与技术引进相结合的方式、仿制方式等。同时，企业在开发新产品时，需要分阶段、分步骤地进行，大体需要经过由构思、筛选、设计到试制、评定等阶段，方可完成。

2）老产品改造

老产品改造即对原产品的性能、规格、款式、品种等在设计上做进一步完善和改进工作，而在产品生产原理、技术水平和结构上无突破性改变。企业对产品不断改造，可以促进产品更新换代，以适应市场需求。

【知识阅读10-3】

新产品的十大支点

一个新产品或服务的极度不确定性通常需要创业企业进行很多路线调整，或者找到"支点"，才能最终找到成功的方法。不久前，硅谷创业者埃里克·里斯在其新书中对十个最重要的创业支点进行了总结：①近观。在这种情况下，原先产品的一个功能或特点本身变成了整个产品。它强调了"专注"的重要性，以及在被迅速、高效推出时"最简化可实行产品"的价值。②远观。有时候一个单一的功能不足以支撑起整个消费者产品组合，在这种情况下，原先整个产品变成了一个更大产品的单一功能。③消费者细分。你的产品解决了一个真正存在的问题，但需要被定位到真正看重这一产品的细分群体，并针对这一群体进行产品优化。④消费者需求。当早期消费者反馈被解决的问题不是非常重要，或者价格过于昂贵时，你需要对产品进行重新定位。⑤平台。它指的是从应用向平台之间的过渡，或反其道而行之。大多数消费者买的都是解决方案，而不是平台。⑥商业架构。存在两种主要的商业架构：高利润率、低产量（复杂系统模式），或者薄利多销（大量交易模式），你无法两全其美。⑦价值捕获。它指的是货币化或营收模式。初创企业捕获价值的方式变动会对公司、产品和营销策略产生深远的影响。⑧增长引擎。选择正确的模式能够极大地影响增长速度和盈利能力。⑨渠道。将渠道作为支点通常需要企业具有独特的定价、功能特点，以及有竞争力的定位调整。⑩技术。有时企业会发现，使用一种完全不同的技术也可能解决同样的问题，当新技术可以提供低廉的价格或上乘的表现时，可以有效提高新产品的竞争优势。

（资料来源：摘自《销售与市场》管理版，2011 年第 11 期，总第 427 期.）

2. 工艺创新

工艺创新指企业通过研究和运用新的生产技术、操作程序、方式方法和规则体系等，提高企业的生产技术水平、产品质量和生产效率的活动。工艺创新和产品创新都是为了提高企业的社会经济效益，但二者途径不同，方式也不一样。产品创新侧重于活动的结果，而工艺创新侧重于活动的过程；产品创新的成果主要体现在物质形态的产品上，而工艺创新的成果既可以渗透于劳动者、劳动资料和劳动对象之中，还可以渗透在各种生产力要素的结合方式上；产品创新的生产者主要是为用户提供新产品，而工艺创新的生产者也是创新的使用者。

3. 服务创新

服务创新就是使潜在用户感受到不同于从前的崭新内容。服务创新为用户提供以前没有能实现的新颖服务，这种服务在以前由于技术等限制因素不能提供，现在因突破了限制而能提供。它是一种技术创新、业务模式创新、社会组织创新和客户需求创新的综合。其内容包括应该为客户提供的"附加值服务""个性化服务""三维度服务"等。如果产品创新是企业获取潜在利润的基础，那么服务创新则是其获取潜在利润的保证。

10.2.4　技术创新模式

1. 自主创新

自主创新是指创新主体通过拥有自主知识产权的独特的核心技术以及在此基础上实现新产品的价值的过程。它包括原始创新、集成创新和引进技术再创新。自主创新成果一般体现为新的科学发现及拥有自主知识产权的技术、产品、品牌等。自主创新是企业创新的主要模式。

自主创新作为率先创新，具有以下优点：

（1）有利于创新主体在一定时期内掌握和控制某项产品或工艺的核心技术，在一定程度上左右着行业的发展，从而赢得竞争优势。

（2）在一些技术领域的自主创新往往能引致一系列的技术创新，带动一批新产品的诞生，推动新兴产业的发展。

（3）有利于创新企业更早积累生产技术和管理经验，获得产品成本和质量控制方面的经验。

（4）自主产品创新初期都处于完全独占性垄断地位，有利于企业较早建立原料供应网络和牢固的销售渠道，获得超额利润。

自主创新也有其自身的缺点：资金投入多，风险高；自主研究开发的成功率低；时间长，不确定性大；市场开发难度大，时滞性强等。

2. 模仿创新

模仿创新是指创新主体通过学习模仿率先创新者的方法，引进、购买或破译率先创新者的核心技术和技术秘密，并以其为基础进行改进的做法。模仿创新是各国企业普遍采用的创新行为。模仿创新并非简单抄袭，而是站在他人肩膀上，投入一定研发资源，进行进一步的完善和开发，特别是工艺和市场化研究开发。因此模仿创新往往具有低投入、低风险、市场适应性强的特点，其在产品成本和性能上也具有更强的市场竞争力，成功率更高，耗时更短。

模仿创新的主要缺点是被动，在技术开发方面缺乏超前性，当新的自主创新高潮到来时，模仿创新企业就会处于非常不利的境地；另外，模仿创新往往还会受到率先创新者设置的技术壁垒、市场壁垒的制约，有时还面临法律、制度方面的障碍，如专利保护制度就被率先创新者作为阻碍模仿创新者的手段。

3. 合作创新

合作创新模式是指企业间或企业与科研机构、高等院校之间联合开展创新的做法。合作创新一般集中在新兴技术和高技术领域，以合作进行研究开发为主。由于全球技术创新的加快和技术竞争的日趋激烈，企业技术问题的复杂性、综合性和系统性日益突出，依靠单个企业力量越来越困难。因此，利用外部力量和创新资源，实现优势互补、成果共享，已成为技术创新日益重要的趋势。合作创新有利于优化创新资源的组合，缩短创新周期，分摊创新成本，分散创新风险。合作创新模式的局限性在于企业不能独占创新成果。

【知识阅读 10-4】

用户创新

近期，法国马赛商学院副院长 Roland Bel 指出，用户创新是近年来颇为流行的创新方式，也是创新民主化的体现。此前以厂商创新为中心的主流观点是，厂商是新产品的开发者，创新产品作为公司的知识产权加以保护。而现在通信技术的发展已经改变了人们交流、生活、工作和知识传播的方式，创新者不必在专业机构工作，大家都有机会接触到高质量的工具。而且一旦新发明以数字化的方式呈现，网络会让任何秘密无处遁形。因为用户本身就是顾客，他们会从顾客的角度来提出需求，体验往往早于他人，而且他们有强烈的寻求解决方案的意愿，这是因为他们本身期望从解决方案中获得高收益。如果说厂商创新是为了从销售中获益，用户创新则是为了从使用中获益。

（资料来源：摘自《销售与市场》管理版，2011 年第 12 期，总第 428 期.）

10.2.5 技术创新过程

技术创新是一个新知识的产生、创造和应用的进化过程，是一个在市场需求和技术发展的推动下，将发明的新设想通过研究开发和生产演变成为具有商品价值的新产品、新技术的过程，也是以新产生的技术思想为起点，以新技术思想首次商业化为终点的过程。这个商业化的基本思路则以市场为导向，以产品为龙头，以新技术开发应用为手段，以提高经济效益、增强市场竞争能力和培育新的经济增长点为目标，重视市场机会与技术机会的结合，通过新技术的开发应用带动企业或整个行业生产要素的优化配置，达到以有限的增量资产，带动存量资产的优化配置。

技术创新过程从逻辑上可分为以下几个阶段：

1. 分析市场，确认机会阶段

企业进行技术创新的首要工作，就是正确分析市场，弄清未来市场需求情况，根据本企业的技术、经济和市场需要，敏感地捕捉各种技术机会和市场机会，并把市场需求与技术可行性相结合。

2. 构思的形成阶段

该阶段是把市场需求与技术可行性相结合的创造性活动阶段。技术创新构思的形成主要表现在创新思想的来源和创新思想形成的环境两个方面。技术创新构思可能来自从事某项技术活动的推测或发现，也可能来自市场营销或用户对环境或市场需要或机会的感受。创新思想的形成环境则主要是市场环境、经济环境、社会人文环境、政治法律环境等。

3. 研究开发阶段

创新构思产生后，需要投入人、财、物等资源寻求解决方案。研究开发阶段是根据企业技术、商业、组织等方面的可能条件对创新构思阶段的计划进行检验和修正。一般由科学研究和技术开发组成。本阶段的基本工作就是创造新技术，研制开发出可供利用的新产品和新工艺。如果企业在本阶段创造的新技术属于自身发明的，则可获得发明专利，如果是利用他人的发明或已有技术，则属于模仿。

4. 小型与中型试验阶段

小型试验是在不同规模上考验技术设计和工艺设计的可行性，解决生产中可能出现的技术和工艺问题。所谓中型试验，就是根据小型试验结果继续进行放大试验，当中型试验成功后，就基本可以进行生产了。因此，中型试验阶段的主要任务是解决从技术开发到试生产的全部技术问题，以满足生产需要。两者都是技术创新过程不可缺少的阶段。

5. 批量生产阶段

按商业化规模要求把中试阶段的成果变为现实的生产力，生产出新产品或新工艺，并解决批量生产的技术工艺问题和降低成本、满足市场需求的问题。

6. 市场营销阶段

技术创新成果的实现程度还取决于其市场的接受认可程度。该阶段主要任务是实现创新技术所形成的价值与使用价值，包括试销和正式营销两个阶段。试销主要探索市场的可能接受程度，进一步考验其技术的完善性，并反馈到以上各个阶段，予以不断改进。市场营销阶段实现了技术创新所追求的经济效益，是技术创新过程中质的飞越。

7. 创新技术的应用与扩散阶段

此即创新技术被赋予新的用途，进入新的市场领域应用并向市场扩散。

技术创新成果扩散，是指企业通过一定的渠道和方式，将技术创新成果传播给潜在使用者的过程。这一过程包括提供技术创新成果过程、成果提供者和潜在使用者的交流过程和采用技术创新成果过程三个阶段。

对成果提供过程而言，主体即扩散源是企业、科研单位和大专院校，其职责主要是提供信息服务，进行信息传播；对成果采用过程而言，采用者一般是企业，也可能是研究机构、大专院校。企业应根据自身的需要以最合理的方式和价格选择最实用的技术；对提供者和采用者之间的交流过程而言，他们之间的很多具体环节实际上都是共同进行的，而且是一对多的交流过程。交流的成果与否，将会直接决定成果扩散效率与效益的高低。

在实际的技术创新过程中，以上各个阶段的创新活动有时存在着过程的多重循环与反馈以及多种活动的交叉和并行。下一阶段的问题会反馈到上一阶段以求解决，上一阶段的活动也会从下一阶段所提出的问题及其解决中得到推动、深入和发展。各阶段相互区别又相互联结和促进，形成技术创新的统一过程。

【学习实训】 案例讨论

新产品的研制和投产

某电子产品工厂的厂长召开会议，专门研究是否将新产品——微型恒温器投入大批量生产并投放市场的问题。参加会议者有销售、生产、物资供应和财会等部门的负责人，厂长指示每个与会者带上准确资料，以便提出决策性意见。

会上，厂长首先说明有关的情况：

（1）两年前，工厂为了应对主要竞争对手的挑战，适应电子产品微型化的趋势，开始研制微型恒温器这一新产品。

（2）研制进程比较顺利，工人和技术人员已掌握了这一新产品的许多技术知识，样品试制成功，鉴定合格。

（3）已经设计安装了一条实验性生产线，按小批试制办法生产出几百个恒温器，产品性能完全达到设计要求，可同对手的产品竞争。

（4）我厂恒温器的生产成本高，按竞争对手所定的每个40元的价格出售，不仅无利可图，而且略有亏损。

（5）现在必须做出决策：是放弃这一新产品，还是设法降低成本，投入大批量生产？

接着厂长请财会部门负责人说明产品成本情况，该负责人提出的资料如下表：

单位：元

项　目	实际成本	标准成本
1. 直接材料	17.0	9.7
2. 直接人工	2.95	2.6
3. 一般制造费用（按直接人工标准成本的438%计）	11.4	11.4
4. 制造总成本	31.35	23.7
5. 损耗费用（按制造总成本的10%计）	3.14	2.37
6. 销售与管理费用（按直接人工与一般制造费用之和的40%计）	5.75	5.6
7. 产品总成本	40.24	31.67
8. 产品定价（按产品总成本加上厂定的销售利润率14%的利润计）	46.8	36.9

财会部门负责人向与会者解释，由于我厂成本（尤其是直接材料费）高，按竞争价格每个40元出售，将亏损0.24元。如能将成本降到标准成本水平，则按厂定销售利润率14%加上利润，定价也不到37元，按竞争价格出售，利润将很丰厚。即使只将直接材料费降到标准成本水平，按销售利润率14%加上利润，定价也不过38元左右，仍大有利可图。

销售部门负责人认为，微型恒温器是重要产品，市场广阔，绝不能放弃。他们已将该产品的促销工作纳入计划。他还说，他个人并不太重视成本估算，因为工厂尚未将该产品投入大批量生产，尚未获得规模经济效益。

生产部门负责人说，他正同工程师们研究焊接新方法，如果成功，直接人工费和相应的一般制造费用、损耗费用、销售与管理费用等均会减少，产品成本会降低。此外，对装配工人进行培训，压缩装配工时的潜力还很大。供应部门负责人说，要降低成本，控制材料费是关键。微型电子元器件的生产厂不多，我们尚未找到合适的货源。过去是临时的、少量的采购，价格高而质量难保证。现在要尽快物色货源，进行谈判，估计有可能将材料费降下来。但请告知计划生产批量，以便计划材料用量，同供货厂家协商。

厂长认为此次会议已基本弄清了情况，并对各部门愿在降低成本上做出努力表示赞赏。他说："产品生产和投入市场之前，必须有成本估算，至少保证不亏损。不重视这一点，就忽视了价值规律的作用，即使对新产品也应如此。大家应牢记，工厂要讲效益，创新也是为了提高效益。厂定销售利润率14%一般是必须保证的。"他要求各部门继续设法降低成本，特别是材料费的问题要抓紧解决，以便尽快做出决策。

分析问题：

1. 你是否赞同厂长所说的"创新也是为了提高效益"？这一观点可否联系到技术与经济的关系，可否应用于其他组织（如学校、医院、政府机关等）？

2. 如果你是厂长，在下次会议上你该如何决策？决策的基本依据是些什么？

3. 是否在任何情况下，产品的售价都不能低于其总成本，否则就不应生产和投放市场？

（资料来源：王德中. 管理学学习指导书 [M]. 成都：西南财经大学出版社，2006.）

【效果评价】

根据学生出勤、课堂讨论发言及小组合作完成任务的情况进行评定。

 综合练习与实践

一、判断题

1. 为适应环境的变化，组织应不断调整系统内部的内容和目标，这在管理上叫作管理的创新职能。 （   ）

2. "对企业而言唯一不变的就是创新。" （   ）

3. 维持是创新基础上的发展，而创新则是维持的逻辑延续。 （   ）

4. 创新的效益与其风险大小并无多大联系。 （   ）

5. 作为创新要素的信息资源都来自组织的外部，因而掌握外部信息至关重要。 （   ）

二、单项选择题

1. 第一个提出管理创新思想的是（   ）。

A. 科斯 　　　　　　　　　　 B. 熊彼特

C. 托夫勒 　　　　　　　　　 D. 哈默

2. 企业制度主要包括产权制度、经营制度和管理制度，企业对这些方面的调整与变革称为（   ）。

A. 目标创新 　　　　　　　　 B. 技术创新

C. 制度创新 　　　　　　　　 D. 组织创新

3. 对品种和结构的创新叫（   ）。

A. 产品创新 　　　　　　　　 B. 目标创新

C. 制度创新 　　　　　　　　 D. 组织创新

4. 为适应环境的变化，组织应不断调整系统内部的内容和目标，这在管理上叫作管理的（   ）。

A. 组织职能 　　　　　　　　 B. 维持职能

C. 控制职能 　　　　　　　　 D. 创新职能

5. 在知识经济时代，各类组织为了快速应变日益复杂的环境，在竞争中求生存，就要善于学习，不断获取新的知识、新技术，不断改进创新。这种类型的组织称为（   ）。

    A. 进取型组织   B. 学习型组织

    C. 进攻型组织   D. 知识型组织

三、多项选择题

1. 创新职能的基本内容主要包括（   ）。

    A. 目标创新   B. 技术创新（产品创新）

    C. 制度创新   D. 组织创新

    E. 环境创新

2. 创新的过程是（   ）。

    A. 寻找机会   B. 提出构想

    C. 迅速行动   D. 坚持不懈

    E. 过程管理

3. 技术创新主要表现在三个方面，即（   ）。

    A. 设备、工具创新   B. 管理制度

    C. 工艺创新   D. 材料、能源创新

    E. 组织机构

4. 下列属于管理的"维持职能"的是（   ）。

    A. 组织   B. 创新

    C. 控制   D. 领导

5. 熊彼特的创新概念包括哪些方面？（   ）

    A. 采用一种新产品   B. 开辟一个新市场

    C. 采用一种新的生产方法   D. 实行新的组织形式

    E. 获得原材料、半成品新的供应来源

四、简答题

1. 简述创新的含义。

2. 如何认识熊彼特所提出的创新概念？

3. 创新有哪些基本特征？

4. 技术创新的内容有哪些？

5. 简述技术创新的过程。

五、技能实训

管理游戏——如果我来做

1. 游戏概述

（1）参与者两人一组，模拟一场服务竞赛。

（2）小组成员共同努力，寻找既能宣传企业，又能带给客户惊喜的点子。

2. 教师需要准备的道具

（1）有关虚拟企业内容的复印件一份。

（2）将复印件沿虚线剪开，这样你就有了几张小纸片，每张小纸片分别介绍一个虚拟企业。

（3）还需要一顶帽子或一个碗来盛放纸片，以便让参与者从中随机抽取。

3. 游戏过程

（1）首先告诉参与者，他们将参加一次由社区企业协会主办的"创造性服务竞赛"。

（2）将参与者分成小组，每组两人，各组分别代表一个不同的虚拟企业；小组成员应该互相合作，设计出一个满足竞赛要求的点子。

（3）这个竞赛的目标是找出一个点子，要求既能宣传企业，又能够更好地服务客户。在寻找点子时，鼓励参与者尽可能地发挥他们的创造力。

（4）竞赛不设预算限制，但点子必须"符合常理"，也必须紧密联系本企业，例如：杂货店不可能免费提供小狗。

举例：

● 现在让大家一起看下面的例子，来了解游戏应该怎样开展。

● 公司名称：千年银行

● 所属行业：银行

● 点子：对于到银行开户的客户，无论是经常账户还是储蓄存款账户，每满2 000人即给予最后一位客户终身免票手续费的优惠待遇。

（5）组织：

现在开始分组，并让每组派出一名代表，从"帽子"里抽取一张小纸片，然后让各组为其抽取的虚拟企业设计点子，限时10分钟。

（6）10分钟后，要求各组依次大声念出他们所抽到的虚拟企业的简介，以及他们为其设计的点子。

（7）最后让大家投票，选出最佳的点子。

（8）分发的复印材料：

● 公司名称：生命游戏
　所属行业：体育用品商店
　点子：＿＿＿＿＿＿＿＿＿＿＿＿＿＿＿＿＿＿＿

● 公司名称：君往何处
　所属行业：交通服务行业
　点子：＿＿＿＿＿＿＿＿＿＿＿＿＿＿＿＿＿＿＿

● 公司名称：木材店
　所属行业：木制品商店
　点子：＿＿＿＿＿＿＿＿＿＿＿＿＿＿＿＿＿＿＿

● 公司名称：美女与野兽
　所属行业：男女皆宜理发店
　点子：＿＿＿＿＿＿＿＿＿＿＿＿＿＿＿＿＿＿＿

- 公司名称：给我电话
  所属行业：移动电话服务公司
  点子：＿＿＿＿＿＿＿＿＿＿＿＿＿＿＿＿＿＿＿＿
- 公司名称：第一页
  所属行业：书店
  点子：＿＿＿＿＿＿＿＿＿＿＿＿＿＿＿＿＿＿＿＿
- 公司名称：雏菊连锁店
  所属行业：花店
  点子：＿＿＿＿＿＿＿＿＿＿＿＿＿＿＿＿＿＿＿＿
- 公司名称：城市动物园
  所属行业：国内最大的动物园之一
  点子：＿＿＿＿＿＿＿＿＿＿＿＿＿＿＿＿＿＿＿＿

参考文献

［1］张兰霞. 新管理理论丛林［M］. 沈阳：辽宁人民出版社，2001.

［2］黄煜峰. 荣晓华. 管理学原理［M］. 大连：东北财经大学出版社，2002.

［3］郭咸纲. 西方管理学说史［M］. 北京：中国经济出版社，2003.

［4］朱秀文. 管理学教程［M］. 天津：天津大学出版社，2004.

［5］王德中. 管理学［M］. 成都：西南财经大学出版社，2006.

［6］王德中. 管理学学习指导书［M］. 成都：西南财经大学出版社，2006.

［7］胡建波. 管理学［M］. 成都：西南财经大学出版社，2007.

［8］张泽起. 现代企业管理［M］. 北京：中国传媒大学出版社，2008.

［9］李英. 管理学基础［M］. 大连：大连理工大学出版社，2009.

［10］杨和平. 管理能力训练［M］. 重庆：重庆出版社，2009.

［11］胡君辰. 组织行为学［M］. 北京：中国人民大学出版社，2010.

［12］周三多. 管理学［M］. 北京：高等教育出版社，2011

［13］郭美斌. 管理学［M］. 长春：吉林大学出版社，2013.

［14］万强. 管理学基础［M］. 北京：教育科学出版社，2013.

［15］杨和平. 管理技能训练［M］. 重庆：西南大学出版社，2014.

［16］罗宾斯，库尔特. 管理学［M］. 北京：中国人民大学出版社，2004.

［17］罗宾斯. 组织行为学［M］. 北京：中国人民大学出版社，2005.

［18］单凤儒. 管理学基础［M］. 北京：高等教育出版社，2008.

［19］王凤兵，李东. 管理学［M］. 北京：中国人民大学出版社，2007.

［20］李晓光. 管理学原理［M］. 北京：中国财政经济出版社，2004.

［21］杨文士，等. 管理学原理［M］. 北京：中国人民大学出版社，2004.